D0897428

L'ancien secret
de la
Fleur de vie

Tome 2

Une transcription éditée
de l'atelier Fleur de vie
présenté publiquement
en l'honneur de notre mère la Terre,
de 1985 à 1994.

Livre écrit et révisé par

Drunvalo Melchizédek

Titre original anglais :
The Ancient Secret of the Flower of Life, volume 2
Copyright © 2000
par CLEAR LIGHT TRUST
Publié par
Light Technology Publishing
P.O. Box 3540
Flagstaff, AZ 86003

Tous droits réservés.
Aucune partie de ce livre ne peut être utilisée ni reproduite d'aucune manière
sans la permission écrite préalable de la maison d'édition, sauf de courtes citations
dans des magazines ou des recensions.

© 2001 Ariane Éditions inc.
1209, av. Bernard O., bureau 110, Outremont, Qc, Canada H2V 1V7
Téléphone : (514) 276-2949, télécopieur : (514) 276-4121
Courrier électronique : ariane@mlink.net
Site Internet : ariane.qc.ca
Tous droits réservés

Traduction : Yves D. Martin
Révision linguistique : Monique Riendeau
Graphisme : Carl Lemyre
Mise en page : Bergeron Communications Graphiques

ISBN : 2-920987-50-X
Dépôt légal : 1er trimestre 2001
Bibliothèque nationale du Québec
Bibliothèque nationale du Canada
Bibliothèque nationale de Paris

Diffusion
Québec : ADA Diffusion – (450) 929-0296
Site Web : www.ada-inc.com
France : D.G. Diffusion – 05.61.000.999
Belgique : Rabelais – 22.18.73.65
Suisse : Transat – 23.42.77.40

Imprimé au Canada

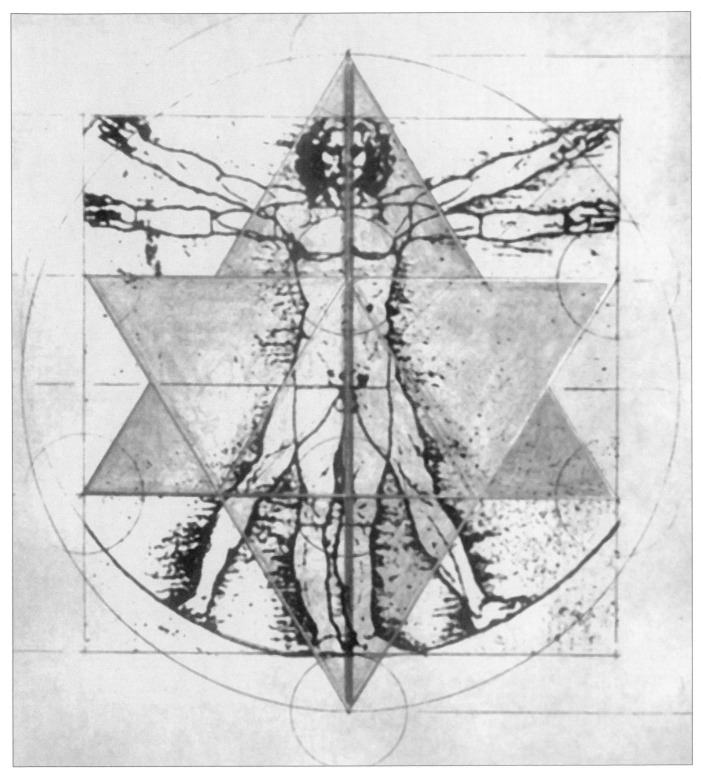

Le canon humain de Léonard de Vinci avec les géométries sacrées de la Fleur de vie.

Dédicace

Ce tome 2 est dédié à l'enfant qui est en vous ainsi qu'à
tous ceux et celles qui naissent en ce moment sur la Terre
dans le but de nous ramener à la lumière de notre foyer originel.

Note aux lecteurs

L'atelier Fleur de vie a été présenté dans le monde entier par Drunvalo, de 1985 à 1994. Cet ouvrage est basé sur une transcription de la troisième version officielle de l'atelier Fleur de vie enregistrée sur équipement vidéo à Fairfield, dans l'Iowa, en octobre 1993. Chaque chapitre correspond plus ou moins au contenu numéroté des vidéos. Nous avons cependant changé le format écrit quand nous jugions que cela était nécessaire, afin de rendre le texte aussi clair que possible. Nous avons réorganisé certaines phrases, quelques paragraphes et parfois même des sections entières, de manière que vous, lecteurs ou lectrices, puissiez en étudier les pages avec la plus grande facilité.

Veuillez aussi noter que nous avons ajouté les **suppléments** les plus récents dont nous disposions dans plusieurs parties de ce tome 2 ; ils sont en **caractères gras**. Ces informations additionnelles commencent habituellement sous la forme d'un paragraphe situé à côté du texte courant. Puisque tant d'informations ont été données au cours de l'atelier, nous avons divisé les sujets en deux tomes, dont chacun possède sa propre table des matières.

Si vous souhaitez contacter un facilitateur ou une facilitatrice qui habite aussi près que possible de votre domicile ou qui puisse se rendre jusqu'à vous, veuillez consulter les pages de notre site Web aux États-Unis, soit **www.floweroflife.org**, ou si vous parlez anglais, nous appeler au (602) 996-4970, le bureau international pour l'organisation Flower of life à Phoenix, dans l'Arizona. Nous avons aussi un bureau en Amérique latine, à Mexico (tél. : 52-5-846-0007). On y trouve notre matériel en espagnol aussi bien qu'en anglais.

Pour la France et le Québec, veuillez contacter Rachel Pelletier au (418) 837-7623.

Table des matières

Introduction

Nous voici à nouveau réunis, cette fois-ci pour explorer l'immensité de ce que nous sommes, ce grand mystère de l'être, de la conscience qui se concrétise selon la vision que nous en avons.

C'est aussi dans ce deuxième tome que vous trouverez les instructions pour la pratique de la méditation, telles qu'elles me furent transmises par les deux anges afin que je puisse faire concrètement l'expérience de cet état qu'on appelle encore le *Mer-Ka-Ba* – ou en termes plus modernes, le corps de lumière chez l'être humain. C'est d'ailleurs grâce à lui que nous avons tous la capacité de transcender notre univers familier. Lorsque nous sommes dans cet état de conscience, tout commence à nous paraître neuf et notre vie change d'une manière apparemment miraculeuse.

Cela relève plus du souvenir de cet état que l'on a en soi que du fait de l'apprendre et de l'enseigner à autrui. Par conséquent, vous savez déjà ce qui est écrit dans ces pages puisque tout cela est déjà inscrit dans chaque cellule de votre corps et profondément enfoui dans votre cœur et dans votre esprit. Vous n'avez donc besoin que d'une petite secousse pour vous réveiller.

Par amour pour vous et pour toute vie, quelle qu'elle soit et où qu'elle soit, je vous offre ces images et cette vision des choses avec le souhait que cela vous sera utile, et ceci, de manière que la réalisation que vous aurez du grand Esprit exprime un rapport aimant avec votre être intime. Je forme donc le vœu que ces mots que vous allez lire soient autant d'éléments catalyseurs qui vous ouvriront la voie menant aux mondes supérieurs.

Nous vivons tous dans une période charnière de l'histoire de la Terre. Les temps présents sont en fait tellement exceptionnels que nous assistons, souvent sans nous en rendre encore bien compte, à une métamorphose complète de notre existence, alors que le monde des ordinateurs et celui des êtres humains forment petit à petit une véritable symbiose, ce qui donne à notre mère la Terre l'occasion de voir et d'interpréter ce qui se passe depuis deux points de vue différents. Elle utilise même notre nouvelle vision du monde pour faciliter notre accès aux mondes de lumière supérieurs, de telle manière que même un petit enfant puisse la comprendre. Notre mère la Terre nous aime tellement !

Et nous qui sommes ses enfants vivons maintenant entre deux mondes : celui de notre vie journalière habituelle et celui qui surpasse les rêves les plus fous de nos ancêtres. Avec l'amour de notre mère la Terre et l'aide de notre père le Ciel, nous allons enfin trouver un moyen de guérir les cœurs et de redonner au monde sa conscience de l'unité en toutes choses.

Puissiez-vous trouver beaucoup d'inspiration dans ce livre ; je souhaite que vous le lisiez avec plaisir et qu'il soit pour vous une grande bénédiction.

Avec amour et en tout esprit de service,

Drunvalo

Esprit et géométrie sacrée

Le troisième système
d'informations dans le Fruit de vie

Ce que vous êtes sur le point de lire traite d'un sujet auquel la plupart des êtres humains ne pensent jamais. Avant même de commencer, je vous demande de faire montre d'un petit peu de foi et de vous laisser aller à tout voir petit à petit sous un angle différent. Au début, le sujet n'aura peut-être aucun sens pour vous, mais si vous persistez à l'approfondir, vous finirez par vous rendre compte que la totalité de la conscience, y compris celle des êtres humains, est basée uniquement sur la géométrie sacrée. Les choses étant ainsi, nous allons tenter de voir et de comprendre d'où nous venons au juste, où nous sommes en ce moment et où nous serons dans le futur.

Souvenez-vous que le Fruit de vie est la source de treize systèmes d'informations et que c'est en tirant des lignes droites (masculines) d'une certaine manière, d'un centre de sphère (féminine) à un autre, que ces systèmes apparaissent soudain dans le Fruit de vie. Nous en avons déjà analysé deux au cours des huit premiers chapitres constituant le tome 1. Nous avons vu que le cube de Métatron résulte du premier système, ce qui entraîne ensuite la création des cinq corps platoniciens. Ce sont ces formes qui sont à l'origine de toutes les structures que l'on peut trouver dans l'univers.

Le deuxième système, que nous n'avons étudié que très brièvement, a été créé par des lignes droites issues du centre même du Fruit de vie *et* par des cercles concentriques, ce qui forme alors un quadrillage polaire. Celui-ci fait à son tour apparaître une étoile tétraédrique inscrite dans une sphère, raison pour laquelle les vibrations, les sons, les accords musicaux et la matière sont en relation étroite les uns avec les autres dans toute la création.

Les cercles et les carrés
de la conscience humaine

Abordons directement l'étude du troisième système d'informations. Sa source, le Fruit de vie, se révélera d'elle-même au fur et à mesure que nous avancerons. Nous appelons ce nouveau système *les cercles et les carrés de la conscience humaine.* C'est ce que les Chinois appelaient la circonscription du carré et la quadrature du cercle.

Selon Thot, si tous les niveaux de conscience sont intégrés dans l'univers, c'est grâce à une seule image qui relève de la géométrie sacrée. C'est la clé du temps, de l'espace et de la dimension, aussi bien que de la conscience elle-même. Thot dit aussi que même les émotions et les pensées sont basées sur la géométrie sacrée, mais ce sujet devra attendre.

À chaque niveau de conscience correspond une géométrie qui définit complètement la manière selon laquelle on interprétera la réalité. Chaque niveau renvoie donc à une image géométrique, à un objectif de caméra au travers duquel l'esprit observe la réalité, ce qui a pour effet de lui procurer une expérience tout à fait unique. La hiérarchie spirituelle de l'univers possède elle-même une structure géométrique, car elle copie la nature.

D'après les propos de Thot, il y a sous le sphinx neuf boules de cristal imbriquées les unes dans les autres. Beaucoup d'archéologues et de parapsychologues ont cherché à les découvrir – car cette légende est très ancienne. On rapporte aussi que cet ensemble de boules de cristal a quelque chose à voir avec la conscience de la Terre et les trois niveaux de conscience dont les humains doivent faire l'expérience.

Divers chercheurs ont déjà essayé de trouver les neuf sphères, ce qui leur a coûté beaucoup de temps et d'argent, mais selon Thot, on n'en a pas besoin. Tout ce qu'on doit faire, c'est tracer neuf cercles sur une feuille de papier, ce qui est tout aussi révélateur. Si ces chercheurs avaient su qu'il s'agissait plus de géométrie et de niveaux de conscience que d'objets, ils se seraient facilité la vie.

Toujours selon Thot, si on visite une nouvelle planète avec le désir de connaître les différents niveaux de conscience dont jouissent ses habitants, on n'a qu'à trouver un certain nombre d'individus parmi sa population et à les mesurer avec soin, en admettant qu'ils restent tranquilles suffisamment longtemps. À partir des moyennes obtenues, on peut alors déterminer quels sont les rapports sacrés entre le carré et le cercle correspondant aux mesures de leur corps et, de là, établir très précisément leur niveau de conscience général.

D'autres rapports, toujours dérivés du cube, sont également utilisés pour préciser le niveau de conscience de différentes espèces, qu'il s'agisse d'animaux, d'insectes ou même d'extraterrestres. Dans le cas des humains, toutefois, cela implique toujours le carré et le cercle. Si le carré inscrit autour de leur corps est plus grand ou plus petit que le cercle qui circonscrit ce corps, il est alors possible, si l'on sait de combien exactement, de

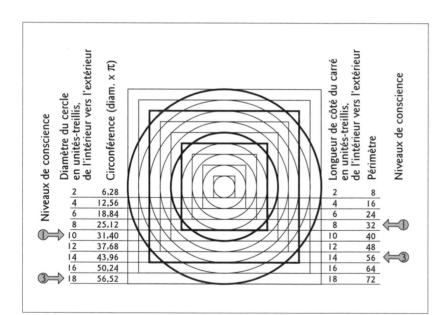

Niveaux de conscience	Diamètre du cercle en unités-treillis, de l'intérieur vers l'extérieur	Circonférence (diam. x π)	Longueur de côté du carré en unités-treillis, de l'intérieur vers l'extérieur	Périmètre	Niveaux de conscience
	2	6,28	2	8	
	4	12,56	4	16	
	6	18,84	6	24	
	8	25,12	8	32	①
①	10	31,40	10	40	
	12	37,68	12	48	
	14	43,96	14	56	③
	16	50,24	16	64	
③	18	56,52	18	72	

Illustration 9-1. Cercles concentriques et carrés. Les cercles et les carrés en lignes grasses forment des paires qui se rapprochent étroitement du rapport phi (voir p. 269). Ils représentent aussi les premier et troisième niveaux de la conscience humaine. (Une unité-treillis équivaut au *rayon* du petit cercle central ou à *un demi-côté* du carré qui l'entoure. On peut voir que le diamètre du petit cercle au centre ainsi que le côté du carré qui l'entoure sont égaux entre eux.)

déterminer comment ces êtres interprètent la réalité et, par conséquent, quel est très précisément leur niveau de conscience actuel. Il y a en fait d'autres manières plus rapides d'y arriver, mais cette méthode basée sur le cercle et le carré est fondamentale.

Thot me demanda donc de tracer neuf cercles concentriques et de dessiner un carré parfait autour de chacun (chaque côté du carré correspondant en tout point au diamètre du cercle circonscrit par lui), tout comme dans l'illustration 9-1. Ainsi, les énergies masculine (les lignes formant des carrés) et féminine (les cercles) sont d'importance égale. Observez comment les carrés agissent en réciprocité avec les cercles – c'est-à-dire comment l'énergie masculine est en équilibre avec l'énergie féminine. La clé, selon Thot, réside dans le fait que la valeur du rapport entre le périmètre du carré et la circonférence du cercle se rapproche de plus en plus de phi (1,618...). Telle est la clé de la vie humaine.

La découverte des rapports phi presque parfaits

Observons le premier carré, le plus petit de tous, au centre même de l'illustration 9-1. Il ne traverse aucun cercle ; même chose pour le deuxième carré, qui est deux fois plus grand que le premier. Par contre, le troisième carré commence à pénétrer dans le quatrième cercle, quand bien même il est évident que nous n'avons pas encore un rapport phi entre les deux. Malgré tout, le quatrième carré pénètre dans le cinquième cercle selon ce qui *paraît être* un rapport phi presque parfait. Ensuite, les cinquième et sixième carrés semblent à nouveau s'éloigner de ce rapport. Et puis soudain, d'une manière inattendue, le septième carré pénètre dans le neuvième cercle selon ce qui *paraît aussi être* un rapport phi presque parfait – non pas à *un* cercle au-delà, comme dans le cas du quatrième carré avec le cinquième cercle, mais à *deux* cercles au-delà. Et dans le deuxième cas, la valeur du rapport est encore plus rapprochée de celle du rapport phi, soit 1,6180339..., alors que dans le premier cas cette valeur est un peu plus éloignée de celle du rapport phi.

C'est le début d'une progression géométrique qui pourrait continuer à l'infini et au sein de laquelle nous autres humains ne sommes parvenus que jusqu'au deuxième pas (en ayant néanmoins une si haute opinion de nous-mêmes !). Si nous retenons la totalité d'une vie humaine en guise de mesure, depuis la conception jusqu'à la mort, nous sommes maintenant parvenus au niveau de conscience représenté par le zygote humain, juste après la fécondation de l'œuf, la première cellule. L'ampleur de la conscience universelle s'étend bien au-delà de tout ce que nous pouvons imaginer, mais nous sommes néanmoins une graine qui contient le commencement aussi bien que la fin de tout.

Revenons au côté pratique consistant à mesurer ces rapports, en prenant comme unité de mesure le diamètre du cercle le plus petit situé au centre du dessin de l'illustration 9-1 (cette unité de mesure impliquant la présence d'une structure plus large, ce qu'on appelle encore un quadrillage ou un treillis). Par conséquent, le premier cercle et le premier carré au centre même de l'illustration 9-1 ont une valeur de deux diamètres, ou plus simplement, une valeur numérique de 2. Si vous vous reportez au quatrième carré à partir du centre de l'illustration, vous verrez qu'il mesure l'équivalent de 8 diamètres de large. Maintenant, pour savoir combien de diamètres sont impliqués dans les quatre côtés du quatrième carré, multipliez simplement 8 par 4 pour voir que 32 constitue la valeur numérique du périmètre du quatrième carré. Nous avons besoin de connaître le périmètre pour la raison suivante : lorsque sa valeur est égale ou approche de très près celle de la circonférence du cercle, nous avons là un rapport phi (voir l'illustration 7-23* et relire la section sur le rapport phi).

Nous voulons à présent voir si la circonférence du cinquième cercle dans l'illustration 9-1 est égale au périmètre du quatrième carré (qui a une valeur de 32), et nous calculons sa circonférence en multipliant son diamètre par p (pi = 3,1416…). Puisque le cinquième cercle a une valeur de 10 unités (ou diamètres), si vous multipliez cela par π (pi), la circonférence a par conséquent une valeur de 31,40. Or, la valeur du périmètre du carré est exactement de 32, comme nous l'avons vu plus haut. Le cercle est donc un peu plus petit que le carré, mais leur valeur est très proche. Selon Thot, cela représente le point d'évolution au cours duquel l'être humain devient conscient de lui-même pour la première fois.

Faisons maintenant le même calcul pour le septième carré et le neuvième cercle. La longueur du septième carré a une valeur de 14. Si nous multiplions la valeur 14 par les quatre côtés du septième carré, nous obtenons le chiffre 56, ce qui correspond au périmètre du septième carré. Le neuvième cercle, lui, a une valeur de 18 unités en guise de diamètre. Si nous multiplions cette valeur par π (pi), nous obtenons 56,52. Dans ce cas, le cercle est un peu plus grand que le carré, alors que dans le premier cas, c'était le contraire. Si vous continuez à tracer des cercles au-delà des neuf premiers, vous verrez que les valeurs alternent entre un peu plus grand et un peu plus petit – se rapprochant de plus en plus l'une de l'autre et du chiffre phi (φ = 1,618) qui symbolise la perfection, tout comme nous l'avions noté dans la séquence de Fibonacci, qui s'approche de plus en plus du rapport phi elle aussi, mais sans jamais l'atteindre (reportez-vous au chapitre 8).

Illustration 9-2. Les premier et troisième niveaux de conscience chez l'homme. Leur rapport phi est presque parfait.

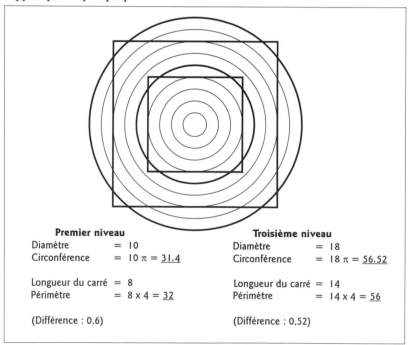

Premier niveau

Diamètre	= 10
Circonférence	= 10 π = <u>31,4</u>
Longueur du carré	= 8
Périmètre	= 8 x 4 = <u>32</u>

(Différence : 0,6)

Troisième niveau

Diamètre	= 18
Circonférence	= 18 π = <u>56,52</u>
Longueur du carré	= 14
Périmètre	= 14 x 4 = <u>56</u>

(Différence : 0,52)

* À noter : Toutes les illustrations des chapitres 1 à 8 et tous les renvois à ces chapitres réfèrent, bien sûr, au tome 1.

Les premier et troisième niveaux de conscience

Dans l'illustration 9-2 nous assistons à la naissance de la conscience humaine, représentée par les deux premiers endroits où le rapport phi (φ) apparaît. Cela veut dire que la conscience continue probablement de s'accroître à l'infini tout en se rapprochant de la perfection du rapport phi, qu'on appelle aussi le nombre d'or. Résumons donc en disant que le quatrième carré, relativement au cinquième cercle, et que le septième carré, relativement au neuvième cercle, forment des rapports phi (φ) presque parfaits. Selon Thot, ils correspondent aux premier et troisième niveaux de conscience chez l'être humain. Ces niveaux sont très proches de l'état de conscience harmonique parfait, ce qui les rend conscients d'eux-mêmes. Vous souvenez-vous du petit nautile (page 247) ? Au commencement de sa croissance, la progression est loin d'être harmonieuse si on la compare à la septième progression géométrique de son développement. Eh bien, nous observons exactement la même chose ici. Mais qu'est-il donc advenu du deuxième niveau de conscience humain ?

D'après Thot, personne n'a jamais trouvé moyen de se rendre directement du premier niveau, celui des aborigènes, au troisième niveau, celui de la conscience christique ou de l'unité en tout. Une étape intermédiaire – que l'humain actuel représente – est nécessaire. La question est alors de savoir où se situe notre niveau de conscience dans l'illustration 9-3.

Localisation du deuxième niveau de conscience

Il y a deux endroits où nous autres humains (qui constituons l'humanité ordinaire) pourrions être sur ce système de cercles et de carrés : sur le cinquième ou le sixième carré avec leur cercle correspondant. Vous remarquerez que dans l'illustration 9-1, il n'existe que deux carrés aux lignes épaisses, chacun avec son cercle, pour représenter les premier et troisième niveaux de conscience. Selon mon point de vue à l'époque, cela ne faisait aucune différence que nous nous trouvions sur un carré plutôt que sur un autre, et Thot ne me révélait toujours rien à ce sujet. Mais un jour, il finit par me dire : « C'est le cinquième carré par rapport au sixième cercle », sans autres explications. Dans les deux ou trois années qui suivirent cette révélation, je m'efforçai de comprendre pourquoi il s'agissait du cinquième carré dans son rapport au sixième cercle, et non

Illustration 9-3. Les trois niveaux géométriques de la conscience humaine sur la terre : carré 4 et cercle 5 = premier niveau (aborigènes) ; carré 5 et cercle 6 = deuxième niveau (présent) ; carré 7 et cercle 9 = troisième niveau (christique).

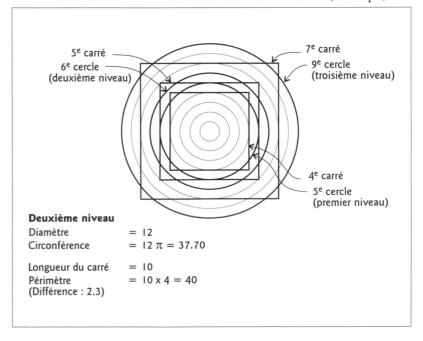

5ᵉ carré
6ᵉ cercle (deuxième niveau)
7ᵉ carré
9ᵉ cercle (troisième niveau)
4ᵉ carré
5ᵉ cercle (premier niveau)

Deuxième niveau

Diamètre	= 12
Circonférence	= 12 π = 37,70
Longueur du carré	= 10
Périmètre	= 10 x 4 = 40
(Différence : 2,3)	

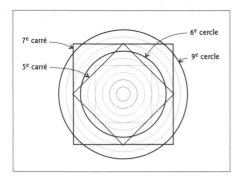

Illustration 9-4. L'acte de faire pivoter de 45 degrés le carré représentant le deuxième niveau met en contact les 1er et 3e niveaux de conscience.

pas du sixième carré par rapport au septième cercle, par exemple. Comme d'habitude, Thot restait muet. Il me dit simplement : « C'est à toi de le découvrir », et il me fallut beaucoup de temps avant de trouver la réponse. Lorsque je lui en parlai, il fit simplement un petit signe de tête en guise d'assentiment. Dans l'illustration 9-3, nous avons une représentation des trois niveaux de conscience ; les carrés, par trop en discordance avec les cercles, ont été retirés.

Si nous faisons pivoter de 45 degrés le deuxième carré (voir illustration 9-4) de manière qu'il se présente maintenant sous la forme d'un losange, les raisons d'être de notre existence deviennent apparentes. Sous cet angle, le cinquième carré est une très bonne approximation de l'emplacement du septième carré. Ce n'est pas absolument parfait parce que nous autres humains ne sommes pas encore en harmonie et que, par conséquent, nous ne pouvons pas encore manifester un parfait amour christique. Par contre, notre amour humain démontre l'existence de la conscience christique. De plus, nous sommes encore en contact avec le premier niveau de conscience parce que la géométrie de notre niveau de conscience actuel circonscrit parfaitement le quatrième cercle. Nous contenons en nous le niveau de conscience des aborigènes, mais nous ne pouvons manifester qu'un amour christique imparfait. Nous en sommes exactement là en ce moment – comme un pont reliant deux états de conscience différents.

Cette clé sert à comprendre la présence du niveau de conscience humain dans ce rapport géométrique et la raison pour laquelle un tel pas est nécessaire. Sans notre manière présente d'interpréter la réalité, le premier niveau de conscience ne pourrait jamais évoluer jusqu'à un état qui lui est supérieur et dans lequel on peut jouir de davantage de lumière. Nous sommes donc comparables à cette pierre au milieu du ruisseau qui effleure la surface liquide. On s'élance pour passer, on pose le pied sur la pierre et on peut ainsi sauter facilement au-dessus du courant sans trop se mouiller et se retrouver de l'autre côté de l'obstacle. Cette pierre située au bon endroit nous permet de passer rapidement d'une rive à l'autre.

Comme vous le verrez vous-mêmes plus tard dans ce chapitre, le losange est la clé du deuxième niveau de conscience. Vous verrez également cela dans la Grande Pyramide et à d'autres endroits que je vous montrerai. Le carré au sein duquel se trouve un losange équilatéral est un symbole très important pour l'humanité. Buckminster Fuller trouvait aussi cela très important. Lorsque cette forme est projetée en trois dimensions, on l'appelle *un cuboctaèdre*. Bucky lui donna même un nom particulier : *le vecteur équilibre*. Il avait observé que le cuboctaèdre a l'extraordinaire capacité, lorsqu'on lui fait effectuer des rotations grâce à ses pointes articulées, de se transformer en chacun des cinq corps platoniciens, révélant ainsi son énorme importance dans le domaine de la géométrie sacrée. Pourquoi est-ce si important pour l'humanité ? Parce que le carré avec un losange équilatéral à l'intérieur représente une des raisons principales de l'existence des êtres humains – leur rôle consistant à passer du premier niveau de conscience humain, celui des aborigènes, au troisième niveau, celui de la conscience christique.

Quand vous mesurez les géométries de la conscience de l'être humain avec ce système, vous vous rendez compte qu'il est en déséquilibre d'au moins trois unités et demie de mesure. Nous ne sommes même pas près d'être plus harmonieux (vous pourriez mesurer cela vous-mêmes si vous le désiriez). Nous sommes une conscience en disharmonie, bien que notre existence soit indispensable pour que la vie soit complète. Ainsi, quand la vie parvient au point où nous sommes en ce moment, elle ne s'arrête pas là. Elle s'efforce au contraire de faire rapidement la transition, comme lorsqu'on saute sur la pierre pour traverser sans délai le courant d'eau. Pourquoi ? Parce que lorsque nous sommes dissonants, nous détruisons tout sur notre passage. Si nous restons là pendant trop longtemps, notre absence de sagesse finira par tout exterminer, y compris nous-mêmes. Si vous observez objectivement le monde et l'environnement autour de vous, avec les guerres continuelles que nous provoquons, vous comprendrez ce que je vous dis ici. Et pourtant, nous sommes essentiels à la vie.

Géométrie lenticulaire
pour l'interprétation de la réalité

Thot voulait maintenant que j'observe attentivement la géométrie de ces trois niveaux de conscience différents, de manière que je puisse me rendre compte de ce à quoi ressemblent ces lentilles tirées de la géométrie sacrée. Souvenons-nous qu'il n'existe qu'un seul Dieu, une seule réalité, mais qu'il y a d'innombrables façons de l'interpréter.

Dans l'illustration 9-5, le carré le plus petit (le quatrième) représente le premier niveau de conscience. Le carré suivant (le cinquième), qui se trouve au milieu, renvoie au deuxième niveau de conscience ; et enfin, le grand carré (le septième) désigne le troisième niveau de conscience. Je vais appeler le petit carré un 8 par 10, parce que chaque côté peut être identifié par le chiffre 8, puisqu'on doit compter huit diamètres ou unités de mesure depuis le centre du dessin pour y parvenir et que le cercle, lui (le cinquième), est bien représenté par le chiffre 10, puisqu'il est à dix diamètres ou unités de mesure de ce centre. Passons au carré du milieu. C'est un 10 par 12 pour les mêmes raisons, sauf que les chiffres ont un peu changé. Ce carré du milieu correspond au deuxième niveau de conscience sur lequel nous fonctionnons encore aujourd'hui. Pour finir, le plus grand carré des trois représente le niveau de conscience christique, et je l'appelle un 14 par 18. En effet, il faut compter 14 unités de mesure depuis le centre du dessin pour parvenir à un des côtés de ce grand carré (le

Illustration 9-5. Les trois niveaux de conscience chez l'homme, en termes d'unités de mesure ou de rayons dans les couples cercle-carré.

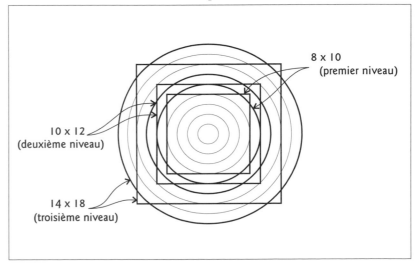

8 x 10 (premier niveau)

10 x 12 (deuxième niveau)

14 x 18 (troisième niveau)

septième), et 18 pour parvenir au neuvième cercle. Résumons donc ce qui vient d'être dit : nous avons dans l'illustration 9-5 trois couples carré/cercle qui renvoient à trois niveaux de conscience différents : un 8 par 10, un 10 par 12 et un 14 par 18.

Souvenez-vous aussi qu'il y a toujours une raison pour tout en géométrie sacrée. Rien – absolument rien – ne se passe sans raison. Vous pourriez donc vous demander pourquoi, parmi toutes les possibilités qui existent, la conscience humaine a commencé à poindre quand le quatrième carré est entré en harmonie avec le cinquième cercle !

L'acte de superposer le Fruit de vie

Essayons donc de résoudre cette question en superposant le Fruit de vie au dessin du premier niveau de conscience (voir illustration 9-6). Mais regardez-moi ça ! Le Fruit de vie se superpose parfaitement au quatrième carré et au cinquième cercle, notre 8 par 10 ! Le diamètre de chaque cercle central est identique, car les deux dessins sont à la même échelle et les cinq cercles concentriques coupent parfaitement les sphères en moitiés égales. Ce dessin nous montre seulement le quatrième carré, qui forme un rapport phi (φ) presque parfait avec le cinquième cercle, comme nous l'avons déjà vu.

Pouvez-vous voir là une bonne illustration de la perfection de l'existence ? Le Fruit de vie était caché derrière cette géométrie depuis le début et les deux dessins se superposaient à la perfection. Telle est la manière d'expliquer, pour le lobe droit de notre cerveau, la raison pour laquelle la conscience humaine apparut entre le quatrième et le cinquième cercle – parce que l'image sacrée (le Fruit de vie, illustration 9-12) était cachée derrière la représentation géométrique du premier niveau de conscience humain (illustration 9-6). Au moment précis de leur marriage, pourrait-on dire, le rapport phi (φ) est apparu pour la première fois. Dès lors, la conscience humaine pouvait se manifester.

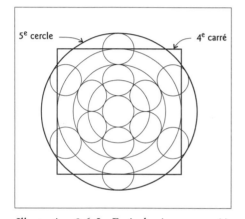

Illustration 9-6. Le Fruit de vie superposé à la géométrie du premier niveau de conscience.

5e cercle

4e carré

Le génie de Lucie

Je voudrais vous parler de quelque chose d'autre avant de poursuivre cette étude des trois niveaux de conscience avec leur équivalent géométrique. Après avoir fait la découverte dont je parle plus haut, je désirais savoir s'il existait des informations écrites à ce sujet. En ce temps-là, j'étais souvent assis dans ma chambre à écouter Thot, cet homme que personne ne pouvait voir sauf moi, et il m'avait bien dit que les anciens Égyptiens percevaient trois niveaux de conscience chez l'être humain.

En vue de vérifier ses dires, je commençai donc à chercher ces informations très spéciales dans les écrits sur l'Égypte auxquels j'avais accès et, à ma grande surprise, j'obtins rapidement des résultats. Du moins, disons que je retrouvai ce savoir dans les écrits de Lucie Lamy, la belle-fille de Schwaller de Lubicz.

À part elle, je ne connaissais personne qui sache quoi que ce soit sur les trois niveaux de conscience chez l'homme. Schwaller et Lucie, avaient une profonde connaissance de l'Égypte et de l'importance que les anciens Égyptiens accordaient à la géométrie sacrée. Malgré tout, la plupart des égyptologues ne savaient *absolument rien* sur elle, et ceci jusqu'à tout récemment. Après avoir étudié les écrits que Lucie laissa derrière elle, j'estime qu'elle est un des meilleurs étudiants en géométrie sacrée que le monde moderne ait connus. Je suis émerveillé par son savoir pratique et j'aurais tant voulu la rencontrer personnellement, ce qui, hélas, ne s'est jamais produit. Elle est morte à Abydos il y a quelques années, en 1989 si je ne me trompe. Je voudrais vous raconter quelque chose que Lucie Lamy a fait de son vivant, afin que vous puissiez vous rendre compte vous-mêmes du genre de personne qu'elle était et de sa force de caractère.

Illustration 9-7. Petit temple reconstruit par Lucie, à Karnak. Vue de côté.

Le petit temple de l'illustration 9-7 se trouve à l'intérieur même des murs du temple de Karnak, parmi tout un complexe de bâtiments énormes. En fait, Karnak jouxte le temple de Louxor, et ils sont reliés tous les deux par une grande voie royale qui fait un peu plus de trois kilomètres de long. De chaque côté de cette somptueuse promenade sont installés des sphinx à tête humaine régulièrement espacés, tout au long de la partie qui appartient au complexe de Louxor. Par contre, lorsqu'on s'approche de Karnak, les têtes humaines deviennent des têtes de mouton. L'ensemble de Karnak est gigantesque, et vous seriez étonnés de la taille de la pièce d'eau que les anciens prêtres égyptiens utilisaient pour faire leurs ablutions.

Pour vous donner une idée de la taille de ce petit temple (voir illustration 9-7), disons que le sommet du crâne d'une personne de taille moyenne qui se tiendrait debout devant lui toucherait à peine la partie basse de la bordure en pente placée juste sous l'encadrement central. Avant que Lucie reconstruise ce temple, il n'y avait là qu'une pile informe de grandes dalles de pierre taillée. Les archéologues de l'époque savaient bien que toutes ces pierres faisaient partie du même complexe, parce qu'elles étaient toutes uniques en elles-mêmes et que rien ne leur ressemblait dans les environs. Par contre, personne ne savait au juste ce à quoi ce bâtiment avait bien pu ressembler du temps où il était encore debout. On avait donc décidé de laisser ce tas de pierres tel quel avec l'espoir qu'un jour quelqu'un pourrait trouver la solution de ce grand jeu de patience. Au cours du temps, on avait d'ailleurs trouvé un autre grand tas de pierres taillées et uniques dans leur environnement immédiat. Personne n'avait aucune idée de ce qu'elles avaient bien pu représenter. Que feriez-vous d'un tel tas de pierres jetées en désordre sur le

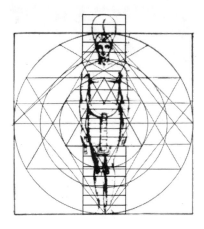

Illustration 9-8. Le dessin initial de Lucie Lamy.

sol ? Il était pour ainsi dire impossible pour quiconque de commencer à visualiser ce à quoi le bâtiment avait bien pu ressembler lorsqu'il était neuf.

Lucie se rendit sur les lieux, observa les dalles, prit quelques mesures, retourna chez elle pour dresser les plans du petit temple exactement tel qu'il était jadis et tel que vous le voyez dans l'illustration 9-7, et dit : « C'est ce à quoi il va ressembler. » Quand les ouvriers déplacèrent les dalles de pierre éparpillées sur le sol et les assemblèrent selon ses instructions, chacune d'elles s'imbriquait parfaitement dans la suivante et le tout finit par former ce que vous voyez dans l'illustration 9-7 ! Lucie comprenait la géométrie sacrée et avait pu dresser un plan parfait, simplement en examinant chaque pierre et en la mesurant. Plus tard, elle reconstruisit un autre bâtiment en utilisant la même méthode. À mon avis, ce genre de chose est exceptionnel. Plus j'étudie la vie de cette femme, plus je suis émerveillé.

L'échelle de Lucie

Heureusement que, de son vivant, Lucie avait eu la bonne idée de résumer en un seul dessin toute la compréhension qu'elle avait des connaissances des anciens Égyptiens se rapportant aux trois niveaux de conscience chez l'homme. Selon elle, ce dessin était la clé qui nous permettrait de comprendre ces niveaux de conscience. Je tentai donc d'analyser ce qu'elle entendait par là avec le dessin que nous reproduisons ici (voir illustration 9-8).

Je l'ai d'ailleurs refait (voir illustration 9-9) et, plus tard, j'y ai rajouté le grand cercle en pointillé pour montrer quelque chose d'autre. En effet, comme ce dessin de Lucie n'avait pas été très bien reproduit, j'avais dû tout redessiner.

La première chose que je remarquai dans son dessin, c'est une grande étoile de David qui en circonscrit une autre, plus petite, avec un cercle au milieu (nous avons déjà vu cette configuration avec le Fruit de vie à la page 187, et allons la retrouver très bientôt). Dans l'axe central du dessin se trouve aussi un genre d'échelle formant 19 compartiments, plus deux autres au-dessus, soit un total de 21.

Selon Lucie, dans l'esprit des anciens Égyptiens, les chiffres 18, 19 et 21 étaient

Illustration 9-9. Dessin de Lucie Lamy agrémenté d'un nouveau cercle extérieur en pointillé passant par le sommet du crâne allongé appartenant au 3e niveau de conscience, ainsi qu'une grande et une petite étoile de David. La circonférence du cercle en pointillé égale le périmètre du carré.

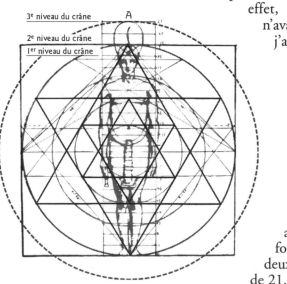

3e niveau du crâne
2e niveau du crâne
1er niveau du crâne

A

intimement reliés aux trois niveaux de conscience que nous étudions maintenant, le 18 symbolisant l'état de conscience des aborigènes. Lucie a même écrit à ce sujet que les Égyptiens croyaient que les premiers humains n'avaient pas de crâne développé comme le leur et qu'au début il était presque plat. Apparemment, leur crâne était plus allongé vers l'arrière de la tête et pas très haut. Quand, au cours de leur évolution, ces premiers êtres humains (c'est-à-dire nous-mêmes) parvinrent au deuxième niveau de conscience, ils prirent l'apparence physique d'aujourd'hui, soit l'équivalent d'une tête de plus. Quand le temps sera venu pour nous de nous élever jusqu'au troisième niveau de conscience, ce que nous sommes tous sur le point de faire maintenant, notre crâne s'allongera et s'étendra bien plus haut, jusqu'au rapport phi (φ) représenté par le grand cercle en pointillé dans l'illustration 9-9 et qui passe par le sommet de la case 21. Comme vous pouvez le voir dans ce dessin, si vous tracez un cercle de rapport phi (φ) tout autour du grand carré, il passe par le point A situé exactement au centre de la ligne 21. Par conséquent, selon Lucie, tous les niveaux du crâne sont contenus dans la géométrie de ce dessin.

L'illustration 9-10 est un schéma du cerveau humain tiré du livre *Brains, Behavior and Robotics*, de James S. Albus. Celui-ci démontre que l'on peut effectuer une lobotomie du cerveau, c'est-à-dire retirer la partie supérieure du crâne sans tuer le patient – je trouve cela incroyable. Il existe donc une évidence circonstancielle corroborant le dire des Égyptiens, soit que la moitié supérieure de notre crâne s'est développée dans un deuxième temps et que cela ne constitue pas une partie essentielle pour notre vie consciente ici-bas. C'est simplement là un ajout à ce que nous étions jadis.

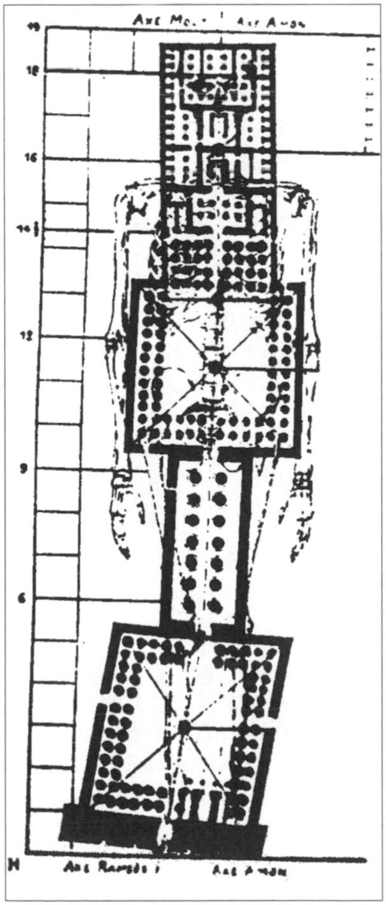

Illustration 9-11. Plan du temple de Louxor.

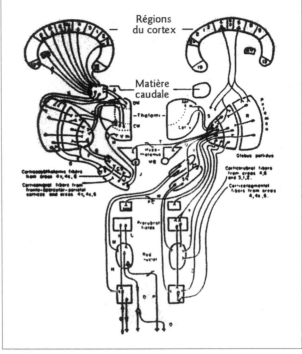

Diagramme des centres de calcul et voies de communication du « système extrapyramidal dans le cerveau humain. L'ablation des régions corticales supérieures, où la pensée consciente a lieu, a peu d'effet sur le circuit d'informations requis pour les calculs également compliqués et nécessaires pour la marche et le maintien de l'équilibre. Les routes prises par les réactions chimiques et les impulsions électriques sont indiquées par les circuits. » (Tiré de *Brains, Behavior and Robotics*, de James S. Albus, Byte Books, 1981.)

Illustration 9-10. Schéma du cerveau humain démontrant qu'une lobotomie n'influencerait pas les fonctions moteurs complexes.

Illustration 9-12. Le Fruit de vie.

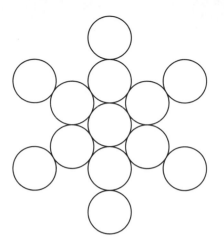

Illustration 9-13. L'échelle de Lucie avec ses cercles concentriques tracés jusqu'aux cases 19 et 21.

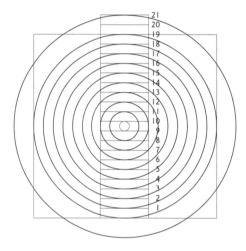

Illustration 9-13a. La géométrie de base de Lucie, avec le Fruit de vie superposé.

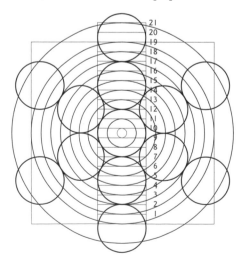

L'illustration 9-11 est le plan au sol du temple de Louxor dédié à l'humanité et qu'on appelle également le temple de l'homme, c'est-à-dire nous. Il n'est donc pas dédié à n'importe qui ni à n'importe quel niveau de conscience. Il s'adresse en fait au deuxième niveau de conscience, celui sur lequel nous sommes tous en ce moment. Ce plan possède 19 divisions dans le sens de la longueur ; on peut même discerner un squelette humain derrière le dessin. Chaque partie du temple représente une partie différente du corps humain. À partir de la section qui correspond aux pieds s'étend la grande voie royale de plusieurs kilomètres de long menant au temple de Karnak.

Je m'étais donc d'abord rendu compte que le Fruit de vie (voir illustration 9-12) était inscrit avec précision dans le dessin de Lucie (voir illustration 9-8). Ce fait à lui seul m'impressionne, car je n'ai rencontré le Fruit de vie nulle part ailleurs en Égypte.

Mais je voulais en savoir plus sur l'échelle qui gradue jusqu'aux cases 19 et 21. Je savais qu'un dessin de ce genre invite toujours l'observateur à tracer des cercles concentriques pour chaque case et, par conséquent, je décidai d'étudier en profondeur ce que Lucie avait fait. Je redessinai d'abord chacune de ses lignes dans le but de découvrir ce qu'elle essayait de communiquer (voir illustration 9-13). Ensuite, je pris les deux tracés (illustrations 9-12 et 9-13) reproduits à la même échelle, et qui s'inspiraient évidemment de son dessin original, et les superposai exactement l'un sur l'autre (voir illustration 9-13a).

La géométrie sacrée, une étude qui exige votre participation active

Je voudrais maintenant ajouter quelque chose sur la géométrie sacrée qu'il est très important de comprendre si vous avez décidé d'étudier le sujet en profondeur. Lorsque vous êtes assis parmi un auditoire et que vous étudiez les formes de la géométrie sacrée, ou que vous lisez des bouquins à ce sujet et recevez donc passivement toutes ces informations, vous n'en absorbez en fait qu'une très petite quantité. Mais si vous vous asseyez et refaites les dessins vous-mêmes, que vous les reconstruisez, alors quelque chose se passe en vous qui va bien au-delà de ce que vous obtenez quand vous ne faites qu'observer en dilettante. Toute personne qui a fourni l'effort de redessiner ces formes vous dira la même chose ; c'est d'ailleurs une pratique essentielle chez les francs-maçons. Lorsque vous vous asseyez et que vous vous mettez à refaire vous-mêmes les dessins, à en reproduire physiquement les lignes, quelque chose semble se passer en vous qui est très semblable à une révélation. Vous tracez le cercle et vous commencez à comprendre. Vous saisissez peu à peu, à des niveaux très, très profonds et subtils, pourquoi les choses sont faites d'une certaine manière plutôt que d'une autre. Je ne crois pas que l'on puisse remplacer cela par quoi que ce soit. Nous devons nous investir personnellement en refaisant les dessins.

Je peux vous dire combien c'est important, mais j'ai découvert que peu de gens prendront le temps de le faire. J'ai moi-même étudié et refait tous ces dessins pendant plus de vingt ans, mais il n'est pas nécessaire que vous y accordiez autant de temps. Je passais souvent deux ou trois semaines à en analyser un seul. C'était comme une sorte de méditation. J'observais attentivement le dessin et pouvais passer jusqu'à une demi-journée avant d'y ajouter un trait et de comprendre pleinement sa signification dans la nature des choses.

Une irrégularité concernant l'échelle

Avant de juxtaposer les deux dessins (qui sont évidemment à la même échelle), soit les illustrations 9-12 et 9-13 inspirées du dessin original de Lucie Lamy, je commençai à tracer un cercle concentrique pour chaque barreau, sauf pour le 20e, comme vous pouvez le voir dans l'illustration 9-13a.

Notez que sur le dessin d'origine (illustration 9-8), le cercle au centre du dessin était divisé exactement en cinq parties égales par des lignes horizontales ou des barreaux sur l'échelle (ne comptez pas la ligne horizontale qui traverse le milieu du cercle). Vous pouvez voir cela très clairement dans le dessin d'origine. Je pensais donc que les autres cercles du Fruit de vie seraient *également* divisés exactement en cinq parties égales. Cela allait de soi et, par conséquent, c'est ce que je fis. Le résultat final (voir illustration 9-14) est présenté dans sa forme la plus simple, sans lignes verticales superflues.

Chacun des trois cercles est composé de cinq parties égales entre elles. Le seul problème, c'est que ce modèle idéal ne correspondait pas au dessin d'origine. Je n'arrivais pas à y croire ! J'avais pensé qu'il s'agissait de quelque chose de très simple qui allait de soi et que je pourrais continuer à progresser à partir de là, mais les deux dessins (faits à la même échelle, bien entendu) ne se superposaient pas exactement comme ils étaient censés le faire. Je les revérifiai plusieurs fois tous les deux en pensant : « Bon sang, mais c'est incroyable ! Je ne peux quand même pas me tromper à ce point-là ! » Malgré tout, dès que je les juxtaposais l'un sur l'autre, ils ne correspondaient toujours pas exactement.

À nouveau, je passai de longues heures à tout revérifier et continuai d'étudier le dessin original de Lucie. Il y avait bien cinq divisions dans le cercle du milieu et sept divisions verticales dans le haut et le bas de celui-ci. Je me procurai alors un petit instrument spécialement conçu pour mesurer *la taille de chaque case* composant l'échelle. Voilà

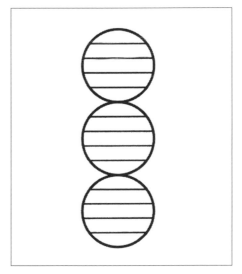

Illustration 9-14. Division des cercles en cinq parties égales.

comment je découvris que les sept cases situées au-dessus du cercle central étaient *plus petites* que celles situées *à l'intérieur*. Lucie avait changé les tailles pour tout ajuster ! Elle *savait* que nous résidons tous actuellement à un niveau de conscience qui est en disharmonie par nature et que les cases de l'échelle ne pourraient pas toutes occuper l'espace requis sans qu'elle soit obligée de changer quelques mesures. Or, Lucie voulait que tout soit inclus dans son dessin. Elle s'arrangea donc pour tout y faire figurer. Elle savait que si les gens l'étudiaient en profondeur, ils comprendraient que le niveau de conscience qu'elle avait dessiné, avec ses 19 divisions, était disharmonieux par nature.

Ce que Lucie avait fait dans son dessin était d'une subtilité similaire à ce que Léonard avait fait avec sa fameuse représentation du canon humain. En effet, il avait écrit quelque chose à l'envers dans le haut de la page, de manière que l'on soit obligés d'utiliser un miroir pour arriver à le lire. Ainsi, le dessin de Lucie constitue l'aspect mâle, et sa composante féminine est une image renversée. Beaucoup parmi les anciens changeaient constamment les choses pour dissimuler leurs connaissances. Ils pratiquaient ce petit jeu qui consiste à cacher ce qu'on ne veut pas que le monde sache, mis à part une petite élite. Je finis donc par réaliser que nous avions affaire ici à un niveau de conscience disharmonieux par nature et que les Égyptiens savaient cela. À partir de ce moment-là, je me mis à passer beaucoup plus de temps à étudier les dessins de Lucie.

Les trois objectifs de caméra

Maintenant que nous savons que les Égyptiens connaissaient l'existence des trois niveaux de conscience chez l'être humain, revenons à leurs représentations géométriques et étudions-les avec soin. Ce sont pour ainsi dire des verres optiques, des objectifs de caméra que chaque niveau de conscience qui leur correspond utilise pour interpréter la réalité. Il y a donc le 8 par 10, le 10 par 12 et le 14 par 18. Dessinons d'abord le 8 par 10, qui correspond au premier niveau de conscience chez l'être humain.

Illustration 9-15a. Tracé n° 1.	Illustration 9-15b. Tracé n° 2.	Illustration 9-15c. Tracé n° 3.
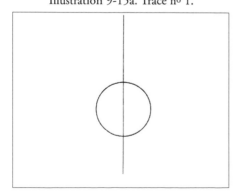	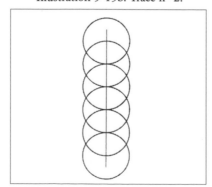	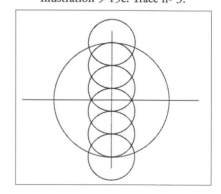

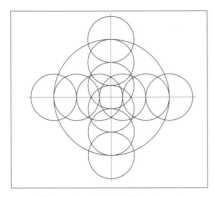

Illustration 9-15d. Tracé nº 4.

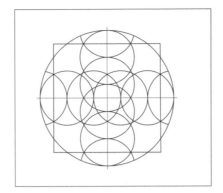

Illustration 9-15e. Tracé nº 5.

1. Tracez une ligne verticale, puis un cercle sur la ligne (illustration 9-15a).

2. Tracez ensuite cinq autres cercles, identiques au premier, et dont la circonférence passe par le centre du cercle précédent, ou du cercle suivant (illustration 9-15b).

3. Tracez maintenant une ligne horizontale passant par les deux points de la *Vesica piscis* du milieu, ainsi qu'un grand cercle dont le centre est au point d'intersection entre les lignes verticale et horizontale, et qui circonscrit lui-même les quatre petits cercles du milieu (illustration 9-15c).

4. Répétez exactement la même disposition de la ligne verticale sur la ligne horizontale (illustration 9-15d).

5. Dessinez un carré dont chaque côté passe par les deux points de sa *Vesica piscis* (illustration 9-15e).

6. À l'intérieur de ce carré, tirez des lignes droites horizontales et verticales passant par chaque point d'intersection entre les petits cercles et les deux points de chaque *Vesica piscis* (illustration 9-16). Vous obtenez alors un quadrillage 8 par 10 (soit 8 petits carrés de longueur ou de largeur pour le grand carré, et 10 petits carrés pour le diamètre du cercle).

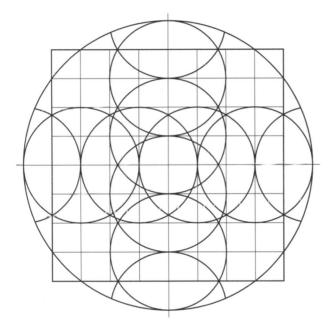

Illustration 9-16. Tracé nº 6 : le 8 par 10 du premier niveau de conscience.

Thot (toujours lui !) m'a montré un moyen ingénieux de construire cette géométrie sans prendre aucune mesure ni faire aucun calcul. Vous avez seulement besoin d'un compas et d'une règle. Il me l'a démontré personnellement en me disant que cela me ferait gagner beaucoup de temps (reportez-vous aux instructions écrites, à droite de l'illustration 9-16).

Lorsque tout sera complété, vous aurez obtenu un treillis composé de 64 petits carrés à l'intérieur du grand, avec *exactement* une ligne verticale et une ligne horizontale de carrés de même taille que l'on pourrait à la rigueur tracer entre le périmètre du grand carré et la circonférence du grand cercle (voir illustration 9-16). Le grand carré mesure donc 8

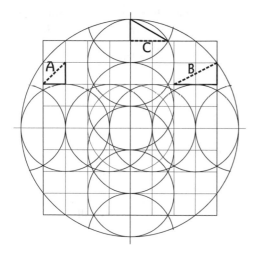

Illustration 9-17a. Racine carrée de 2 (triangle en A) ; racine carrée de 5* (triangle en B) ; racine carrée de 3 (triangle en C).

Note : Le théorème de Pythagore apparente l'hypoténuse d'un triangle à ses côtés : $h^2 = a^2 + b^2$ ou bien $h = \sqrt{a^2 + b^2}$, h étant l'hypoténuse, alors que a et b représentent la longueur des côtés.

* Par conséquent, quand $a = 2$ et $b = 1$ (comme dans le triangle B), $a^2 + b^2 = 5$, donc $h = \sqrt{5}$.

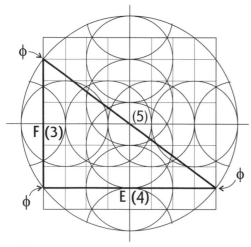

Illustration 9-17c. Un triangle 3-4-5 est parfaitement inscrit dans cette grille. L'unité de base équivaut à deux carrés.

petits carrés de largeur et le grand cercle a un diamètre de 10 d'entre eux – un 8 par 10 impeccable. Et vous n'avez pas eu besoin d'utiliser quoi que ce soit pour les mesurer.

Racines carrées et triangles 3-4-5

Il existe un autre aspect de ce quadrillage 8 par 10 que je mentionne parfois, mais cette fois-ci, je ne ferai qu'effleurer le sujet.

Quelques personnes parmi vous savent déjà que la philosophie des Égyptiens peut être réduite à la racine carrée de 2, de 3, de 5, et enfin, aux triangles 3-4-5. Or, il se trouve que toutes ces composantes sont réunies dans le dessin du premier niveau de conscience et qu'il est extrêmement rare que les choses se passent ainsi. Observez bien l'illustration 9-17a. Si on donne à la longueur des côtés des petits carrés la valeur 1, la diagonale A aura pour valeur la racine carrée de 2. Par contre, la diagonale B aura pour valeur la racine carrée de 5, et la ligne C, la racine carrée de 3, à partir du triangle équilatéral de la *Vesica piscis*.

Par exemple, par la racine carrée de 5, j'entends que si *quatre* petits carrés ont la valeur de 1 (voir illustration 9-17b), alors la valeur de D sera de 1 et celle de E, de 2.

Selon la règle de Pythagore, le carré de l'hypoténuse est égal à la somme des carrés

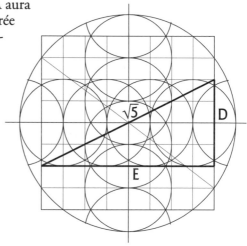

Illustration 9-17b. Autre triangle de la racine carrée de 5 ($\sqrt{5}$) utilisant *quatre* carrés du treillis au lieu d'un seul égal à 1,0.

des deux autres côtés. Par conséquent, $1^2 = 1$ et $2^2 = 4$; donc, $1 + 4 = 5$, ce qui fait que l'hypoténuse a pour valeur la racine carrée de 5 ($\sqrt{5}$). Reportez-vous à l'illustration 9-17b, dans laquelle quatre carrés constituent une unité de mesure, et vous comprendrez mieux.

Un triangle 3-4-5 est parfaitement inscrit dans l'illustration 9-17c. Si vous donnez à deux carrés la valeur de 1, alors la ligne F est longue d'exactement 3 unités (ou six carrés) et la ligne E, de 4 unités (ou 8 carrés). Puisque ces côtés mesurent respectivement 3 et 4 unités, la diagonale *doit automatiquement* avoir une valeur de 5 unités. Il ne peut en être autrement. Le tout forme un triangle à valeur 3-4-5. Il y a en fait huit triangles de ce genre dans l'illustration 9-17c, et ils sont inscrits tout autour de son centre exact. Ce qui est très rare, c'est que les triangles du type 3-4-5 soient inscrits exactement aux points où le cercle intersecte le carré pour former le rapport phi (φ). Ce synchronisme est extraordinaire, et il ne s'agit sûrement pas d'une simple coïncidence. Nous allons maintenant refaire ce dessin et l'employer un peu différemment.

Léonard et l'œil de CBS*

Superposons deux spirales créées par la progression de Fibonacci (1, 1, 2, 3, 5, 8, etc.). La première spirale (en pointillé) est féminine et l'autre (en une ligne continue plus épaisse), masculine (voir illustration 9-18). En fait, nous en avons déjà étudié une représentation parfaite (voir illustration 8-11). La spirale masculine (A) passe par le sommet de « l'œil » et continue son mouvement dans le sens des aiguilles d'une montre. La spirale féminine (B) passe par le point zéro (C), le centre même de l'œil, et continue sa course dans le sens inverse des aiguilles d'une montre. (L'œil que vous pouvez facilement distinguer au milieu de l'illustration 9-18 est celui que CBS utilise comme logo ou emblème commercial.) Je me demande bien

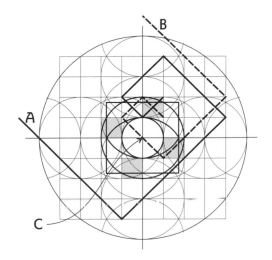

Illustration 9-18. Une perspective différente rend l'œil de CBS bien visible au centre, au point zéro (C).

---

* Columbia Broadcasting System : une des chaînes de télévision les plus connues aux États-Unis et qui a pour logo un œil qui semble avoir été conçu selon les principes de la géométrie sacrée.

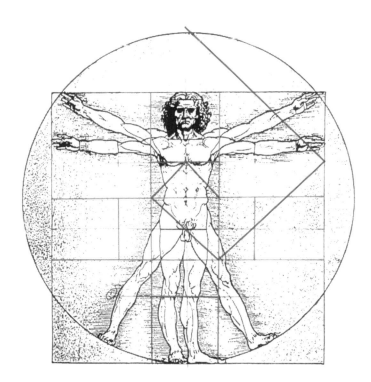

Illustration 9-20. Spirale féminine superposée au quadrillage de Léonard dans lequel est inscrit le corps humain.

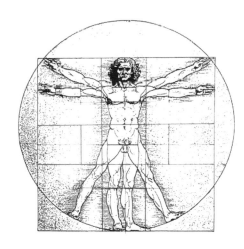

Illustration 9-19. Le quadrillage initial de Léonard.

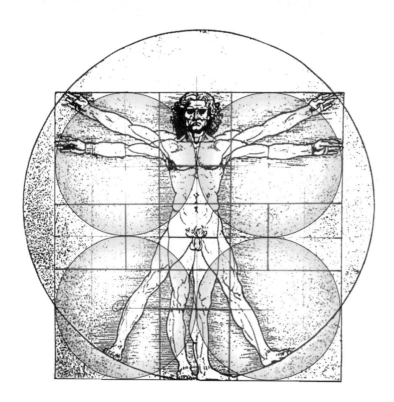

Illustration 9-21. Le fameux canon humain de Léonard calqué sur une représentation à l'échelle de la division des huit cellules (quatre visibles et quatre autres derrière elles que l'on ne peut voir).

qui étaient les personnes qui s'occupèrent du graphisme de cette corporation. Cet œil constitue en fait un verre optique ou, si vous préférez, une lentille de caméra, bien que Thot voie ça plus simplement comme un œil. C'est la géométrie grâce à laquelle l'esprit humain appartenant au premier niveau de conscience interprète la réalité. Ce dessin représente donc le niveau de conscience des aborigènes, qui ont 42 + 2 chromosomes (l'auteur regrette d'avoir perdu le document australien qui prouvait ce fait en l'expliquant scientifiquement). C'est le premier niveau de la conscience humaine sur cette planète, et c'est la première fois que l'être humain devient conscient de lui-même.

Veuillez noter que cette illustration, ainsi que les deux suivantes (tirées du canon humain de Léonard de Vinci que nous avons déjà présenté), ont les mêmes géométries (voir illustrations 9-19 et 9-20). Les deux treillis ou quadrillages sont composés de 64 petits carrés et la structure intérieure est la même, malgré le fait que le grand carré et le grand cercle soient placés différemment dans les dessins de Léonard. Ils sont en relation les uns avec les autres, ce qui me fait me demander : Qui donc était Léonard de Vinci et qu'étudiait-il au juste ?

Dans l'illustration 9-21, vous pouvez voir la division des huit premières cellules (reportez-vous à l'illustration 7-16) avec le corps humain qui y est superposé ; vous pouvez donc commencer à vous rendre compte que les proportions de l'adulte humain sont contenues dans le processus de division des huit cellules (plus loin dans ce chapitre, nous discuterons en détail de la relation qui existe entre le canon humain de Léonard et l'Œuf de vie). Cela signifie aussi que si Léonard de Vinci comprenait ces informations et qu'il ne s'agissait pas d'une simple coïncidence, il ne parlait pas de nous avec notre niveau de conscience actuel, mais bien à partir du premier niveau de conscience – celui des aborigènes, les premiers habitants de notre planète. Évidemment, je ne sais pas avec certitude s'il savait cela ou non, puisque ces informations à elles seules ne sont pas suffisantes pour que je puisse baser mon jugement là-dessus.

Le fait que Léonard ait tracé un 8 par 10 tout autour de son canon humain – malgré le grand nombre de treillis possibles – était chose suffisante pour m'amener à supposer qu'il connaissait peut-être ces niveaux de conscience basés sur la géométrie sacrée. Je me mis donc à étudier l'ensemble de son œuvre, question de voir s'il avait produit un canon humain avec un 10 par 12 ou même avec un 14 par 18. Je cherchai partout et ne laissai échapper aucun document disponible à mon esprit d'investigation. Je peux donc *vraiment* affirmer que je cherchai à découvrir la réponse à mes questions en employant tous les moyens à ma disposition, et ce, pendant longtemps. Hélas, ma tentative ne fut pas couronnée de succès et je finis par tout laisser tomber. Plus tard, alors que je reprenais l'étude de l'œuvre entière de Léonard de Vinci, je remarquai que ce petit dessin célèbre du canon humain basé sur un treillis de 8 par 10 lui avait en fait été inspiré par quelqu'un. Il s'agissait plutôt du travail de recherche de Vitruvius, un de ses maîtres à penser. Vitruvius avait en réalité vécu environ 1400 ans avant Léonard de Vinci, qui le considérait comme son plus grand maître.

Le 10 par 12 de Vitruvius

Après avoir découvert qu'il s'agissait en fait des proportions du corps humain selon Vitruvius, je passai *son* œuvre au peigne fin afin de voir si je pouvais y trouver un 10 par 12 ou un 14 par 18 – le résultat dépassa toutes mes espérances ! J'y trouvai un 10 par 12. Cela me procurait donc une explication pour deux niveaux de conscience sur trois. Je soupçonnai alors que ces deux hommes, Vitruvius et Léonard, avaient suivi exactement la ligne de pensée que Thot m'enseignait maintenant. De plus, Vitruvius était un ingénieur romain dont les écrits, révisés et republiés au XVe siècle, avaient inspiré une nouvelle architecture, celle de quelques-unes des plus belles églises d'Europe. Or, Léonard était aussi un maître maçon.

Si vous tracez *cinq* cercles de même diamètre le long de deux axes à angle droit l'un par rapport à l'autre (comme dans l'illustration 9-23), au lieu de quatre cercles (comme dans l'illustration 9-22), et que vous tirez toutes les lignes passant par les croisements entre toutes les *Vesica piscis,* vous obtenez ce treillis composé de 100 petits carrés – soit un 10 par 12.

Vous savez qu'il s'agit exactement d'un 10 par 12 parce qu'il y a 10 carrés dans la longueur du grand carré et 12 carrés dans le diamètre du grand cercle. Comme nous l'avons déjà vu dans l'illustration 9-16,

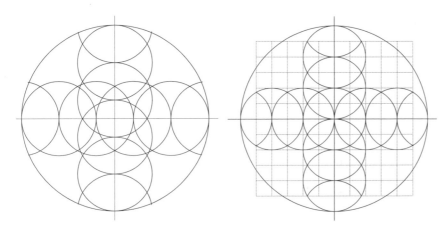

Illustration 9-22. Les quatre cercles créeront le treillis 8 par 10.

Illustration 9-23. Le 10 par 12.

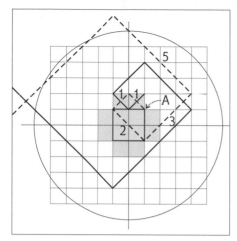

Illustration 9-24. Le treillis (ou quadrillage) du deuxième niveau de conscience ; spirale non synchronisée. Ici, l'unité de mesure est la diagonale d'un petit carré du treillis ; vous pouvez suivre la progression de Fibonacci.

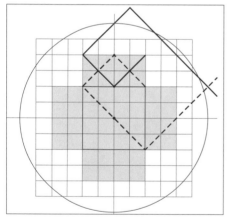

Illustration 9-24a. Le treillis (ou quadrillage) du deuxième niveau de conscience ; spirale synchronisée. Ici, l'unité de mesure est la diagonale de deux petits carrés du treillis, de telle manière que seuls les trois premiers chiffres de la progression de Fibonacci sont présents à l'intérieur du quadrillage. Pouvez-vous voir la différence de synchronisme entre l'illustration 9-24 et l'illustration 9-24a, où il y a deux genres de déséquilibre ? (Le secret réside dans la pyramide secrète de l'illustration 9-39.)

les *Vesica piscis* autour des quatre côtés se trouvent à moitié à l'intérieur du carré et à moitié à l'extérieur, et puisque la moitié de la largeur d'une *Vesica piscis* détermine la taille des carrés (car vous avez tiré des lignes dans le sens de la longueur des 12 *Vesica piscis*, ainsi que des lignes parallèles passant par toutes les 10 intersections), vous savez que vous avez des rapports parfaits.

10 000 ans de recherches assidues

Malgré tout… quand je traçai mes spirales de Fibonacci (de nature féminine par leur configuration d'origine), c'est-à-dire à partir du coin supérieur droit des quatre carrés centraux (au point A dans l'illustration 9-24), je ne paraissais pas progresser correctement. C'était très différent de ce qui s'était passé avec le 8 par 10 ; il ne semblait plus y avoir de synchronisme.

Je me souviens que je faisais tout cela alors que Thot m'observait. Il resta à mes côtés pendant longtemps et finit par me déclarer : « Je crois que je vais te dire comment t'y prendre avec celui-là. » Ce à quoi je lui répondis : « Oh, je finirai bien par le trouver tout seul ! » Et il ajouta alors calmement : « Non, je pense qu'il est mieux que je te l'explique maintenant. » Surpris, je lui demandai : « Et pourquoi donc cette fois-ci et pas les autres ? » Sa réponse me laissa bouche bée : « Tu ne trouveras probablement pas avant très longtemps. Cela nous a pris 10 000 ans pour trouver la solution, et je n'ai plus le temps d'attendre. »

Voici donc ce qu'il me révéla : Pour le premier niveau de conscience (le 8 par 10, voir illustration 9-16) et en ce qui concerne les quatre petits carrés du milieu, la valeur que nous avions choisie comme unité de mesure n'aurait pas dû être simplement 1. Il s'agissait en fait de la racine carrée de 1 – telle était sa vraie valeur –, mais vous me direz que la racine carrée de 1 est toujours 1 ! Comment donc voir la différence entre 1 et la racine carrée de 1 lorsqu'on contemple seulement l'unité de mesure du premier niveau de conscience ? En fait, ce n'est que lorsqu'on en vient au deuxième niveau de conscience, le 10 par 12, que l'on se rend compte qu'il ne s'agit pas de 2, mais bien du carré de 2, qui est égal à 4. Vous devez donc prendre la diagonale de quatre petits carrés comme nouvelle unité de mesure, ce qui veut dire qu'il faut maintenant deux diagonales au lieu d'une pour pouvoir égaler notre nouvelle unité de mesure (voir illustration 9-24a).

Lorsque vous utilisez cette nouvelle mesure, composée de deux diagonales dans quatre carrés, tout recommence à être en synchronisme parfait. À ce point, je ne vous en dirai pas plus à ce sujet, sinon qu'il s'agit bien du deuxième niveau de conscience. C'est là que nous sommes tous en ce moment, et ce dessin (voir illustration 9-24a) constitue l'œil ou la lentille de caméra à travers laquelle nous interprétons tous la réalité.

De plus, l'illustration 9-25 est le canon humain selon Vitruvius ; c'est un 10 par 12. Quand vous voyez ce dessin pour la première fois, cela ne semble certainement pas être un 10 par quoi que ce soit, parce qu'il y a trente petits carrés par côté – soit 900 carrés sur toute la surface quadrillée. Mais si vous regardez bien, vous voyez qu'un petit point a été placé tous les trois carrés. Et si vous comptez les espaces de point en point, c'est-à-dire tous les trois carrés, vous arrivez à un total de dix unités de mesure par côté. Il y a donc 100 carrés dans ce treillis, soit 10 x 10.

Je crois donc que le canon humain de Vitruvius est basé sur un rapport de 10 par 12, bien qu'il soit difficile de le prouver, car l'auteur du dessin n'a pas tracé de cercle dans le rapport phi (φ) sur la surface du quadrillage tout entier. S'il l'avait fait, le cercle aurait automatiquement créé un 10 par 12 (voir illustration 9-26). Malgré tout, ce qu'on peut facilement discerner dans ce dessin est le losange (délimité par les points A, B, M et N) qui, tel qu'il est, ne semble pas être en relation avec quoi que ce soit. Mais c'est en fait une indication que nous avons affaire au deuxième niveau de conscience, ce que nous avons vu plus tôt dans ce chapitre (voir l'illustration 9-4 et sa légende) et qui constitue d'abord la base de la sélection du 10 par 12. À mes yeux, le fait que Vitruvius ait tiré ces quatre lignes pour former un losange équilatéral (ou un carré, si vous préférez) qu'il a ensuite fait pivoter de 45 degrés est la preuve qu'il comprenait qu'il s'agissait bien du deuxième niveau de conscience humain.

Un autre élément important à propos de ce canon est que chaque carré délimité par des petits points est composé de 3 x 3 = 9 carrés plus petits, ce nombre étant la clé du treillis qui représente le troisième niveau, celui de la conscience christique – celui-ci n'utilisant plus le carré de 1 ni le carré de 2, mais bien le carré de 3, qui est égal à 9. Nous devons donc prendre 9 petits carrés pour créer l'unité de mesure du troisième niveau de conscience humain, ce qui, mentionnons-le en passant, est le nombre de dalles en pierre constituant le plafond de la chambre du roi dans la pyramide de Chéops.

Vitruvius et la Grande Pyramide

Répétons que le losange que l'on aperçoit dans l'illustration 9-26 représente le deuxième niveau de conscience – la forme qui relie les premier et troisième niveaux de conscience. Lorsque nous avons fait pivoter le carré de 45 degrés, qui renvoie au deuxième niveau de conscience, il est entré en contact presque parfait, géométriquement parlant, avec la conscience christique, à savoir le grand carré contenant le treillis tout entier (voir illustrations 9-4 et 9-26). Or, on retrouve cette configuration losange-carré, mais en plus subtil, dans le plan de la Grande Pyramide, ce qui constitue une autre preuve que celle-ci a été

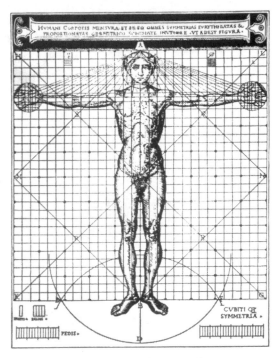

Illustration 9-25. La canon humain selon Vitruvius.

Illustration 9-26. Grand cercle ajouté au dessin du canon humain de Vitruvius.

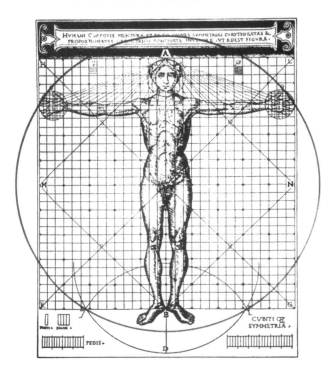

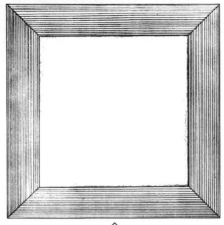

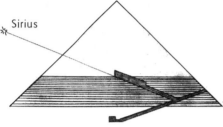

Illustration 9-27. Coupe transversale de la Grande Pyramide au niveau de la chambre du roi.

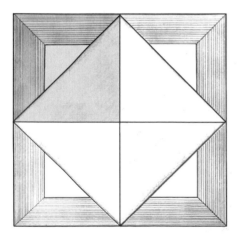

Illustration 9-28. Carré et losange illustrant le fait que la région délimitée par le losange est exactement deux fois moindre en superficie que le grand carré de base.

construite pour être utilisée par le deuxième niveau de conscience, et ceci, dans le but de pouvoir pénétrer dans le troisième.

Si l'on fait une coupe de la pyramide au niveau de la chambre du roi, on obtient un carré (voir illustration 9-27) dont la superficie est exactement la moitié de celle de la base. Même le gouvernement égyptien a découvert cela. On n'a besoin d'aucune mesure pour observer ce fait. Si vous prenez la superficie du carré au niveau de la chambre du roi et que vous la faites pivoter de 45 degrés, comme dans l'illustration 9-28, les quatre coins de ce carré toucheront exactement le carré de base de la pyramide. En tirant les diagonales entre chaque côté opposé du carré interne, on crée 8 triangles égaux entre eux (quatre à l'intérieur du losange et quatre à l'extérieur). Les triangles intérieurs ayant la même taille que les triangles extérieurs (voir les deux triangles plus sombres dans l'illustration 9-28), la surface du carré intérieur est automatiquement deux fois moindre que celle de la base de la pyramide. On peut aussi voir cela sans effectuer aucun calcul.

La chambre du roi – dont le niveau au sol détermine la taille du carré interne dans les deux illustrations – a été construite pour nous tous, pour notre niveau de conscience actuel (le deuxième), et ceci, afin que nous puissions passer par l'initiation menant au niveau de conscience suivant (le troisième), celui de la conscience christique. Cela devient évident quand les informations données plus haut commencent à être connues et comprises.

Dans l'illustration 9-29, vous pouvez voir la géométrie composée de carrés intérieurs successifs, qui ont exactement la moitié de la superficie du carré qui les précède et sont orientés à 45 degrés par rapport à lui. Nous pourrions discuter en profondeur de la signification ésotérique de cette progression géométrique, car les racines carrées de 2 et de 5 sont considérées comme sacrées et alternent géométriquement à perpétuité, mais je crois que vous comprendrez tout cela par vous-mêmes au fur et à mesure que nous avancerons.

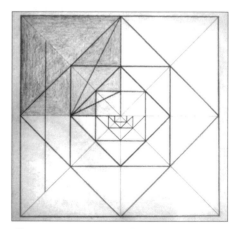

Illustration 9-29. Grand carré extérieur à l'intérieur duquel toute une succession de carrés ont été pivotés à 45 degrés les uns par rapport aux autres.

À la recherche du 14 par 18

J'avais maintenant les représentations géométriques de deux niveaux de conscience sur trois, l'une tirée du canon humain de Léonard de Vinci et l'autre du canon humain de Vitruvius, et j'étais vraiment très excité. Je commençai à passer en revue tout ce que je pouvais trouver sur Vitruvius et les témoignages écrits qu'il a laissés à la postérité ou qui ont été publiés sur lui. Mon but était de trouver un vrai 14 par 18. Je continuai ma recherche pendant longtemps et, un jour, je compris quelque chose d'important et me fis la réflexion logique suivante. Puisque le 14 par 18 représente la conscience christique, si un tel dessin existe réellement, son auteur l'aura alors considéré comme très sacré et placé dans une boîte en or qui aura ensuite été mise bien à l'abri sous quelque autel sanctifié, quelque part dans le monde. Un tel dessin ne serait sans doute jamais mis en évidence, et son existence resterait cachée aux yeux du grand public. Je poursuivis ma recherche malgré tout, mais à ce jour, je n'ai rien trouvé et ne sais toujours pas si je pourrai jamais découvrir quoi que ce soit.

L'illustration 9-30 symbolise ce que nous sommes en ce moment. J'y ai ajouté les cercles et tiré les lignes qui n'étaient pas dans le dessin d'origine. Tout cela pourrait devenir très important pour vous. En fait, ça l'est tellement pour moi que le dessin tout entier constitue la première page des huit chapitres du tome 1. Ce dessin est primordial parce qu'il montre les proportions exactes du tétraèdre étoilé qui existe autour de votre corps, ainsi que le tube qui passe par son milieu exact et que nous allons utiliser pour respirer au cours de la méditation qui mène à la connaissance du Mer-Ka-Ba, le corps de lumière chez l'être humain ; et il y a aussi le cercle du rapport phi (φ). L'illustration 9-30a montre une sphère dont nous n'avons pas encore parlé – la sphère de conscience qui va se développer autour de votre chakra du cœur universel. Je prie pour qu'à la fin de l'étude de ce livre, cette connaissance puisse avoir pour vous une profonde signification et vous aide tout au long de votre croissance spirituelle.

Le côté méconnu de Léonard

J'avais donc maintenant deux morceaux sur trois de ce jeu de patience. Je soupçonnais fortement que Léonard et Vitruvius avaient œuvré selon les principes fondamentaux que Thot m'avait lui-même enseignés, mais je n'en étais pas encore absolument certain. Dans mon cœur, j'en étais sûr, mais il ne s'agissait encore que d'une évidence circonstancielle, sans preuve scientifique objective. Un jour, alors que j'étais à New York pour donner un atelier et que je résidais temporairement chez la personne qui l'avait organisé, je vis que celle-ci avait chez elle une excellente collection de livres divers. J'en remarquai un sur Léonard de Vinci que je n'avais jamais vu auparavant. Il avait pour titre *The Unknown Leonardo*. C'était là une compilation des dissertations, dessins et recherches de Léonard de Vinci que la majorité de ses critiques avaient jugés peu importants par rapport au reste de son œuvre. Beaucoup de ses dessins effectués à main levée n'avaient même jamais été reproduits dans les ouvrages magnifiques publiés sur lui au cours des siècles. En effet, les éditeurs successifs avaient considéré tout

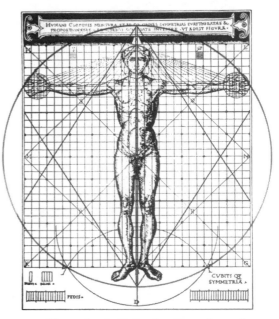

Illustration 9-30. Le deuxième niveau de conscience selon Vitruvius. Ajouts : le grand cercle, qui est dans le rapport phi (φ) avec le grand carré (le quadrillage tout entier) ; le tube à prana central ; et enfin, l'étoile tétraédrique, qui représente l'élément fondamental du Mer-Ka-Ba.

Illustration 9-30a. Ajout : la nouvelle sphère de conscience (un peu plus petite que la grande sphère), dont le centre exact est le chakra du cœur. Ce résultat peut être obtenu lorsqu'on apprend à respirer différemment.

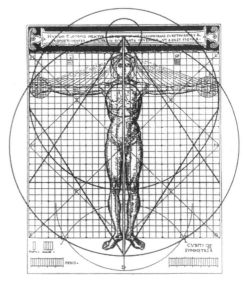

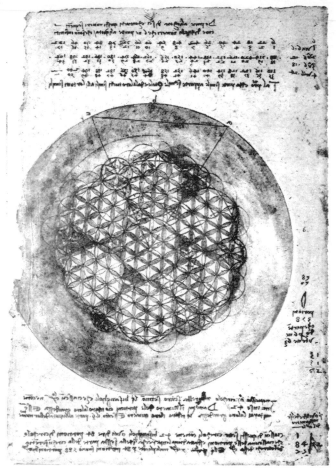

Illustration 9-31. La Fleur de vie de Léonard. Tiré du livre *The Unknown Leonardo* (Ladislas Reti, ed., Abradale Press, Harry Abrams, Inc., Publishers, New York, 1990).

cela davantage comme des gribouillis ou des esquisses préliminaires sans importance.

Alors que je commençais à feuilleter ce livre que je n'avais encore jamais vu, mon regard fut soudain attiré par le contenu de cette page (voir illustration 9-31). Léonard avait donc dessiné lui aussi la Fleur de vie ! Et ça n'était pas simplement un brouillon – il avait en fait soigneusement calculé les angles, étudié et compris les géométries associées à la Fleur de vie.

L'illustration 9-32 est la reproduction d'une autre page qui démontre différentes combinaisons géométriques extraites de la Fleur de vie. La géométrie exprimée en A, par exemple, est l'une des clés que vous retrouverez partout dans le monde – c'est le centre même de la Fleur de vie. Vous découvrirez cette image ou une réflexion de cette géométrie dans les églises, les monastères et autres hauts lieux. Cela nous relie subtilement aux éléments fondamentaux de la création que nous avions oubliés.

Léonard avait donc fait une étude approfondie de tous les rapports possibles et calculé tous les angles qu'il pouvait déceler. Il fut le premier, à ma connaissance, à

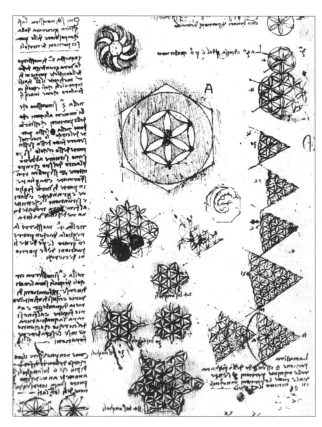

Illustration 9-32. Davantage de croquis de Léonard sur la Fleur de vie. A : Le cœur même de la Fleur de vie. (Extrait de *The Unknown Leonardo*, page 64.)

trouver toutes ces corrélations et à les appliquer dans ses recherches, ce qui lui permit d'inventer une incroyable variété d'objets (voir illustration 9-33a) – comme l'hélicoptère et les rapports d'engrenage qu'on a aujourd'hui dans les boîtes de vitesse de nos véhicules. Et tout cela fut inspiré par ses dessins d'étude de la Fleur de vie ! L'éditeur du livre était d'ailleurs passé complètement à côté quant à la véritable origine de tous ces dessins. Il avait simplement mentionné que toutes les inventions de Léonard de Vinci étaient inspirées de ces petits croquis. Léonard avait en fait rempli plusieurs pages, s'efforçant apparemment d'effectuer autant de liens que possible (voir illustration 9-33b) entre tout cela.

Aujourd'hui, je peux affirmer avec certitude que Léonard progressait dans la même direction ou était déjà parvenu à ce que Thot m'a enseigné et que je vous transmets dans cet ouvrage. Je crois donc que les enseignements de Thot et les études de Léonard sont basés sur une compréhension identique de la géomérie de la Fleur de vie.

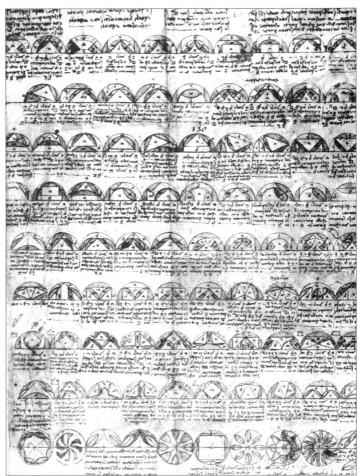

Illustration 9-33a. Les rapports d'engrenage que Léonard appliqua à ses inventions. (Tiré du livre *The Unknown Leonardo*, page 78.)

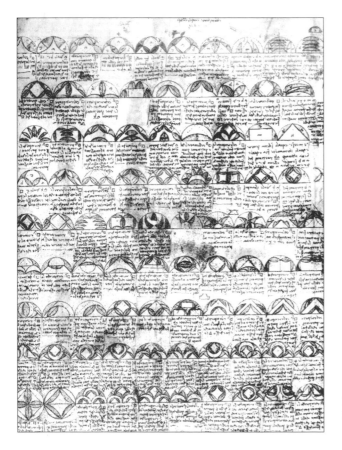

Illustration 9-33b. Davantage de rapports et de proportions. (Tiré de *The Unknown Leonardo*, page 79.)

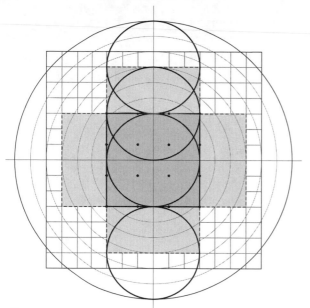

Illustration 9-34. La conscience christique ; le rapport carré-cercle 14 par 18 du troisième niveau de conscience.

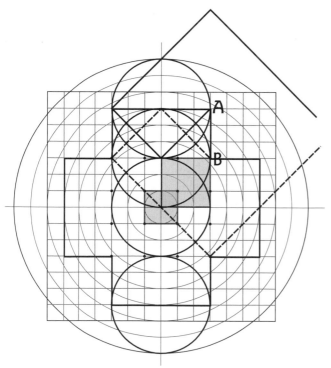

Illustration 9-34a. La conscience christique, le 14 par 18, montrant l'unité de mesure fondamentale (les quatre carrés plus sombres du centre), ainsi que l'unité de la diagonale de trois carrés pour la spirale (les neuf carrés en plus sombre).

Un autre homme, également très connu, avait aussi suivi cette voie dans le passé – Pythagore. En géométrie sacrée, lorsque vous refaites vous-mêmes les différents dessins – ce qui vous oblige à connaître les angles et à découvrir les proportions –, vous devez prouver vos calculs. Dans mon cas, chaque fois qu'il m'a fallu expliquer quelque chose en géométrie sacrée, j'ai toujours pu le faire en empruntant la réponse à des livres de géométrie ordinaires plutôt qu'en m'efforçant de tout établir par moi-même. Et dans presque tous les cas, la preuve avait été rendue possible grâce à Pythagore.

Chaque solution trouvée – ce qui implique pour ainsi dire tout ce qui était enseigné dans son école – ne constituait pas simplement une preuve tirée au hasard grâce à une géométrie quelconque. Il était *indispensable* à Pythagore d'illustrer tout ce qu'il avançait afin de pouvoir continuer logiquement dans sa progression. Il ne pouvait simplement pas supposer quoi que ce soit ; il fallait qu'il le démontre géométriquement avant de pouvoir faire le pas suivant. Après quelque temps au cours de ma recherche, j'éprouvai d'ailleurs le besoin de rassembler tous ses écrits et ses dessins, car je savais que j'aurais à les utiliser dans le futur. Il avait fallu toute une vie à Pythagore pour découvrir toutes ces choses, mais personnellement, je voulais aller plus vite.

Nous savons donc maintenant qu'au moins deux grands hommes dans le passé, Léonard de Vinci, un des plus grands génies de notre temps, ainsi que Pythagore, le père de notre monde moderne, avaient pris conscience de la profonde signification de la Fleur de vie et appliqué cette connaissance dans leur propre recherche.

Étudions maintenant le dernier dessin, le 14 par 18, qui représente l'état de conscience christique (voir illustration 9-34). Comme auparavant, vous n'avez qu'à tracer neuf cercles concentriques et un grand carré qui circonscrit le septième ; vous obtenez ainsi un dessin qui symbolise la conscience christique, un 14 par 18. Mais lorsque vous en venez aux quatre petits carrés du milieu, vous ne pouvez plus appliquer le carré de 1 ou de 2 ; vous devez utiliser le carré de 3 comme unité de mesure. Celui-ci (3 x 3) est égal à 9. À partir de maintenant, vous allez prendre un carré de neuf cases comme nouvelle unité de mesure, et quatre de ces cases seront au centre de votre dessin (voir illustration 9-34a). Le carré de neuf cases y est indiqué en plus foncé. Votre nouvelle unité de mesure sera donc la diagonale du carré de neuf cases. La spirale de Fibonacci, de nature masculine, commence au point A et continue sa progression dans le sens des aiguilles d'une montre. La spirale de nature féminine, quant à elle, correspond aux lignes pointillées et commence à partir du point B, continuant sa route dans le sens inverse des aiguilles d'une montre. Vous remarquerez que cette dernière passe précisément par le centre exact de l'illustration, le point zéro, avant de quitter le quadrillage. Nous retrouvons donc le même synchronisme que dans les autres illustrations, mais à condition de recourir à la diagonale d'un carré de neuf cases (indiqué en plus foncé dans l'illustration 9-34a), qui existait déjà dans le dessin de Vitruvius désignant le deuxième niveau de conscience. C'était sa manière à lui de dire la même chose que Thot. Il y a donc, dans le deuxième niveau de conscience, toutes les informations nécessaires pour définir et trouver le troisième niveau, celui de la conscience christique.

Et dans ce cas, vous pourriez me demander quel synchronisme nous avons ici. Vous remarquerez que la spirale féminine, en lignes pointillées dans l'illustration 9-34a, passe exactement par le point zéro au centre même de l'illustration et que la spirale masculine, en lignes pleines plus épaisses, continue dans la même illustration et passe exactement par l'intersection entre le cercle le plus grand (le neuvième) et la ligne verticale du milieu. Même chose dans les illustrations 9-24 et 9-24a. C'est donc la clé. Quelques pages plus loin, vous vous rendrez compte que ces points renvoient à la fois au sommet et à la base de la Grande Pyramide.

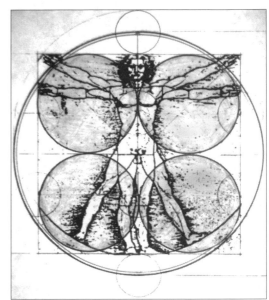

Illustration 9-35. Les huit cellules d'origine (cercles plus sombres ; il y en a quatre autres juste derrière ceux que vous voyez ici) superposées sur le canon humain de Léonard.

Un synchronisme ahurissant

Je vais vous montrer ici toute une série de dessins afin de bien illustrer ce synchronisme ahurissant.

Dans l'illustration 9-35, vous pouvez voir les huit cellules d'origine (représentées par les cercles plus foncés) circonscrites par la surface interne de la *Zona pellucida*, la membrane translucide (comparez avec l'illustration 7-26). (Les quatre autres cellules ne sont pas visibles, mais elles se trouvent juste derrière celles que vous voyez ici, dans l'illustration 9-35.) Le grand cercle extérieur forme un rapport phi (φ) presque parfait avec le carré entourant la forme humaine, qui s'imbrique impeccablement dans l'ensemble. On peut même y inscrire son étoile tétraédrique (voir illustration 9-35a).

Si vous tracez trois cercles égaux le long de l'axe vertical (voir illustration 9-36) et qu'ils s'emboîtent parfaitement dans l'ensemble, cela est dû au fait que l'étoile tétraédrique est divisible en tiers égaux. Cela démontre en somme que les huit cellules d'origine et le corps de l'être humain adulte sont en rapport l'un avec l'autre. En d'autres termes, le microcosme est intimement relié au monde quotidien.

L'illustration 9-36 est un dessin à deux dimensions montrant les huit premières cellules. Si l'on évoluait dans un monde à trois dimensions, le

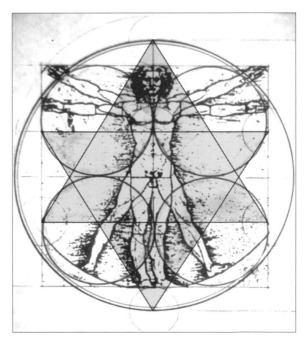

Illustration 9-35a. Superposition de l'étoile tétraédrique sur le canon humain et les huit cellules d'origine.

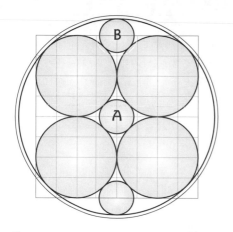

Illustration 9-36. Les huit cellules d'origine sans le canon humain de Léonard, avec un ajout de trois petits cercles.

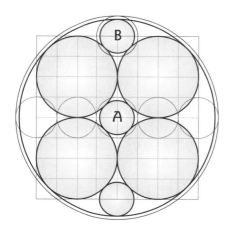

Illustration 9-36a. Démonstration de la manière dont le cercle un peu plus grand, qui s'inscrit exactement dans les carrés du treillis, s'inscrit aussi précisément *à l'intérieur* des cellules d'origine à trois dimensions, et comment, *à l'extérieur*, il touche la surface extérieure de la *Zona pellucida*.

petit cercle du milieu serait une sphère qui passerait par le centre exact de l'ensemble des huit sphères plus grandes ou cellules vivantes – un peu comme une bille de taille parfaite, qui pourrait être insérée entre ces huit sphères et rester juste au centre – et qui est représentée ici par le petit cercle A. Si vous prenez un autre cercle de même taille, vous pourrez aussi le placer en B, et il touchera la surface intérieure de la *Zona pellucida*, ce qui révélera son emplacement.

Ensuite, prenez le cercle qui s'imbrique *derrière* le cercle A du centre – celui-là est un peu plus grand parce que sa circonférence touche exactement les lignes du treillis, lui-même composé de 64 petits carrés (voir illustration 9-36a). Quand vous reportez un cercle d'une telle circonférence au point B, cela vous indique la surface *extérieure* exacte de la *Zona pellucida*. Ainsi, le petit cercle, dont la circonférence s'inscrit parfaitement au milieu du dessin, et le cercle un peu plus grand, dont la circonférence s'inscrit tout à fait à l'intérieur des lignes des carrés du treillis (en les touchant toutes les quatre), sont autant de clés servant à définir les surfaces intérieure et extérieure de la *Zona pellucida*, et à démontrer que tous ces éléments sont dans le rapport phi (φ). Cette méthode de calcul est la seule que je connaisse, mais il est possible qu'il en existe d'autres.

Revenons maintenant au dessin de Léonard qui est placé en transparence sur celui des huit premières cellules. Dans l'illustration 9-37, nous superposons une géométrie différente sur le canon humain de Léonard de Vinci, ce qui démontre qu'il existe un autre rapport entre le macrocosme et avec le microcosme. Vous remarquerez la grande sphère plus sombre qui circonscrit parfaitement le corps humain de la tête aux pieds et qui est elle-même parfaitement circonscrite par le grand carré dans lequel est le corps humain. Vous noterez aussi le cercle plus petit situé directement au-dessus de la tête du personnage. Il a été créé en plaçant la pointe du compas sur l'intersection entre la ligne verticale du milieu de l'illustration et le grand cercle qui est dans le rapport phi (φ) avec le grand carré. On ouvre alors le compas de manière que sa pointe traçante touche le haut du crâne du personnage et on dessine le cercle tout entier. Dans l'illustration 9-35, ce même cercle a un rayon qui s'étend depuis la surface extérieure de la *Zona pellucida* jusqu'au sommet de la tête du personnage ou du grand carré, si vous préférez. Ce petit cercle ne fait donc que toucher légèrement la surface du grand cercle plus foncé. (À propos, rappelons que le centre du petit cercle est situé exactement à l'emplacement du 13e chakra chez l'être humain.)

Quelle est donc la signification de tout ceci ?

Proportions entre la Terre et la Lune

Beaucoup de gens ont prétendu être les auteurs des informations qui vont suivre, mais personne ne peut plus aspirer à ce titre, car j'ai trouvé quelqu'un qui a vécu bien avant eux et qui s'intéressait lui-même à ce sujet. Il est peut-être d'ailleurs le véritable auteur de cette découverte. Les écrits les plus anciens que je connaisse à ce sujet sont ceux de

Lawrence Blair, dont son livre *Rhythms of Vision*. Chose curieuse, cet homme ne prétend pas être l'auteur des informations données ; il reconnaît lui-même les avoir obtenues à même des ouvrages plus anciens. Je ne sais donc pas qui est le véritable auteur de cette découverte magistrale, mais il s'agit d'informations remarquables, spécialement si vous n'en avez encore jamais entendu parler. Soumettons donc les faits suivants à votre examen : la taille des deux sphères de ce dessin (voir illustration 9-37) est « comme par hasard » dans le même rapport que celui de la Terre à la Lune. De plus, ce rapport est localisable dans le corps humain et dans les huit premières cellules qui résultent de la fécondation de l'œuf, juste après la conception. Non seulement les deux sphères de l'illustration 9-37 ont l'une par rapport à l'autre la même taille que la Terre par rapport à la Lune, et vice versa, mais le grand carré qui circonscrit la Terre et le grand cercle qui passe par le centre de la Lune (si cette dernière effleurait la Terre) sont dans le rapport phi (φ). Cela prouve donc que les tailles de la Terre et de la Lune, telles qu'elles sont calculées par l'homme avec ses instruments, sont correctes et fiables.

Afin de pouvoir prouver tout cela, vous devez connaître le diamètre de la Terre, qui est égal à la longueur du carré qui la circonscrit, tout comme le corps humain. Multipliez ensuite cette valeur par 4 pour trouver combien il faudrait franchir de kilomètres si l'on voulait faire le tour complet du carré. Une fois que vous savez cela, vous devez calculer le diamètre du grand cercle passant par le centre de la Lune (en admettant que cette dernière puisse effleurer la Terre de cette manière) et le nombre de kilomètres compris dans sa circonférence.

Faisons donc les calculs.

Le diamètre moyen de la Terre est de 12 743 kilomètres. Le diamètre moyen de la Lune est de 3475 kilomètres. Le périmètre du carré qui circonscrit la Terre est donc égal au diamètre de la Terre multiplié par 4, soit 50 971 kilomètres. Afin de calculer le nombre de kilomètres contenu dans la circonférence du cercle passant par le centre de la Lune, nous devons connaître le diamètre de la Terre et celui de la Lune calculés ensemble, le tout devant être ensuite multiplié par pi (π). Si le chiffre obtenu est très proche de celui du périmètre du carré (soit 50 971 kilomètres), cela démontrera que le carré et le cercle sont dans le rapport phi (φ). Faisons donc cet autre calcul : la circonférence du cercle est égale au diamètre de la Terre (soit 12 743 kilomètres) plus le diamètre de la Lune (3475 kilomètres), et le tout égale 16 218 kilomètres, que nous multiplions maintenant par 22/7, une proportion que l'on utilise souvent au lieu du nombre pi (π = 3,1416°). Le chiffre ainsi obtenu est 50 971 kilomètres, soit *exactement le même nombre* que pour le périmètre du carré !

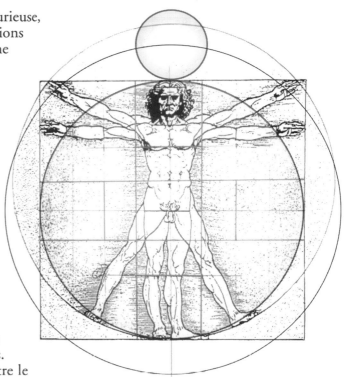

Illustration 9-37. Le canon humain de Léonard inscrit dans le carré et le cercle. Le petit cercle au-dessus de la tête du personnage touche la surface extérieure de la *Zona pellucida* du grand cercle, qui est dans le rapport phi (φ) avec le grand carré.

$$12\ 743 \times 4 = 50\ 971$$
$$D = 12\ 743 + 3475 = 16\ 218$$
$$16\ 218 \times \pi = 50\ 971$$

Illustration 9-38. Calculs ayant trait à la Terre et à la Lune.

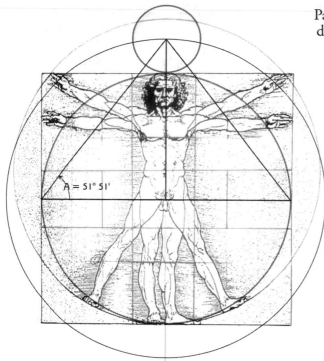

Par conséquent, la taille de la Terre est en harmonie (ou dans le rapport phi) avec la Lune, et on trouve ces mêmes rapports dans les proportions des champs énergétiques de l'être humain, jusque dans l'Œuf de vie lui-même.

J'ai passé des semaines à réfléchir à ce paradoxe. Le champ énergétique de l'être humain est en rapport parfait avec la taille de la Terre sur laquelle nous vivons et avec la taille de la Lune qui tourne autour de la Terre ! J'étais aussi ahuri que le jour où j'ai découvert que les électrons tournent autour du noyau à 9/10 de la vitesse de la lumière. Et qu'est-ce que cela signifie ? Que les planètes doivent avoir seulement une certaine taille ? Qu'il n'y a pas de hasard, en aucune manière ? S'il est vrai que notre corps est la mesure de l'univers, cela veut-il dire que nous avons en nous en quelque sorte toutes les tailles de toutes les planètes qui existent ? Cela veut-il dire aussi que les tailles de tous les soleils sont également quelque part en nous ?

Récemment, quelques livres qui contiennent ces informations ont été publiés, mais les auteurs semblent blasés et passent volontiers à d'autres sujets, comme si de rien n'était. La vérité est que toutes ces informations ont une importance énorme et qu'il s'agit là d'un sujet toujours très actuel. Je suis profondément ému et émerveillé par la perfection de la création. Cette connaissance renforce assurément l'idée que « l'homme est la mesure de l'univers ».

Illustration 9-39. Proportions de la Lune par rapport à la Terre. On retrouve l'angle A dans la Grande Pyramide.

Les proportions de la Terre, de la Lune et de la Grande Pyramide

Et comme si tout ce qui a été dit plus haut n'était pas suffisant, voyez ce que signifient quelques-unes de ces autres lignes ! Par exemple, si vous tirez une ligne horizontale passant en deux points par la circonférence de la Terre et par son centre, puis une ligne à partir de chacun de ces deux points allant jusqu'au centre de la Lune, et enfin, une ligne depuis le centre de la Lune jusqu'à celui de la Terre (voir illustration 9-39), vous obtenez *précisément* les mêmes proportions que celles de la Grande Pyramide de Chéops, en Égypte ! L'angle en A est de 51 degrés 51 minutes 24 secondes, exactement le même que celui de la Grande Pyramide (illustrations 9-40 et 9-41).

Thot, plus connu sous le nom d'Hermès lorsqu'il résidait en Grèce, écrit lui-même dans les *Tables d'émeraude* qu'il est l'auteur de la Grande Pyramide et que les proportions de cette dernière sont inspirées de celles de la Terre. Assurément, ce qui est dit plus haut renforce cette déclaration.

Illustration 9-40. La Grande Pyramide de Chéops.

Puisque la Terre, la Lune (et le système solaire tout entier), le corps de l'être humain et l'Œuf de vie sont tous en rapport les uns avec les autres grâce à la géométrie sacrée et que la Grande Pyramide renforce leurs liens, et puisque nous avons aussi ces trois niveaux de conscience dont la représentation géométrique est agrémentée de pyramides, nous pouvons superposer ces dessins sur un schéma à l'échelle de la Grande Pyramide. Ce faisant, nous pourrons connaître la signification des différentes chambres et leur position. La Grande Pyramide est en fait une carte de notre niveau de conscience actuel. Il n'est donc pas étonnant (du point de vue du subconscient) que jusqu'à 18 000 personnes par jour visitent ce vénérable monument !

COUPE TRANSVERSALE DE LA GRANDE PYRAMIDE

face nord

$\alpha = 51°51'$

$\beta = 26°34'$

lit de roche

Le tunnel qui se termine abruptement dans le roc.

Les chambres de la Grande Pyramide

Jusqu'en 1990 environ, tout le monde pensait que la Grande Pyramide (voir illustration 9-41) contenait seulement la chambre du roi (K), la chambre de la reine (Q), la grande galerie (G), la fosse ou la grotte (E) – assurément un endroit très étrange – et enfin le puits (W), ainsi nommé parce qu'il y a un puits dans cet espace souterrain. Depuis 1994, on a cependant découvert quatre autres chambres. Trois d'entre elles sont situées derrière les murs de la chambre de la reine. La première était vide, la deuxième était remplie de sable radioactif du sol au plafond, et il y avait une statue en or massif dans la troisième. La rumeur circule à l'effet qu'une équipe de scientifiques japonais

Illustration 9-41. Un écorché de la Grande Pyramide.

A passage ascendant
D passage descendant
E la fosse ou la grotte
G la grande galerie aux sept encorbellements
K la chambre du roi
Q la chambre de la reine
S le sarcophage
W le puits

Il y a environ 300 ans, Kepler a émis l'idée que les orbites de toutes les planètes de notre système solaire sont basées sur les corps platoniciens. Il a bien essayé de prouver sa théorie, mais sans succès, car ses informations sur les orbites étaient fausses. Dans nos temps modernes, un Anglais du nom de John Martineau a enfin découvert la vérité à ce sujet. À l'aide d'un ordinateur, il a rassemblé la plus grande partie des informations que nous avons sur les rapports d'angles et autres éléments tirés de la géométrie sacrée, ainsi que des chiffres précis sur l'apogée, le périgée et la moyenne des orbites planétaires, tous fournis par la NASA, et il s'est mis à établir des comparaisons. Les résultats qu'il a ainsi obtenus sont stupéfiants.

Il a en somme constaté que les principes simples de la géométrie sacrée déterminent les orbites des planètes et l'ordre qui règne entre elles, et que *rien* n'est dû au hasard. Kepler avait donc raison, sauf qu'il n'y a pas que l'influence des corps platoniciens qui intervienne. John Martineau a consigné toutes ces informations nouvelles, et pourtant vieilles comme le monde, dans un livre qu'il a publié en 1995, mais qui est maintenant épuisé et qui a pour titre *A Book of Coincidence: New Perspectives on an Old Chestnut* (Wooden Books, Wales).

aurait retiré cette statue de là. (Soit dit en passant, la chambre du roi et celle de la reine n'ont rien à voir avec le masculin et le féminin. Ce sont les musulmans qui leur ont donné ces noms. En effet, selon leurs coutumes, on enterre les hommes dans des tombes à toit plat, et les femmes dans des tombes ayant un toit en pente. Cela n'a rien à voir avec le titre de roi ou de reine ni avec le principe mâle ou femelle.)

Le vol de cette statue déclencha d'ailleurs une série de réactions qui retentirent dans le monde entier. Pendant la crise, l'officiel à la tête du ministère des Antiquités égyptiennes perdit son poste, et tous les archéologues étrangers reçurent l'ordre de quitter le pays. Des équipes furent envoyées un peu partout dans le monde pour essayer de retrouver la statue, mais sans succès, si je ne me trompe. Et l'on n'a jamais retrouvé les responsables du vol non plus. Cette statue est pourtant absolument sans prix. L'or pur dont elle est composée vaut évidemment beaucoup d'argent, mais *aucune* somme ne peut égaler la valeur de la statue elle-même. Les scientifiques japonais étaient sur les lieux en même temps que moi, en janvier 1990, et la statue disparut peu après.

Vous devez savoir que les Japonais ont fabriqué des instruments leur permettant de voir sous la terre ; c'est d'ailleurs grâce à cela qu'ils ont découvert une nouvelle salle sous le sphinx. Malgré les quelque 18 mètres de roche, ils pouvaient très bien la distinguer ; on y voyait même une corde et un pot en argile dans un coin. Ils ont aussi trouvé un tunnel allant de cette salle sous le sphinx jusqu'à la Grande Pyramide. Beaucoup d'écrits anciens mentionnent d'ailleurs ce tunnel. En fait, certains documents en rapportent même trois.

La statue se trouvait dans la section occupée par les Japonais. Selon mes propres sources d'information provenant des gens qui étaient sur les lieux au moment du scandale, les Japonais auraient saisi sur leur écran l'image de la statue, à l'intérieur même de la chambre jouxtant celle de la reine. Ils auraient ensuite rencontré le ministre des Antiquités égyptiennes et lui auraient demandé la permission de la retirer de là, ce qui leur fut refusé à tous les niveaux. À mon avis, les Japonais avaient au départ pensé qu'il n'y aurait aucun problème. À cette époque-là, la chambre de la reine était encombrée de leurs échafaudages et il n'était permis à personne d'autre d'y pénétrer. Les Japonais avaient donc un accès privilégié à ce mur et à la chambre se trouvant derrière. Environ un mois après qu'on leur eut refusé la permission de retirer la statue, ils plièrent soudain bagages, retirèrent leurs échafaudages et quittèrent le pays. Ce n'est qu'*après* qu'ils eurent quitté l'Égypte que le responsable se rendit compte qu'il y avait un nouveau mortier entre les briques du mur faisant face à la chambre secrète dans laquelle se trouvait jadis la statue et comprit soudain ce qui s'était passé (supposément). Mais il était déjà trop tard. Le ministre y perdit donc son poste et le scandale fut considérable.

Davantage de chambres secrètes

On a récemment découvert une autre pièce, juste à côté de la chambre de la reine. En fait, deux conduits de ventilation d'environ 10 à 15 centimètres de diamètre montent quelque part en pente raide depuis la chambre de la reine. Un chercheur allemand (Rudolf Gantenbrink) a d'ailleurs inventé un petit robot à chenilles muni d'une caméra et lui a fait remonter ce passage étroit jusqu'à une porte fermée qui ouvre vraisemblablement sur une autre chambre.

Le lieu indiqué en E (voir illustration 9-41) est appelé la fosse ; c'est vraiment un endroit étrange. Les autorités ne laissent généralement personne visiter les lieux. Si vous avez eu cette chance, c'est que vous connaissez certainement une personne haut placée parmi les officiels du pays. À première vue, il ne s'agit que d'un trou creusé dans le sol. Thot ne m'a jamais beaucoup parlé de cet endroit-là. Par conséquent, je ne peux vous dire grand-chose à ce sujet.

Les trois endroits dont Thot m'a parlé sont : la chambre du roi (à la hauteur du premier tiers de la pyramide), la chambre de la reine (pour ainsi dire à mi-chemin entre la base de la Grande Pyramide et la chambre du roi), et le puits (situé sous la base de la Grande Pyramide, tout en bas). Je vais donc vous donner autant d'informations que je le peux sur ces lieux, car ils sont rattachés aux trois niveaux de conscience.

Le processus d'initiation

Toute personne désireuse de passer du deuxième au troisième niveau de conscience doit entamer ce processus d'initiation à partir du puits. Si vous lisez les *Tables d'émeraude*, il est écrit que l'initiation commence au bout du tunnel qui ne mène nulle part. Ce puits, qui n'a apparemment aucune utilité, est le seul endroit à notre connaissance qui correspond exactement à cette description. En effet, un tunnel a été creusé à l'horizontale à partir de ce puits ; il pénètre dans la terre jusqu'à une profondeur de 25 à 30 mètres, puis s'arrête brusquement. Les archéologues égyptiens n'ont généralement aucune idée de la raison pour laquelle les anciens Égyptiens ont creusé ce tunnel. Je l'ai moi-même inspecté avec soin. C'est tout comme si les ouvriers, à partir d'un certain point au cours de leur travail sous terre, avaient décidé de tout arrêter.

Mais quittons pour le moment ce tunnel et abordons petit à petit le processus d'initiation dans la chambre du roi. Précisons au départ que la chambre du roi a été conçue pour vous et moi, afin que nous puissions faire l'expérience de la conscience christique. Telle est son unique raison d'être. C'est une chambre d'initiation. Je vais maintenant vous donner une idée du genre particulier de technique que les Égyptiens employaient pour la résurrection.

C'était une méthode artificielle qui exigeait des instruments bien concrets et une bonne connaissance de leur usage. Vous et moi n'utiliserons pas cette méthode dans la période actuelle de notre histoire, mais il est très instructif d'étudier la manière dont les Égyptiens s'y prenaient.

Ce qui importe pour nous, c'est de se rendre compte que tous les rapports de géométrie sacrée que Martineau a redécouverts existent aussi dans le champ énergétique du corps humain, le Mer-Ka-Ba. Cela veut dire que non seulement nous y retrouvons le rapport de la Terre à la Lune, mais aussi tous ceux qui existent dans notre système solaire. Il devient de plus en plus clair que l'homme est vraiment la mesure de l'univers.

Plus tard, je vous expliquerai en détail le choix probable de l'humanité pour passer du deuxième au troisième niveau de conscience.

Essayons donc de comprendre pourquoi ces trois chambres sont situées à certains endroits particuliers de la Grande Pyramide. Les informations dont nous allons traiter répondront à beaucoup de questions. Disons d'abord que malgré cc qu'affirment beaucoup d'auteurs, les proportions de la chambre du roi ne sont pas celles du rectangle d'or. C'est quelque chose de bien plus intéressant – un rapport avec la racine carrée de 5 – , une chambre mesurant parfaitement 1 par 2 par $\sqrt{5}$. Vous souvenez-vous du canon humain de Léonard de Vinci, avec sa ligne horizontale passant exactement par le milieu du corps de l'homme et sa ligne en diagonale partant des pieds ? Elles se rejoignent toutes deux en leur milieu, qui est aussi le centre du grand cercle, par une ligne qui crée un rapport phi (φ). (Référez-vous à l'illustration 7-31.) Eh bien, cette chambre est faite de cette façon. Le plan au sol est dans un rapport parfait de 1 par 2 et la hauteur de la chambre est exactement la moitié de la diagonale au sol.

Avez-vous aussi remarqué que la chambre du roi est un peu excentrée, dans l'illustration 9-41 ? Et ce, d'une manière très spéciale ? Après avoir gravi la grande galerie et vous être courbés bien bas pour pouvoir passer à travers la minuscule antichambre, vous débouchez enfin dans la chambre du roi, et le sarcophage se trouve à votre droite. À l'origine, celui-ci était orienté précisément sur le centre exact de la pyramide, mais il a été déplacé depuis. Le sommet de la pyramide est indiqué dans le haut de l'illustration 9-41. Vous devez d'abord savoir cela.

En fait, deux initiations avaient lieu dans la chambre du roi. La première dans le sarcophage et la deuxième de nombreuses années plus tard, parfois même plusieurs milliers d'années plus tard, et précisément au centre de la chambre, au point de la demi-diagonale. Dans la quatrième dimension existe un objet que l'on ne peut voir physiquement et qui a été placé au milieu de la chambre du roi. Cette dernière est construite avec cent pierres taillées qui forment les murs et le plafond. Elle a été créée pour le deuxième niveau de conscience, et géométriquement parlant, nous avons déjà vu qu'un treillis de cent carrés entoure notre corps (voir illustration 9-23).

Réflecteurs et absorbeurs de lumière au-dessus de la chambre du roi

Voici un autre aspect de l'ensemble que vous devez connaître, alors que nous rassemblons peu à peu les morceaux de ce grand jeu de patience.

L'illustration 9-42 est une reproduction en coupe de la chambre du roi et des cinq couches au-dessus d'elle. Le plafond immédiat de la chambre du roi est en effet composé de neuf dalles de pierre (souvenez-vous que le chiffre 9 est la clé de la conscience christique) disposées comme il est indiqué dans l'illustration, avec un espace libre entre chacune. L'explication habituellement donnée stipule que ces dalles ont été placées là pour diminuer la pression du poids de la pyramide sur le toit plat de la chambre du roi, et ceci, afin qu'il ne s'écroule pas. C'est un fait *certain* que les dalles servent à cela, mais je ne crois pas qu'elles aient été installées là seulement pour cette raison. L'explication habituelle est que la chambre de la reine, elle, n'a pas besoin de dalles ni de poutres au plafond parce qu'elle a un toit en pente. Or, il existe une autre chambre dans la Grande Pyramide – celle où se trouve le puits – qui n'a pas de toit en pente malgré le fait qu'elle soit placée bien en dessous de la base de la pyramide et doive supporter la pression de plusieurs millions de tonnes de pierres en plus. Pourquoi ne pas avoir ajouté des dalles ou des poutres pour diminuer cet énorme risque d'écrasement ? (La pyramide est composée de deux millions et demi de blocs de pierre, et son poids total est considérable.) Une autre raison explique donc la présence de ces cinq espaces vides entre les dalles.

Si l'on examine avec soin la pierre de ces dalles, il devient évident que nous avons là beaucoup plus que quelque chose qui sert à créer des espaces vides en vue de diminuer l'énorme pression ambiante. Ce qu'il est très intéressant de noter, c'est que le dessous de chaque grande dalle est poli comme du verre et très lisse au toucher, alors que le dessus est totalement irrégulier et couvert d'environ un demi-centimètre de ce qui semble être une mousse de caoutchouc noire d'origine inconnue. Oui, de la mousse durcie ! On dirait que quelqu'un l'a pulvérisée sur toute la surface supérieure de chaque dalle avec une bombe aérosol. Je ne sais pas au juste de quelle substance il s'agit, mais c'est ce à quoi elle ressemble. Si vous réfléchissez bien à tout cela, vous vous rendrez compte que vous avez affaire à cinq grandes dalles de pierre disposées l'une au-dessus de l'autre, avec un espace vide entre chacune d'elles. La surface intérieure de chaque dalle, celle qui est dirigée vers le bas, est polie comme un miroir, alors que la surface supérieure de chaque dalle, celle qui est dirigée vers le haut, est irrégulière et couverte d'une substance inconnue qui ressemble à une mousse de caoutchouc noire durcie par le temps. Il semble donc que le tout ait été créé pour réfléchir l'énergie qui vient d'en dessous et absorber l'énergie qui vient du dessus. Autrement dit, il s'agit là d'un séparateur d'énergies, ce que nous allons expliquer dans un instant. Cet ensemble a aussi une autre fonction, puisque tout ce que les Égyptiens faisaient avait plus d'une raison d'être. C'est également un générateur de son. Quand nous verrons où cette chambre est placée par rapport aux dessins géométriques de la conscience humaine que l'on a superposés dessus, tout deviendra plus clair.

Je répète que toutes ces informations m'ont été données par Thot. Pour la plus grande partie, vous ne les verrez écrites nulle part ailleurs qu'ici.

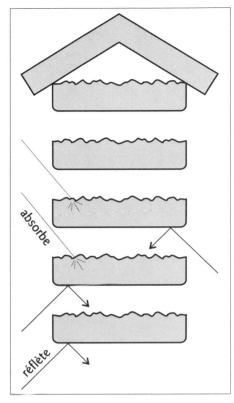

Illustration 9-42. Les cinq espaces libres au-dessus de la chambre du roi.

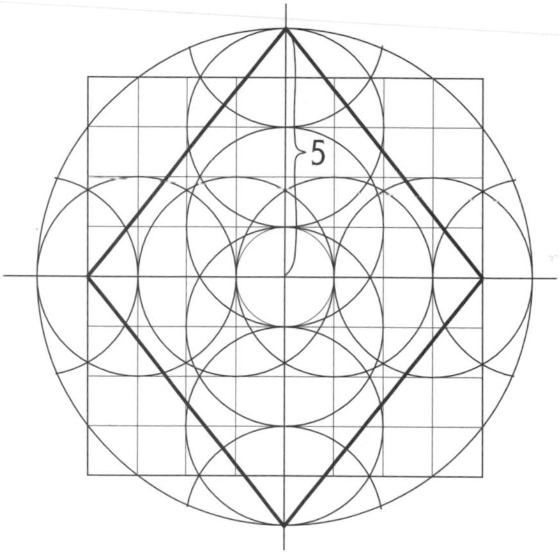

Comparaison entre les niveaux de conscience

Illustration 9-43. Schéma du premier niveau de conscience, le 8 par 10.

Assurément, la Grande Pyramide n'est pas faite pour les consciences du premier type, soit les aborigènes possédant 42 + 2 chromosomes. Elle n'a rien à voir avec eux. La Grande Pyramide est principalement basée sur les tiers, ce qui est en synchronisme avec notre niveau de conscience actuel (le deuxième) et celui de la conscience christique (le troisième), mais pas avec le premier niveau.

L'illustration 9-43 est la représentation géométrique du premier niveau de conscience montrant la pyramide. Depuis sa base jusqu'à son sommet, on peut compter 5 unités de mesure sur le treillis. Le premier niveau de conscience est fondé sur des cinquièmes, ce qui n'est divisible que par 1 et 5.

Ensuite, nous avons la géométrie du deuxième niveau de conscience, avec la pyramide (illustration 9-44) et le treillis de 100 unités de mesure pour ce niveau de conscience particulier. Si l'on compte de la base au sommet de la pyramide, on obtient 6 unités de mesure, et elles sont divisibles par 3.

Dans le dessin géométrique du troisième niveau de conscience (illustration 9-45), la pyramide est haute de 9 unités, ce qui est également divisible par 3, et c'est le niveau de conscience christique. La raison pour laquelle des tiers furent choisis comme base pour la Grande Pyramide est la suivante : le 3 est un dénominateur commun entre les deux niveaux de conscience ont trait au but ultime.

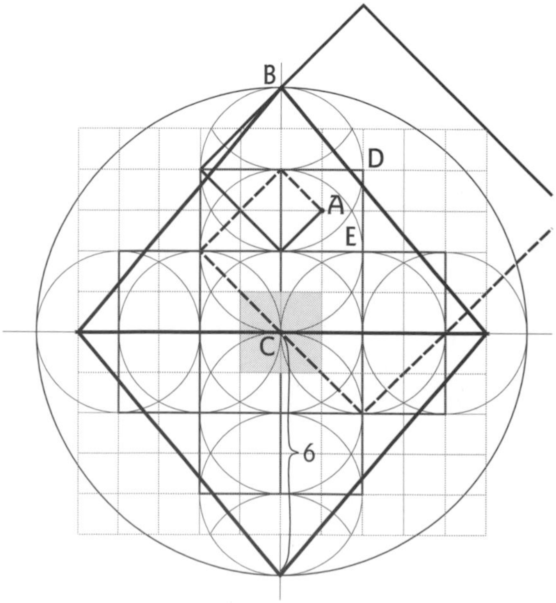

Capter la lumière blanche

Illustration 9-44. Schéma du deuxième niveau de conscience, le 10 par 12, avec un quadrillage de 100 unités. Spirale de lumière noire (en lignes pointillées) passant par le centre du dessin (le point zéro) et se rendant jusqu'au centre de la Terre. Spirale de lumière blanche (ligne épaisse continue) se rendant jusqu'au centre de la galaxie.

Observez bien l'illustration 9-44, qui représente le deuxième niveau de conscience (le 10 par 12). Ici, l'énergie de la lumière blanche (ligne noire continue) part du point A, descend d'abord d'une diagonale, fait un angle de 90 degrés et remonte de 2, effectue un autre angle de 90 degrés et remonte de 4, passant exactement par le sommet de la pyramide, au point B (si elle se termine en pointe). Puis, vous avez l'énergie de la lumière noire (en lignes pointillées), qui débute aussi à partir de A mais remonte d'abord d'une diagonale, fait un angle de 90 degrés et redescend de 2, effectue un autre angle de 90 degrés et redescend de 4 en passant exactement par le point zéro, le centre de la base de la pyramide qui est en C. Selon Thot, en raison de l'emplacement de la Grande Pyramide sur la Terre, ce qui la met en résonance avec l'immense champ géométrique de la planète – plus précisément le champ octaédrique, qui a un équivalent dans notre propre champ magnétique –, et à cause aussi de la masse de la Grande Pyramide et des géométries utilisées, le champ d'énergie de la lumière blanche sort en spirale de la Terre et devient extrêmement puissant, parvenant enfin jusqu'au centre même de notre galaxie. L'énergie de la lumière noire sort dans le sens opposé et progresse aussi en spirale, passant d'abord par le point zéro de la pyramide en continuant son tournoiement, puis par le centre de la planète Terre, arrivant ainsi au milieu de notre galaxie.

Supposez que vous désiriez vous mettre uniquement en rapport avec l'énergie de la lumière blanche et la capter à sa source. (Dans l'initiation égyptienne, c'est ce qui est nécessaire si l'on veut faire l'expérience de la conscience christique.) En fait, l'énergie de la lumière blanche commence au point D et tombe d'une diagonale vers le bas, passant ainsi au point A. Dans l'illustration 9-44, j'amorce l'énergie de la lumière blanche au point A (au lieu du point D, comme cela devrait être), mais il y a une raison à cela, que j'expliquerai un peu plus tard. Pour la même raison, la spirale de la lumière noire débute en fait au point E, remonte d'une diagonale et traverse aussi le point A. Pourquoi tout cela ? Si vous commencez au point D ou E, les énergies se croisent près de leur point d'origine commun (le point A) et ont alors tendance à changer de polarité, d'où le problème.

Thot a pris tout le temps nécessaire pour bien m'expliquer cela, car il est important de comprendre ces tracés. Le rayon féminin pourra passer par le point A et devenir masculin, ou vice versa avec le rayon masculin. Les Égyptiens recouraient donc à l'énergie de la lumière blanche juste après qu'elle eut traversé le point A, mais *avant* qu'elle ne fasse un angle de 90 degrés, ce qui est précisément l'endroit où la chambre du roi est située. Malgré tout, s'ils avaient placé la chambre d'initiation là, ils auraient eu un autre problème à résoudre, puisque juste au-dessus de cet endroit précis se trouve l'énergie féminine de la lumière noire.

Et *c'est là* la raison de la présence des séparateurs, des cinq dalles avec les cinq espaces vides entre elles, qui ont été placées juste au-dessus de la chambre du roi. Les espaces absorbent l'énergie de la lumière noire qui vient d'en haut et reflètent l'énergie de la lumière blanche qui vient d'en bas. De cette manière, les deux types d'énergie sont séparés l'un de l'autre. Lorsqu'on s'étendait dans le sarcophage, l'énergie masculine descendait, puis s'élevait du sol en faisant un angle de 45 degrés et passait exactement à travers le crâne de la personne étendue là. Ce rayon, qui a environ cinq centimètres de diamètre, ressort par le devant de la tête en traversant la glande pinéale, qui constitue le secret de toutes ces pratiques (et nous expliquerons pourquoi au bon moment).

Avant d'en arriver là dans votre expérience égyptienne, vous deviez passer par un premier entraînement, dans l'école de l'œil droit d'Horus, qui durait douze ans, puis par un second, dans l'école de l'œil gauche d'Horus, qui durait également douze ans. Si, après vingt-quatre ans d'entraînement, vos instructeurs pensaient que vous étiez prêt, ils vous

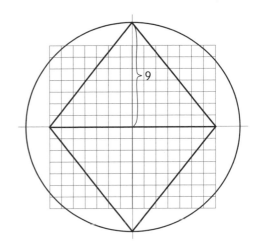

Illustration 9-45. Schéma du troisième niveau de conscience, le 14 par 18.

faisaient vous étendre dans le sarcophage au moment le plus opportun de votre vie, remettaient le couvercle en place et vous laissaient là pendant une période de temps qui allait de deux jours et demi à quatre jours.

Vous étiez donc étendu là dans le sarcophage, vous vous mettiez en rapport avec le rayon de la lumière blanche par votre glande pinéale et (grâce à l'utilisation judicieuse de ce que vous aviez appris pendant vos vingt-quatre ans d'entraînement) vous sortiez consciemment de votre corps physique en suivant la spirale tout en comptant : 1, 1, 2, 3, 5, 8, 13… et en changeant de direction au bon moment par un angle de 90 degrés. Il s'agissait d'utiliser la ligne droite masculine plutôt que la spirale féminine, que l'on ne peut pas suivre en sachant avec précision où l'on est exactement. Vous vous éloigniez ainsi de plus en plus de votre corps, de votre point d'origine qui était dans le sarcophage, et viviez l'aventure extraordinaire qui consiste à devenir un avec la création tout entière – faisant alors *synthétiquement* l'expérience de la conscience christique.

Après cette balade dans le cosmos qui durait quelques jours, l'adepte retournait dans son corps. En raison de l'entraînement qu'il avait reçu, le nouvel initié savait qu'il était supposé revenir et retrouvait effectivement son corps physique en récitant la séquence de Fibonacci à l'envers : 34, 21, 13, 8, 5, 3, 2, 1. C'était la clé du retour.

Selon Thot, les instructeurs perdaient occasionnellement un ou deux initiés, soit une moyenne de un initié sur deux cents. Quand vous êtes parvenu à ce point et que *vous êtes* l'univers, c'est tellement beau, tellement grandiose, que la pensée de revenir sur Terre n'est pas exactement ce à quoi vous aspirez. Pendant l'entraînement, les anciens Égyptiens vous faisaient pratiquer des exercices du genre : « Et maintenant, tu dois réintégrer ton corps, reviens dans ton corps, reviens !… » car si vous refusiez de revenir, vous restiez dans cet état, et si vous y demeuriez trop longtemps, votre corps mourait dans le sarcophage et, désormais, vous ne pouviez plus continuer à vivre sur terre. Mais presque tous les initiés revenaient, puisque la raison principale de cet acte était l'évolution de la conscience humaine. Dans le cas contraire, la Terre n'aurait pas pu connaître cette expérience.

Dans le prochain chapitre, nous étudierons comment les Égyptiens utilisèrent à la fois la spirale du nombre d'or et celle de Fibonacci à partir de la Grande Pyramide. Pourquoi cela ? Parce qu'ils voulaient que vous connaissiez cette différence importante entre les deux rapports mathématiques. Quant à ce que nous avons déjà dit plus haut à propos des énergies de la lumière blanche et de la lumière noire, si les Égyptiens étaient sortis de leur corps en recourant à la spirale du nombre d'or, ils n'auraient jamais pu savoir où se trouvait le commencement, puisque cette spirale n'a ni commencement ni fin. Les initiés n'auraient donc pas pu savoir où se trouvait leur corps au sein de l'univers. Mais en récitant la séquence de Fibonacci à l'envers, soit « … 13, 8, 5, 3, 2, 1 et 1 », ils savaient exactement où leur corps se trouvait et pouvaient ainsi le réintégrer. Ils mettaient donc fin à l'expérience hors du corps à volonté et retournaient dans le sarcophage de la chambre du roi pour réintégrer leur corps. À partir de ce moment-là, l'adepte devenait une personne complètement différente et les choses n'étaient jamais plus les mêmes pour lui, car il avait connu l'expérience consistant à vivre dans l'état de conscience christique.

L'évidence de la chambre d'initiation

Le fait que la chambre du roi soit une chambre d'initiation plutôt qu'une tombe est très évident pour deux raisons. La première a trait au processus de momification pratiqué en Égypte. À travers toute l'histoire de l'Égypte – qu'il s'agisse de personnes connues ou de haut rang tels les rois, les reines, les pharaons, les docteurs, les hommes de loi et autres individus connus et appréciés du public –, le processus de momification fut toujours exactement le même. Au cours d'une cérémonie, on retirait tous les organes du défunt et on les plaçait dans quatre récipients en argile ; on enveloppait ensuite le corps avec des bandelettes, et le processus de momification commençait. Le corps était alors installé dans un sarcophage, qui était ensuite hermétiquement scellé. Les quatre récipients d'argile, ainsi que le sarcophage, étaient finalement transportés sur les lieux de l'enterrement.

Que je sache, il n'existe aucune exception à cette procédure. Par ailleurs, le sarcophage situé dans la chambre du roi est beaucoup plus large que l'ouverture de la porte. Il est donc impossible que cet énorme bloc de granit ait été amené dans la chambre du roi depuis l'extérieur. D'une part, il n'aurait jamais pu être transporté, même en utilisant tous les moyens conventionnels, et d'autre part, on n'aurait même pas pu le sortir de là sans être obligés de le briser en plusieurs morceaux. La seule explication possible est qu'il a été placé dans la chambre du roi pendant la construction de la pyramide. C'est aussi la seule raison pour laquelle il est encore là – sinon, on l'aurait volé depuis longtemps et il serait sans doute aujourd'hui exposé dans un des grands musées du monde. Le couvercle, quant à lui, n'est plus là, puisqu'il pouvait être retiré de la chambre.

L'ouverture de porte menant à cette chambre du roi est d'ailleurs petite, et le tunnel par lequel on doit obligatoirement passer pour se rendre là est encore plus étroit, beaucoup plus même que le sarcophage. De toute évidence, personne n'a jamais été enterré dans ce sarcophage. De plus, on n'a jamais trouvé de momie à l'intérieur de la Grande Pyramide, même quand la chambre du roi fut redécouverte et visitée pour la première fois. L'évidence n'est que circonstancielle, mais les faits à eux seuls sont difficiles à réfuter.

Une autre indication qu'il s'agit bien là d'une chambre d'initiation : des conduits d'air y ont été posés. Si l'endroit avait été destiné à servir de tombe, pourquoi donc installer tout cela ? En fait, les tombes égyptiennes sont aussi étanches que possible à l'air afin de protéger la momie et aucune de ces tombes, à ma connaissance, n'est équipée de conduits d'air. Pourtant, à la fois la chambre du roi et celle de la reine en sont pourvues. La raison ? Pouvoir s'assurer que de l'air circule dans les lieux, ceci pour le bénéfice de ceux qui utilisent la chambre au cours de leurs cérémonies.

Il y a aussi quelque chose d'autre de beaucoup moins connu, mais qui donne une bonne idée de ce à quoi la chambre du roi servait jadis. Quand les premiers visiteurs pénétrèrent ces lieux (une fois découverts, c'est-à-dire après la réouverture de la Grande Pyramide), ils ne purent manquer de noter le petit tas de poudre blanche, à une extrémité du sarcophage, celle faisant face au centre de la pyramide, à l'endroit exact où devait se trouver la tête de l'initié. Sans vraiment savoir de quoi il s'agissait, ils ramassèrent le tout et le versèrent dans une petite fiole en verre qui est maintenant exposée dans une des salles du British Museum, à Londres. Ce n'est que tout récemment qu'on a analysé cette substance mystérieuse. Maintenant, je dois vous expliquer ceci : lorsqu'on entre en état de méditation et que l'on se maintient dans cet état de conscience désigné par la lettre grecque θ (thêta), le *corpus callosum* (corps calleux) relie alors pleinement les lobes gauche et droit du cerveau, et la glande pituitaire commence à sécréter un liquide par le front, juste à l'endroit du troisième œil. Quand le liquide sèche, il forme des petits cristaux blancs qui tombent au sol et s'accumulent. C'est cela qu'on a retrouvé au fond du sarcophage, dans la chambre du roi. Puisqu'il y avait beaucoup plus de poudre qu'une seule personne ne pourra jamais en produire à elle seule, cela signifie que beaucoup de gens (hommes et femmes) sont passés par cette initiation au cours des siècles.

Une fois revenu dans son corps physique étendu dans le sarcophage de la chambre du roi, l'initié était immédiatement transféré dans la chambre de la reine en passant par la grande galerie. Thot ne m'a jamais décrit exactement ce qui se passait alors, mais selon lui, le but visé était de stabiliser l'initié et de l'aider à conserver la mémoire de ce qu'il avait vécu, de manière que cette expérience ne soit pas perdue à tout jamais. Telle était et telle est encore la raison principale de l'existence de la chambre de la reine.

Capter la lumière noire

La chambre située dans le sous-sol appelé « le puits » est en fait l'endroit, dans la Grande Pyramide, où l'initiation doit commencer. Parmi toutes les personnes consultées au cours de mes études dans le monde conventionnel, aucune ne semble connaître la raison de son existence. Mais lorsqu'on superpose le tracé en coupe de la pyramide sur le dessin du deuxième niveau de conscience (voir illustration 9-44), on peut alors voir de quoi il s'agit.

Supposons ici que vous désiriez vous mettre en contact uniquement avec la spirale de lumière *noire*, ce qui constitue en fait le début de l'initiation dans la Grande Pyramide. Logiquement, vous pourriez penser qu'on ne peut faire cela qu'*au-dessus* de la chambre du roi, puisque la ligne pointillée remonte à partir de A (voir illustration 9-44) – à moins de savoir déjà de quoi il s'agit au juste. Si vous commenciez l'initiation *à partir de cette région*, vous devriez passer par le point zéro à la base (le point C) et traverser le grand vide, ce qui n'est pas très désirable. En effet, selon Thot, il existe trop d'éléments variables lorsqu'on est dans cet état. Par conséquent, les initiateurs égyptiens choisirent l'endroit situé immédiatement après que le rayon eut quitté le point zéro, c'est-à-dire dans la région du tunnel.

Maintenant, réfléchissez un instant à ce qui suit. L'illustration 9-46 n'est pas à très grande échelle, mais si elle l'était, vous verriez plus distinctement le rayon de lumière noire descendre en faisant un angle de 45 degrés et traverser en fait le bout du tunnel.

Les Égyptiens avaient continué de creuser jusqu'à ce qu'ils parviennent au point d'intersection entre le rayon de lumière noire et le tunnel. Ils avaient dépassé ce point d'intersection d'environ trente centimètres, puis avaient arrêté les travaux. Le rayon de lumière noire est une chose très réelle ; je me suis moi-même rendu sur les lieux et j'en ai fait personnellement l'expérience. Si vous vous rendez là et que vous appuyez votre dos contre le fond du tunnel, un rayon d'énergie très puissant vous pénètre peu à peu et vous étreint bientôt – vous amenant ainsi à vivre une expérience mémorable.

Les Halls d'Amenti et le visage de Jésus

Une fois que le processus d'initiation dans le tunnel est terminé, les initiés sont entraînés à se rendre vers le centre de la Terre, aux Halls d'Amenti. Cet espace est situé à environ 1600 kilomètres à l'intérieur de la Terre. Il n'est donc pas au centre. Les Halls d'Amenti sont aussi vastes à l'intérieur que l'est notre monde extérieur. Je m'y suis moi-même rendu et quelques-uns parmi vous m'ont entendu raconter cette histoire. Même chose pour tous les adeptes égyptiens avant qu'ils puissent pénétrer dans la chambre du roi pour faire l'expérience du troisième niveau de conscience.

De plus, on a découvert un élément très intéressant à propos de la Grande Pyramide. Dans le passage menant à la chambre de la reine, très haut sur le mur de droite, on a découvert quelque chose qui mesure environ huit à dix centimètres de côté. La plupart des lecteurs ont probablement déjà entendu parler du suaire de Turin, ce grand morceau de toile sur lequel le corps et le visage d'un homme qui ressemble à Jésus sont imprimés. Toutes les analyses n'ont jamais pu déterminer comment l'image avait pu à ce point s'imprimer dans la toile. Par contre, *il a été démontré* que cela avait été provoqué par un flash de chaleur intense. Voilà tout ce que les experts peuvent affirmer, selon les lectures que j'ai pu faire à ce sujet.

Je disais donc que quelque part dans ce passage menant à la chambre de la reine se trouve l'image d'un inconnu qui est comme fixée dans la pierre ; cela ressemble de près à une photographie qui aurait été imprimée sur le mur, et personne ne sait qui aurait pu employer une telle

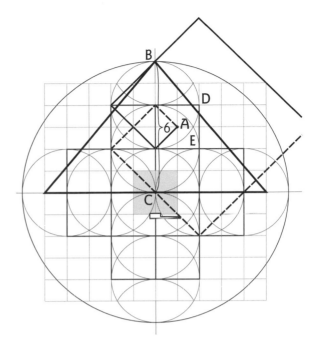

Illustration 9-46. La Grande Pyramide, avec le rayon de lumière noire (en lignes pointillées) qui passe juste au bout du tunnel, sous la pyramide.

technologie dans les temps anciens. Les analyses révèlent cependant que cela a été fait au moyen d'une explosion de chaleur intense et que le visage de l'homme est celui qui est imprimé sur le suaire de Turin.

Cela ressemble étrangement au visage de Jésus tel qu'il est généralement représenté, si vous pouvez accepter cela, et on le trouve sur le mur d'un passage menant à la chambre de la reine, le lieu que les initiateurs égyptiens utilisaient pour stabiliser la conscience christique chez les nouveaux initiés.

Sommaire du processus d'initiation

Le futur initié se rend d'abord dans la chambre du puits et se place tout au bout du tunnel afin de recevoir l'initiation, qui consiste à faire l'expérience du passage du rayon de lumière noire à travers le corps (probablement au niveau de la glande pinéale), ce qui mène sa conscience dans les Halls d'Amenti, au sein de notre mère la Terre. Il est ensuite accompagné jusque dans la chambre du roi, où il entre consciemment en contact avec le rayon de lumière blanche. Ainsi, il fait l'expérience d'être la création tout entière. Puis, il est conduit dans la chambre de la reine, où l'expérience de la création est stabilisée en lui, avant de retourner à sa vie journalière habituelle et d'aider d'autres âmes à trouver la voie. Enfin, le nouvel initié attendra généralement très longtemps, mais à un moment donné – et ce pourrait même être dans une vie future –, il retournera dans la chambre du roi pour l'initiation finale, une cérémonie qui durera de quatre à cinq minutes et qui aura lieu au centre même de la chambre.

Au cours de cette cérémonie, une croix ansée est dessinée sur le troisième œil de l'initié afin de vérifier si celui-ci est bien encore sur le sentier et s'il s'est stabilisé au cours de la longue période de temps par laquelle il est passé. Telles sont les phases de l'initiation, selon ce que Thot m'a révélé à ce sujet.

Ce que nous venons juste d'étudier est une des clés majeures de la connaissance dans l'univers : la géométrie même des niveaux de conscience chez l'être humain. En réalité, nous n'avons que commencé à explorer cette science. Nous n'avons examiné que les trois premiers niveaux, mais cette connaissance nous permet néanmoins de comprendre d'où nous venons, où nous sommes à ce jour, et où nous allons dans le futur. Sans elle, nous ne pourrions pas connaître le schéma fondamental, la carte de la conscience humaine.

L'école de mystères de l'œil gauche d'Horus

Il y a trois écoles de mystères en Égypte. L'école masculine correspond à l'œil droit d'Horus et l'école féminine à l'œil gauche. Quant à la troisième école, elle renvoie à l'enfant, l'œil du milieu ou le troisième œil d'Horus, autrement dit, à la vie elle-même. Les Égyptiens considéraient d'ailleurs que la vie quotidienne était l'école la plus importante des trois. De leur point de vue, tout ce qui nous arrive dans cette vie est une leçon et fait partie de l'école qui nous prépare aux niveaux d'existence plus élevés auxquels nous accédons par le biais de ce que les gens appellent la mort. Tout dans la vie tourne autour du fait que nous sommes à la fois l'élève et l'enseignant. Par conséquent, ce que nous appelons « la vie de tous les jours » a toujours eu pour les Égyptiens une signification profonde et secrète. Cette sculpture en bas-reliefs (voir illustration 10-1) dépeint l'œil droit, l'œil gauche et l'œil du milieu. Ce qui est sur ce mur, c'est non seulement le symbole des trois

Illustration 10-1. Dans le haut : l'œil droit, l'œil du milieu (au centre et plus bas) et l'œil gauche.

Illustration 10-2. Autre décoration murale dépeignant le symbole de chacune des trois écoles.

écoles, mais aussi celui de la vie elle-même. Et l'œil du milieu, l'enfant, est en quelque sorte la source des deux autres, car nous commençons tous notre vie ici-bas sous la forme d'un petit bébé.

L'œil gauche d'Horus, la voie féminine, explore la nature des émotions et des sentiments à la fois positifs et négatifs, l'énergie sexuelle et l'acte de mettre au monde, la mort, une certaine énergie psychique, et tout ce qui n'est pas du domaine de la logique. Quant au matériel de l'école de mystères de l'œil droit d'Horus, nous l'étudions depuis le chapitre 5. Maintenant, j'aimerais explorer l'autre aspect du cerveau, soit le côté féminin de notre nature. Je ne suis probablement pas la meilleure personne pour enseigner ce genre de chose, puisque je suis un homme, mais je ferai de mon mieux. Les informations que je suis sur le point de vous transmettre pourront vous aider dans votre processus d'ascension, du moment que vous comprendrez la nature subtile de ce que nous allons aborder.

Dans l'illustration 10-2, vous pouvez voir une autre manière d'illustrer les différentes écoles. Vous avez ici les deux yeux d'Horus, avec une sphère au milieu.

Dans l'illustration 10-3, vous pouvez y observer la pierre de couronnement d'une pyramide exposée au musée du Caire. Ceux qui, parmi

Illustration 10-3. Pierre de couronnement au musée du Caire.

vous, sont de fervents admirateurs de Sitchin (voir le chapitre 3), se souviendront sans doute du symbole d'un ovale ailé, avec deux têtes de cobra de chaque côté, et qui représente Marduk, la dixième planète. Notez à nouveau les deux yeux avec le symbole au milieu, l'ensemble désignant les trois écoles de mystères égyptiennes.

Un autre symbole de l'école de l'œil droit d'Horus est l'ibis avec un ovale peint ou sculpté juste au-dessus, ce que vous pouvez discerner sous l'œil droit (excentré vers la gauche dans l'illustration). Encore plus à gauche de ces symboles se trouve un nom – un cartouche. Et toujours plus à gauche, le symbole triangulaire de l'étoile Sirius et la croix ansée, figurant la vie éternelle. Au milieu de toute cette rangée apparaît enfin « l'œuf de la métamorphose », ce qui rappelle le changement physique par lequel on passe lorsqu'on désire redevenir conscient de l'état d'immortalité. Si nous déplaçons ensuite notre regard vers la droite, un autre symbole se dessine, qui renvoie à l'école de l'œil gauche d'Horus et que vous pouvez voir ici sous la forme d'une tige de fleur et, tout à côté, d'une abeille. Puis on remarque un autre cartouche et, plus loin à droite, le symbole de l'étoile Sirius et un serpent, qui incarne l'énergie sexuelle de la *kundalini*.

Vous noterez Isis et Osiris, dans l'illustration 10-4, ce dernier tenant à la main les outils de la résurrection. De gauche à droite, nous avons le crochet, le bâton muni d'un angle de 45 degrés à un bout et d'un diapason à l'autre, et enfin, le fléau. Isis tient une croix ansée dans la main droite et la transmet à Osiris par derrière lui. Selon Thot, le seul moyen d'activer la croix ansée est de l'arrière à l'avant. Si vous tentez l'activation depuis l'avant jusqu'à l'arrière, cela finira par vous détruire. Cette croix ansée est *très* importante. Nous vous donnerons d'ailleurs les instructions concernant la respiration sexuelle associée à la croix ansée un peu plus loin dans cet ouvrage (chaque chose en son temps).

Le crochet et le fléau sont vraiment des outils. Ceux que vous pouvez voir dans l'illustration 10-5 ont appartenu à Toutankhamon.

Illustration 10-4. Isis, Osiris et les outils de la résurrection.

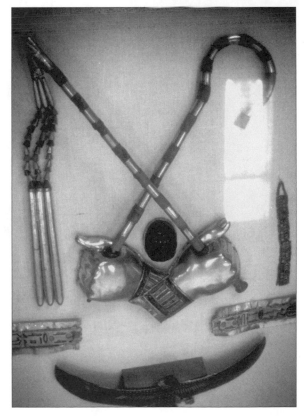

Illustration 10-5. Le crochet et le fléau du roi Toutankhamon.

Cette sculpture en bas-reliefs que l'on peut trouver sur un des murs à Abou Simbel (voir illustration 10-6) représente Isis, Horus et Osiris – toute la famille réunie. C'est aussi le seul endroit que j'ai pu trouver dans toute l'Égypte où l'on nous montre l'usage pratique des outils de la résurrection. Je n'arrive toujours pas à croire à ma chance ! Ici, Horus maintient l'extrémité du bâton en angle droit juste derrière la tête d'Osiris et exactement en face du centre psychique (la *Medulla oblongata*) qui constitue le seuil principal ouvrant sur le huitième chakra. Le crochet est absent, mais sachez qu'on pouvait le faire glisser le long du bâton pour accorder celui-ci. Généralement, le bâton était d'ailleurs accordé sans l'aide du crochet. Dans cette sculpture, Osiris lève le bras droit alors que sa main étreint légèrement le fléau, qu'il accorde du doigt. Selon l'angle fait par cet outil, il est possible de faire entrer le corps en résonance d'une manière encore plus précise (car à chaque angle correspond une onde particulière), ce qui permet d'obtenir l'oscillation vibratoire exacte et de la faire ensuite remonter le long de l'épine dorsale. Comme vous pouvez le constater, Osiris est en érection.

Illustration 10-6. Isis, Horus et Osiris à Abou Simbel.

L'énergie sexuelle était en ce temps-là et est encore de nos jours de la plus haute importance dans le domaine de la résurrection. L'énergie sexuelle remontait donc le long de la colonne vertébrale et au moment de l'orgasme, l'adepte était capable d'effectuer cette transition qu'on appelle la résurrection. Cette question à elle seule exigerait un livre

Illustration 10-7. Isis offrant la croix ansée à Osiris.

Illustration 10-8. Une autre offrande de la croix ansée.

d'explications, car elle est assez complexe. Voilà pourquoi nous n'aborderons pas le tantrisme égyptien ici.

Dans l'illustration 10-7, on voit Isis placer la croix ansée tout près du nez et de la bouche d'Osiris, ce qui démontre que la croix de vie, la clé de la vie éternelle, est liée au souffle. Jusqu'à maintenant, nous avons vu que la croix de la vie éternelle est à la fois reliée à l'énergie sexuelle et au souffle.

Dans l'illustration 10-8, on observe le même acte accompli par Isis. Au lieu de la sphère habituelle placée au-dessus de sa tête, on peut discerner l'ovale de la métamorphose en rouge, ce qui veut dire qu'Isis donne à Osiris les instructions en vue de passer par la métamorphose : elle lui enseigne la bonne manière de respirer, ce qui est aussi ce que nous allons vous apprendre dans cet ouvrage. Isis tient gentiment la main d'Osiris, un sourire à la Mona Lisa aux lèvres, car elle l'aime et désire lui apprendre ce genre de respiration, qui le mènera depuis l'état de conscience ordinaire de tous les jours jusqu'à celui, beaucoup plus exalté, de la conscience christique.

Les initiations égyptiennes

L'initiation parmi les crocodiles de Kom Ombo

Dans ce monde féminin, l'évolution de l'initié finira par cesser si les émotions et les sentiments de ce dernier ne sont pas suffisamment équilibrés. Autrement dit, nous ne pouvons simplement pas continuer à avancer sur la voie de l'illumination si nous n'arrivons pas toujours à maintenir un certain équilibre émotif. Sans amour ni compassion, et sans un corps émotionnel en bonne santé, le mental humain peut malgré tout nous faire croire que tout va bien. Il peut même aller jusqu'à créer la sensation que l'adepte parvient enfin à l'illumination, alors qu'en vérité, tout son monde s'écroule.

Illustration 10-9. Temple à Kom Ombo.

Nous allons décrire cette cérémonie particulière, un exemple parfait de l'importance que les Égyptiens accordaient à l'acte de maîtriser la peur, une émotion parmi les plus négatives qui soient. La peur a toujours été l'émotion principale empêchant l'individu de se développer et de s'élever jusque dans la lumière. Or, il se trouve que plus nous progressons dans les mondes de la lumière, plus nos pensées et nos sentiments se manifestent rapidement. Cet aspect de la nature finit par devenir un problème énorme, car nous allons invariablement manifester nos peurs d'abord. Et quand nous les extériorisons dans un nouveau monde ou dans une dimension d'existence supérieure à la nôtre, nous finissons par nous autodétruire et nous sommes obligés de quitter notre nouveau foyer et de retourner là où nous étions auparavant. Par conséquent, ce que nos ancêtres découvrirent et que nous découvrons à notre tour aujourd'hui, c'est qu'afin de pouvoir survivre dans un monde meilleur, nous devons d'abord maîtriser nos peurs ici-bas sur la Terre. Et pour parvenir à ce but, les Égyptiens construisirent des temples particuliers le long du Nil.

L'illustration 10-9 nous montre le temple de Kom Ombo, qui est censé traiter du deuxième chakra, le chakra sexuel, parmi les douze représentés par un temple le long du Nil – ou treize, si vous voulez y inclure la Grande Pyramide. Kom Ombo est le seul temple consacré à la polarité, ou à la dualité, ce qui est le fondement de la sexualité. Par conséquent, deux dieux lui sont associés. En fait, c'est le seul temple de toute l'Égypte qui soit offert à plus d'un dieu à la fois, soit à Sobek, le dieu crocodile, et à Horus. Alors que vous faites face au temple, la moitié droite est dédiée aux ténèbres et la moitié gauche, à la lumière.

Illustration 10-10. Œil gauche d'Horus répété deux fois de suite.

Un événement intéressant a eu lieu récemment dans ce temple – ce qui est pour ainsi dire un signe des temps dans lesquels nous vivons aujourd'hui. Un violent tremblement de terre a eu lieu en Égypte en 1992, et Gregg Braden [auteur de *L'éveil au point zéro*, *Marcher entre les mondes* et *L'effet Isaïe*, également publiés aux Éd. Ariane] m'a raconté qu'il était alors assis dans ce temple quand les premières secousses ont commencé. Pratiquement tout ce qui était du côté des ténèbres s'écroula au sol : par contre, il ne tomba même pas une brique du côté représentant la lumière. Comme vous le verrez vous-mêmes au cours de ce travail que nous accomplissons ensemble, la lumière est maintenant plus forte que les ténèbres.

Dans l'illustration 10-10, vous pouvez voir un bas-relief situé quelque part sur le mur, à l'arrière du temple de Kom Ombo. Les deux yeux d'Horus montrent que nous sommes sur les lieux où se trouve l'école du corps émotionnel, c'est-à-dire l'école féminine, et qu'il s'agit en fait de deux écoles, chacune se rapportant à un dieu particulier. À gauche, vous pouvez voir le bâton de la résurrection, avec une de ses extrémités ayant un angle de 45 degrés.

La première fois que je me rendis sur les lieux, Katrina Raphaell m'accompagnait ; la deuxième fois, ce fut elle qui me demanda de l'accompagner. Lors de cette seconde visite, en 1990, Katrina avait organisé une merveilleuse cérémonie à Kom Ombo, et j'eus l'honneur d'y participer. Pendant cette cérémonie, nous devions descendre dans un trou à même le sol, ramper sous terre, puis ressortir de l'autre côté. L'illustration 10-11 est une représentation en coupe de ce trou.

La partie du milieu est constituée d'une grande dalle de granit sous laquelle un petit espace entre le sol et la dalle elle-même a été aménagé. Nous dûmes vraiment nous mettre à plat ventre pour arriver à passer par le trou et en ressortir de l'autre côté ! Telle était la partie physique de la

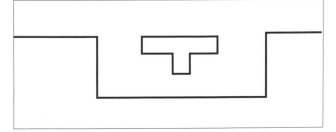

Illustration 10-11. Vue en coupe du trou cérémoniel montré dans l'illustration suivante.

Illustration 10-12. Entrée du trou cérémoniel. On peut distinguer la main droite et le sommet du crâne de l'homme qui y descend.

Illustration 10-12b. Forme de la cheville aux points A sur la photo.

Illustration 10-13. Ce qui reste du bâtiment initiatique à Kom Ombo.

cérémonie. Dans l'illustration 10-12, vous pouvez voir la photo de quelqu'un qui descend dans ce trou.

Mais je pouvais me rendre compte que les choses avaient été beaucoup plus compliquées que cela du temps où le temple était encore actif. Katrina était l'organisatrice du voyage pour tous les gens de notre groupe et ce jour-là, j'étais principalement un observateur. Je dois vous dire ici que je fus constamment conscient de la présence de Thot pendant toute la durée de notre séjour en Égypte. Je lui demandai donc par télépathie : « Est-ce tout ce qu'il y a à savoir sur les lieux ? » Il me répondit immédiatement : « Oh non, il y a beaucoup plus ! » Et je ne pus m'empêcher d'ajouter : « Tu pourrais me montrer ? » Bien sûr, il acquiesça : « Avec plaisir. Cette connaissance te sera très utile. »

Thot me demanda ensuite de grimper jusqu'au sommet d'un mur situé à l'arrière du temple et d'observer ce qu'il y avait plus bas. Je m'exécutai donc et, une fois parvenu à cet endroit, je pris la photo suivante (voir illustration 10-13). L'entrée du trou cérémoniel était au point B, dessiné un peu en retrait, et vous pouvez voir le Nil à l'arrière-plan, à gauche de la photo. Le fleuve coulait jadis le long de la partie avant du temple et ses eaux remplissaient la cour intérieure. C'était un temple dans lequel on utilisait l'eau et les crocodiles pour l'enseignement.

Sur la photo précédente (illustration 10-12), vous pouvez apercevoir des trous taillés dans la pierre et dans lesquels on insérait des chevilles en métal dont la forme est reproduite dans l'illustration 10-12b. En effet, les blocs de pierre étaient souvent maintenus en place grâce à ces chevilles, ce qui était indispensable à cause des tremblements de terre.

Le trou cérémoniel, indiqué en H dans l'illustration 10-14a.

Ainsi, les murs du temple tout entier étaient beaucoup plus stables. Là où l'homme descend dans le trou (illustration 10-12), il y avait un mur de chaque côté. Lorsqu'on surplombe les lieux (à partir de l'endroit où j'ai pris ce cliché), on peut facilement voir les trous à chevilles espacés sur toute la surface des murs, et ceci, en remontant jusqu'à C (voir illustration 10-14a). Les murs D et E remontaient donc jadis jusqu'à l'endroit où j'ai pris cette photo. Sur le diagramme de l'illustration 10-14a, vous pouvez voir un espace rempli d'eau dans lequel le futur initié devait s'engager en F. C'était situé du côté gauche du temple, celui des « ténèbres ». Le milieu du diagramme représente la piscine remplie d'eau et de crocodiles à laquelle le conduit de gauche aboutit. Il y a là un passage secret en H (le trou dans le sol de l'illustration 10-12) qu'il fallait trouver et dans lequel on devait s'engager pour ressortir enfin par le conduit de droite qui, lui, était situé du côté droit du temple, celui de la lumière. Quand vous étiez face au mur A pour la première fois et prêts à plonger dans l'eau sombre du conduit étroit qui se trouvait devant vous, vous ne pouviez pas savoir que cela déboucherait dans un espace liquide rempli de crocodiles ! Vous aviez au contraire tendance à penser que vous alliez vous retrouver de l'autre côté du mur, soit de l'autre côté du temple.

Il faut d'ailleurs préciser ici que dans chacun des temples, les initiateurs égyptiens avaient créé des situations particulières pour forcer les futurs initiés à passer par des expériences qu'ils n'auraient pas pu connaître eux-mêmes en temps normal, et ce, de manière qu'ils soient plus forts et beaucoup moins craintifs lorsqu'ils auraient à faire face à des coups durs dans leur vie. L'individu était donc parfois plongé dans des situations très effrayantes dans le but d'apprendre à surmonter ses peurs. C'était donc à cela que servait la piscine aux crocodiles.

Selon les explications de Thot, c'est aussi à cela que servaient les bâtiments. L'illustration 10-14a est la vue en coupe de cette piscine située entre les deux murs A et B qui, comme vous pouvez le constater vous-mêmes, n'étaient pas très éloignés des murs C et D. L'ensemble formait une sorte de labyrinthe rempli d'eau qui s'étendait du côté « ténèbres »,

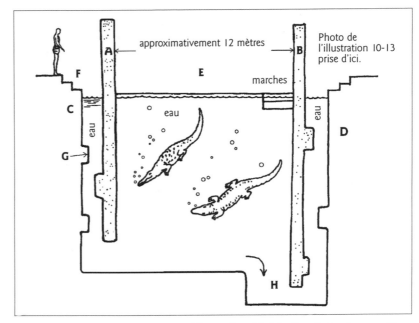

Illustration 10-14a. La piscine à crocodiles utilisée pour l'expérience initiatique.

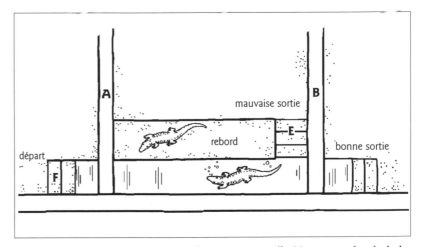

Illustration 10-14b. Vue en surplomb de la piscine à crocodiles.

à gauche du temple, jusqu'au côté « lumière », à droite de celui-ci. Ces deux extrémités remplies d'eau étaient à ciel ouvert. Dans la partie du milieu (en E), soit la piscine remplie d'eau, on y avait lâché quelques jeunes crocodiles agiles qui avaient le choix entre se dorer au soleil sur la plage arrière de cette section du bâtiment (voir illustration 10-14b), ou bien plonger dans l'eau du bassin et s'y déplacer à volonté, tout en attendant le passage d'un humain désorienté qui aurait la mauvaise idée de remonter hâtivement à la surface et qu'ils pourraient alors attraper et croquer tout à loisir. Il faut ajouter que la section E était toujours bien éclairée par les rayons du soleil, beaucoup plus en tout cas que le petit conduit d'eau en F.

Imaginez que vous êtes le ou *la* néophyte (puisqu'il y avait toujours beaucoup de femmes qui passaient par ces initiations) et que vous êtes sur le point de passer le test. Après une longue préparation et de nombreuses méditations, vous vous tenez en F, devant un grand mur et, à sa base, un petit volume d'eau d'environ un mètre carré. Vous n'avez aucune idée de ce qu'il y a derrière ce mur ou dans l'eau, ni de l'endroit où mène cet étroit conduit rempli d'eau. Puis, on vous donne l'ordre de sauter dans la flotte, de plonger et de ne pas ressortir par le même endroit. Vous devez vous débrouiller. Tel est le message sous-entendu. Vous prenez donc votre souffle et sautez dans l'eau en étant attentif à ne pas vous cogner contre la pierre saillante en G. En effet, votre entraînement est tel, que vous avez appris à être prudent dans toutes les situations. Vous contournez donc l'obstacle, prenez à nouveau votre souffle et plongez jusqu'au fond du conduit d'eau, sur une distance d'environ sept mètres. Vous passez alors sous le mur A, la seule ouverture qui existe, et vous vous retrouvez dans une zone plus éclairée et beaucoup plus vaste qu'auparavant. C'est alors que vous apercevez les crocodiles jeunes et agiles. Vous pouvez sans doute imaginer toute la peur que vous ressentez soudainement. Parvenu à ce point, le futur initié ne pouvait plus faire grand-chose, sinon remonter à la surface parmi les crocodiles et essayer de s'en tirer indemne. Selon Thot, c'est ce que chacun faisait au cours de la première tentative.

Ce qu'on avait omis de dire, c'est que ces crocodiles avaient été gavés avant l'événement et que, par conséquent, ils n'étaient pas très dangereux. Ce petit détail n'aurait d'ailleurs fait aucune différence aux yeux des néophytes, qui retenaient leur souffle au fond du bassin tout en fixant les crocodiles du regard. Personne n'avait jamais été avalé tout cru, mais… qui savait au juste ?

Quand le néophyte sortait de l'eau en E, parmi les crocodiles qui prenaient un bain de soleil ou un bain tout court (voir illustration 10-14b), on lui apprenait simplement qu'il avait échoué le test. Il devait alors passer par un autre entraînement qui pouvait durer longtemps. Quand les instructeurs jugeaient le néophyte prêt à nouveau, ce dernier repassait le test. Mais cette fois, il connaissait l'existence des crocodiles et savait qu'il n'avait l'opportunité de ne prendre son souffle qu'une seule fois, juste avant de s'enfoncer sous l'eau, et qu'il devait le retenir jusqu'à la fin. Il savait aussi qu'il ne fallait pas remonter à la surface parmi les crocodiles quand il y avait soudain plus de lumière ambiante. Il fallait au contraire rester au fond de la piscine, traverser la section E (illustration 10-14a) et, au moment où l'on éprouvait une plus grande peur à la vue des crocodiles, chercher un autre moyen de sortir de là. L'ouverture en H est le trou à même le sol que Katrina avait choisi pour sa cérémonie. Si le néophyte apercevait cette ouverture malgré son angoisse, il devait alors s'enfoncer encore plus profondément et passer par le trou, ce qui lui permettait de franchir le mur B à sa base et de remonter enfin par le conduit D, mais toujours sans savoir s'il s'agissait ou non de la sortie, émergeant finalement dans « la lumière » et réussissant enfin un test qui lui apporterait une autre compréhension des choses et une nouvelle maîtrise de lui-même.

Tel est le genre d'initiation que les Égyptiens dispensaient dans ces écoles — tout cela était très délibéré et très varié. Ce bâtiment de Kom Ombo était équipé de plusieurs salles spécialement aménagées pour la maîtrise de la peur. Il y avait aussi un côté positif à tout cela, puisqu'on y étudiait le tantra — pas seulement l'art des plaisirs charnels, mais aussi la compréhension des courants et de l'énergie sexuels, ainsi que leur rapport avec la résurrection. On étudiait l'art de respirer et l'influence du souffle sur tous les aspects de la vie humaine. La capacité de rester sous l'eau si longtemps sans paniquer était d'ailleurs un bel exploit en soi.

Maintenant que vous comprenez l'importance de la peur, je vais vous raconter mon expérience personnelle dans la chambre du puits.

La chambre du puits
sous la Grande Pyramide

La chambre souterraine qu'on appelle encore « le puits » (parce qu'il y a effectivement un puits en plein milieu) avait été placée hors d'accès du public depuis 1984 pour des raisons de sécurité. Les autorités y ont fait installer des barreaux et une porte en fer juste à l'entrée du conduit étroit qui descend en pente raide jusqu'à cette chambre et, pendant très longtemps, un garde armé fut posté devant la porte fermée à double tour. C'est qu'en fait, beaucoup de gens étaient morts dans cette chambre. Tellement, en réalité, que les autorités avaient dû rendre l'endroit inaccessible aux touristes. Les causes de décès étaient incompréhensibles. Par exemple, certaines personnes étaient mortes de morsures de serpents ou au contact de l'aiguillon empoisonné d'araignées qui n'existent même pas en Égypte ! Le dernier incident, survenu juste avant la fermeture de la chambre du puits, avait trait à un genre de gaz empoisonné qui s'était soudain répandu dans l'air ambiant, tuant ainsi tout un groupe de gens qui participaient à une cérémonie sur les lieux. D'ailleurs, personne ne sut jamais de quel gaz il s'agissait au juste.

Cet espace sous la Grande Pyramide est donc d'une nature peu commune, c'est le moins qu'on puisse dire, plus spécialement lorsqu'on s'appuie contre la paroi de roc tout au bout du tunnel, là où les ouvriers semblent s'être soudain arrêtés de creuser le sol. C'est à l'intérieur même de ce tunnel à l'horizontale qu'il semble y avoir un rapport étroit entre notre troisième dimension d'existence actuelle et la quatrième. En ces lieux, tout ce à quoi vous pensez avec insistance et ressentez avec émotion se matérialise beaucoup plus rapidement que d'habitude.

C'est en fait la raison pour laquelle les écoles de mystères égyptiennes obligeaient leurs étudiants à poursuivre douze ans d'entraînement, soit une longue période de temps au cours de laquelle les futurs initiés devaient faire face à toutes les peurs connues de l'homme. À Kom Ombo, on s'occupait seulement des peurs se rapportant au deuxième chakra. En effet, des peurs particulières sont associées à chaque chakra. Les adeptes devaient éventuellement passer par toutes les peurs possibles et imaginables, de manière que douze ans plus tard, ils en aient perdu toute trace. En fait, les écoles de mystères et les centres d'entraînement du monde entier visaient le même but, tout en abordant le problème sous des angles différents.

Par exemple, les Incas amenaient leurs étudiants à faire des choses impossibles, et leur capacité d'instiller la peur chez le futur initié, puis de lui enseigner comment la surmonter, était légendaire. Nous n'osons même pas vous décrire ici ce qu'ils faisaient précisément. Disons que contrairement aux Égyptiens, ils ne s'inquiétaient pas de perdre un grand nombre de néophytes. Leurs méthodes étaient plutôt « intenses », et ce mot est encore bien faible. C'était d'ailleurs la même chose chez les Mayas. Avez-vous déjà entendu parler d'un de leurs jeux ? Toute l'année, deux équipes pratiquaient un jeu qui ressemble assez au basket-ball, sauf qu'après la finale, on coupait la tête des membres de *l'équipe gagnante* ! À leurs yeux, c'était un honneur que de mourir de cette manière, mais il s'agissait en fait d'un programme d'entraînement multidimensionnel.

Un autre événement digne d'intérêt s'est également déroulé de nombreuses fois dans le tunnel qui jouxte la chambre du puits, sous la Grande Pyramide. Le novice s'allongeait, fermait les yeux et vivait une expérience intérieure impressionnante, mais lorsqu'il rouvrait à nouveau les yeux, il était alors étendu dans le sarcophage *de la chambre du roi* ! Ahuri, il s'écriait sans doute : « Mais comment ai-je fait cela ? C'est un miracle ! » De nombreux rapports ont été écrits à ce sujet, mais les Égyptiens ne connaissent toujours pas la réponse. Ce qui s'était produit est d'abord le fait que ces novices n'avaient pas reçu suffisamment d'entraînement, et ce, peut-être à cause de l'ignorance grandissante de leurs instructeurs au cours du temps. En effet, au lieu de continuer à aller de l'avant sur la spirale, ils étaient attirés dans le sens opposé sur le vortex énergétique de la lumière noire, traversaient le Grand Vide malgré eux et se retrouvaient à la source même de ce vortex. Puis, leur polarité se renversait et ils redescendaient le long de la spirale de lumière blanche qui les rematérialisait, toujours malgré eux, dans le sarcophage de la chambre du roi. Leur être tout entier, avec son corps physique, se rematérialisait donc dans cette autre réalité.

Au cours des siècles, les gens qui s'aventuraient dans la chambre du roi et s'étendaient dans le sarcophage sans avoir reçu l'entraînement nécessaire eurent de très nombreux problèmes. Leurs expériences étaient inexplicables pour l'esprit rationnel. C'est d'ailleurs pour cela que les responsables des lieux décidèrent finalement de déplacer le sarcophage, de le retirer de son alignement avec le rayon de lumière blanche. De nos jours, lorsqu'on s'étend à l'intérieur, on ne peut plus placer la tête à l'endroit exact du rayon d'énergie interdimensionnelle. Nous ne pouvons plus faire ce que nos ancêtres ont eux-mêmes accompli pendant longtemps, et les Égyptiens le savent bien. Ils savent parfaitement de quoi il s'agit : ils ne sont pas fous ! N'oublions pas qu'ils ont été les gardiens des lieux pendant très, très longtemps. Bien sûr, ils ont leur propre version de la raison pour laquelle le sarcophage a été déplacé, mais ils ne disent jamais rien quant à la raison pour laquelle on ne l'a pas encore remis en place exactement comme il était jadis.

Ils comprennent donc les faits au sujet du sarcophage, mais pas à propos du tunnel qui jouxte la chambre du puits. Ainsi, en 1984, après que tout un groupe de gens eurent trouvé la mort dans le tunnel, les autorités décidèrent de condamner les lieux et de ne plus permettre à quiconque de les visiter. Quand nous leur rendîmes visite en 1985 et leur expliquèrent que seul *le bout* du tunnel était dangereux, ils prirent alors d'autres dispositions et rouvrirent les lieux au grand public. Aujourd'hui, on peut à nouveau tout visiter, sauf le tunnel dans toute sa longueur. Auparavant, l'endroit avait été condamné pendant environ un an.

Le tunnel sous la Grande Pyramide

Quand j'organisais encore personnellement les ateliers Fleur de vie, j'avais souvent l'habitude d'intercaler des petites histoires anecdotiques, ayant découvert que c'était là une des meilleures méthodes pour transmettre et recevoir des informations. Celle que je suis sur le point de vous raconter a trait à mon expérience personnelle vécue dans le tunnel. De la sorte, vous pourrez mieux comprendre l'initiation par laquelle les Égyptiens passaient ainsi que la nature de la quatrième dimension, ce qui deviendra de plus en plus important au cours de votre lecture. Les descriptions que je donne représentent exactement ce qui s'est déroulé selon ma perception. J'espère que cette petite histoire vraie vous ouvrira de nouveaux horizons, mais vous n'êtes aucunement obligés de me croire. Si vous préférez, considérez simplement tout cela comme un conte.

Le récit qui va suivre a été volontairement écourté, car l'histoire est un peu longue, mais les aspects les plus saillants ont été conservés.

En 1984, Thot m'apparut et m'annonça que je devais me préparer pour une initiation en Égypte. Il me dit alors qu'il était nécessaire que je passe par là afin de me reconnecter avec les énergies de la Terre et de pouvoir mieux supporter ainsi les changements par lesquels notre planète allait bientôt passer. Thot ajouta que dans le cadre de cette initiation, je devais arriver en Égypte sans faire aucune démarche moi-même. Je ne pouvais pas acheter de billet d'avion ni effectuer aucun arrangement par moi-même. Je ne pouvais même pas signifier à quiconque que je désirais me rendre en Égypte. D'une manière ou d'une autre, les événements de ma vie devaient me mener là le plus naturellement du monde, sans aucun effort de ma part, et si les choses se développaient ainsi, alors l'initiation aurait lieu. Sinon, rien ne se matérialiserait. La règle du jeu était simple.

Environ deux semaines plus tard, je rendis visite à ma sœur Nita Page, en Californie. Je ne l'avais pas revue depuis très longtemps. Elle venait juste de terminer un périple en Chine, et l'occasion de se rencontrer nous semblait parfaite à tous les deux. Nita, c'est un peu l'équivalent féminin de Marco Polo : elle voyage constamment. Elle a pour ainsi dire visité chaque pays et chaque capitale sur cette planète, et ceci, plusieurs fois déjà. En fait, elle aime tellement voyager qu'elle a acheté une agence de voyages afin d'allier l'utile à l'agréable.

J'étais donc assis en sa compagnie tout en faisant très attention de ne pas lui parler de ce que Thot m'avait dit. Motus et bouche cousue ! N'empêche que vers une heure trente du matin, nous étions encore en train de parler de la Chine. Et je me souviens qu'il y avait sur la table un grand livre au titre intrigant : *The Secret Teachings of all Ages* (Les enseignements secrets de tous les âges), de Manley P. Hall. Alors que Nita continuait à me parler, sa main se posa nonchalamment sur le vénérable bouquin, qu'elle ouvrit distraitement à la page où il y avait un dessin de la Grande Pyramide, et la conversation s'orienta sur l'Égypte. Après quelque temps, elle me regarda droit dans les yeux et me demanda : « Es-tu déjà allé en Égypte ? » Je lui répondis que non et elle ajouta : « Oh, tu sais, si un jour tu veux y aller, je te paie le voyage et tout et tout. Si ça t'intéresse, dis-le-moi ! »

À ce point, je dus me mordre les lèvres pour ne pas commencer à lui révéler ce que Thot m'avait dit, mais je tins bon et ne pipai mot à personne, pas même à elle ! Je la remerciai simplement et lui dis que si un jour cela m'intéressait, je l'appellerais.

Ma sœur me raconta qu'elle avait elle-même visité l'Égypte vingt-deux fois et qu'elle connaissait tous les temples. Dans un sens, j'étais content qu'elle veuille bien que je l'accompagne au cours de son prochain voyage, mais je ne savais pas ce que cela signifierait en termes d'initiation. Je finis par prendre congé d'elle et la nuit même de mon retour chez moi, Thot apparut dans ma chambre et me confirma que ma sœur *était* le moyen par lequel je me rendrais en Égypte. J'étais assis là à l'écouter et il m'invita à téléphoner à Nita un peu plus tard dans la matinée et à lui faire savoir que je voulais être sur les lieux, en Égypte, entre le 10 et le 19 janvier 1985. Il ajouta que cette période était la seule pendant laquelle cette initiation pouvait être donnée, puis il disparut de ma vue. Comme nous étions alors au début de décembre 1984, cela me laissait un mois pour me préparer.

Le matin suivant, je m'assis devant le téléphone pour appeler ma sœur ; toutefois, je me sentais un peu mal à l'aise. Quand elle m'avait offert de payer ce voyage en précisant que je pouvais l'accompagner la prochaine fois qu'elle irait en Égypte, je savais qu'elle voulait dire « un de ces jours » et non pas « maintenant, immédiatement », le couteau à la gorge ! Je cherchais donc la bonne manière d'aborder le sujet et je dus rester ainsi devant l'appareil pendant au moins vingt minutes. Finalement, je rassemblai suffisamment de courage pour l'appeler.

Dès que Nita eut décroché le combiné, je me mis à tout lui expliquer sur Thot et sur ce qu'il m'avait demandé de faire. Pour terminer, j'ajoutai qu'il faudrait que je sois là-bas dans un peu moins d'un mois. Elle me demanda immédiatement d'attendre, le temps de consulter l'agenda qu'elle avait laissé dans l'autre pièce. Elle revint bientôt et commença par me dire que pour elle, un voyage en Égypte était hors de question pendant au moins les neuf prochains mois, ce à quoi je m'attendais, bien franchement. Comme je l'ai déjà indiqué, Nita est propriétaire d'une agence de voyages et son carnet de rendez-vous était plein à craquer jusqu'à la mi-septembre. Comme elle m'aimait bien, elle essaya d'amortir le coup en me confiant qu'elle était sur le point de se rendre à l'agence et qu'elle y consulterait alors son calendrier officiel et me retéléphonerait plus tard dans la soirée. Après qu'elle eut raccroché, je pensai bien que, ma foi, les carottes étaient cuites et que mes plans étaient à l'eau pour de bon. Jamais je ne pourrais me rendre en Égypte en moins d'un mois ! Je ne me souvenais même plus des paroles de Thot : « C'est comme ça que tu iras en Égypte », et du fait qu'il n'avait jamais eu tort à propos de quoi que ce soit depuis que nous nous connaissions.

Un peu plus tard, Nita me rappelle et me lance : « Comme c'est étrange. Je suis occupée jusqu'à la fin octobre, et non pas jusqu'à la mi-septembre comme je te l'ai dit ce matin, mais quand j'ai regardé le contenu de mon agenda pour le mois de janvier, j'ai vu que la page était presque blanche ! Je n'ai pas d'obligations durant ce mois, sauf le 9 et le 21, et je n'ai rien entre les deux ! Drunvalo, je pense que Thot avait raison et que nous sommes supposés nous rendre en Égypte à cette date-là ! »

Non seulement ça, mais Nita me rappela le jour suivant pour me donner d'autres nouvelles intéressantes. Elle me dit : « Quand j'ai téléphoné à United Airlines pour acheter les billets, je suis tombée sur un copain à moi aux réservations : c'est lui qui s'occupe de tous les *bookings* pour l'agence. Quand il a appris que les billets étaient pour nous deux, il me les a offerts gratuitement ! » À mes yeux, tout cela confirmait à quel point cette initiation était parfaite. Assurément, tout se déroulait à merveille, facilement et sans effort.

Thot me rendit visite tous les jours pour m'instruire, car j'avais besoin d'informations pour pouvoir accomplir ce travail en Égypte. Il me fournit d'abord l'itinéraire que nous devions suivre. Par exemple, l'ordre des temples à visiter ne pouvait être changé sous aucun prétexte, sinon l'initiation ne pourrait avoir lieu.

Il entreprit ensuite la tâche ardue de m'apprendre l'atlante. Il serait en effet nécessaire que je récite tout haut certaines phrases et que je fasse certaines déclarations dans la langue atlante la plus parfaite dont je sois capable, et ce, toujours dans le but de réussir l'initiation. Chaque jour, Thot apparaissait donc et m'instruisait sur la prononciation et la mémorisation de phrases entières. Il me les faisait répéter jusqu'à la nausée, ou en tout cas, jusqu'à ce que cela semble acceptable à ses fines oreilles. Ensuite, il me les fit écrire phonétiquement en anglais, de manière que je puisse m'y référer une fois en Égypte. Pour commencer l'initiation, je devais en effet prononcer certaines phrases dans chaque temple visité.

Finalement, il m'enseigna une méthode servant à éliminer mes peurs chaque fois qu'elles se présenteraient. Il me familiarisa d'abord avec une technique me permettant d'identifier immédiatement si la peur était réelle ou imaginaire. Puis il me fit visualiser des cerceaux de lumière d'un bleu électrique, un peu comme si des hula-hoops m'entouraient et se déplaçaient rapidement de haut en bas et de bas en haut de mon corps situé en leur centre. Si la peur était imaginaire, les cerceaux bougeaient d'une certaine manière ; si elle était réelle, ils se déplaçaient autrement. Je prenais cet entraînement très au sérieux, car Thot m'avait précisé que ma vie pouvait en dépendre, ce qui projeta soudain la pratique de cette méditation tout en haut de ma liste de priorités. Je fis donc comme il me le suggéra et j'étudiai tout ce qu'il voulut bien m'enseigner, comme si ma vie elle-même en dépendait.

Alors que le jour du départ approchait, plusieurs personnes devinrent intéressées et décidèrent de participer à cette aventure. Thot, quant à lui, savait qui m'accompagnerait avant même que les gens me le demandent. Il me rappela que tout était écrit depuis longtemps déjà. Lorsque tout fut arrangé, nous étions six : ma sœur et moi, Katrina Raphaell et son mari, Sananda Ra et son frère Jake. Je me souviens qu'à notre arrivée en Égypte, l'avion survola le plateau de Gizeh avec tous ses monuments principaux bien en vue, dont nous fîmes le tour avant d'atterrir. Nous étions tous les six comme des gamins attendant impatiemment d'aller jouer dehors, tant nous étions excités.

Ahmed Fayed nous attendait à l'aéroport. C'est sans doute l'archéologue égyptien le plus connu dans le monde, mis à part son père Mohammed, qui est renommé dans toute l'Égypte. Et tous les deux sont des amis très proches de ma sœur Nita. Après les salutations d'usage, Ahmed nous accompagna jusqu'au contrôle des passeports, s'empara du cachet que le douanier tenait à la main et l'appliqua avec des petits coups secs sur tous nos documents. En moins de temps qu'il n'en faut pour le dire, nous étions tous dans la rue et prenions bientôt place dans un taxi sans que personne ne s'inquiète de nos bagages. Il nous mena directement jusque chez lui, dans un grand bâtiment rempli d'appartements sur plusieurs étages. Les membres de sa grande famille vivaient là, et depuis la fenêtre où nous étions, nous pouvions littéralement croiser le regard du sphinx.

Mohammed, le père d'Ahmed, était un homme des plus intéressants à rencontrer. Dès sa plus tendre enfance, il avait rêvé qu'il existait un énorme bateau en bois tout à côté de la Grande Pyramide. Le jour suivant ce rêve, il avait dessiné le bateau, y compris les hiéroglyphes peints dessus. Plus tard, il consigna aussi par écrit le lieu exact où se trouvait le bateau de ses rêves. D'une manière ou d'une autre, le dessin parvint entre les mains de certains officiels égyptiens, et ce furent les hiéroglyphes qui attirèrent plus particulièrement leur attention, car ils étaient bien réels et leur rappelaient vraiment quelque chose. Ils décidèrent de commencer l'excavation à l'endroit indiqué par l'enfant, qui affirmait toujours qu'on y trouverait un grand bateau tout en bois. Et c'est exactement ce qui se passa !

Le gouvernement égyptien fit bien retirer le bateau, mais ce dernier était en pièces détachées. On essaya de les rassembler, puis, après deux ans d'efforts inutiles et de frustrations, on abandonna le projet. C'est alors que Mohammed fit un autre rêve où, cette fois, tous les plans du bateau lui étaient révélés, ce qui servirait à le remettre en parfait ordre de marche. Les officiels, maintenant prêts à l'écouter, prirent les plans grâce auxquels on put facilement réassembler ce bateau. On construisit ensuite une belle salle près de la Grande Pyramide et on y exposa le grand bateau en bois, que quiconque désire visiter les lieux peut encore voir aujourd'hui.

Mohammed a aussi localisé l'emplacement de l'ancienne cité de Memphis, qui était longtemps restée enfouie sous le sable. Il donnait aux officiels du gouvernement un dessin de chaque bâtiment et de chaque temple avant sa découverte pendant la fouille et, chaque fois, il avait tout anticipé, jusque dans les moindres détails.

La deuxième pyramide de Gizeh (Chéphren) put également être réouverte grâce aux pouvoirs psychiques étonnants de Mohammed. Les membres du gouvernement lui demandèrent d'abord s'il était bon que cette pyramide soit de nouveau ouverte. Mohammed sombra alors dans un état de profonde méditation et répondit finalement par l'affirmative. Les officiels ajoutèrent alors qu'ils ne pouvaient lui permettre de se tromper ; ils ne pouvaient retirer qu'un seul bloc de pierre (parmi les deux millions et plus composant la pyramide) pour dégager l'entrée. Mohammed se mit à nouveau à méditer, mais cette fois-ci en faisant face à la pyramide de Chéphren. Il leva finalement le doigt vers une des faces et dit : « Voilà celle qu'il faut retirer. » Sitôt dit, sitôt fait. On dégagea le bloc de pierre en question à grand-peine, et les Égyptiens, à la fois ahuris et reconnaissants, purent pénétrer dans la pyramide pour la première fois depuis très, très longtemps. Tout comme je l'ai déjà précisé, Mohammed est le père d'Ahmed Fayed, notre guide, et un grand ami de ma sœur.

Quand nous arrivâmes dans la maison d'Ahmed, il nous montra nos chambres et nous laissa nous reposer pendant environ deux heures. Ma sœur et moi le rejoignîmes alors dans son étude, et il nous demanda où nous voulions aller. Je lui tendis l'itinéraire fourni par Thot. Il l'étudia quelques secondes et s'écria : « Ah, mais c'est impossible ! Vous n'allez rester ici que dix jours et le train français qui va à Louxor ne part que demain soir à dix-huit heures. Vous allez perdre presque un jour ! Je pense que vous devriez d'abord vous rendre à Saqqara et, immédiatement après, aller visiter la Grande Pyramide ! » Évidemment, c'était exactement ce que Thot m'avait dit *de ne pas faire* : il m'avait répété plusieurs fois que nous devions suivre exactement son itinéraire.

Mais Ahmed insistait de plus en plus dans le sens contraire, ne voulant absolument pas en démordre. En fait, il s'arrangea plutôt pour que nous puissions visiter la Grande Pyramide le jour suivant. Par ailleurs, il ne voulait pas non plus que nous nous rendions dans le fameux tunnel jouxtant la chambre du puits. Par conséquent, je dus utiliser tous mes pouvoirs de persuasion pour arriver à le convaincre qu'il fallait absolument que nous visitions ce tunnel, que c'était la raison majeure de notre visite en Égypte. Il nous prévint que c'était très dangereux, que beaucoup de gens étaient morts dans cette partie précise de la Grande Pyramide et que si nous insistions, il ne nous accompagnerait pas.

Que devais-je faire ? Thot m'avait dit et répété que nous *devions* suivre son itinéraire à la lettre, mais maintenant tout semblait se liguer contre cette idée. Je savais en mon for intérieur que si nous ne pouvions pas nous en tenir aux directives de Thot, l'initiation ne pourrait avoir lieu. Je décidai finalement de tout laisser tomber et de me rendre dans la Grande Pyramide le lendemain matin, selon la volonté d'Ahmed, tout en réalisant fort bien que si je faisais cela, autant dire adieu à l'initiation !

Tôt le lendemain matin, je rejoignis Ahmed et tous les membres du groupe dans la salle de séjour. Nous avions un petit sac à dos rempli d'objets dont nous pensions avoir besoin : des torches électriques, des bougies, de l'eau, etc. L'heure du départ sonna enfin et Ahmed ouvrit toute grande la porte en lançant : « Mesdames et messieurs, allons-y ! » Hésitant, je restai sur place pendant quelques secondes, puis soulevai enfin mon sac et me dirigeai vers la porte.

C'est alors que quelque chose se produisit, auquel je ne m'attendais absolument pas. Ce matin-là, je me sentais parfaitement bien, heureux et en bonne santé, quoique un peu désappointé peut-être de ce changement forcé d'itinéraire. Alors que je faisais le premier pas vers la porte où Ahmed m'attendait, je ressentis soudain comme une vague d'énergie m'envelopper, ce qui m'arrêta net, comme si j'avais soudain été paralysé. Puis une deuxième vague d'énergie déferla immédiatement à travers moi. Je ne pouvais absolument pas m'expliquer ce qui se passait au juste. Tout cela arrivait maintenant de plus en plus vite. Je me rappelle être tombé au sol et avoir vomi. Toutes mes fonctions vitales semblaient s'affaiblir et me quitter les unes après les autres. En dix ou quinze secondes, je fus si malade que je ne pouvais plus répondre à mon entourage.

Ce qui est étrange, c'est que dans une telle situation, l'esprit qui réside dans le corps n'a pas eu le temps de s'adapter. Je me souviens que j'étais étendu sur le sol et que j'essayais de comprendre ce qui m'arrivait. Un peu comme si je regardais un film où j'étais moi-même en train de devenir malade comme un chien.

On m'étendit sur un lit dans une chambre, mais ma condition dégénéra jusqu'à ce que je sois complètement paralysé. Je ne pouvais plus bouger la moindre partie de mon corps, une expérience incroyable s'il en est. Je demeurai ainsi pendant environ trois heures et les choses semblaient même empirer encore. Personne ne pouvait plus rien pour moi. Tout ce dont je me souviens, c'est de m'être réveillé le lendemain matin.

Je ne pus rien faire d'autre que de rester étendu là toute une partie de la journée. Finalement, vers quinze heures, je commençai à me sentir un peu mieux. J'essayai de pratiquer la méditation Mer-Ka-Ba pour me guérir, mais en ce temps-là je n'avais pas encore appris à m'y exercer en restant étendu sur le côté. J'essayai bien pendant quelque temps, mais sans succès aucun. J'appelai finalement Katrina et Sananda Ra et leur demandai de m'aider à m'asseoir, ce qu'ils firent avec beaucoup de gentillesse, et cela me permit de m'installer dans une position plus familière pour la méditation.

Après que le prana eut recommencé à circuler davantage dans mon corps, je me sentis tout de suite beaucoup mieux – la tête me tournait bien encore un peu, mais je pouvais au moins marcher. Ahmed pénétra dans la chambre et me vit là, debout devant lui. Il me demanda si j'allais mieux et je lui répondis que oui, mais que je me sentais encore mal en point. Il sortit mon itinéraire de sa poche, le relut et me dit que si je pouvais me remettre suffisamment d'aplomb au cours de la prochaine heure, nous pourrions attraper le train français qui allait à Louxor. Puis il ajouta : « Ça devrait te plaire ! Nous allons suivre l'itinéraire que tu m'as donné ! »

Je me demande encore si je m'étais rendu malade pour revenir à nos plans d'origine, ou si Thot était le seul responsable de tout cela. Quoi qu'il en soit, cette maladie soudaine n'était pas normale. Je ne me suis jamais senti comme cela de toute ma vie. Mais maintenant au moins, l'initiation pourrait enfin avoir lieu ! Je continuai à pratiquer la respiration pranique pendant tout le voyage en train jusqu'à Louxor, ce qui me permit finalement de surmonter ce sentiment d'être toujours malade. Mon corps était maintenant saturé de force de vie. Lorsque nous arrivâmes à Louxor le lendemain matin, j'avais retrouvé tous mes esprits et j'étais très excité par ce qui allait se passer ce jour-là.

Nous déposâmes nos affaires à l'hôtel avant de commencer l'initiation dans le premier temple, celui de Louxor, qui est dédié à l'homme. Ahmed me tendit la clé de ma chambre. C'était le 144, le nombre de l'initiation en l'esprit. C'est alors que je me rendis compte que tout était rentré dans l'ordre. En fait, à partir de ce moment-là, tout ce que nous fîmes en Égypte se déroula avec un parfait synchronisme. Nous visitâmes chaque temple dans l'ordre exact que Thot m'avait indiqué. J'avais sur moi un petit morceau de papier sur lequel j'avais écrit tout ce que je devais réciter en langue atlante, et chaque cérémonie se déroula exactement de la manière décrite par Thot. La vie suivait harmonieusement son cours, semblable aux eaux du Nil qui serpentaient à travers le paysage.

Le 17 janvier, nous étions de retour dans la maison d'Ahmed, prêts pour l'initiation finale dans le tunnel. Toutefois, nous n'avions pu établir de plans précis pour cet événement, car je n'avais aucun contrôle sur ce qui allait se dérouler en Égypte pendant notre séjour. Néanmoins, le 18 janvier, jour de mon anniversaire, nous nous rendîmes tous dans la Grande Pyramide. En fait, lors de mon deuxième voyage en Égypte, en 1990, j'avais suivi les plans de Katrina, l'organisatrice de notre groupe, et je m'étais également retrouvé dans la Grande Pyramide le jour de mon anniversaire. Je suis sûr qu'il y a une raison cosmique à tout ce qui nous arrive.

Nous étions donc sur les lieux le 17, mais ne pûmes nous rendre à l'intérieur de la Grande Pyramide de Chéops avant qu'Ahmed ait reçu la permission écrite du gouvernement, qui ne lui parvint que tard le soir.

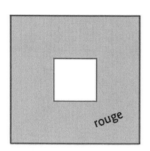

Illustration 10-15. Le carré rouge.

À l'aube du dix-huitième jour du mois de janvier, nous étions en route vers le tunnel.

Une fois parvenus aux grilles et à la porte de fer ouvrant sur le conduit en pente qui menait à la chambre du puits, Ahmed et son aide bloquèrent le flot de touristes à deux endroits, de manière que personne ne puisse voir que nous allions nous engager dans une partie interdite de la pyramide. Il faut souligner ici qu'il y a en moyenne 18 000 visiteurs par jour dans ce site. Par conséquent, c'était un peu comme de tenter d'arrêter un troupeau de bétail affamé se dirigeant vers des mangeoires. Le garde ouvrit la porte de fer et nous dit : « Vous avez exactement une heure et demie. Synchronisez vos montres sur la mienne et arrangez-vous pour avoir suffisamment de temps pour revenir ici à l'heure. Si vous n'êtes pas de retour à temps, nous irons vous chercher mais nous serons très, très fâchés. Ne nous faites pas attendre ! » Nous nous engageâmes un à un dans le conduit sombre et la porte se referma en grinçant derrière nous. Dès que nous fûmes hors de vue, le flot incessant de touristes recommença dans cette partie du grand monument.

Nous étions donc là, tout en haut d'un long conduit étroit qui descendait dans le noir en faisant un angle de 23 degrés par rapport à l'horizontale, soit l'angle de l'axe de la Terre par rapport au plan de l'écliptique autour du Soleil. À 122 mètres plus bas se trouvait la chambre du puits.

Personne parmi nous ne savait quoi faire au juste. Comment donc se déplacer dans un conduit qui ne mesure qu'un mètre de haut sur un mètre de large et dont la pente est si raide ? Où on ne peut ni marcher ni ramper ? Nous nous mîmes à rire à la pensée que peut-être nous pourrions nous mettre en boule et nous laisser rouler jusqu'au fond ! Nous fûmes donc obligés de retirer nos petits sacs à dos, car ils touchaient constamment le plafond, et nous décidâmes d'avancer en faisant des pas de canard, avec notre petit sac plaqué contre nos cuisses. La méthode semblait bien marcher. Tout le monde entama la descente et j'étais le dernier dans la file.

J'avais l'esprit vide, alors que je continuais à descendre : je ne pensais à rien en particulier. J'observais, simplement. Soudain, quelque chose se passa qui me tira de ma torpeur. La Grande Pyramide produit en effet une note grave, un son très profond et intensément masculin qui ne semble jamais s'arrêter. J'étais soudain devenu très conscient de ce bourdonnement depuis que nous avions pénétré dans la pyramide, mais je n'y avais plus prêté attention jusqu'au moment où nous commençâmes la descente. Je levai les yeux et aperçus soudain ces deux carrés rouges (voir illustration 10-15) sculptés sur chaque mur du conduit étroit : il y en avait un à ma droite et un à ma gauche, et ils se faisaient face à la même hauteur sur chaque paroi. Chaque carré mesurait environ cinq centimètres de long et cinq centimètres de large. Alors que je dépassais ces marques et continuais lentement ma descente, le bourdonnement sembla tomber d'une octave et, au même instant, je me mis à éprouver de la peur.

J'étais maintenant tellement absorbé par ce son grave dans ma tête et par ce sentiment de peur intense (ce qui, chez moi, est tout à fait inhabituel) que j'oubliai tout ce que Thot m'avait enseigné. Il m'avait pourtant prévenu de l'importance de surmonter notre peur lorsqu'on pénètre dans cet espace. Malgré tout, je ne me souvenais plus de rien. Je ne faisais plus que réagir à mes sentiments.

Alors que nous nous enfoncions de plus en plus profondément dans ce sombre passage, je ressentais simplement de la peur. Et bientôt se présentèrent deux nouveaux carrés rouges sur les parois. Comme je les dépassais, le bourdonnement baissa à nouveau d'une octave et mon sentiment de peur devint encore plus intense. J'entrepris de me parler à moi-même et me posai la question : « De quoi donc as-tu peur ? » C'est alors que j'entendis une petite voix à l'intérieur de moi : « Eh bien, tu crains la morsure de serpents venimeux ! » Ce à quoi je me répondis à moi-même : « Oui, c'est vrai, mais il n'y en a pas dans ce tunnel ! » La petite voix intérieure me rétorqua du tac au tac : « En es-tu vraiment sûr ? Après tout, il se pourrait très bien qu'il y en ait ! »

Même une fois arrivé enfin au fond du passage, j'avais encore ce dialogue en tête et ressentais une peur intense des serpents. Oui, bien sûr, j'avais peur des serpents venimeux, mais ce n'était pas quelque chose de coutumier dans ma vie. Thot semblait ne jamais avoir existé et j'avais complètement oublié les cerceaux de lumière bleu électrique susceptibles d'enrayer la peur. En somme, j'avais reçu cet entraînement pour rien.

Nous traversâmes la première chambre, que très peu de livres sur l'Égypte mentionnent, et débouchâmes dans une chambre plus grande au milieu de laquelle se trouvait ce fameux puits, dont elle porte encore le nom de nos jours. Nous l'inspectâmes d'ailleurs avec nos torches électriques, mais il semblait être rempli de débris à une profondeur d'environ neuf mètres. La caverne (qu'on appelle une chambre, mais qui correspond davantage à une caverne souterraine un peu aménagée qu'à une chambre construite par l'homme) n'avait aucune forme particulière. Son contour était totalement féminin, c'est-à-dire sans aucune ligne droite. Nous pouvions du moins nous tenir debout devant le petit tunnel creusé à l'horizontale dans la roche dure et jouxtant cette caverne du puits. Ce tunnel était précisément la raison principale de notre long voyage jusqu'en Égypte.

Remarque intéressante en passant : Thot m'a dévoilé que la chambre du puits n'avait pas été construite par les Égyptiens, sans savoir au juste qui l'avait faite. Selon lui, la protection de cet espace fut la raison principale pour laquelle il plaça la Grande Pyramide à l'endroit exact où elle se trouve aujourd'hui. Il a ajouté que cette porte ouvre sur les Halls d'Amenti, au sein de notre mère la Terre. C'est aussi un espace qui existe dans la quatrième dimension et, par conséquent, un des sites les plus importants dans le monde.

J'ai toujours vérifié les dires de Thot chaque fois que je le pouvais. C'est la pratique qu'il m'a d'ailleurs encouragé à adopter, spécialement quand cela s'avère facile. Par conséquent, une fois dans le train français avec Ahmed, lors de notre voyage jusqu'à Louxor, je lui demandai s'il savait quelque chose sur l'origine de cette chambre aménagée dans le roc. Ahmed confirma alors les propos de Thot, à savoir qu'elle n'avait pas été construite par les Égyptiens et que personne ne savait vraiment qui l'avait aménagée. À ma connaissance, aucun livre sur l'Égypte ne mentionne ce fait.

Continuons donc notre histoire. Comme je l'ai déjà mentionné, le tunnel était lui aussi très étroit et encore moins haut que le passage que nous avions emprunté pour descendre sur les lieux. Le seul moyen de pénétrer dans ce petit tunnel consiste à ramper sur le ventre. Je crois qu'il s'enfonce à l'horizontale dans le roc jusqu'à environ 24 à 30 mètres, mais les gens qui en reviennent maintenant affirment qu'il n'a pas plus de huit mètres de long. Or, selon ce que j'ai pu voir moi-même, c'est impossible. Par conséquent, depuis notre visite, les autorités égyptiennes ont probablement fait sceller le tunnel à cette distance-là de l'entrée. Le sol était recouvert d'un sable siliceux très fin et doux au toucher. Les murs et le plafond étaient tous chargés de minuscules cristaux qui reluisaient comme des diamants à la lumière de nos torches électriques. C'était très beau. Le rayon lumineux de nos torches semblait se propager en spirale sur une distance de un ou deux mètres seulement dans le tunnel. À part cela, l'obscurité la plus totale régnait en ces lieux. Je n'ai jamais rien vu de semblable depuis.

Chaque membre de notre petit groupe eut la chance de projeter le rayon de sa lampe électrique dans le tunnel, d'observer les mêmes effets et d'analyser la situation. Lorsque tout le monde eut terminé, chacun se tourna vers moi et l'un d'eux me dit : « C'est toi qui nous a amenés dans ce trou. C'est à toi d'y aller le premier ! » Ils ne me laissaient aucun choix.

J'étreignis donc mon petit sac en le plaçant contre ma poitrine et commençai à ramper, ma torche électrique pointée vers le fond de l'étroit tunnel. Ma peur des serpents venimeux ne m'avait pas quitté et j'espérais ne pas en rencontrer un. Après quelque temps, ce qui me parut être plusieurs heures, je parvins enfin au bout du tunnel. Toujours pas de serpents. Je respirai mieux et me relaxai un peu. C'est alors que je vis un petit trou bien rond, dans le bas, à droite de la paroi du tunnel qui me faisait face. Cela ressemblait tout à fait à un trou de serpent.

Mon cœur se mit à battre la chamade. Je pointai le rayon de ma lampe dans ce trou afin de m'assurer qu'aucun reptile ne me fixait. Il ne semblait rien y avoir, mais je n'aimais pas ça du tout, mais alors là, pas du tout ! En l'occurrence, que pouvais-je donc faire ?

Mon attention se porta sur la situation immédiate. Je réalisai soudain que les hiéroglyphes égyptiens représentant Osiris amenant toute une rangée de futurs initiés dans ce tunnel ne pourraient plus nous inciter à faire la même chose dans nos temps modernes, car nos corps sont maintenant beaucoup trop grands et volumineux pour se tenir assis comme ces néophytes l'avaient fait eux-mêmes grâce à leur petite taille (voir illustration 10-16).

Selon les hiéroglyphes, Osiris et ses initiés étaient capables de rester assis dans le tunnel. Pour nous tous, c'était complètement impossible : l'existense de Thot me revint soudain à la mémoire et je lui demandai par télépathie de répondre à ma question. Il me demanda de m'allonger

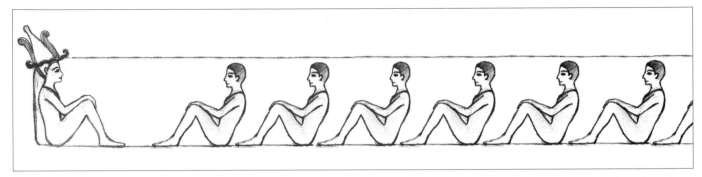

Illustration 10-16. Osiris et les initiés dans le tunnel.

sur le dos, la tête orientée vers le bout du tunnel, et de dire aux autres d'en faire autant. Tout le monde s'exécuta.

Alors que j'étais là, plusieurs choses se passèrent immédiatement. Tout d'abord, je ne pus m'empêcher de constater que je me trouvais dans l'endroit le plus sombre qu'il m'ait jamais été donné de visiter. Je plaçai une main juste devant mes yeux. Il faisait tellement noir que je ne pouvais absolument rien voir. Je ne crois même pas qu'il y ait jamais eu un seul photon lumineux dans ce lieu.

Ensuite, je pris conscience d'une incroyable sensation de masse et d'attraction. Je pouvais sentir la montagne de pierres juste au-dessus de notre tête. Comme si nous avions tous été enterrés vivants. Il y avait de la roche dure dans toutes les directions, sauf dans le tunnel alors encombré de corps humains. Quelle chance j'avais de ne pas être claustrophobe ! Autrement, la peur d'être enfermé dans un espace aussi restreint aurait à coup sûr empêché l'initiation. En fait, je me sentais très bien, il n'y avait aucun problème.

Thot m'apparut très clairement et me demanda de commencer la méditation du Mer-Ka-Ba. Je m'exécutai donc immédiatement mais, soudain, la peur des serpents remonta à mon l'esprit. Je me rappelai ce petit trou qui ressemblait tellement à l'entrée d'un nid de serpents : il se trouvait maintenant juste à gauche, derrière ma tête, et je ne pouvais plus le surveiller du regard. Mon imagination décupla. Je pouvais littéralement voir des serpents sortir du trou et recouvrir peu à peu mon corps. C'était très réel ! Je *savais* que si je continuais à avoir si peur, ma vision *allait* se manifester et je serais bientôt couvert de serpents à sonnette. Et le fait de savoir cela rendait la situation encore pire. Je savais que c'était la raison pour laquelle tant de gens étaient morts dans ce tunnel. Et *encore une fois,* j'oubliai tout de l'entraînement que Thot m'avait donné en vue d'éliminer la peur.

On pourrait dire que j'eus alors une réaction typiquement américaine. Dans un style à la John Wayne, je me pris littéralement par le col de la chemise et me raisonnai petit à petit comme si j'avais été un gamin récalcitrant : « Alors, tu as fait ce long voyage jusqu'en Égypte pour rien ? Et qu'est-ce que ça peut bien faire si tu meurs ? La vie continuera bien sans toi ! » Puis je me commandai de me contrôler, d'oublier les serpents et de me souvenir de Dieu en me répétant encore : « Même si mon corps se couvre de serpents, je continue ! »

Heureusement pour moi, je fus capable de détourner mon attention de la peur pendant suffisamment longtemps pour terminer la méditation du Mer-Ka-Ba. Le disque magnifique (en forme de deux soucoupes inversées se touchant bord à bord) s'étendait maintenant tout autour de mon corps sur un diamètre d'environ dix-sept mètres, et j'éprouvais un grand bien-être. J'oubliai complètement les serpents, mais sans m'en rendre compte sur le moment. En fait, ce n'est qu'à mon retour en Amérique que je compris soudain que j'avais été capable de faire la méditation une fois allongé de tout mon long dans le tunnel, alors que quelques jours plus tôt j'en avais été incapable quand je m'étais retrouvé allongé dans un lit et malade comme un chien. J'y ai souvent repensé depuis. Peut-être était-ce parce qu'il n'existait pour ainsi dire plus de sens d'orientation : des expressions telles que « en haut » ou « en bas » n'avaient plus aucune signification pour moi. Comme si je flottais dans l'espace. Quelle qu'en soit la raison, Dieu merci, je pouvais maintenant méditer en restant allongé dans ce tunnel.

Il faut dire qu'à ce moment-là, Thot était constamment dans mon champ de vision. Il me demanda d'abord de prononcer les phrases en langue atlante qu'il m'avait apprises, afin d'obtenir la permission des sept grands êtres de lumière qui résident encore dans les Halls d'Amenti. Il m'exhorta même à les réciter avec force, ce que je fis. Après cela, un certain temps s'écoula, ce qui créa une certaine qualité d'espace en mon être. Je ne peux pas très bien l'expliquer, mais il me sembla que plusieurs années défilaient devant moi. Thot me demanda finalement si j'étais conscient qu'à partir du moment où je m'étais entouré du Mer-Ka-Ba, j'avais commencé, comme le Soleil, à irradier une grande lumière dans toutes les directions. Ce à quoi je lui répondis : « Oui, bien sûr, je sais, je sais… » Il me posa de nouveau la question : « Le réalises-tu *vraiment* ? » Je répondis encore par l'affirmative. S'adressant à moi pour la troisième fois, il me dit : « Si tu le sais vraiment, alors ouvre les yeux et observe ! » J'obtempérai et, à ma grande stupéfaction, je pouvais maintenant tout discerner dans le tunnel ! Tout baignait dans une lumière très douce semblable à un clair de lune. Cela ne semblait provenir d'aucune source en particulier. C'était presque comme si l'air contenait sa propre lumière.

Il me vint alors à l'esprit qu'il s'agissait sans doute de la torche électrique d'un membre du groupe. Je levai la tête au-dessus des épaules et parvins très bien à distinguer la forme des quatre autres initiés étendus dans le tunnel. Aucune torche ni aucune bougie n'avait été allumée. Je pouvais pourtant tout voir clairement. Je me rallongeai donc et continuai mes observations. C'était incroyable, je pouvais tout analyser en détail et pensai même qu'il faisait suffisamment jour pour que je puisse lire, puis je refermai à nouveau les yeux. Je les rouvrais de temps en temps, et la lumière diaphane était encore là.

À un moment donné, alors que j'avais toujours les yeux fermés, j'interrogeai Thot par télépathie sur ce qu'il voulait que je fasse maintenant. Il sembla me regarder d'un drôle d'air et me demanda : « Tu peux éclairer un tunnel avec ta propre lumière et ça ne te suffit pas ? » Que pouvais-je donc rétorquer à cela ? Je continuai à irradier cette douce atmosphère lumineuse pendant presque une heure, tout en observant ce phénomène incroyable. Je me souviens que quand la sonnerie de ma montre se déclencha, j'avais les yeux fermés. Je les rouvris, m'attendant à voir le tunnel éclairé, mais tout était à nouveau plongé dans l'obscurité la plus totale. La différence était telle que cela me prit complètement au dépourvu. L'initiation était terminée.

Nous nous levâmes, nous prîmes toutes nos affaires avec nous et remontâmes péniblement jusqu'à notre point de départ, où les gardes nous attendaient. Ma sœur Nita, qui avait visité les lieux tant de fois déjà, décida de nous quitter et d'aller faire un tour dehors. Tous les autres membres du groupe, moi-même y compris, restèrent sur les lieux et se joignirent aux touristes pour visiter la chambre du roi ainsi que les autres parties intéressantes de la Grande Pyramide de Chéops. Plus tard, nous eûmes tous l'occasion d'échanger nos impressions. Il était évident que chacun de nous avait vécu une expérience unique, mais différente du reste du groupe, et nous émîmes la pensée que tout s'était peut-être passé selon ce dont nous avions le plus besoin personnellement. Je trouvai l'histoire de Nita extrêmement intéressante et inspirante. Elle nous raconta qu'elle s'était retrouvée debout dans le tunnel, probablement dans la prochaine dimension, et que plusieurs êtres très grands l'avaient accompagnée jusque dans une salle spéciale pour son initiation. La vie est bien plus que ce que nous pensons, c'est bien certain.

Alors que je quittai enfin les lieux et me retrouvai au grand air, ce que j'aperçus me coupa littéralement le souffle. Il y avait là une énorme foule de gens dont j'estimai rapidement le nombre à 60 000 ou 70 000, et alors que je commençai à tout observer avec beaucoup plus d'attention, je réalisai soudain que presque tous ces individus étaient des enfants. Un examen encore plus attentif me révéla qu'ils étaient âgés de cinq à douze ans environ et qu'il y avait très peu d'adultes parmi eux. Je ne sais toujours pas pourquoi ils étaient là, mais c'était un fait certain, du moins pour moi.

Alors que mon regard se dirigeait maintenant vers la base de la pyramide, je ne pus m'empêcher de noter que tous ces enfants se tenaient par la main et formaient un seul rang qui s'étendait aussi loin que l'œil pouvait voir et sur toute la longueur de ce côté-là de la pyramide. Je me déplaçai alors sur la marche située juste au-dessus d'eux et, là aussi, il y avait une immense file de jeunes se tenant par la main. Ma curiosité augmenta à tel point que je fis l'effort de marcher tout autour de l'immense monument, simplement pour m'assurer que tout était bien réel, et ça l'était ! C'était tout aussi vrai et palpable que le nez au milieu de ma figure ! Les enfants se tenaient par la main et formaient un cercle complet autour de la Grande Pyramide. Je fis alors le tour des deux autres pyramides et constatai exactement la même situation ! Tous ces milliers d'enfants avaient encerclé les trois pyramides connues dans le monde entier sous le nom de Chéops, Chéphren et Mykérinos, sur le plateau de Gizeh, en Égypte, alors que notre groupe était à l'intérieur de la Grande Pyramide de Chéops et passait par une initiation : « Qu'est-ce que ça veut dire ? Mais qu'est-ce que ça peut bien vouloir dire ? » me demandais-je sans cesse.

De retour chez Ahmed, je m'enfermai dans une chambre et me mis immédiatement en état de méditation pour invoquer la présence des deux anges. Je leur posai alors la question : « Quelle est la signification de la présence de tous ces enfants ? » Ils me demandèrent alors si je me souvenais de ce qu'ils m'avaient déjà dit douze ans plus tôt. Comme j'étais complètement perdu, je leur demandai de m'expliquer encore une fois. Ils me rappelèrent alors que douze ans plus tôt, ils m'avaient demandé d'être le père d'un enfant qui, selon eux, était originaire du grand Soleil central. Ils m'avaient révélé que cette grande âme serait un jour la pierre de faîte d'une pyramide faite de millions d'enfants qui s'incarneraient sur terre pour nous aider, alors que nous traversons tous une période de transition qui nous fera déboucher dans la prochaine dimension. Selon les anges, ces enfants seraient presque comme des bambins ordinaires jusqu'à l'âge de douze ans mais, après cela, une grande accélération aurait lieu et ils émergeraient sur toute la surface du globe et constitueraient une force de changement irrésistible. Les deux anges me confirmèrent aussi que tous ces enfants étaient connectés les uns aux autres en esprit et qu'au bon moment, ils prendraient la tête et nous mèneraient jusque dans un nouveau monde.

Après la méditation, je calculai les années qui s'étaient écoulées entre la naissance de mon fils Zacharie et les temps présents. Zacharie était né le 10 janvier 1972 et le jour de notre initiation correspondait au 18 janvier 1985. Cela faisait donc treize ans et une semaine. J'avais oublié, mais pas tous ces enfants !

Dans le dernier chapitre, nous passerons en revue ce que notre monde scientifique a appris à leur sujet. Vous verrez alors qu'un grand espoir est en train de naître sur la Terre, grâce à la présence parmi nous de ces merveilleux êtres de l'espace qui sont maintenant nos enfants.

Souvenez-vous que les enfants sont le troisième œil d'Horus, l'œil du milieu, celui de la vie elle-même.

Les Hathors

Les Hathors jouèrent longtemps un rôle primordial au sein de l'école de mystères de l'œil gauche d'Horus. Quand bien même ils n'étaient pas natifs de la Terre, ils furent toujours là pour nous aider à développer notre conscience. Ils nous aimaient énormément, tout comme ils le font aujourd'hui encore. Alors que notre conscience s'assujettissait de plus en plus à la troisième dimension actuelle, les Hathors disparurent finalement et ne purent continuer à nous enseigner comme ils le faisaient jadis. Mais puisque nous recommençons à nous développer, il sera de plus en plus facile de communiquer à nouveau avec eux en toute conscience.

L'illustration 10-17 vous donne une bonne idée de leur apparence. Il s'agit d'une race d'êtres qui vivent dans la quatrième dimension, sur Vénus. On ne peut pas les voir dans la troisième dimension, mais si l'on pénètre dans la quatrième, et plus spécialement dans ses sous-plans les plus élevés, on y découvre leur vaste culture. Ce sont les êtres les plus intelligents et les plus aimants de notre système solaire. En fait, leur civilisation est le quartier général ou le point focal de tout ce qui évolue autour de notre astre solaire. Quiconque entre dans notre système solaire depuis l'extérieur doit toujours obtenir leur permission avant de poursuivre sa route.

Les Hathors sont des êtres qui irradient un amour immense, celui-là même de la conscience christique. Ils peuvent émettre toute une série de sons pour communiquer et accomplissent de véritables tours de force avec le seul pouvoir de leur voix. Ils ont aussi des oreilles extraordinaires leur permettant de mieux capter les sons. Il n'y a pour ainsi dire aucun aspect sombre chez eux. Ce sont simplement de grands êtres de lumière purs et aimants.

Les Hathors sont très comparables aux dauphins. Comme vous le savez sans doute, ces derniers utilisent leur sonar à toute fin, et les Hathors, leur voix. Nous autres humains, nous créons des machines pour éclairer et chauffer nos bâtiments. Les Hathors, quant à eux, recourent aux sons par le biais de leur voix.

Il n'existe plus beaucoup de statues d'eux, plus spécialement de sculptures représentant leur visage, car les Romains, pensant qu'il s'agissait de mauvais esprits, se mirent à détruire toutes les images d'Hathors qui leur tombaient sous la main. La sculpture que vous pouvez voir dans l'illustration 10-17 se trouve à Memphis. Cette belle tête est perchée tout en haut d'un pilier de plus de douze mètres. De nos jours, le niveau du sol s'est élevé d'autant et a recouvert la presque totalité de ce pilier, dont seul le sommet, orné de la tête d'un Hathor, émerge (grâce à tout un travail d'excavation). Le temple dédié à la race des Hathors n'a été découvert que récemment en Égypte. C'est du moins ce qu'on m'a rapporté quand j'étais sur les lieux en 1985.

Physiquement, les membres de cette race sont très, très grands par rapport à nous. Ils ont une taille moyenne qui varie de trois mètres à quatre mètres quatre-vingt. En fait, ils ont la taille des Néfilims mentionnés au chapitre 3. Les Hathors ont aidé les gens sur terre pendant très, très longtemps, et presque toujours par le biais de leur amour et de leur incroyable maîtrise du son. Il existe une initiation en Égypte au cours de laquelle le son de la croix ansée est créé – c'est une des initiations dans la Grande Pyramide. Il s'agit d'un son continu que l'Hathor peut produire sans s'arrêter de respirer et qu'il peut laisser rouler dans sa gorge pendant plus d'une demi-heure, même jusqu'à une heure. On y recourt principalement pour guérir le corps ou rétablir l'équilibre dans la nature, un peu comme si l'on chantait le *Om* tout en continuant de respirer. Les

Illustration 10-17. Un Hathor.

Illustration 10-18. Katrina devant le temple des Hathors, à Dendérah.

Hathors ont appris à faire ce son sans arrêter de respirer. Ils inspirent par le nez, faisant passer l'air dans les poumons et expirent par la bouche. Cette cérémonie d'initiation du son-de-la-croix-ansée était seulement une des nombreuses formes d'aide que les Hathors accordaient aux humains, et ceci, dans le but de les aider à retrouver l'équilibre dans leur vie. Ils restèrent sur la Terre pendant des milliers d'années pour aider l'humanité de cette manière.

Le fait de continuer à inspirer et à expirer alors qu'on produit un son continu n'est pas une pratique complètement inconnue de nos jours non plus. Tous les félins, autant que les aborigènes qui jouent du didjeridoo*, savent comment s'y prendre. Ils utilisent un genre de respiration circulaire. On peut émettre un son continu pendant une heure tout en contrôlant le passage ou l'expulsion de l'air dans les poumons. En fait, ce n'est pas très difficile à apprendre.

Dendérah

L'illustration 10-18 vous montre la façade du temple dédié aux Hathors, à Dendérah. Les Hathors sont les grands supporters de la race humaine. Jadis, le haut de chaque grand pilier était orné de visages d'Hathors, mais il est bien évident que quelqu'un s'est efforcé de tous les détruire. Il y a aussi d'énormes piliers à l'intérieur même de ce temple, sur toute sa longueur et jusqu'au fond du bâtiment, qui est énorme ! Vous ne pourriez jamais imaginer la taille de cet édifice ! Il s'étend sur une longueur de plus de 400 mètres. (Soit dit en passant, la personne au premier plan avec des lunette noires, c'est Katrina Raphaell.)

Il y a deux endroits dans le temple de Dendérah que je voudrais mentionner ici. Il y a d'abord un lieu où se trouve la carte du ciel ou le zodiaque dont j'ai déjà parlé. Il y a aussi une salle que je mentionne rarement parce que je ne l'ai encore jamais vue de mes propres yeux. Si vous entrez dans le temple et tournez à droite, vous pouvez voir une petite salle dans laquelle il y a quelque chose qui paraît impossible à comprendre pour notre esprit rationnel. Il s'agit d'une représentation de la Terre vue de l'espace et aux proportions parfaites, avec un cordon électrique qui en sort. Elle est sculptée sur le mur. À l'autre extrémité de

---

* Instrument à vent des aborigènes d'Australie constitué d'un long tube de bois aux sonorités profondes. (NDE)

ce cordon, on aperçoit très distinctement une prise de courant mâle comme nous en avons chez nous de nos jours. À côté de celle-ci, sur le mur, se trouve une prise de courant femelle. Les deux prises sont par conséquent débranchées. Comment une chose pareille peut-elle exister ? Comment les Égyptiens pouvaient-ils savoir que dans le futur, l'humanité utiliserait l'électricité ?

Permettez-moi de vous raconter une autre petite histoire courte et de vous montrer la photo promise dans un chapitre précédent. Lorsque j'étais à Abydos dans le temple de Séti Ier (voir l'illustration 10-19a et la photo 2-1 au chapitre 2), un des gardes, qui travaillait avec moi, me prit à part et me conseilla d'attendre avec lui que tout le monde ait quitté cette

Illustration 10-19a. Le temple de Séti Ier à Abydos.

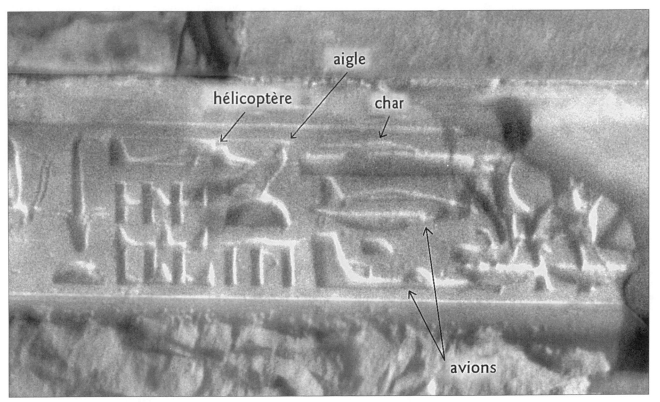

Illustration 10-19b. Les sculptures en bas-reliefs du temple de Séti Ier à Abydos.

section du temple. Il me demanda ensuite de pointer mon appareil photo sur une des grandes poutres au plafond et de prendre un cliché de cet endroit particulier. Il faisait très sombre et je ne pouvais pas bien voir ce que j'allais photographier. Ce n'est qu'à mon retour aux États-Unis, et après que tous mes négatifs eurent été développés, que je pus me rendre compte de quoi il s'agissait au juste.

Ce qu'il y a sur cette photo est également impossible à comprendre dans l'optique de notre esprit rationnel et des idées que nous entretenons sur la nature du temps, soit le passé, le présent et le futur (voir illustration 10-19b). À la page 38 (chapitre 2), nous avons déjà décrit la disposition des hiéroglyphes en *bandes temporelles*. Si vous avez oublié de quoi il en retourne, relisez ce passage. En résumé, disons que tout ce qui avait été sculpté sur les murs des temples entre le sol et une hauteur d'environ quatre mètres cinquante avait trait au présent (la période de temps pendant laquelle les hiéroglyphes avaient été sculptés ou peints). Et plus haut encore, cela touchait le futur. Or, la photo que nous vous montrons ici est celle d'une section de mur qui se trouve à plus de douze mètres du sol et qui jouxte le plafond.

De quoi s'agit-il donc ? On peut facilement y distinguer la silhouette d'un hélicoptère d'attaque moderne, et tout à côté, ce qui ressemble à des fûts d'huile empilés les uns sur les autres avec beaucoup d'ordre. Un peu sur la droite se trouve une demi-sphère sur laquelle un aigle est posé, les ailes repliées ; il fait face à un tank avec sa tourelle, son canon et tout et tout ! Il paraît aussi y avoir deux autres genres d'objets volants, des avions cette fois, et qui sont tournés dans la même direction. Or, seul le tank armé fait face à cet *ennemi* qui l'affronte en direction opposée. Quand je commençai à faire circuler cette photo en 1986, elle n'avait aucun sens, aucune signification précise. Par contre, quelques années plus tard, en 1991 pour être plus précis, un officier retraité de l'armée américaine participant à l'un de mes ateliers identifia immédiatement l'hélicoptère d'attaque en question et souligna que ce modèle particulier n'avait été employé par l'armée que pendant la guerre contre Saddam Hussein. Ces hiéroglyphes particuliers dépeignent donc exactement la dernière guerre en date au Moyen-Orient, plus connue du

Illustration 10-20. Linteau de porte ouvrant sur une salle, à l'intérieur du temple de Dendérah. Dans le haut et au centre se trouve le symbole représentant la planète Marduk. Juste en dessous se trouve l'œil gauche d'Horus (impossible à discerner sur la photo) à l'intérieur d'un cercle. Et sur sa gauche, le hiéroglyphe désignant Thot. La salle elle-même est remplie de hiéroglyphes illustrant la vie d'Isis et d'Osiris.

public par son nom de code *Desert Storm* (orage dans le désert). Ce fut la seule guerre au cours de laquelle on recourut à ces hélicoptères et où il y eut en même temps la présence de nombreux tanks.

Il est maintenant difficile d'affirmer que les Égyptiens ne pouvaient pas voir dans le futur, alors qu'ils ont sculpté ces hiéroglyphes plusieurs milliers d'années avant l'invention de l'hélicoptère. La photo a circulé un peu partout dans le monde grâce à Internet, et des milliers de gens auront pu l'analyser tout à loisir, sans jamais pouvoir trouver une explication plausible que je sache.

L'illustration 10-20 est un linteau de porte ouvrant sur une petite salle située à l'arrière du temple de Dendérah. La sculpture au centre, soit l'ovale ailé avec les deux têtes de cobra de chaque côté, est le symbole représentant Marduk, la planète des géants Néfilims. En dessous se trouve un cercle sculpté avec l'œil gauche d'Horus à l'intérieur, qu'on ne peut d'ailleurs pas distinguer sur la photo. Sur la gauche se trouve le hiéroglyphe qui représente Thot pointant le doigt en direction du cercle (voir illustration 10-20a).

Au-delà du portail, les murs sont sculptés de magnifiques hiéroglyphes illustrant l'histoire d'Isis et d'Osiris, que j'ai racontée dans le chapitre 5 du premier tome (voir p. 153). Je regrette fort que les officiels égyptiens ne m'aient pas permis de prendre des photos pour vous illustrer cette histoire, si magistralement dépeinte sur les murs, car elle est le fondement même de la religion égyptienne. Je vais à nouveau vous la conter, mais sous une forme très simplifiée.

Illustration 10-20a. Grossissement de la partie centrale inférieure de la photo dans l'illustration 10-20.

Une immaculée conception

Osiris, Seth, Isis et Néphtys étaient frères et sœurs. Osiris se maria avec Isis, et Seth avec Néphtys. Un jour, Seth tue Osiris et place son corps dans un cercueil en bois qu'il jette ensuite dans le Nil (mais l'histoire se déroule en fait en Atlantide, et non en Égypte ; elle a donc été adaptée pour le public égyptien). Isis et Néphtys se mettent alors à parcourir le monde à sa recherche et finissent par retrouver son corps, qu'elles ramènent avec elles en Égypte. Quand Seth apprend cela, il s'arrange pour reprendre le corps d'Osiris qu'il coupe alors en quatorze morceaux, les dispersant dans le monde pour bien s'assurer que celui-ci ne reviendra plus jamais. Folles de douleur et d'angoisse, Isis et Néphtys partent à nouveau à sa recherche, mais cette fois-ci ce sont les morceaux de son corps qu'elles cherchent. Finalement, elles ne peuvent en récupérer que treize. Le quatorzième, le phallus d'Osiris, reste manquant.

Les bas-reliefs sculptés sur les murs montrent bel et bien tout cela. Grâce à la magie, Thot retrouve et ravive le phallus qu'il rattache alors au corps d'Osiris. L'énergie créatrice recommence à traverser ce dernier. C'est alors qu'Isis prend l'apparence d'un faucon, s'envole vers Osiris et se pose sur lui, entourant de ses ailes le pénis de son mari. L'acte accompli, Isis s'envole à nouveau et devient enceinte. Elle met au monde un petit bébé à tête de faucon qu'elle appelle Horus, sauf que celui-ci n'a pas vraiment une tête de faucon – seul le hiéroglyphe le dépeint sous cette forme. Dans le cours du temps, Horus vengera la mort et les souffrances endurées par son père Osiris aux mains de Seth.

D'après Thot, ce qui est dépeint sur ces murs et dans l'histoire d'Isis et d'Osiris, c'est une conception immaculée, une naissance vierge. Mais puisque la femme n'a pas besoin d'être vierge pour concevoir de cette manière, on l'appelle plutôt une conception immaculée. Thot décrit cette naissance (par l'immaculée conception) comme étant de nature interdimensionnelle. Isis s'était en quelque sorte envolée interdimensionnellement vers Osiris, et aucune union physique n'eut vraiment lieu.

Les naissances vierges dans le monde

Je vais maintenant vous donner les informations qu'on m'a enjoint de vous transmettre. Je n'ai moi-même pas très bien su qu'en penser pendant longtemps, et vous devrez donc tirer vos propres conclusions. Aujourd'hui, je sais que ce que je vais vous dire est vrai, mais au moment où j'en ai parlé pour la première fois, je croyais qu'il s'agissait davantage d'un mythe qu'autre chose. La plupart des gens pensent que c'est le cas, que cette histoire de Marie, de Joseph et de l'immaculée conception ne pouvait que concerner un grand être comme Jésus et non pas un humain ordinaire. J'ai malgré tout appris que, de toute évidence, l'immaculée conception existe réellement et qu'elle fait partie de la vie de tous les jours sur cette planète.

Il est écrit que plusieurs chefs religieux et fondateurs de religion, tels Krishna ou Jésus, sont nés d'une vierge – d'un père et d'une mère qui ne s'étaient pas connus physiquement. Comme je l'ai déjà dit, nous pensons généralement que c'est là quelque chose qui n'existe pas dans la vie ordinaire. Je dois vous rappeler que dans la nature, plus particulièrement parmi les insectes, les plantes, les arbres, et au sein de presque tous les autres niveaux de vie, les naissances vierges ont lieu pour ainsi dire chaque minute du jour et de la nuit. Tous ces êtres utilisent l'immaculée conception comme moyen de reproduction privilégié. En voici un exemple.

L'illustration 10-21 présente l'arbre généalogique d'une abeille mâle. Une abeille femelle peut donner naissance à une abeille mâle quand elle le veut. Elle n'a pas besoin d'obtenir la permission d'un mâle ni de copuler avec lui pour créer un nouveau mâle. Elle peut simplement mettre au monde une abeille mâle. Toutefois, si elle veut engendrer une abeille femelle, elle doit s'accoupler avec une abeille mâle. Dans cet arbre généalogique, le mâle a seulement besoin d'une mère, mais la femelle a besoin à la fois de son père et de sa mère, et les générations se suivent dans cet ordre. Les chiffres, à gauche, indiquent le nombre de membres de la famille à chaque niveau de l'arbre généalogique. Si vous analysez quelque peu ces nombres, vous y retrouvez une progression familière : 1, 1, 2, 3, 5, 8 et 13… la progression de Fibonacci.

Cela veut donc dire que l'immaculée conception – ou du moins celle-ci – est basée sur la progression de Fibonacci. Mais si les gens s'accouplent de la manière habituelle, de quelle progression s'agit-il ? Voyons cela. Il y a d'abord l'enfant, et ensuite, les deux parents, les quatre grands-parents, les huit parents des grands-parents… – 1, 2, 4, 8, 16, 32… – la progression en mode binaire ! Ces deux processus de mise au monde illustrent donc les deux progressions principales dans la vie : celle de Fibonacci, qui est féminine de nature, et la progression en mode binaire, qui est masculine. Ainsi, selon cette théorie, l'immaculée conception est féminine et l'accouplement physique, masculin.

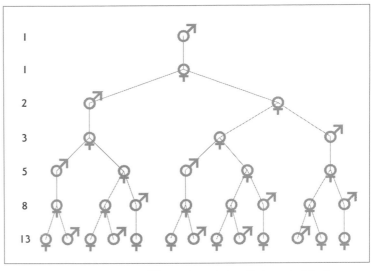

Illustration 10-21. L'arbre généalogique d'une abeille mâle.

La parthénogenèse

L'illustration 10-22 nous montre la photo d'un gecko, ce petit lézard des régions chaudes, aux doigts munis de lamelles adhésives (l'article est tiré du *Morning News Tribune* du 15 janvier 1993, publié à Tacoma, dans l'État de Washington, aux États-Unis). Il s'agit d'un commentaire sur un article publié dans la revue *Science* de l'époque. Les geckos vivent sur certaines îles du Pacifique, et cette espèce particulière est appelée le « gecko pleureur ». Ils font à peu près huit centimètres de long à l'âge adulte, et il n'existe *que* des femelles. L'espèce entière des geckos pleureurs est exclusivement femelle. Pourtant, ils continuent tous à se reproduire sans la participation de mâles dans l'espèce. L'article précise bien que tous les membres de cette espèce sont femelles et que leur reproduction est asexuée. De plus, ils pondent des œufs et les font éclore sans l'aide d'un mâle. Comment font-ils donc ?

En 1977, Peter C. Hoppe et Karl Illmenser ont annoncé la naissance de sept souris « à un seul parent », dans les locaux du laboratoire Jackson, à Bar Harbor, dans le Maine. Ce procédé est appelé la parthénogenèse ou naissance vierge. *L'immaculée conception* serait cependant un terme plus adéquat, puisque la femelle impliquée n'a pas besoin d'être vierge. En d'autres termes, les chercheurs furent capables de prendre une souris femelle et de la faire concevoir sans l'aide d'une souris mâle. Comment s'y prirent-ils donc, insémination artificielle mise à part ?

J'eus un jour la chance d'avoir dans mon atelier un spécialiste ayant fait des recherches sur la parthénogenèse. Il avait même accompli cet exploit avec des ovules humains. À la première occasion, je le pris à part et entamai une conversation avec lui. Selon lui, tout ce qu'un scientifique a besoin de faire est de pénétrer de part en part la *Zona pellucida* d'un ovule avec une aiguille très fine. Dès que cela est fait, le processus de mitose commence et aboutit finalement à la naissance d'un enfant neuf mois plus tard. Il semble donc que piquer correctement la surface de l'ovule soit tout ce qui est nécessaire !

Illustration 10-22. Article de journal sur les geckos, une espèce exclusivement femelle. Le lecteur est encouragé à faire ses propres recherches sur le sujet.

Comme je l'ai déjà déclaré à la page 221, le mâle ne fournit pas nécessairement 50 % des chromosomes pendant la conception, malgré ce qu'on pense généralement. La femme peut y contribuer de 50 % à 100 %, un fait maintenant bien établi dans les milieux scientifiques. On a également découvert quelque chose de nouveau à propos des gènes. Les scientifiques ont toujours cru que chaque gène a une fonction fixée à l'avance. On a maintenant découvert que *ce n'est pas toujours vrai*. Un gène particulier pourra remplir une fonction totalement différente, selon qu'il provient du père ou de la mère. Encore une autre idée préconçue qui fiche le camp !

Depuis 1977 donc, les chercheurs en biologie cellulaire ont piqué la surface de l'œuf ou de l'ovule de toutes sortes de formes de vie. Chaque fois que cela a été fait avec un ovule humain provenant d'une femme, celle-ci a toujours donné naissance à un enfant de sexe féminin – du moins jusqu'à aujourd'hui – et sans l'aide d'un spermatozoïde. C'est donc un phénomène établi en science pure qu'on peut créer un être humain sans l'aide d'un homme et de son sperme.

Deux autres points à souligner : tous les enfants de sexe féminin qui sont nés grâce à un processus de parthénogenèse sont absolument identiques à leur mère, et dans tous les cas, ces enfants de sexe féminin restent stériles. Il me semble qu'il y a encore beaucoup plus à découvrir à ce sujet, en tout cas beaucoup plus que nous le *pensons,* même si nous croyons tout bien connaître et en profondeur.

La conception dans une dimension d'existence différente de la nôtre

Après avoir longtemps réfléchi à cette idée de naissance vierge, je me posai la question suivante : Quand les scientifiques provoquent une parthénogenèse, est-il possible qu'ils créent ainsi un enfant qui est lui-même fondé sur un principe différent ? Est-il possible en fait que cet enfant de sexe féminin ne soit pas stérile, qu'il ne fonctionne simplement plus en mode binaire, mais plutôt selon la progression de Fibonacci ? Par ailleurs, est-il possible qu'il ne puisse concevoir qu'interdimensionnellement ? Nos scientifiques ne se sont pas arrêtés à cela parce qu'ils ne se sont concentrés que sur la capacité de concevoir *physiquement.* « Interdimensionnellement » signifie que les deux partenaires, un homme et une femme, n'ont pas besoin de vivre dans le même hémisphère sur cette planète – ni même sur la même planète ! Ils se rencontrent sur un autre plan d'existence. Cette manière de concevoir implique encore l'énergie sexuelle et l'orgasme, mais elle n'exige plus que les deux partenaires de sexe opposé se connaissent physiquement et restent ensemble dans l'intimité.

Autre chose : puisqu'on peut concevoir synthétiquement grâce au phénomène de la parthénogenèse, en introduisant un objet pointu qui brise nettement la surface de l'ovule, ce qui crée toujours un enfant de sexe féminin, je crois que lorsqu'on conçoit interdimensionnellement, un mâle naîtra chaque fois. Évidemment, ce n'est pas parce que Marie et Joseph eurent Jésus, un enfant mâle, ni parce que Krishna était aussi un mâle, que l'on peut conclure que c'est là une preuve suffisante et que le résultat sera toujours le même. Néanmoins, il semble qu'il en soit bien ainsi et qu'aucune exception n'existe, du moins à ma connaissance.

La Genèse et l'arbre généalogique de Thot

L'intérêt que je porte à l'immaculée conception ne date pas d'hier. Un jour, alors que je m'efforçais de résoudre un problème de géométrie, Thot, qui m'observait, me demanda soudain si j'étais intéressé à l'écouter m'entretenir de sa mère. « Oui, bien sûr », lui répondis-je distraitement tout en essayant de trouver une solution viable au problème qu'il m'avait posé au cours d'une rencontre précédente. À ce moment-là, l'immaculée conception était vraiment la dernière chose à laquelle je voulais m'atteler, plus spécialement la parthénogenèse, et franchement, je n'étais pas non plus très intéressé à l'écouter me raconter une petite histoire sur sa maman. Je dois malgré tout avouer que ce qu'il me révéla était inhabituel et que je ne savais pas trop quoi en penser. Il me fit simplement le récit de son histoire et quitta les lieux. Après qu'il fut parti, je me demandai : « Qu'est-ce que tout cela veut dire ? »

Il m'avait dit que le nom de sa mère était Sékutet. J'ai d'ailleurs eu l'opportunité de la rencontrer, mais une fois seulement. C'est une femme exceptionnellement belle qui a vécu environ 200 000 ans dans le même corps. Selon Thot, après la venue d'Adam et Ève, alors que les humains apprenaient à concevoir physiquement en mode binaire, sa mère choisit d'avoir un enfant différemment. Elle trouva un homme dont elle tomba amoureuse. Ils apprirent à concevoir interdimensionnellement et elle mit au monde un enfant mâle – pas une fille, mais bien un petit garçon. Et grâce à ce processus particulier menant à la naissance d'un petit garçon, tout comme cela s'était d'ailleurs passé avec Aiy et Tayé (voir les chapitres 3, 4 et 5 du tome 1), ils comprirent ce qu'était l'immortalité et devinrent eux-mêmes immortels.

Cela s'est passé il y a très, très longtemps, au début de l'existence de notre race. La mère de Thot et son mari faisaient partie d'une race nouvellement créée, ceci dans le but de faire travailler ses membres comme esclaves dans les mines d'or d'Afrique du Sud. Je ne sais pas encore s'ils étaient issus de la lignée d'Adam et Ève ou d'une autre, supposément stérile. Toujours est-il qu'ils découvrirent l'art et la manière de concevoir interdimensionnellement, et ce, au début de leur évolution et de la nôtre. Il se peut qu'ils aient en fait été les premiers à recourir à cette méthode pour donner naissance.

Une lignée terrestre voyage
dans l'espace

Une fois son fils devenu adulte, le père de Thot, premier mari de Sékutet, quitta la planète Terre, se rendit dans la quatrième dimension de Vénus, s'immergea dans cette voie évolutive et devint un Hathor. Tout cela fait partie de certains mythes égyptiens, où il est affirmé que des êtres peuvent mourir et faire l'ascension jusqu'au niveau de conscience vénusien.

Après que le père de Thot eut quitté la Terre, Sékutet s'accoupla interdimensionnellement avec son fils et devint à nouveau enceinte. Elle mit au monde un deuxième bébé mâle et quand celui-ci atteignit l'âge adulte, son premier fils (le deuxième fils du père) rejoignit *son* père sur Vénus, ce qui permit à ce dernier de se rendre sur Sirius et au premier fils de devenir à son tour un Hathor. Sékutet s'accoupla aussi interdimensionnellement avec son deuxième enfant mâle devenu adulte et mit au monde un troisième enfant mâle. Quand ce dernier parvint à l'âge adulte, le deuxième fils rejoignit son frère sur Vénus et devint aussi un Hathor. Ce dernier se rendit alors sur Sirius, et le premier père se rendit dans les Pléiades. Mais ce n'était là que le commencement.

Le processus expliqué plus haut créa une lignée vivante qui, d'une génération à l'autre, s'éloignait de plus en plus de la planète Terre et pénétrait profondément dans l'espace intersidéral, chaque fils suivant son propre père et s'éloignant davantage de son point d'origine, notre bonne planète Terre. C'est assurément une histoire intéressante, et Thot affirme que ce processus se poursuivit peu après la période d'Adam et Ève, jusqu'à l'Atlantide.

Thomé, le père de Thot, était une des trois grandes âmes qui acceptèrent d'agir en qualité de *corpus callosum* (corps calleux) pour relier les deux côtés de l'île d'Udal, située au nord du continent atlante (voir au bas de la page 112 et les pages suivantes). À un moment donné, Thomé quitta l'Atlantide – il disparut simplement de la surface de la Terre et se rendit sur Vénus (ou plus exactement dans la quatrième dimension de Vénus) en laissant derrière lui Sékutet et Thot.

C'est alors que Thot choisit de briser la lignée. Il se maria avec une femme du nom de Shizat et, selon la légende égyptienne, ils eurent un enfant qu'ils nommèrent Tat (voir le tome 1, page 145). À ce sujet, Thot me dit d'ailleurs que c'était faux et plus compliqué que cela. Qu'avant de rencontrer Shizat, il s'accoupla interdimensionnellement avec sa mère et que c'est celle-ci qui conçut Tat. Cependant, Shizat et lui eurent bien un enfant, que nos livres d'histoire *n'ont pas* enregistré. C'était une petite fille, et elle naquit au Pérou. Elle fut conçue par accouplement physique en mode binaire. Il affirme donc avoir été l'auteur d'une progression de Fibonacci avec l'enfant qu'il a eu de sa propre mère, et d'une progression en mode binaire avec Shizat et leur petite fille. Toujours selon lui, une telle chose n'avait jamais eu lieu auparavant.

Après m'avoir ainsi renseigné sur sa mère, Thot me dit simplement : « Voilà, c'est tout », puis il quitta les lieux. Je me demandais alors ce qu'il avait voulu dire par là. C'était très étrange. Pourquoi avait-il été aussi brusque ? Plus tard, il me rendit à nouveau visite : « Tu as vraiment besoin d'en savoir plus sur l'immaculée conception », affirma-t-il, et il me demanda de commencer à étudier cette question. Je me mis donc à lire tout ce qui me tombait sous la main, et plus j'avançais dans ma démarche, plus cela devenait extraordinaire.

D'ailleurs, si vous voulez approfondir le sujet vous-mêmes, allez-y ! Vous pourrez peut-être obtenir la certitude qu'avoir un enfant interdimensionnellement est en fait un moyen sûr d'obtenir l'immortalité. Si vous aimez vraiment une personne et que celle-ci vous aime – si l'amour entre vous est véritable –, il se peut que vous puissiez faire un autre choix que celui de jeunes mariés ordinaires et que vous optiez pour la conception interdimensionnelle de votre enfant, ce qui rendra votre mariage encore plus sacré et vous assurera à tous les trois l'immortalité. Grâce à ce genre d'union, vous incarnerez alors la sainte trinité ici-bas sur la Terre.

L'expérience d'Aiy et de Tayé en Lémurie, grâce à leur mariage sacré, devient désormais plus facile à comprendre. La vie est peut-être beaucoup plus que ce que nous en pensons habituellement.

Dans les pages précédentes, nous avons exploré une partie de la voie féminine, l'école de mystères de l'œil gauche d'Horus. Sachez que vos émotions et vos sentiments ont besoin d'être équilibrés et que vous devez simplement maîtriser vos peurs avant de pouvoir travailler avec le champ énergétique du corps de lumière, le Mer-Ka-Ba.

La Fleur de vie du point de vue féminin

Nous allons maintenant examiner un autre aspect de la philosophie égyptienne, mais purement du point de vue féminin, soit celui offert par l'école de mystères de l'œil gauche d'Horus à ses membres. Ce qui va suivre peut aussi être considéré comme la preuve que les Égyptiens connaissaient la Fleur de vie et *qu'ils la vivaient*.

Nous allons ouvrir ses pétales d'une manière complètement différente et l'examiner d'un point de vue féminin, à l'aide du lobe droit du cerveau plutôt qu'avec le lobe gauche masculin. Il sera donc dorénavant question d'une logique féminine.

Commençons avec la Fleur de vie (voir illustration 10-23). Nous allons faire ressortir une certaine image à l'intérieur de celle-ci. Si vous extrayez d'abord le dessin de la Genèse et tracez un cercle tout autour, vous obtenez cette image-ci (voir illustration 10-24).

Si vous retirez les deux cercles dans le haut et dans le bas du grand cercle, vous obtenez cette autre image (voir illustration 10-25). Comme vous pouvez vous en rendre compte, tout ceci est tiré de la Fleur de vie.

Maintenant, une fois que nous avons cette image, nous allons la reproduire encore et encore, mais chaque fois à une échelle plus petite (voir illustration 10-26), jusqu'à ce que nous obtenions l'illustration 10-27.

Illustration 10-23. La Fleur de vie.

Vous vous souvenez de l'ovule et de la *Zona pellucida* ? Comment l'ovule ou l'œuf fécondé se développe d'abord intérieurement en lui-même afin de pouvoir comprendre comment la vie fonctionne, parvenant au stade de la morula, du tore ou de la pomme, si vous préférez (voir page 226), et continuant sa croissance au-delà de ce stade ? Je voudrais vous démontrer la même idée, mais par le biais de la géométrie. Cette progression que vous voyez dans l'illustration 10-27 est en mode binaire ; vous avez en effet 2 cercles, puis 4, 8, 16, 32, etc. Quand l'ovule se développe intérieurement à lui-même, il le fait géométriqucment. Par conséquent, vous pouvez progresser *intérieurement* en géométrie sacrée et découvrir comment cela finira par tout dépasser et aller *au-delà* de la limite originelle. Par exemple, vous pouvez voir une progression s'intérioriser et observer la présence d'une ligne sinusoïdale, qui dépassera ensuite ce premier stade (voir illustration 10-28). La ligne plus épaisse montre la vague sinusoïdale engendrée dans l'illustration 10-25 et qui continue maintenant au-delà

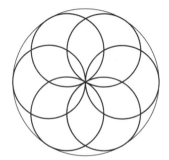

Illustration 10-24. Le dessin de la Genèse circonscrit par un cercle.

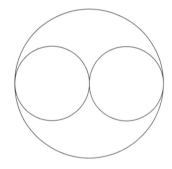

Illustration 10-25. Deux cercles circonscrits dans un autre, plus grand.

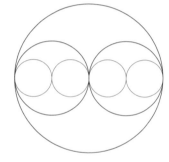

Illustration 10-26. Dédoublements successifs.

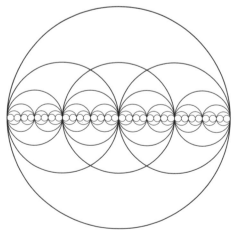

Illustration 10-27. Dédoublements de cercles par diminutions successives.

de sa limite d'origine. Dès qu'elle a bien compris un principe, la vie dépasse les limites qu'elle s'était imposées. Elle a simplement besoin de savoir comment quelque chose fonctionne, géométriquement parlant, afin de pouvoir utiliser le même principe à une plus grande échelle, car « ce qui est en haut est comme ce qui est en bas ». Cela dit, nous allons encore une fois étudier la Fleur de vie, mais selon une approche différente.

L'élément fondamental dans la Fleur de vie est le cercle ou la sphère (voir illustration 10-29). Et dans chaque cercle, peu importe sa taille, on peut disposer exactement sept cercles plus petits et de même diamètre (voir illustration 10-30). C'est là une vérité éternelle.

On peut d'ailleurs très bien discerner les sept cercles fondamentaux dans le dessin de la Fleur de vie ; ils sont circonscrits par le grand cercle. Ce rapport de 7 sur 1 constitue aussi le fondement du Fruit de vie. Si vous vous reportez à l'illustration 6-12 de la page 187, vous pouvez facilement voir que dans la Fleur de vie, le Fruit de vie est caché de telle

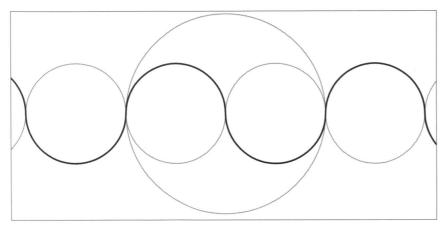

Illustration 10-28. Vague sinusoïdale en expansion dépassant sa limite d'origine.

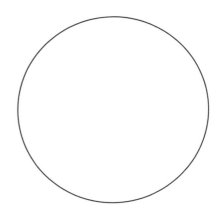

Illustration 10-29. Le cercle ou la sphère, la géométrie fondamentale à la base de tout.

manière que ce n'est que lorsqu'on complète tous les cercles incomplets (ou simplement suggérés) autour du rebord extérieur du grand cercle, que cette action *au-delà* de la limite même de ce grand cercle nous amène au Fruit de vie – et ceci, grâce à une progression géométrique allant vers *l'extérieur*.

Or, il existe malgré tout un moyen d'obtenir ce même Fruit de vie grâce à une progression vers *l'intérieur,* au sein même de la géométrie d'origine. Tout ce que vous avez à faire est d'utiliser *le rayon* du cercle du milieu (ou d'ailleurs de n'importe lequel des sept cercles) comme diamètre de vos nouveaux cercles. Comme l'illustration 10-31 le montre très bien, on commence par le premier nouveau cercle au centre de l'ensemble des sept cercles d'origine, les douze nouveaux cercles de même diamètre que le premier formant alors une progression vers *l'intérieur* qui aboutit au même Fruit de vie, mais en plus petit.

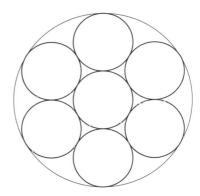

Illustration 10-30. Les sept cercles plus petits inscrits dans un autre, plus grand.

Vous pouvez donc remarquer ici que l'on parvient directement au Fruit de vie par une progression vers *l'intérieur* plutôt que par une progression vers *l'extérieur* comme nous l'avions fait dans les chapitres précédents. Vous pouvez aussi constater l'harmonie incroyable qui se dégage de cette géométrie lorsqu'elle progresse intérieurement. N'est-ce pas d'ailleurs la même chose en musique ? Il y a sept notes par octave, et *dans* chaque octave se trouvent les cinq notes supplémentaires de l'échelle chromatique.

Je reçus donc les instructions de continuer ce processus d'intériorisation. Par conséquent, dans l'illustration 10-32 j'utilisai le rayon des petits cercles comme diamètre de cercles encore plus petits, que j'ajoutai sur la page.

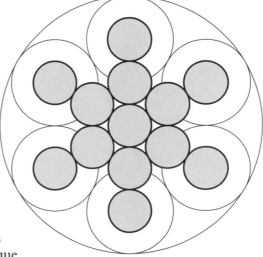

Illustration 10-31. Treize cercles plus petits inscrits dans sept cercles plus grands.

Vous allez maintenant commencer à voir quelque chose qui n'est pas encore absolument certain, mais il semble que le Fruit de vie soit de la nature d'un hologramme. En d'autres mots, la progression se répète à l'infini dans les deux sens, *intérieurement* et *extérieurement*. Dans le cas qui nous occupe ici, soit en progression intérieure, treize cercles plus petits s'inscrivent parfaitement dans sept cercles plus grands qu'eux – autrement dit, des petits Fruits de vie (ou des Fruits de vie de plus en plus grands) partout et à l'infini, arrangés parfaitement et harmoniquement sur la page.

Si nous dessinons à nouveau une série de cercles encore plus petits dans le même rapport rayon/diamètre, nous obtenons le treillis circulaire de l'illustration 10-33.

Nous ne l'avons d'ailleurs pas complété, de manière que vous ne perdiez pas l'image du Fruit de vie. Mais vous pouvez voir qu'il se répète à l'infini, 13 cercles associés à 13 autres cercles, à leur tour apparentés à 13 cercles, etc. Le treillis continue à l'infini, parfaitement harmonique et holographique au cours de la progression géométrique. On peut aller *vers l'intérieur* à l'infini (les cercles ou sphères devenant

Illustration 10-32. Progression vers l'intérieur par une autre division.

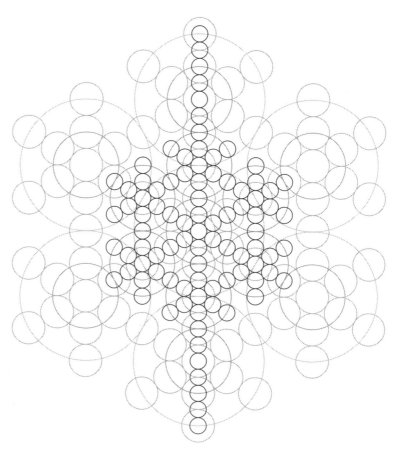

Illustration 10-33. Progression vers l'intérieur par divisions successives.

de plus en plus petits dans le rapport rayon/diamètre expliqué plus haut) ou *vers l'extérieur* à l'infini (les cercles ou sphères devenant de plus en plus grands dans ce même rapport), car le rayon du cercle de référence (le cercle central) est lui-même divisible ou multipliable à l'infini.

Cette progression géométrique est semblable au rapport phi (φ) du nombre d'or (1,618...) – sans commencement ni fin –, et lorsqu'on a affaire à quelque chose qui est sans commencement ni fin, on fait face à un élément fondamental et omniprésent. C'est ce genre de compréhension qui nous a permis d'obtenir certains résultats dans le domaine de la science, comme la formulation d'une capacité de mémoire infinie pour nos ordinateurs, ce qui aurait jadis été considéré comme une impossibilité évidente en raison de notre façon de penser par trop conventionnelle dans le domaine des mathématiques.

Maintenant que nous comprenons comment ce nouveau treillis fonctionne, essayons de découvrir ce que les roues à rayons peintes au plafond de certaines tombes égyptiennes, et que nous vous avons déjà montrées dans le deuxième chapitre (voir les pages 50 et 51 du tome 1), signifient au juste. Nous avons ici deux photos (illustrations 10-34a et 10-34b), ainsi qu'un schéma simplifié (illustration 10-34c). Personne ne sait de quoi il s'agit précisément. Ce qui va suivre est donc une tentative d'explication et d'élucidation du mystère.

Observons d'abord l'illustration 10-35 et notons la belle harmonie géométrique de ce treillis circulaire de

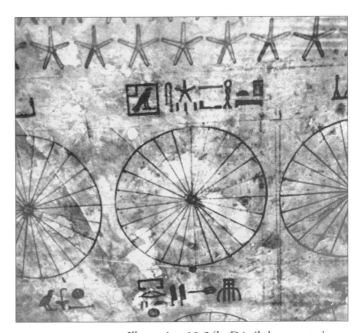

Illustration 10-34a. Roues à rayons égyptiennes peintes au plafond.

Illustration 10-34b. Détail de roues peintes sur un plafond différent.

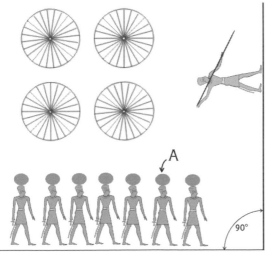

Illustration 10-34c. Schéma simplifié des roues au plafond.

l'illustration 10-32 qui est ici superposé à la Fleur de vie. Voyez comment tout cela rayonne de perfection, jusque dans les moindres détails. Voyez aussi quelle en est la source – la Fleur de vie !

Et maintenant, regardez comment une étoile à six branches circonscrite par une autre étoile à six branches, elle-même circonscrite par un cercle, s'inscrit parfaitement dans le Fruit de vie et progresse harmonieusement sur le treillis (voir illustration 10-36). Dans l'illustration 10-36b, j'ai effectué une rotation de 30 degrés à la fois des deux étoiles hexago-

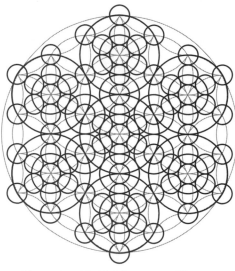

Illustration 10-35. Nouveau treillis superposé à la Fleur de vie.

Illustration 10-36. Petite étoile circonscrite par une étoile identique, mais plus grande.

Illustration 10-36b. Les deux étoiles inscrites dans le Fruit de vie. Rotation de l'ensemble de 30 degrés.

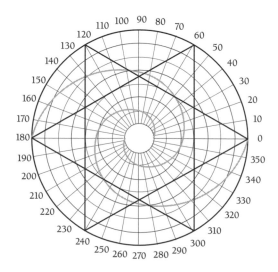

Illustration 10-37. L'étoile tétraédrique inscrite dans un cercle à quadrillage polaire (voir tome 1, page 261).

nales régulières et du treillis tout entier. On peut encore y discerner le tétraèdre étoilé inscrit dans la sphère, sauf qu'il est cette fois incliné de 30 degrés sur le côté. L'illustration 10-37 est un quadrillage polaire tel qu'il vous a été expliqué dans le tome 1, à partir de la page 255. Observez comment ces deux progressions intérieures (illustrations 10-36b et 10-37) du Fruit de vie pourraient être juxtaposées l'une sur l'autre et combien elles seraient harmoniques l'une par rapport à l'autre (en admettant qu'elles soient toutes les deux exactement à la même échelle).

Soit dit en passant, si vous juxtaposez ces deux dessins (illustrations 10-36b et 10-37), vous obtenez une vue en surplomb de votre champ énergétique qui, lorsqu'il est réactivé, a un diamètre d'environ 17 mètres tout autour de votre corps physique, et la forme d'une sphère d'un peu plus de huit mètres de rayon. En fait, toutes les géométries sont contenues dans ce champ d'énergie qui vous entoure. Si vous étudiez soigneusement tous les dessins que nous vous donnons, vous vous rendrez compte qu'il est possible de les juxtaposer parfaitement les uns sur les autres, du moment qu'ils sont tous à la même échelle. Et si vous continuez d'étudier ces dessins, vous pourrez tous les retracer jusqu'à la Fleur de vie.

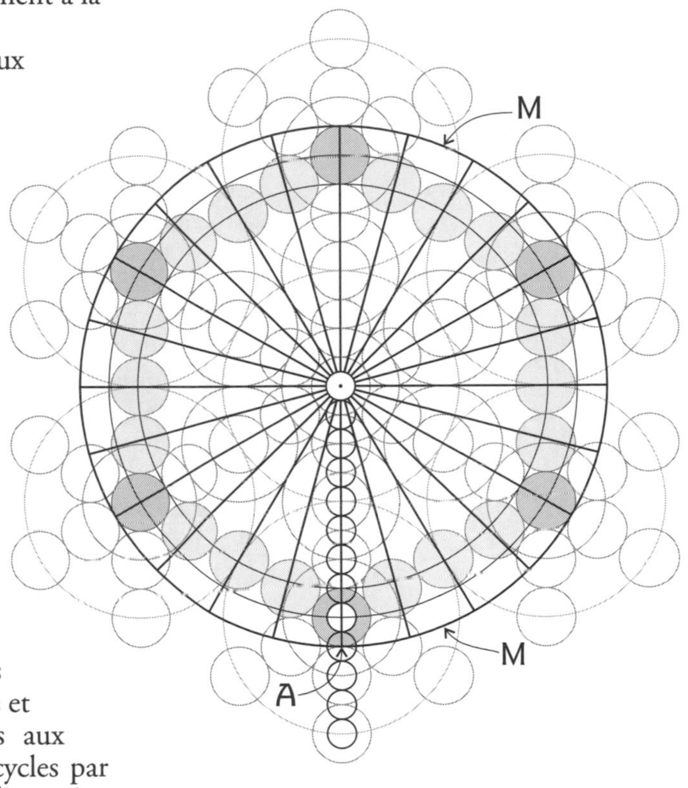

Nous avons également vu que le dessin de l'illustration 10-38 est en relation étroite avec les accords de musique (voir à la page 259). Nous avons vu ensuite comment les harmonies musicales et les dimensions d'existence sont reliées les unes aux autres. Que les différentes longueurs d'onde, en cycles par seconde, composant les notes musicales et les dimensions ou univers successifs sont exactement semblables, toutes proportions gardées (voir tome 1, pages 52 à 56). Et puisque vous savez que ce dessin a à voir avec les accords de musique et les sons, vous pouvez étudier cette illustration 10-38 afin de mieux comprendre la signification de ces roues à rayons peintes au plafond de certaines tombes égyptiennes.

Vous noterez d'abord toute la série de cercles imprimés en plus foncé sur le treillis et qui se touchent les uns les autres en formant un ensemble hexagonal tout autour du centre. Il y a exactement 24 de ces petites sphères disposées l'une contre l'autre. Si vous étudiez à nouveau le cercle et la taille du petit cercle au milieu du dessin, vous allez découvrir qu'il y a exactement neuf diamètres de ces petits cercles entre le centre du dessin et le cercle M le plus extérieur à ce centre, qui circonscrit les 24 cercles en plus foncé. Sur les neuf petits cercles, le petit cercle indiqué en A ne compte que pour la moitié, soit la valeur de son *rayon*, à laquelle on doit ajouter une autre moitié, soit la valeur du *rayon* du petit cercle central. Nous comptons donc huit diamètres de huit petits

Illustration 10-38. La clé secrète.

cercles, plus deux *rayons*, soit un total de neuf diamètres ou neuf petits cercles ; vous n'avez même pas besoin de les mesurer. Prenez maintenant note du grand cercle extérieur indiqué par la lettre M, qui circonscrit parfaitement les 24 sphères en plus sombre. Notez également les 24 rayons, dont 12 seulement passent par le centre exact de ces sphères en plus sombre. Les 12 autres, quant à eux, touchent la circonférence des cercles de prochaine taille.

Les roues à rayons peintes au plafond

Ce cercle M, ainsi que ses 24 rayons, produisent globalement une image identique à celle des roues à rayons peintes sur ce plafond égyptien (voir illustration 10-39) et que nous présentons à nouveau ici.

Vous souvenez-vous des photos de ces roues ? Elles faisaient partie des premiers clichés que je vous ai montrés (voir tome 1, pages 50 et 51). Je vous avais alors dit que ces roues constituaient la preuve que les Égyptiens comprenaient les informations contenues dans la Fleur de vie et qu'il ne s'agissait nullement de décorations quelconques sur un plafond. Je vais maintenant vous expliquer ce qu'elles représentent à mon avis, et dans un style compréhensible pour le lobe droit du cerveau, de manière que vous puissiez mieux saisir la tournure d'esprit des anciens.

J'ai fait mesurer avec soin toutes les parties de ces roues égyptiennes. Si vous mesurez le diamètre du petit cercle du milieu, que vous reproduisez d'autres petits cercles de même diamètre et les alignez depuis le centre de la roue jusqu'à son grand cercle extérieur, vous obtenez neuf diamètres, ce qui signifie que les proportions entre le petit cercle du milieu du dessin, le grand cercle extérieur et les 24 rayons sont identiques aux illustrations 10-37 et 10-38.

La flèche A (voir illustrations 10-34a et 10-34c) indique l'Œuf de la métamorphose suspendu au-dessus de la tête des personnages qui sont tous sur le point d'effectuer un changement de direction de 90 degrés, ce qui démontre que la progression de la résurrection – du moins c'est mon avis – est basée sur les géométries que nous étudions ici. Ces roues sont la clé du mystère. Elles exhibent des proportions qui indiquent et localisent précisément le niveau dimensionnel auquel ces anciens Égyptiens se rendirent jadis. Ils ont même laissé derrière eux une carte routière, qu'ils ont peinte sur ces vénérables plafonds.

Prenez note que chaque roue est tournée selon un angle différent (voir illustration 10-39), de façon que les rayons de l'une ne soient pas toujours alignés sur les rayons de l'autre. Les rayons de la roue B et de la roue C semblent parfaitement alignés, mais ceux de la roue A et de la roue B, tout comme ceux de la roue B et de la roue D, ne le sont pas. Les rayons font tous un angle différent les uns par rapport aux autres. Or,

Illustration 10-39. Les roues A, B, C et D montrent le parallélisme entre les rayons, ou leur absence.

je suis enclin à penser que ces angles indiquent le niveau dimensionnel, ou le monde dans lequel ils se rendirent jadis.

D'ailleurs, peu importe comment nous interprétons ces roues. Un fait demeure : les anciens Égyptiens les peignirent sur le plafond de certaines de leurs tombes, démontrant ainsi une connaissance profonde de la géométrie que l'on trouve au sein même de la Fleur de vie. Il leur fallut acquérir une immense connaissance avant d'être capables de tracer tous ces dessins ; il est absolument impossible qu'il s'agisse d'un accident de parcours ou d'une coïncidence. Par conséquent, selon mon point de vue, nous *savons*, sans l'ombre d'un doute, que les anciens avaient une profonde connaissance et une grande maîtrise de la Fleur de vie. Les Égyptiens connaissaient au moins tout ce dont nous parlons ici, et il est plus que probable qu'ils compreaient le schéma de la Fleur de vie depuis des niveaux de conscience que nous commençons à peine à aborder de nos jours sans les avoir encore atteints nous-mêmes dans nos temps modernes.

La géométrie des roues égyptiennes

Afin d'accroître le plus possible notre compréhension de la géométrie de ces roues et autres hiéroglyphes égyptiens, je souhaite maintenant ajouter les explications suivantes : deux autres hiéroglyphes sont également importants et proviennent de ces mêmes dessins, et il est clair dans mon esprit qu'ils doivent être intégrés dans l'ensemble si nous voulons mieux saisir ce que les Égyptiens exprimaient.

Dans l'illustration 10-40, je reviens sur un dessin qui montre un treillis basé sur le Fruit de vie en progression détaillée vers l'intérieur. Vous noterez qu'il est composé de six parties égales, soit six angles de précisément 60 degrés chacun.

Dans l'illustration 10-41, vous pouvez discerner deux angles de 60 degrés : celui du bas, contenant un cercle (plus foncé) qui le délimite exactement et celui du haut, défini de la même manière par un cercle (plus clair) de taille semblable. Si on tire toutes les lignes passant par le milieu de chaque arc (défini par le centre de chaque petit Fruit de vie dans le treillis), on obtient six divisions secondaires et il en résulte des divisions de 30 degrés chacune tout autour du grand cercle extérieur. C'est évidemment cette configuration que les anciens Égyptiens utilisèrent dans le temple de Dendérah pour créer la roue du zodiaque, diviser le ciel en douze parties égales et y grouper les planètes et les signes en mouvement.

Poursuivons avec l'illustration 10-42, dans laquelle le cercle plus sombre dans l'arc du haut de 30 degrés définit aussi deux angles de 15 degrés situés de chaque côté de la ligne centrale

Illustration 10-40. Le Fruit de vie divisé en six parties égales.

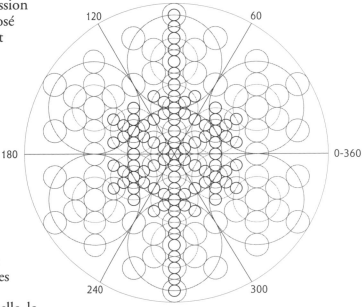

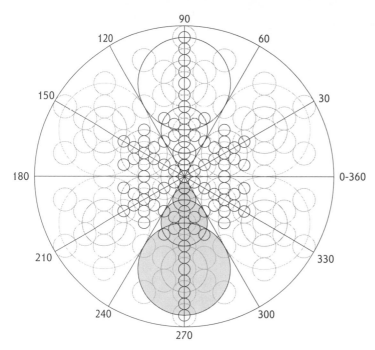

Illustration 10-41. Les cercles en plus foncé définissent l'angle de 60 degrés, et les lignes passant par le centre de chaque petit Fruit de vie définissent quant à elles l'angle de 30 degrés.

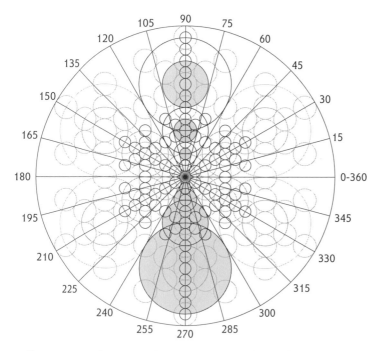

Illustration 10-42. Les cercles entre 75 et 105 degrés dans le haut de la roue définissent aussi un angle de 30 degrés.

de 90 degrés, autrement dit, de 75 à 105 degrés. Or, ce nouveau point de référence, l'angle de 15 degrés, divise la grande roue extérieure en 24 parties égales – précisément la géométrie que l'on retrouve au plafond de certaines tombes en Égypte.

Puisqu'on a aussi retrouvé ces roues à 24 rayons peintes à côté d'étoiles à cinq branches représentant les étoiles dans le ciel, il est logique qu'elles aient trait au zodiaque de Dendérah, grâce auquel les Égyptiens pouvaient tracer leur route dans le cosmos. Cette carte du ciel de Dendérah (voir illustration 10-43) nous donne d'ailleurs davantage de preuves. Regardez-la de près : huit hommes et quatre femmes sont placés sur le pourtour extérieur de la roue du zodiaque et la soutiennent. Notez également que 24 mains supportent cette roue. Et maintenant, observez les 36 images à l'intérieur de la roue. Les trois divisions principales de la roue astrologique de Dendérah sont donc : 12, 24 et 36.

Par ailleurs, si vous étudiez bien l'illustration 10-44, vous allez vous rendre compte de quelque chose d'assez extraordinaire. Tout d'abord, le dessin semble un peu confondant, mais il faut peu de temps pour tout clarifier. Regardez le rayon marqué à 30 degrés et les sept cercles parfaitement alignés sur lui qui s'étendent depuis le centre même du dessin (marqué du chiffre 0) jusqu'au petit cercle numéro 6. Le petit cercle blanc numéro 1 a servi d'unité de mesure pour définir les six divisions de 60 degrés du grand cercle. Le cercle blanc numéro 2 a servi d'unité de mesure pour définir l'arc de 30 degrés projeté sur le grand cercle extérieur, soit douze divisions de 30 degrés chacune. Si on applique les mêmes principes, le cercle blanc numéro 3 servira d'unité de mesure permettant de définir un arc de 20 degrés, soit deux angles de 10 degrés chacun, ou 36 divisions projetées sur le grand cercle extérieur, c'est-à-dire la même disposition que sur le quadrillage polaire, que l'on croit d'origine égyptienne (et s'il ne l'est pas, il aurait certainement pu l'être). Regardez le rayon de 150 degrés qui pénètre de part en part le petit cercle noir numéro 3. Ce petit cercle noir définit les mêmes angles de 10 degrés chacun que le petit cercle blanc numéro 3. Or, cet angle de référence (l'arc de 10 degrés) divise la circonférence du grand cercle en 36 parties égales, tout comme dans le quadrillage polaire.

Revoyons donc les calculs : le cercle numéro 1 définit un angle de 60 degrés. Le cercle numéro 2 définit un angle de 30 degrés, soit 12 angles de 30 degrés chacun pour former le grand cercle de 360 degrés. Le cercle numéro 3 définit l'arc de 60 degrés multiplié par un tiers (ou par 1 et divisé par 3), soit 20 degrés chacun (les 18 divisions du grand cercle). Maintenant, si nous continuons avec le cercle numéro 4, il définit un arc de 60 degrés multiplié par un quart, soit quatre angles de 15 degrés chacun (les 24 divisions du grand cercle). Le cercle numéro 5, quant à lui, définit l'arc de 60 degrés multiplié par un cinquième, soit cinq angles de 12 degrés chacun (ou 30 divisions du grand cercle). Finalement, le cercle numéro 6 représente l'arc de 60 degrés multiplié par un sixième, soit six angles de 10 degrés chacun (ou 36 divisions du grand cercle).

Ce dernier cercle numéro 6 définit donc un quadrillage polaire, soit 36 rayons espacés de 10 degrés les uns des autres sur le grand cercle extérieur. On doit également noter que si l'on trace 72 rayons espacés de 5 degrés chacun sur le grand cercle, on crée une plateforme pour y introduire la géométrie pentagonale, puisque chaque angle d'un pentagone est égal à 72 degrés. Dès lors, une géométrie féminine peut commencer à prendre forme.

Ce sujet a été très peu étudié, mais il est intéressant et révélateur. La roue divisée en 12 parties égales définit le ciel ; la roue divisée en 36 parties égales définit la Terre ; la roue divisée en 24 parties égales définit donc la zone entre le ciel et la Terre.

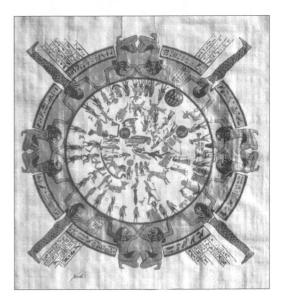

Illustration 10-43. La roue du zodiaque à Dendérah.

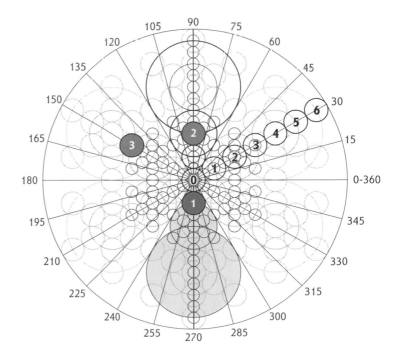

Illustration 10-44. Les petits cercles numérotés de 1 à 6 servent à définir les différents angles des rayons de la grande roue.

Quelques jours avant la publication de ce livre, nous avons vérifié nos tracés sur un dernier diagramme et avons alors décelé une anomalie. Ma première réaction fut de vouloir refaire complètement cette section. Toutefois, en deuxième analyse, j'en conclus que les chercheurs auront besoin de cet exemple pour arriver à comprendre la manière dont une erreur peut mener à des découvertes encore plus importantes. J'ai donc tout laissé tel quel puisque c'est essentiellement correct, mais je vais simplement présenter ici l'évidence.

Pour commencer, réaffirmons que la géométrie sacrée constitue une science exacte et qu'il n'y a là absolument aucune place pour l'erreur. Dans ce contexte, quand quelque chose « semble correct », ça l'est probablement, mais pas toujours. Malgré tout, quand quelque chose est démontré par une progression géométrique ou une progression au sein d'un dessin précis, toutes les progressions qui sont reliées à cette dernière devraient aussi être vraies. Je n'ai encore jamais trouvé la preuve du contraire.

Quel est donc le problème ?

Au cours de la progression des six premières divisions du cercle extérieur à 0, 60, 120, 180, 240 et 300 degrés dans l'illustration 10-40, tout est absolument parfait. Le deuxième tracé de six lignes, qui créent 12 divisions dans l'illustration 10-41, est également parfait. Il est évident que dans la progression des arcs autour du cercle, la position à 90 et 270 degrés sépare ces lignes à un angle exact de 90 degrés et que le diamètre central divise le cercle en deux parties égales. Jusque-là, tout va bien.

Mais lorsqu'on étudie l'illustration 10-42, la progression à l'intérieure circulaire de la progression d'origine, reste apparemment inexacte. Les calculs montrent que les rayons à 75 et 105 degrés ne s'insèrent pas parfaitement dans le cercle. Chaque rayon est hors des normes d'environ la moitié d'un degré – une quantité si minime qu'il est difficile de voir la différence à l'œil nu. Qu'est-ce que cela veut dire ?

Lorsqu'on a pris la mesure des roues, on a présumé que les divisions resteraient égales entre elles, mais tel n'est peut-être pas le cas. Si les anciens Égyptiens utilisaient ces roues pour tracer la carte du ciel ou celle de la Terre, qu'est-ce qui est important ? Que les divisions soient égales entre elles, ou qu'elles se conforment aux géométries que nous appliquons de nos jours ? Si les Égyptiens ont tiré ce modèle de la Fleur de vie, alors la progression géométrique actuelle est importante, car peu importe jusqu'où la progression se répand dans l'espace, la carte reste toujours parfaite.

Cela signifie donc que quelqu'un doit se rendre en Égypte et mesurer toutes ces roues avec une précision encore plus extrême, et ceci, afin de pouvoir enfin connaître la vérité à leur sujet. Si 12 de ces lignes sont parfaites et les 12 autres, un tant soit peu hors des normes tout en se conformant encore à ces géométries que nous vous montrons, alors une compréhension plus profonde de l'ancienne Égypte sera notre lot. Nous deviendrons capables de recréer cette carte routière menant à une autre dimension.

Et il y a d'autres possibilités encore, mais il n'en tient qu'à vous de les découvrir.

Veuillez noter qu'à la fin de ce livre, un court message annoncera un nouveau site Web destiné à rendre service au monde entier. Celui-ci nous permettra à tous de connaître la vérité, non seulement sur des sujets comme celui exposé plus haut, mais sur n'importe quel autre.

Je prie afin que vous deveniez des chercheurs spirituels susceptibles de trouver la vérité. Car c'est grâce à elle que nous pourrons découvrir non seulement la signification des roues à rayons peintes sur les plafonds de certaines tombes en Égypte, mais aussi notre être véritable.

L'influence des anciens sur notre monde moderne

Nous avons ici le rectangle d'or (voir illustration 11-1 et le chapitre 7, tome 1) redécouvert grâce à l'emplacement des trois pyramides, ce qu'on ne peut d'ailleurs voir qu'en survolant les lieux. Cette spirale du nombre d'or prend naissance à plus de deux kilomètres de là (au point A dans l'illustration 11-1) et passe exactement par le sommet de chacune d'elles. La spirale de Fibonacci est presque identique à celle du nombre d'or, alors qu'elle passe elle-même par le sommet des pyramides. Comme nous l'avons déjà vu dans le chapitre 8, la progression de Fibonacci se rapproche de très près de celle du nombre d'or. Cela signifie donc que chacune des deux spirales a un point d'origine légèrement différent, mais qu'elles deviennent toutes deux identiques très rapidement.

La spirale du nombre d'or et son point d'origine exact ont été découverts en 1985. Par contre, la source de la spirale de Fibonacci fut trouvée dix ans plus tôt et on lui a même donné un nom : la croix solaire. Que je sache, on n'a jamais donné de nom à la spirale du nombre d'or.

Cette spirale du nombre d'or est très intéressante. Les Égyptiens ont installé un pilier en pierre taillée à l'endroit exact où elle sort de terre sur le plateau de Gizeh, et un autre de chaque côté, soit trois piliers en tout. Je ne les ai pas vus moi-même (je me suis en fait promené à pied tout à côté lors de mon premier voyage en Égypte, mais sans savoir encore ce qu'il y avait là). Selon le relevé topographique de McCollum (*Giza Survey: 1984*), il y a bien trois piliers à cet endroit-là. Cependant, John Anthony West s'est lui aussi rendu sur les lieux et rapporte qu'il y en a *quatre*. Par conséquent, je ne sais plus trop. Ces piliers poussent peut-être comme les arbres, ou alors quelqu'un s'est trompé. Non seulement ils marquent l'endroit exact où le vortex sort du sol, mais ils délimitent très précisément la diagonale B. Assurément, les anciens voulaient vraiment que nous en prenions connaissance. Pourquoi au juste ? Je dois d'abord vous transmettre certaines informations avant de pouvoir répondre à cette question.

Vous devez savoir qu'une énorme roue du zodiaque existe, dans laquelle la Grande Pyramide et les deux autres jouent un rôle impor-

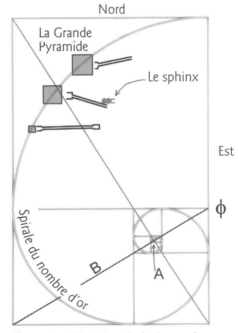

Illustration 11-1. La spirale du nombre d'or. Le symbole phi (φ) indique l'endroit où le grand rectangle est divisé par une ligne horizontale dans le rapport phi (φ).

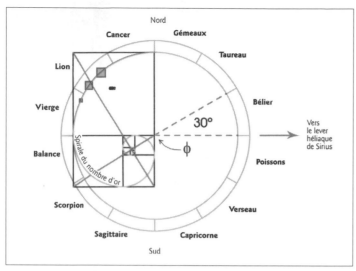

Illustration 11-2. Roue du zodiaque égyptienne (illustration 11-1 vue de plus haut).

tant ; cela ne peut être vu qu'à partir d'une certaine altitude (voir illustration 11-2). Ce n'est pas un exploit inhabituel pour les Égyptiens, si l'on considère ce que firent les druides à Glastonbury, en Angleterre. Les druides étaient, à l'origine, de hauts initiés égyptiens qui décidèrent de quitter le pays une fois leur civilisation éteinte. Des traces de leurs accomplissements existent encore en France et plus particulièrement en Angleterre, où ils recréèrent leurs roues astrologiques, dont on ne peut percevoir les détails que de haut. On a d'ailleurs découvert cinq ou six autres roues du zodiaque dans les environs de Glastonbury. Elles sont pour ainsi dire la marque de fabrique des druides venus d'Égypte, mais on ne peut vraiment les apprécier que de haut, en avion.

Comme nous l'avons déjà vu, il existe une autre preuve dans le temple de Dendérah. Une grande roue du zodiaque a été peinte au plafond ; c'est très semblable à ce que nous utilisons encore de nos jours. Seule différence : la direction du mouvement céleste. La roue céleste de Dendérah tourne dans le sens opposé au mouvement actuel des étoiles dans le ciel.

Dans l'illustration 11-3, on peut aussi voir que l'angle formé par les deux rampes d'accès aux pyramides est de 30 degrés. Voilà une information très importante à laquelle nous allons revenir dans une minute.

Grâce au relevé topographique de McCollum, nous pouvons voir que le prolongement de la rampe d'accès à la troisième pyramide croise la longueur du rectangle d'or dans le rapport phi (φ), autre preuve que les Égyptiens comprenaient la signification géométrique de ces spirales qui sortent du sol en plein milieu du désert.

Quant à l'emplacement du sphinx, il semble, selon les experts, avoir été choisi au hasard. Un tel monument aurait été construit là, sans raison apparente,

Il y a environ deux ans, nous avons découvert le grand secret derrière l'ensemble du plateau de Gizeh et tous les monuments qu'il contient. Il s'agissait en fait du petit bâtiment situé tout à côté du « trou » dans le sol et hors duquel nous avions d'abord pensé que les spirales sortaient. Mais depuis ce temps-là, nous avons découvert beaucoup plus. J'ai d'abord dit que ce petit bâtiment érigé à côté du trou était un rectangle d'or parce que c'est ce que les écrits des Égyptiens affirment. Mais grâce au genre de recherche que nous faisions à ce moment-là, il devint très vite évident que tel n'était pas le cas. J'envoyai donc quelqu'un en Égypte pour mesurer cette construction aussi exactement que possible et me préciser de quoi il s'agissait au juste.

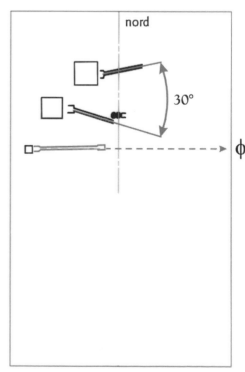

Illustration 11-3. Les deux rampes d'accès faisant un angle de 30 degrés.

au milieu de nulle part, personne ne sachant le pourquoi ou le comment de son existence. Mais maintenant, au moins, la preuve de l'existence du rectangle d'or sur le plateau de Gizeh a été établie et vous savez qu'il contient les monuments principaux ; vous savez aussi que tout ceci n'a pu être découvert que grâce à des relevés aériens (voir illustration 11-5). Si vous placez la pointe du compas sur le côté droit du rectangle d'or, ouvrez celui-ci suffisamment pour dépasser approximativement le milieu du rectangle dans sa largeur et tracez un petit arc de cercle discret, répétant ensuite le même processus à partir du côté gauche, vous constaterez que les deux points d'intersection des arcs de cercle délimitent alors la ligne centrale A, que vous prolongerez de haut en bas du rectangle. Remarquez que cette ligne passe exactement par l'épaule droite du sphinx, ce qui révèle un point très important (voir illustrations 11-4 et 11-5).

L'illustration 11-6 nous montre la partie plate de la coiffure du sphinx. Or, la ligne A passe exactement le long de cette surface verticale. Une autre manière de dire que *la ligne de cheveux* verticale de la tête du sphinx marque le centre précis du rectangle d'or dans sa largeur, ce qui prouve qu'il n'a pas été construit à l'aveuglette ni n'importe où sur la surface de la Terre. Grâce à l'illustration 11-5, vous pouvez voir aussi que la ligne qui passe par le côté sud de la deuxième pyramide (Chéphren) se prolonge exactement le long de la face sud du sphinx et de son épaule droite.

Les deux lignes se croisent donc en un point bien précis du sphinx, c'est évident. Ceux parmi vous qui s'intéressent à l'œuvre qu'Edgar Cayce a laissée derrière lui se souviendront peut-être qu'il y a soixante ans, il fit la prédiction qu'on découvrirait une chambre secrète associée au sphinx et contenant des archives prouvant que des civilisations extrêmement avancées ont visité la Terre et y ont vécu pendant des millions d'années, et que l'accès à cette chambre serait situé dans la patte droite du sphinx. Plus précisément, disons que l'emplacement

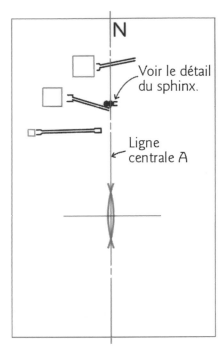

Illustration 11-4. L'emplacement du sphinx. Remarquez la ligne verticale qui le croise et qui a été tracée après que l'on eut localisé la ligne centrale du rectangle d'or à l'aide d'un compas. C'est cette ligne qui passe exactement par la partie plate verticale de la coiffure du sphinx.

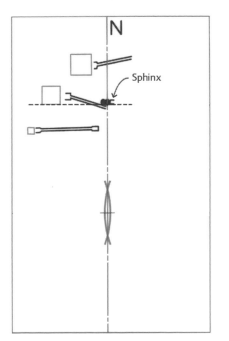

Illustration 11-5. Alignement de l'épaule droite et de la patte droite du sphinx sur le côté de la deuxième pyramide (Chéphren), représenté ici par une ligne horizontale en pointillé à l'intérieur du rectangle d'or.

Nous finîmes par découvrir que le petit bâtiment en question était en fait un carré avec quatre chambres extérieures tout autour. Les proportions étaient tout à fait identiques au fameux dessin du cercle et du carré circonscrivant le corps nu de Léonard de Vinci. Vous vous souvenez ?

Il y avait quatre piliers dans le bâtiment même. Deux d'entre eux marquaient l'endroit exact où deux spirales de Fibonacci sortent du sol. La première passe par le sommet des trois pyramides, et c'est assurément la source de la spirale de Fibonacci précédemment découverte. La deuxième va vers le désert, dans une direction diamétralement opposée à la première. Cette disposition créait le treillis carré que l'on remarque autour du corps nu de Léonard. Or, c'est à partir de ce treillis que tout est calculé. C'est la clé de tout ce qui se trouve sur le plateau de Gizeh et peut-être même de tous les sites sacrés du monde entier.

Par contre, les deux autres piliers semblaient avoir été installés au hasard, mais c'est inexact. Ils étaient la source de toute une série de progressions géométriques de nature pentagonale définissant le positionnement de la Grande Pyramide elle-même et de tout ce qui est sur le plateau de Gizeh. Ne s'agirait-il pas, par hasard, d'une double vérification et d'une double preuve ?

Nous finîmes par remettre toutes ces informations entre les mains des personnes relevant du gouvernement égyptien, qui réagirent curieusement en s'empressant de faire démolir le petit bâtiment en question et d'en effacer la moindre trace ! Aujourd'hui, rien ne semble avoir jamais existé à cet endroit particulier du désert. Dieu seul sait pourquoi au juste. Je suppose que les autorités ne voulaient pas que les gens sachent tout sur leur pays.

Illustration 11-6. La partie plate verticale de la coiffure du sphinx. Les échafaudages montrent qu'un véritable effort de reconstruction et de stabilisation a été entrepris.

de la deuxième pyramide par rapport au sphinx n'est pas due au hasard non plus, puisque le sphinx est beaucoup plus vieux que les pyramides.

Pendant que nous étions en Égypte, Thot me dit que 144 personnes, soit 48 groupes de 3 personnes chacun, viendraient de l'ouest et visiteraient l'Égypte. Chacun de ces groupes aurait quelque chose de précis à faire. Puis un groupe particulier se rendrait jusqu'au sphinx et pénétrerait dans cette chambre spéciale qui contient ce que Edgar Cayce appelait « la salle aux archives ». Thot affirme aussi que c'est par le biais de leur voix que s'ouvrira l'un des trois couloirs menant à la salle aux archives enfouie sous le sable. Des scientifiques japonais ont déjà localisé cette chambre. Toujours selon Thot, une poterie en argile se trouvera dans un coin ; les quelques hiéroglyphes peints dessus indiqueront le tunnel à emprunter. Cette poterie a même été détectée par les instruments des Japonais, en même temps d'ailleurs qu'une corde lovée.

En 1985, alors que j'étais moi-même sur les lieux avec deux autres personnes, le sphinx avait une bonne assise et était parfaitement à plat sur le sol. Rien ne semblait poser de problème. À un moment donné pendant notre séjour, Thot me donna des instructions ; il s'agissait de produire un certain son et de le projeter dans un tunnel qui se trouvait directement derrière le sphinx, à environ 400 mètres de là. Notre tâche consistait donc à produire un son bien précis pendant un certain temps, lui aussi déterminé à l'avance, et ensuite à arrêter et à quitter les lieux, instructions que nous suivîmes à la lettre.

Je n'irai pas jusqu'à dire que nous sommes responsables de ce qui arriva par la suite, mais lorsque je retournai sur les lieux en 1990, le sphinx était incliné sur sa patte droite. Il avait commencé à pivoter sur lui-même, et pas un petit peu seulement ; son épaule droite autant que sa patte droite n'arrêtaient pas de se briser et de s'ouvrir. Les Égyptiens ont vraiment fait ce qu'ils pouvaient pour tenter de tout corriger, comme vous pouvez le voir dans l'illustration 11-6 montrant leurs échafaudages. Mais il y a autre chose : la tête du sphinx semble vouloir tomber au sol. Selon les dires de Thot, c'est exactement ce qui se passera un jour, et une sphère d'or logée dans le cou du sphinx apparaîtra alors au grand jour. Il s'agira d'un genre de capsule dans le temps, mais il ne m'a pas donné beaucoup d'informations à ce sujet. Aujourd'hui, les deux difficultés majeures auxquelles les Égyptiens doivent faire face sont la tête du sphinx, qui essaie de se séparer du cou et de tomber au sol, et la patte avant droite qui continue à s'ouvrir, principalement au niveau de l'épaule.

Passons maintenant aux dernières nouvelles. Thot affirme cette fois que sous le plateau de Gizeh et sous les trois pyramides se trouve une ville pouvant héberger jusqu'à 10 000 personnes. Il m'a annoncé cela en 1985, et je n'ai commencé à en parler publiquement qu'en 1987. Les gens qui ont vécu dans cette ville sont ceux qui sont parvenus à l'état d'immortalité ; ils font partie du groupe qu'on appelle les maîtres ascensionnés. Ce sont eux que les anciens Égyptiens appelaient la fraternité Tat. Il y a six ans, on pouvait en compter à peu près 8000. Cette ville souterraine est l'endroit où la fraternité Tat a vécu isolée, alors que le restant de l'humanité continuait d'évoluer à son propre rythme. Nous mentionnons tout cela au chapitre 4. Je voudrais maintenant vous donner les dernières nouvelles concernant cette ville souterraine depuis les cinq dernières années. Voilà quelque chose d'important, mais puisque nous ne pouvons encore rien prouver, réservez votre jugement au moins jusqu'à ce que la vérité soit enfin révélée, avec preuves à l'appui.

Donc, ce que je suis sur le point de vous livrer à propos de cette ville souterraine est très controversé, et presque tous les officiels égyptiens ne l'admettront jamais. D'après eux, tout cela est dû à l'esprit fertile des gens. Seule la postérité nous dira s'ils ont raison ou non. Selon ce que je sais et ce que j'ai vu, les Égyptiens nous cachent la vérité à ce sujet et semblent avoir de bonnes raisons de ne pas révéler l'existence de cette ville.

Thot me rendit visite pour la dernière fois en 1992 et m'annonça qu'il allait devoir quitter la Terre, son travail avec moi étant terminé, du moins pour le moment. Il ajouta qu'il était désolé, mais que les événements sur cette planète s'étaient accélérés et que les maîtres ascensionnés, les membres de la fraternité Tat et ce que beaucoup parmi nous appellent encore la Grande fraternité blanche (qui ne forment d'ailleurs qu'une seule et même entité) étaient tous sur le point de s'aventurer dans une nouvelle dimension de conscience, une région des mondes intérieurs dans laquelle aucun être humain n'a encore pu pénétrer. Il ajouta que ce qui allait se passer sur terre déterminerait à tout jamais la direction de l'évolution humaine. Je ne l'ai jamais revu depuis. (Lisez toutefois le supplément qui suit, car Thot est maintenant de retour.)

Pendant l'été 1990, Thot m'avait expliqué que les maîtres ascensionnés, autant que lui-même, avaient prévu que la conscience globale de l'humanité parviendrait à une masse critique en janvier 1991, et ceci, pendant toute la durée de la fenêtre égyptienne*, soit du 10 au 19 janvier. Il avait même précisé que tout commencerait en août 1990 et que le mois suivant chacun pourrait en tirer ses propres conclusions. Il avait dit aussi que l'ensemble de la population mondiale restait encore très polarisé, mais qu'un « moment très spécial » était sur le point de se manifester, grâce auquel un grand changement pourrait avoir lieu.

---

* Fenêtre d'opportunité dans le temps au cours de laquelle les énergies sont telles que certains résultats peuvent être obtenus, ce qui est impossible en temps normal. (NDE)

Il jugeait très probable qu'à ce moment de l'histoire de la planète, la conscience de la population mondiale pourrait s'unir et s'élever d'un cran à l'apparition de la fenêtre égyptienne. Il annonça malgré tout très clairement que les maîtres ascensionnés n'étaient pas absolument sûrs de ce qui allait se passer. Cela dépendrait en grande partie des qualités de cœur des habitants de la Terre. Si les conditions étaient satisfaisantes, les maîtres ascensionnés avaient décidé de partir tous ensemble en une grande boule de lumière resplendissante, ce qui donnerait à la planète une énorme poussée vers un niveau de conscience plus élevé. Cette décision avait été prise pour le bien de l'humanité tout entière.

Mais quand le mois d'août 1990 arriva, Thot m'annonça que les maîtres ascensionnés ne savaient plus s'ils allaient pouvoir faire ce changement ou non pendant la période en question, même si aucune autre opportunité de ce genre ne se présentait de sitôt. Ils décidèrent en fin de compte de freiner tous leurs plans et finirent par annuler leur exode en masse. Or, vers la fin du mois, l'Iraq et ses alliés étaient les seuls à ne pas s'être joints à l'unité globale qui régnait alors sur la planète, du moins extérieurement. Le mois de septembre 1990 venu, pour ainsi dire le monde entier déclarait la guerre à l'Iraq. Et le 15 janvier 1991 exactement, date à laquelle les maîtres ascensionnés espéraient que la conscience de l'humanité tout entière allait s'unir, c'est bien ce qui se passa en fait, sauf

pour l'Iraq, qui décida de faire la guerre plutôt que de continuer à vivre dans la paix. C'est donc à cause d'une seule nation récalcitrante que toute l'humanité rata l'opportunité d'unification complète de sa conscience pour pouvoir faire la différence. Il ne s'agissait pas seulement d'une union entre les nations, mais aussi d'une union du cœur entre les gens du monde entier.

Le 15 janvier 1991 marqua, hélas, le premier jour de la guerre entre l'humanité et l'Iraq, les énergies de la fenêtre égyptienne nous attirant tous dans des ténèbres encore plus profondes, au lieu de nous permettre de nous hisser plus haut dans la lumière.

Thot et les maîtres ascensionnés répondirent à cet affront en formulant un autre plan d'action. Il s'agissait dorénavant de ne permettre qu'à 32 maîtres à la fois de quitter la Terre, chaque groupe s'efforçant de trouver un niveau de conscience plus élevé

sur lequel l'humanité pourrait globalement se réinstaller. Cette nouvelle méthode, qui consistait à quitter la Terre par petits groupes de maîtres ascensionnés, devait être synchronisée avec certains événements qui allaient avoir lieu, augmentant ainsi fortement ses chances de succès. En fait, Thot et sa femme Shizat faisaient partie du premier groupe. Ainsi, chaque jour ou chaque semaine, les maîtres commencèrent à quitter notre dimension d'existence par petits groupes et se rendirent dans une « nouvelle demeure » où régnait un état de conscience plus élevé, jusqu'où le restant de l'humanité pourrait finalement se hisser. La ville située sous la Grande Pyramide se vida peu à peu de ses habitants et finit par être presque complètement désertée. À la fin de 1995, seul un petit groupe de sept maîtres protégeait les lieux et la ville souterraine. Mais alors qu'il se vidait de ses habitants, ce lieu sacré pourrait être utilisé dans un autre but – prouver à notre monde moderne que la vie est beaucoup plus que ce que nous pensons et démontrer qu'un grand espoir subsiste encore pour l'humanité.

Abordons maintenant les rumeurs qui circulent. Il n'existe à ma connaissance aucune preuve pouvant renforcer ce que je suis sur le point de révéler. Par conséquent, considérez que c'est quelque chose de possible, en attendant que le monde puisse vraiment connaître la vérité à ce sujet.

En novembre 1996, un de mes correspondants en Égypte m'informe qu'on vient à peine de découvrir quelque chose d'encore plus extraordinaire que tout ce que le grand public connaît généralement sur ce pays fascinant. Il s'agit d'une stèle en pierre (une dalle taillée dans le roc et marquée de caractères ou de hiéroglyphes sculptés) qui vient tout juste de sortir du sol entre les deux pattes du sphinx, et ce, en plein jour. Les inscriptions qu'elle contient rapportent l'existence d'une salle remplie d'archives et d'une chambre secrète située sous le sphinx.

Le gouvernement égyptien fait immédiatement retirer la stèle, de manière que personne ne puisse lire ce qui y est gravé. Il entreprend ensuite un travail discret d'excavation entre les pattes du fameux monument, trouve la chambre sous le sphinx qu'une équipe de Japonais avait déjà repérée en 1989 avec des instruments électroniques, et pénètre dans les lieux. Il y a bien là, dans un coin, une poterie en argile ainsi qu'une corde lovée. À l'époque, mon correspondant poursuit en ajoutant que certains représentants du gouvernement se sont engagés dans le tunnel qui part de cette chambre, qu'ils ont débouché dans une salle toute ronde d'où partaient trois autres tunnels et que dans celui qui se dirigeait tout droit vers la Grande Pyramide, ils ont trouvé deux choses extraordinaires dont personne ne soupçonnait l'existence.

Tout d'abord, quelque part dans le tunnel, un véritable mur de

lumière bloquait le passage et empêchait quiconque d'aller plus loin. Les membres du gouvernement essayèrent bien d'y faire passer quelque chose à travers, n'importe quoi leur tombant sous la main, mais sans jamais pouvoir pénétrer cette armure lumineuse. Même un projectile d'arme à feu était sans effet.

De plus, chaque fois que les officiels essayaient de s'en approcher de trop près, soit à neuf mètres environ, ils commençaient tous à devenir mal en point et à vomir. Quiconque (homme ou femme) insistait se sentait tellement mal qu'il avait l'impression de mourir. Personne, selon mon correspondant, ne put toucher ce mur de lumière ni venir plus près.

Pendant ce temps-là, une autre équipe gouvernementale avait trouvé moyen de sonder les lieux depuis la surface, en avant de l'obstacle lumineux. Ce que ces gens découvrirent les laissa sans voix. Il y avait bien là, enfoui profondément dans le sol, un bâtiment de douze étages et plus !

Ces deux éléments combinés – le mur de lumière et le bâtiment de douze étages – étaient trop pour

les membres du gouvernement égyptien, qui finirent par demander de l'aide à l'étranger. De leur point de vue, un homme en particulier (que je ne nommerai pas ici) serait sans doute capable de désamorcer la source lumineuse afin que la progression dans le tunnel soit possible. Il devrait d'ailleurs accomplir cet exploit avec l'aide de deux autres personnes, dont l'une est un ami de longue date, ce qui me permit de suivre le déroulement des opérations de plus près encore. Cet ami proposa d'amener sur place une équipe de cinéastes de chez Paramount Studios pour filmer cet événement unique de la réouverture du tunnel secret. Plusieurs années auparavant, soit en 1922 pour être exact, les studios avaient filmé l'ouverture de la tombe du roi Toutankhamon, et les gros bonnets de chez Paramount étaient encore en très bons termes avec les membres du gouvernement égyptien.

Tout était prévu pour le 23 janvier 1997. Le gouvernement exigeait un contrat de plusieurs millions de dollars de la part de Paramount et finit par l'obtenir. Malgré tout, au dernier moment, soit un jour avant la date officielle, les Égyptiens décidèrent de demander plus, ainsi qu'un bakchich* d'un million et demi de dollars, ce qui rendit les gens de chez Paramount fous furieux. Dès lors, ils refusèrent net, et tout tomba à l'eau. Un silence absolu entoura cette affaire pendant environ trois mois.

_____

* Pot-de-vin. (NDE)

Puis un beau jour, j'apprends qu'un autre groupe de trois personnes a pu pénétrer sur les lieux et désamorcer le mur de lumière chantant les noms sacrés de Dieu. Le chef de ce petit groupe, qui est connu dans le monde entier et ne veut pas que son identité soit révélée, se rendit ensuite en Australie et visionna une bande vidéo devant divers auditoires. Cette cassette décrivait sa progression dans le tunnel secret et sa visite dans le bâtiment souterrain de douze étages, qui s'avéra d'ailleurs être beaucoup plus que cela. La construction s'étendait sur plusieurs kilomètres carrés et jouxtait une ville entière. J'ai trois amis australiens qui ont vu cette vidéo.

Mais cette véritable saga ne s'arrête pas là. Voici qu'entre en scène un personnage du nom de Larry Hunter. Il s'agit d'un archéologue qui a travaillé en Égypte pendant plus de vingt ans. M. Hunter me contacte donc et se met à me raconter une histoire presque identique à ce que je sais déjà grâce à mes amis égyptiens, mis à part qu'elle est beaucoup plus détaillée. Par exemple, il m'apprend que la ville souterraine a plus de dix kilomètres carrés de superficie, qu'elle a bien douze niveaux différents et que son périmètre à la surface du sol est jonché de temples tout à fait uniques et spéciaux.

Passons maintenant à autre chose. Ce qui suit doit être mis en parallèle avec le travail de recherche accompli par Graham Hancock et Robert Bauval, tel qu'il est exposé dans leur livre *Message of the Sphinx*. Tous deux avancent l'idée que les trois pyramides de Gizeh sont disposées exactement de la même manière que les trois étoiles visibles à l'œil nu de la ceinture d'Orion. En fait, ils croient que toutes les étoiles principales de la constellation d'Orion sont représentées par un temple en Égypte, mais ils n'ont pas encore pu suffisamment prouver leur théorie.

Or, M. Hunter a pu accomplir cet exploit et j'ai dû admettre l'évidence. Grâce à sa connaissance de la navigation par les étoiles acquise dans la marine de guerre américaine, M. Hunter a trouvé un temple dans chaque endroit du plateau de Gizeh qui correspond à une étoile principale dans la constellation d'Orion. Il a utilisé le système GPS (*Global Positioning System*, ou système de positionnement global), les retransmissions par satellite grâce auxquelles on peut calculer la position d'à peu près n'importe quoi sur la planète, à 15 mètres près. Il se rendit ensuite personnellement sur l'emplacement supposé de chacun de ces temples pour bien s'assurer de leur réalité. Non seulement y avait-il un temple à chaque endroit indiqué – ce qui était déjà surprenant – mais les pierres de chacun d'eux étaient faites d'un amalgame unique qui n'est dans aucun autre temple en Égypte. C'est d'ailleurs la même substance qui a été choisie pour créer les pierres de fondation de chacune des trois pyramides. On l'appelle « de la pierre à petite monnaie ». Il s'agit en fait d'une pierre à chaux dans laquelle on semble avoir brassé des pièces de petite monnaie. Le phénomène est absolument unique dans toutes les annales de l'Égypte, et on ne peut le trouver que dans ces temples construits sur une superficie d'environ dix kilomètres et demi sur treize kilomètres.

En somme, disons encore une fois qu'il s'agit ici d'une théorie qui n'a pas été officiellement acceptée par les Égyptiens. Toutefois, la ville souterraine dont Thot affirme l'existence – et qui est assez vaste pour contenir 10 000 personnes – est, selon M. Hunter, délimitée à la surface du sol par toute une série de temples construits avec ces pierres uniques quant à leur composition. Et en définitive, la disposition de ces temples sur le plateau de Gizeh reproduit exactement celle des étoiles principales de la constellation d'Orion.

D'après ce que j'ai pu voir, tout ceci est vrai, même si les Égyptiens persistent à entretenir l'idée d'une pure fantaisie. Je conserve mon optimisme, car je sais que la vérité prévaudra un jour. Je crois aussi que si cette découverte archéologique s'avère exacte, elle aura un effet positif sur la conscience humaine. Revenons maintenant à notre thème principal.

Le lever héliaque de Sirius

Nous avons donc ici les trois pyramides inscrites dans le rectangle d'or (voir illustration 11-7). Prenez note des deux lignes droites qui passent exactement par le centre du cercle dans le rapport phi (φ). Si on traçait ce cercle sur le sol, il aurait un diamètre d'environ quatre kilomètres. Les arpenteurs de chez McCollum qui ont trouvé ce rapport – tout comme d'ailleurs la plupart des auteurs qui, avant d'écrire leur livre, effectuent un travail de documentation préalable, principalement lorsqu'il s'agit du plateau de Gizeh et de ses célèbres monuments – disent unanimement que les pyramides et le sphinx font face à l'est. Or, nous savons aujourd'hui que c'est faux. Les gens ont toujours cru que les pyramides étaient alignées selon l'axe magnétique nord-sud, mais nos scientifiques et leurs ordinateurs ont maintenant démontré que les trois pyramides n'ont jamais été orientées de cette manière. Elles ne sont malgré tout que très légèrement en dehors des normes, et beaucoup ont affirmé que la dérive des continents en était la cause.

Mais ce « très légèrement en dehors des normes » n'est pas une erreur – tout est absolument à sa place. Oui, c'est vrai, les trois pyramides *semblent* faire face à l'est, mais chacune est en fait orientée sur sa propre ligne, dont l'ensemble converge vers un seul point à l'horizon – en d'autres mots, cela dessine un arc de cercle. Et ce point marque l'endroit exact où le lever héliaque de Sirius a lieu chaque année, ce qui n'est pas tout à fait la direction de l'est. Le lever héliaque est le moment (voir le chapitre 1, p. 18) où l'étoile Sirius se lève à l'horizon, le 23 juillet de chaque année, et ceci, une minute seulement avant le lever du soleil, apparaissant brièvement dans le ciel sous la forme d'un petit point rouge rubis. C'est le moment exact dans le temps où la Terre, le Soleil et l'étoile Sirius montrent un alignement parfait.

Ce qui est encore plus étonnant, c'est que *les globes oculaires* du sphinx sont dirigés exactement vers ce point dans le ciel. Tel est du moins ce que nos ordinateurs ont prouvé et c'est très logique, car l'ancienne religion égyptienne et son calendrier sothique étaient basés sur le lever héliaque de Sirius. Pour les anciens Égyptiens, l'étoile Sirius était extrêmement importante. Ainsi donc, considérons le dessin de l'illustration 11-7 comme faisant face davantage au lever héliaque de Sirius qu'à l'est habituel.

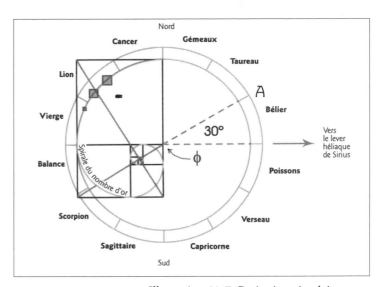

Illustration 11-7. Projection circulaire basée sur la position des pyramides et du sphinx. Notez que le centre de la roue du zodiaque se trouve exactement à l'intersection de la ligne horizontale divisant le rectangle d'or dans le rapport phi (φ).

Illustration 11-8. Copie de la roue du zodiaque égyptienne peinte au plafond du temple de Dendérah.

En janvier 1999, les anges m'apparurent et m'informèrent que les maîtres ascensionnés allaient peu à peu revenir sur terre pendant la fenêtre égyptienne, soit du 10 au 19 janvier 1999. Ils m'apprirent aussi que ces derniers amenaient avec eux la connaissance d'un univers tout nouveau et complètement différent. Ils ajoutèrent que la Terre allait bientôt commencer à recevoir une connaissance toute nouvelle, quelque chose que l'humanité n'a même pas pu imaginer dans le passé.

Puis en novembre 1999, Thot me rendit visite pour la première fois depuis plusieurs années. Il annonça son retour, spécifiant qu'au bon moment, nous travaillerions à nouveau ensemble. Il est intéressant de mentionner ici que quelques jours après sa réapparition dans ma vie, alors que je participais à une présentation devant le public, un jeune homme s'approcha de moi juste après la conférence et me tendit une petite plume d'ibis, cet oiseau dont la tête représente souvent Thot.

Shizat était également de retour avec Thot, son mari, et recommença à communiquer avec moi. Elle resta même pendant deux semaines, m'entretenant de la raison principale de mon incarnation dans cette dimension. Je continue d'ailleurs à apprendre cette leçon. J'attendrai cependant le bon moment pour vous révéler ce qu'elle m'a appris.

Étant donné les deux rampes inclinées à 30 degrés l'une par rapport à l'autre (voir illustration 11-3), divisons le cercle en sections de 30 degrés chacune, ce qui crée les douze maisons du zodiaque (30 x 12 = 360 degrés). Nous savons déjà que les Égyptiens avaient une grande maîtrise de l'astrologie, car ils ont peint un zodiaque entier au plafond du temple de Dendérah (voir illustration 11-8) ; il est donc parfaitement logique que nous divisions ce cercle en douze parties égales. Et une fois cela fait, on obtient une sorte de cadran solaire ou, si vous préférez, une grande roue du zodiaque. Le rapport McCollum montre, par exemple, que si on utilise cette approche, la Grande Pyramide est en Lion et la ligne du point zéro en Bélier, ce qui renvoie ici à 10 500 ans av. Jésus-Christ (soit exactement la date de construction de la Grande Pyramide, selon Edgar Cayce).

Vierge et Lion, Verseau et Poissons

Si on superpose une roue du zodiaque à la photo aérienne du plateau de Gizeh, avec les trois pyramides bien en vue, ces dernières sont en Lion et en Vierge sur la roue. Or, c'est exactement là que nous sommes aujourd'hui sur l'orbite de la précession des équinoxes. De plus, le sphinx était à l'origine moitié lion, moitié être humain, et de sexe féminin par-dessus le marché. On suspecte fortement que pendant la IVe dynastie, le visage du sphinx fut resculpté en visage d'homme avec une petite barbiche de style égyptien – qui finit d'ailleurs par tomber au cours du temps. Aujourd'hui, le visage du sphinx a plutôt l'aspect d'un mâle imberbe, mais à l'origine c'était celui d'une femme, plus précisément une combinaison de corps de lion (le signe du Lion) avec une tête de vierge (le signe de la Vierge). Voilà bien une autre confirmation que cette superposition de la roue du zodiaque sur le plateau de Gizeh fournit des renseignements exacts.

Le relevé McCollum montre aussi que si on tire des lignes à partir de différents points sur les pyramides (comme les sommets, les coins de chaque base, etc.) et qu'on les fait toutes passer par le centre du cercle, elles aboutissent en Verseau et en Poissons, ce qui correspond sans doute à toute une série de dates, y compris la période de temps que nous traversons tous en ce moment – soit le passage de l'âge des Poissons à l'ère du Verseau. C'est là un autre élément important à prendre en considération. Mais je ne connais personne qui ait effectué suffisamment de recherches pour arriver à calculer exactement tout ceci. Avec nos ordinateurs actuels, nous devrions être capables de tout calculer avec la plus grande précision. Seriez-vous intéressés par ce travail ?

La région des quatre États

Pourquoi les anciens Égyptiens ont-ils mis tant d'accent sur une certaine diagonale (voir la ligne B de l'illustration 11-1) qui, selon les recherches d'une certaine astrologue de renom, est reliée aux étoiles et à une région particulière des États-Unis ?

Dès qu'elle se rendit compte qu'un zodiaque était pour ainsi dire inscrit sur les sables du plateau de Gizeh, et tout autour de la Grande Pyramide, cette femme voulut en savoir davantage sur la fameuse diagonale qui passe par le point A (voir illustration 11-7) et qui était si importante aux yeux des anciens Égyptiens. Je ne peux pas très bien expliquer ce qu'elle fit au juste, car je ne suis pas astrologue, mais elle reporta la roue du zodiaque tout autour du pôle nord et l'aligna d'une certaine manière sur la ville du Caire. Elle prolongea ensuite la ligne A sur la carte du monde et observa les endroits que celle-ci traversait, plus particulièrement « la région des quatre État » américains ou *four-corners area*, où l'Arizona, le Nouveau-Mexique, le Colorado et l'Utah se rencontrent et font une grande croix sur la carte. Pour les Indiens Hopis et autres tribus amérindiennes, la région des quatre États ou *four-corners area* contient entre autres quatre pics de montagne très importants à leurs yeux, ce qui délimite un carré sacré dont la superficie est beaucoup plus petite que la région elle-même.

J'ai conservé ces informations dans mes archives pendant des années sans en faire quoi que ce soit, car je voulais d'abord voir ce qui émergerait et associerait l'Égypte à la région des quatre États (*four-corners area*). Puis un jour, il y a maintenant quelques années de cela, un jeune homme me rendit visite pour me raconter une histoire extraordinaire. J'étais d'ailleurs très enclin à l'écouter, car il commença par me dire que quelque chose de très égyptien est désormais associé à cette région particulière des États-Unis. À cet effet, voir le supplément ci-contre imprimé en caractères gras.

L'expérience de Philadelphie

Passons maintenant à quelque chose d'entièrement différent, mais qui est en fait relié à tous les sujets abordés dans ce livre.

La plupart d'entre vous ont certainement entendu parler de l'expérience de Philadelphie faite par la marine américaine vers la fin de la Deuxième Guerre mondiale, en 1943 pour être plus exact. Chose intéressante à noter : Nikola Tesla fut, du moins au début, à la tête de ce projet, mais il mourut avant la conclusion de l'expérience. Je sens que sa participation fut primordiale, mais nous ne saurons sans doute jamais jusqu'à quel point, puisque tous les aspects de cette expérience restent jalousement gardés par le gouvernement. Tesla fut remplacé par John von Neumann, habituellement reconnu comme étant la personne qui organisa le projet et veilla à sa bonne marche.

Le but consistait à rendre un des navires de guerre de la marine américaine totalement invisible. Évidemment, si l'expérience réussissait,

Ce que je suis sur le point de vous raconter est très controversé. Cela peut être vrai, mais il est possible que ce soit complètement faux. Il vaut quand même la peine que je vous le narre, particulièrement pour ceux d'entre vous qui cherchent vraiment à connaître la vérité.

Un jeune homme vint donc me rendre visite, il y a quelques années déjà, et me raconta l'histoire suivante : une montagne particulière se trouve à l'intérieur même du Grand Canyon ; on lui a donné le nom de « temple d'Isis ». Vous pourriez vous demander pourquoi, mais il faut préciser ici qu'en 1925, on fit une grande découverte à l'intérieur même de cette montagne, aussi bien que dans les alentours. Je sais d'ailleurs qu'un article a été publié là-dessus dans l'*Arizona Gazette* de la même année et qu'un livre portant sur le même sujet est sorti un an plus tard, soit en 1926. Mon jeune ami se rendit donc dans les locaux de la rédaction du journal, qui existe encore de nos jours, et tomba sur la microfiche expliquant ce qu'on avait trouvé dans cette montagne. En fait, environ six pages traitent de cette question, et j'ai lu l'article de mes propres yeux. Peut-être même qu'un de nos lecteurs pourra nous aider à retracer les références exactes se rapportant à la fois à l'article et au livre. Chose certaine, le mot « Égypte » faisait partie du titre et la photo d'une soucoupe volante paraissait sur la couverture !

Dans l'article, il est écrit que l'on a trouvé des momies et des hiéroglyphes égyptiens sur les murs et à l'intérieur de cette montagne appelée « le temple d'Isis ». J'ai moi-même vu les photos des momies que l'on amène à l'air libre, ainsi que des hiéroglyphes. L'auteur de l'article informe également le lecteur que le Smithsonian Institute a entrepris tout un travail d'excavation et annoncé qu'il s'agissait bien là de la plus grande découverte archéologique jamais faite sur le continent américain. Comme je l'ai précisé, un livre était publié un an plus tard sur ce sujet, mais je ne me souviens plus du titre exact. À partir de ce moment-là, silence complet là-dessus pendant environ 68 ans, soit jusqu'en 1994.

Le jeune homme me confia qu'il avait d'abord déniché un exemplaire du livre publié en 1926 racontant l'histoire de cette découverte et qu'il avait recherché ensuite une copie de l'article paru en 1925. Mais son histoire ne se termine pas là. Il décida enfin de s'aventurer lui-même à pied dans

cela lui donnerait un avantage énorme. Pour simplifier la chose, disons qu'il s'agissait de faire passer le navire dans une autre dimension, puis de le faire revenir dans celle-ci. Je suis enclin à croire que Tesla était en contact avec « les Gris* » et que ces derniers lui avaient appris le secret du voyage interdimensionnel. On a souvent raconté qu'un jour, quelqu'un avait demandé à Tesla ce qui avait bien pu lui inspirer toutes ces idées qui l'avaient rendu capable de concevoir puis de réaliser un tel projet. Il avait répondu qu'il devait tout cela à des extraterrestres. Évidemment, je suis sûr que dans les années 40, les gens croyaient plus à une plaisanterie qu'autre chose.

Je réalise fort bien, croyez-moi, que même de nos jours, beaucoup de gens pensent encore que ces informations sont le fruit de l'imagination de cerveaux dérangés. Mais si vous le désirez (comme moi), vous pouvez vous procurer une copie des rapports d'origine considérés jadis comme ultrasecrets et édités plus tard par le gouvernement. La plus grande partie du texte est en effet rayée au feutre noir pour des raisons de « sécurité nationale ». Cependant, il reste suffisamment de texte pour vous prouver que l'expérience a bien eu lieu et en démontrer sa nature.

Ce que j'ai tiré de ce document et des nombreuses personnes qui l'ont étudié – et principalement de mes méditations en compagnie des deux anges –, c'est que l'expérience de Philadelphie était en rapport énergétique avec d'autres, qui avaient eu lieu dans l'espace-temps et les différentes dimensions. La première d'entre elles se passa sur la planète Mars il y a presque un million d'années, à la suite de quoi les Martiens imposèrent leur présence sur la Terre, au commencement de l'Atlantide. Une autre expérience du même type eut lieu à la fin de l'Empire atlante, il y a environ 13 000 ans, ce qui eut pour effet de créer l'anomalie connue sous le nom de « triangle des Bermudes » et de causer de graves

---

* Une race de petits extraterrestres au corps malingre, généralement de couleur grise, au crâne bulbeux et chauve, avec de grands yeux en amande qui semblent recouverts d'une pellicule cachant les pupilles ; ils ont un petit nez à peine discernable, mis à part les deux narines, et une simple fente à l'endroit de la bouche, qui ne sert apparemment à rien, car ils sont exclusivement télépathiques et se nourrissent par la peau. Leur présence continue à être rapportée dans le monde entier ; il semble d'ailleurs en exister plusieurs variétés. (NDT)

problèmes dans plusieurs régions situées à très grande distance de la Terre, dans le vide intersidéral. Cette expérience-là, comme je vous l'ai précisé dans le premier tome, échappa complètement à notre contrôle. En effet, en essayant de créer artificiellement un Mer-Ka-Ba pour contrôler l'Atlantide, les Martiens ne se souvenaient plus exactement de la manière de faire les choses correctement.

Ce Mer-Ka-Ba artificiel du triangle des Bermudes, centré près de Bimini, a depuis le début été source de problèmes majeurs dans certaines régions de l'espace intersidéral. Une des raisons principales de la venue des Gris sur la planète Terre est leur désir de résoudre cette question qui les affecte aussi. En fait, ils sont les plus touchés par cette expérience illégale. De nombreuses planètes de leur constellation (Orion) ont été détruites à cause de cela. À un moment donné dans le temps, les Gris décidèrent d'utiliser le matériel génétique des humains pour tenter d'engendrer une race hybride dans laquelle ils pourraient se réincarner pour échapper à l'annihilation totale de leur race. Toutefois, les expériences qu'ils firent sur nous au cours du temps eurent de moins en moins trait au problème d'origine.

S'efforçant toujours de résoudre l'importante difficulté causée par le Mer-Ka-Ba artificiel de Bimini, et qui avait jadis échappé à tout contrôle, les Gris décidèrent de nous aider à faire la première expérience de ce genre dans le monde moderne, ceci en vue de résoudre le problème du triangle des Bermudes une bonne fois pour toutes. Cela se passa en 1913, mais ce fut un échec total. Je crois en fait que cette expérience aggrava la situation et qu'elle y est probablement pour beaucoup dans l'éclatement de la Première Guerre mondiale en 1914. Exactement trente ans plus tard (les fenêtres d'opportunité dans le temps, pour la bonne marche de ces expériences, s'échelonnent sur des périodes très précises qu'il est essentiel de bien connaître et d'appliquer), l'armée américaine acceptait que l'expérience de Philadelphie ait lieu avec un de ses navires. C'était en 1943, pendant la Deuxième Guerre mondiale. Et quarante ans plus tard, en 1983, l'expérience de Montauk eut lieu, toujours pour tenter de corriger les problèmes occasionnés par l'expérience de Philadelphie. Une expérience de moins grande importance a également eu lieu en 1993 (le cycle harmonique normal est de quarante ans, mais cela peut fonctionner aussi, semble-t-il, avec des sous-cycles de dix ans), ceci en vue d'accroître la vitesse de rotation de l'étoile tétraédrique impliquée, ce qui fait d'ailleurs partie du problème d'origine créé par les Atlantes.

Toutes ces expériences sont donc reliées les unes aux autres. Il est vital de bien les comprendre, car il s'agit de la science du Mer-Ka-Ba et de son usage dans les différentes dimensions. L'expérience de Philadelphie était basée sur des étoiles tétraédriques tournant à l'opposé l'une de l'autre, ce qui est donc très semblable à ce que nous allons vous enseigner pour l'usage de votre propre Mer-Ka-Ba. Quant à celle de Montauk, elle était fondée sur des octaèdres tournant également à l'opposé l'un de l'autre, ce qui représente une autre possibilité.

Je me rappelle qu'un jour, dans le cadre d'un atelier à Long Island, New York, j'avais mentionné l'expérience de Philadelphie à tous les participants. Une semaine après la conclusion de cet atelier, je devais en

le Grand Canyon et d'essayer de repérer l'endroit. Il est important de savoir que cette montagne, « le temple d'Isis », est maintenant située dans une partie du canyon interdite au public, mais que l'on peut encore obtenir un permis sous certaines conditions. Toutefois, même dans ce cas, seul un petit groupe de gens à la fois peut pénétrer sur les lieux. L'endroit est presque complètement dépourvu d'eau potable, à l'exception de deux sources très éloignées l'une de l'autre. Chacun doit donc apporter son eau, ce qui limite grandement la durée du séjour. De plus, il y fait tellement chaud que les gens ont généralement du mal à rester en vie, à moins d'être déjà très entraînés.

Le jeune homme me confirma qu'il avait visité les lieux en compagnie de son ami. Ils étaient tous les deux en pleine forme, pratiquaient l'alpinisme et avaient appris à survivre en milieu hostile. Il ajouta que lorsque son ami et lui s'approchèrent de la montagne, ils aperçurent là une pyramide en pierres faite de main d'homme et pas très loin de la montagne elle-même. En vue de parvenir au temple, ils durent escalader une paroi à pic d'environ 240 mètres de haut.

Selon l'article de l'*Arizona Gazette*, il y avait 32 grands encadrements de portes ouvrant sur le temple, lui-même situé très haut par rapport au sol. D'après mon jeune ami, les encadrements étaient toujours là, mais quelqu'un avait semble-t-il essayé de les détruire. Les deux montagnards choisirent donc celui qui semblait en meilleure condition et escaladèrent à grand-peine la paroi de rochers jusqu'à celui-ci.

Parvenus là, les deux hommes franchirent le seuil et s'engagèrent dans un tunnel profond d'environ 12 mètres, mais un monceau de débris arrêta bientôt leur progression. Il y avait un arc de porte parfaitement rond d'environ un mètre quatre-vingt de diamètre qui, manifestement, avait été taillé dans le roc par une main d'homme. Malgré leur recherche, ils ne trouvèrent là aucun hiéroglyphe. Leur réserve d'eau s'épuisant, ils quittèrent les lieux juste à temps. Un jour de plus et ils auraient pu mourir de déshydratation, car la source qui devait les réapprovisionner s'était tarie.

L'autre aspect intéressant de cette histoire est celui-ci : il y a une autre montagne dans le Grand Canyon ; elle est située à deux kilomètres et plus de l'endroit visité par ce jeune homme et son compagnon. Toutefois, ce nouveau site a été fouillé par des équipes gouvernementales. L'endroit est tellement important aux yeux des officiels, qu'il est maintenant illégal de survoler la région à moins de 3000 mètres d'altitude ! La montagne tout entière est patrouillée par des unités de l'armée et les alentours immédiats ont été déclarés hors limite. Qu'ont-ils donc trouvé là ?

En fait, la seule raison pour laquelle j'avais accepté d'écouter ce que mon jeune ami voulait me dire est la suivante : j'avais auparavant pris connaissance de l'existence de la fameuse diagonale du plateau de Gizeh, qui pointe en direction des quatre États américains, la région mieux connue sous le nom de *four-corners area*. Dans mon esprit, il y avait peut-être quelque chose

donner un autre dans la même région. Par conséquent, je disposais de quelques jours de repos entre les deux et comptais accepter l'invitation de rester au domicile de la personne qui avait organisé le premier atelier.

Après une première soirée passée chez mon hôte, celui-ci me demanda soudain : « Drunvalo, as-tu vu la vidéo qui a pour titre *The Philadelphia Experiment* ? » Ne sachant même pas qu'on avait fait un film sur le sujet, je m'empressai de louer cette cassette. C'est ce soir-là qu'un homme du nom de Peter Carroll me téléphona – à cette époque-là, il était l'entraîneur des New York Jets. Quelqu'un lui avait donné mon nom. Il avait entendu dire par un des participants à mon atelier que j'avais mentionné l'expérience de Philadelphie et voulait savoir si j'étais intéressé de rencontrer un des survivants de l'expérience.

Quelque temps auparavant, j'étais entré en contact avec un des ingénieurs principaux. Il lui avait été très difficile de croire que je pouvais savoir tant de choses sur ce projet et que je semblais même comprendre ce qui avait été fait. En réalité, je me souviens qu'il était si excité qu'il nous avait donné quelques échantillons de l'équipement d'origine et nous avait expliqué en long et en large comment l'expérience avait eu lieu. Tout était basé sur l'étoile tétraédrique. Et cette fois, quelqu'un m'invitait à rencontrer un des rares survivants !

Je me rendis donc chez Peter, qui me présenta à deux autres personnes – Duncan Cameron, un des principaux participants qui avaient survécu à l'expérience, et Preston Nichols, qui a écrit un livre sur le sujet depuis notre rencontre. La journée commençait bien !

En 1943, les responsables du projet avaient en effet utilisé l'épine dorsale de Duncan, alors placé en plein milieu d'un Mer-Ka-Ba artificiel. Quand la même expérience fut répétée en 1983, on l'appela « l'expérience de Montauk », et Preston nous dit avoir été un des principaux ingénieurs de ce projet. Je lui demandai alors : « Dans ce cas, pourriez-vous m'expliquer exactement comment vous vous y êtes pris ? » Sans aucune hésitation, il se mit à tout me décrire avec force détails. À l'écouter, je finis par croire qu'il était bien ce qu'il prétendait être, du moins si je me basais sur sa connaissance de haut niveau de la géométrie du Mer-Ka-Ba.

C'est alors que Duncan déboucha tout au bout du couloir adjacent à la pièce de séjour dans laquelle nous nous trouvions. Je remarquai immédiatement que le champ électromagnétique tout autour de lui était des plus étranges. Il y avait en fait deux Mer-Ka-Ba et ils tournoyaient incontrôlablement tous les deux. Ils tanguaient et changeaient constamment de position l'un par rapport à l'autre. Autre observation importante, ils n'allaient pas suffisamment vite et n'étaient pas jumelés de manière à pouvoir agir comme une seule unité.

Lorsque Duncan pénétra dans la pièce, il entra en même temps dans *mon* champ électromagnétique, ce qui l'arrêta tout net. Il était incapable de venir plus près de moi. Il lui semblait que je le repoussais, un peu comme deux aimants s'écartent sous certaines conditions. Il essaya bien de s'approcher davantage mais cela le mettait tellement mal à l'aise qu'il dut s'arrêter, puis il recula d'environ dix mètres dans le couloir, jusqu'à ce qu'il se sente à nouveau à l'aise. Il s'assit donc, et nous entamâmes une conversation à distance. Il était maintenant hors de portée de mon Mer-Ka-Ba, ce qui le forçait à élever la voix lorsqu'il me parlait. Je n'avais aucun problème à m'approcher de *lui*, mais quand je le fis, il devint à nouveau très mal à l'aise et me demanda de reculer.

Ce Mer-Ka-Ba naturel est maintenant autour de moi en permanence. Ainsi, Duncan me posa la question suivante : « Qu'est-ce donc que cet anneau noir tout autour de vous ? » Il est vrai qu'un Mer-Ka-Ba actif fait approximativement 17 mètres de diamètre (selon la taille de chaque personne) et qu'il se forme un anneau plus sombre tout autour de ce champ lumineux, là où l'étoile tétraédrique tourne à neuf dixième de la vitesse de la lumière. Observez à nouveau la photographie de « la galaxie du sombrero » dans l'illustration 11-9, et vous comprendrez mieux ce que je veux dire ici.

Notez l'endroit où la galaxie tourne le plus vite, soit à l'extrémité de la soucoupe. Quand quelqu'un (ou quelque chose) s'approche de plus en plus de la vitesse de la lumière, la personne (et l'objet) deviennent de plus en plus flous et transparents, puis tout tourne au noir. Dans l'illustration 11-9, il y a encore un peu de lumière à l'extrémité de la soucoupe, mais il commence à y faire beaucoup plus sombre par rapport au reste, ceci à cause de la vitesse de rotation des pointes des deux tétraèdres imbriqués l'un dans l'autre et qui atteignent presque la vitesse de la lumière. Cette réflexion de la part de Duncan me fit réaliser qu'il était capable de voir mon Mer-Ka-Ba, chose rare.

Je remarquai également que Duncan n'avait plus de corps émotionnel. Je lui posai la question à ce sujet et il me répondit que certaines personnes relevant du gouvernement lui avaient jadis donné du LSD et avaient utilisé son énergie sexuelle de telle manière qu'il avait fini par ne plus éprouver aucune émotion. Je n'avais jamais rencontré quelqu'un dans cet état. Son problème principal, évidemment, c'est qu'il avait maintenant deux champs Mer-Ka-Ba au lieu d'un. Pourquoi ? Parce qu'il avait participé activement à l'expérience de Philadelphie et à celle de Montauk. Par ailleurs, comme aucun des deux champs Mer-Ka-Ba n'avait été créé par amour, ils ne tournoyaient pas assez rapidement et étaient complètement déséquilibrés et hors de contrôle.

Preston, lui, était assis à côté de moi et suait à grosses gouttes tout en se mordillant continuellement la peau des ongles, comme s'il éprouvait de l'anxiété ou même de la peur à propos de quelque chose. Je lui en fis la remarque et il me répondit qu'assurément il était très inquiet de la situation. Il semblait que les deux champs Mer-Ka-Ba créés pendant l'expérience de Philadephie et celle de Montauk s'étaient renforcés l'un l'autre, et selon certaines informations que Duncan et Preston avaient reçues, il y avait un réel danger que ces Mer-Ka-Ba se remanifestent dans notre troisième dimension actuelle et causent de graves dégâts. Preston craignait donc pour sa vie et pour celle des autres.

Après avoir pris congé de tout le monde et être retourné chez mon hôte, je me mis en méditation et amorçai un dialogue avec les deux anges. Je pouvais voir exactement ce qui n'allait pas avec les Mer-Ka-Ba de Duncan et je pensais que c'était quelque chose d'assez facile à réparer. J'en fis donc part aux anges, qui me conseillèrent de n'interférer en

d'égyptien ou du moins de très important à connaître à propos de cette région du monde.

Pourquoi vous parler de tout cela ? Parce que je crois que l'Égypte va jouer un grand rôle dans le développement de la conscience sur cette planète et que je ne veux pas que ce que je sais soit perdu à tout jamais.

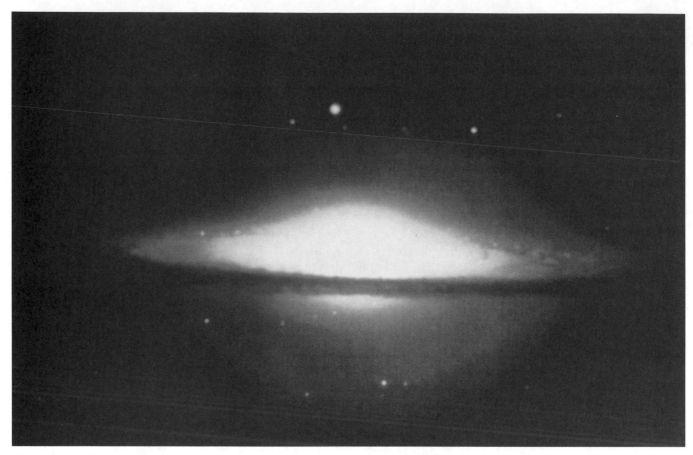

Illustration 11-9. La galaxie du sombrero.

aucun cas. Ils me dirent qu'en l'an 2012, plus précisément le 12 décembre, une nouvelle expérience aura lieu, qui durera douze jours et résoudra tous ces problèmes en ramenant l'équilibre dans les Mer-Ka-Ba en question, et me demandèrent de ne rien faire. (Pour être bien clair, le test final ne sera complété qu'en février 2013. À ce moment, toutes les expériences seront alors achevées.)

Malgré tout, Al Bielek, un autre survivant de l'expérience de Philadelphie, me téléphona deux jours plus tard pour me demander d'aider son frère Duncan. Je lui expliquai que je ne pouvais pas agir, qu'il fallait qu'ils attendent tous les deux quelques années de plus et que tout finirait alors par rentrer dans l'ordre.

Si je vous parle de tout ceci, c'est à cause de la nature de ces expériences. Comme je l'ai déjà souligné, elles sont basées sur la science du Mer-Ka-Ba. Les scientifiques à la solde du gouvernement utilisent maintenant toutes ces informations de haut niveau dans des buts autres que de rendre des armes de guerre invisibles. En effet, ils ont découvert depuis que grâce à ces champs électromagnétiques très puissants, ils peuvent avoir une influence sur les émotions humaines à une grande échelle et même contrôler l'esprit des gens. Il est important que vous sachiez cela, parce que si vous parvenez à réactiver votre propre Mer-Ka-Ba en ayant recours aux connaissances contenues dans ce livre, vous pourrez vous immuniser complètement contre leurs agissements.

En fait, beaucoup de gouvernements font actuellement de nombreuses expériences sur la population de leur pays respectif, en plus de la manipulation de l'environnement et des nombreux problèmes que cela crée. Donc, si vous savez comment vous servir de votre propre corps de lumière et que vous vous appliquez à la pratique qui va vous être redonnée ici, vous pouvez vous rééquilibrer et vous protéger en permanence, ainsi que le monde entier. C'est exactement cela – vous apprendre à utiliser votre corps de lumière et à voir comment cela peut tout changer – que je désire soumettre à votre attention. Vous êtes beaucoup plus que ce que vous pensez être. Le grand Esprit vit en vous et tout est possible par vous. Par exemple, vous pouvez vous guérir vous-mêmes et contribuer à guérir le monde. Et si votre amour est suffisamment profond, vous pouvez aider notre mère la Terre à faire son ascension jusqu'à la prochaine dimension.

Le Mer-Ka-Ba, corps de lumière de l'être humain

Les écoles de mystères égyptiennes étudiaient divers aspects de la vie ici-bas, en tout cas beaucoup plus que ce que nous pouvons exposer dans ces pages. Cependant, un élément fondamental se retrouvait toujours dans leurs différents types d'entraînements, à savoir : le Mer-Ka-Ba, ce corps de lumière de l'être humain, car il était tout pour les Égyptiens ! Sans cette connaissance et son application pratique, il leur était simplement impossible de se rendre dans les autres mondes. Telle était leur manière de voir les choses.

Le mot « Mer-Ka-Ba » a la même signification dans plusieurs langues, et les Zoulous le prononcent de la même manière qu'en anglais, à peu de chose près. Credo Mutwa, leur chef spirituel actuel, affirme que les premiers membres de sa tribu sont tous venus de l'espace et se sont installés sur terre grâce à leur Mer-Ka-Ba. En hébreu, le *Mer-Ka-Vah* est à la fois le trône de Dieu et un chariot ou un char, une sorte de véhicule blindé ayant la capacité de transporter l'esprit et le corps humain d'un endroit à un autre, à la fois dimensionnellement et interdimensionnellement.

En égyptien, « Mer-Ka-Ba » est en fait composé de trois syllabes : *Mer,* qui représente un genre de lumière très spécial, un champ lumineux qui tourbillonne dans le sens inverse des aiguilles d'une montre ; *Ka,* qui signifie esprit (l'esprit humain ici-bas sur la Terre) ; et *Ba,* le corps humain, qui symbolise notre interprétation de la réalité. Lorsqu'on les réunit toutes les trois, voici la définition que l'on obtient : le Mer-Ka-Ba est un champ lumineux qui tourbillonne dans le sens inverse des aiguilles d'une montre et agit en réciprocité avec le corps, car il a la capacité de transporter l'esprit et le corps d'un monde à l'autre, tout en étant beaucoup plus que tout cela. C'est en fait le modèle de la création et l'enveloppe énergétique de tout ce qui existe.

En réalité, vous savez déjà tout cela. Ce n'est pas quelque chose de nouveau pour vous. Vous avez simplement un trou de mémoire temporaire. Vous avez utilisé votre Mer-Ka-Ba tant de fois au cours de vos vies à travers l'espace, le temps, la matière et les différentes dimensions d'existence que tout cela vous reviendra en tête dès que vous en aurez vraiment besoin.

Ce chapitre est donc particulièrement consacré au corps de lumière de l'être humain, qui a pour nom le Mer-Ka-Ba. Nous allons aborder plus ou moins directement le mécanisme interne et les rayonnements d'énergie du corps de lumière, alors que dans le chapitre suivant, nous étudierons la méditation elle-même – une manière de commencer à en faire l'expérience et de s'en souvenir. Afin de pouvoir mieux utiliser votre corps de lumière, une connaissance préalable de sa structure interne vous sera certainement de quelque utilité. Toutefois, si vous sentez qu'elle n'est pas nécessaire, passez directement au prochain chapitre.

Précisons ici que vous pouvez fort bien recréer ou réactiver votre corps de lumière sans cette connaissance. Vous pouvez le raviver avec seulement de l'amour et de la foi, et pour certaines personnes c'est même le meilleur moyen. Je suis le premier à le reconnaître, mais ma mission ici-bas est de présenter cette voie, ou cette méditation, si vous préférez, en passant par l'élément masculin, car beaucoup parmi nous ne peuvent comprendre que par l'acquisition de la connaissance et l'utilisation du lobe gauche du cerveau (le raisonnement, l'intellect, la logique, etc). Cependant, la voie féminine (l'intuition, le sentiment, etc.) est en bien meilleure condition dans le champ morphogénétique de la planète, tandis que le côté masculin, lui, a désespérément besoin d'être rééquilibré.

Par conséquent, mentionnons d'abord les points énergétiques internes qu'on appelle les chakras et nous progresserons ensuite depuis l'intérieur jusque vers l'extérieur au cours de notre explication du champ énergétique de l'être humain. Cela signifie beaucoup d'informations à vous transmettre, et je ne peux simplifier un tel sujet que jusqu'à un certain point.

Avant même de commencer, vous devez saisir quelque chose dès maintenant. Sinon, vous ne pourrez jamais maîtriser un sujet comme le Mer-Ka-Ba uniquement par la géométrie sacrée, car ce ne sera jamais suffisant. Disons qu'au moins la moitié de cette réactivation exigera votre participation intime au niveau du cœur, puisque vous ne pouvez faire consciemment l'expérience du Mer-Ka-Ba que si vous vous immergez dans l'amour. Cette émotion, ce sentiment d'amour pour toute vie est absolument nécessaire, car c'est la vie même du Mer-Ka-Ba. Oui, absolument, le Mer-Ka-Ba est vivant et conscient ! Ce n'est pas quelque chose qui est moins que vous, et vous êtes vous-mêmes vivants et conscients ! Le Mer-Ka-Ba n'est pas séparé de vous ; le Mer-Ka-Ba, *c'est vous* ! C'est le tube de lumière central qui permet à l'énergie de la force de vie, au prana, au *chi*, de rayonner en vous, à travers vous et tout autour de vous, car c'est cela qui vient de Dieu et retourne à Dieu. C'est votre parenté, votre lien intime avec Dieu. C'est ce qui fait que Dieu et vous ne faites qu'un. Quant à la connaissance, ma foi, c'est l'autre moitié de l'équation. Quand l'amour et la connaissance s'unissent, le Christ apparaît, et il n'y a aucune exception à cela.

Si vous pensez que vous allez trouver dans ces pages quelque chose d'utile qui vous aidera en fonction d'un projet que vous avez en tête, vous ne connaîtrez toujours pas la vérité à propos du Mer-Ka-Ba. On doit en faire personnellement l'expérience, non seulement avec son cerveau mais aussi avec son cœur. En définitive, si vous cherchez vraiment à en comprendre le mécanisme dans le but de vivre une expérience qui a trait au Mer-Ka-Ba, je vous offre les informations qui suivent.

Les géométries du système de chakras chez l'être humain

Si la voie masculine est votre choix, il est essentiel que vous compreniez le système de chakras du corps humain, car ce sont ces derniers qui font circuler les énergies subtiles dans votre corps et autour de lui. Ces différentes formes d'énergie constituent un tout homogène qu'on appelle « corps de lumière ».

Un *chakra* est un centre énergétique dans le corps et parfois même, à l'extérieur du corps, qui jouit de certaines qualités. Lorsqu'une personne se concentre sur un chakra particulier, tout son monde est influencé par l'énergie qui en découle. Un peu comme s'il s'agissait de lunettes à travers lesquelles nous interprétons les divers aspects de l'existence ici-bas.

Même si chaque chakra est distinct des autres, à la fois énergétiquement et expérientiellement, certains aspects restent les mêmes. De plus, une certaine énergie rayonne par les chakras, et il est très utile de comprendre cela.

Chez l'être humain, le système de chakras est composé de huit centres énergétiques situés le long de l'épine dorsale. Il y a aussi un système plus complet de treize chakras, mais nous en ferons l'examen un peu plus tard. Sachez aussi qu'il existe beaucoup de chakras secondaires, par exemple dans les mains et sur la plante des pieds, que nous n'étudierons pas dans ce livre.

Nous mettrons d'abord l'accent sur le courant d'énergie remontant le long de la colonne vertébrale, puis nous aborderons quelques-uns des nombreux sujets qui s'y rattachent. Dans le prochain chapitre, nous verrons les champs de lumière enveloppant votre corps ainsi que leur géométrie, car ils sont à la base du Mer-Ka-Ba.

Nous explorerons la géométrie fondamentale du système de huit chakras, basée sur la structure de l'Œuf de vie, et qui se rapporte à la disposition des huit premières cellules du corps humain dont il est question au chapitre 7. Vous noterez également que les huit cellules d'origine du corps humain, le système de huit chakras et les huit circuits électriques que l'on peut détecter dans le corps humain – qui sont d'ailleurs connus en médecine chinoise – sont tous apparentés soit au cube, soit à l'étoile tétraédrique, selon le point de vue de l'observateur. Ces circuits électriques sont reliés à chaque cellule du corps. En médecine chinoise, ils font partie de tout un système de méridiens. Une étude approfondie des chakras devra inclure cette connaissance, mais nous ne l'aborderons pas ici, car le sujet devient rapidement assez complexe et nous n'en avons pas vraiment besoin dans le cadre de notre démarche. Nous nous bornerons donc à ne présenter que l'essentiel touchant à la réactivation de votre Mer-Ka-Ba.

L'Œuf de vie déplié
et la gamme musicale

Visualisez l'Œuf de vie, les huit sphères ou cercles à l'intérieur desquels un tétraèdre étoilé est inscrit (voir illustration 12-1). Et maintenant, séparez les sphères et mettez-les à la suite les unes des autres.

Illustration 12-1. L'Œuf de vie.

Illustration 12-2. L'Œuf de vie déplié.

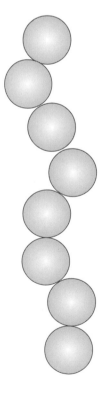

Autrement dit, dépliez-les à la verticale (voir illustration 12-2). Tout ceci est accompli selon un certain ordre, qui correspond aux notes de la gamme musicale. Vous avez donc un système de huit chakras, l'énergie remontant le long de l'épine dorsale en rayonnant dans le corps par l'entremise de ces huit chakras. Dans le corps humain, l'énergie de nature sexuelle ou électrique se meut selon le modèle que vous voyez ici.

Or, vous avez les mêmes changements de direction aux demi-tons, entre le troisième et le quatrième chakra d'une part, et entre le septième et le huitième chakra d'autre part. L'étude de la structure de la gamme musicale vous aidera à comprendre les chakras du corps humain. Abordons cette gamme ensemble, afin de mieux saisir tout cela.

Dans la gamme majeure, peu importe l'octave, il y a un demi-ton entre la troisième note et la quatrième, aussi bien qu'entre la septième et la huitième note (voir illustration 12-3). Les instruments à vent, telle la flûte, sont munis de trous asymétriques permettant de reproduire les cinq tons et ces deux demi-tons. De plus, selon les dires de Gurdjieff, une condition très spéciale prévaut entre la quatrième et la cinquième note. C'est l'endroit exact où, sur la gamme, la polarité passe du féminin au masculin. Nous pouvons, à l'aide des deux tétraèdres inscrits dans l'Œuf de vie, illustrer la manière dont l'énergie se meut, autant à travers la gamme musicale qu'à travers cette géométrie sacrée (voir illustration 12-4). Et la même chose se produit avec les chakras du corps humain.

L'énergie du Mer-Ka-Ba, ces deux tétraèdres enchâssés au niveau de la forme humaine (voir illustration 12-4), se déplace de la manière suivante (voir illustration 12-5) : elle part de 1 (qui correspond à la note *do*) et a le choix de passer par 2, 3 ou 4, puis par l'une des deux autres arêtes, tout en se maintenant sur un même plan. Pour atteindre la dernière arête, elle doit changer de direction, ce qui correspond au demi-ton.

Utilisons, si vous le voulez bien, la gamme chromatique du système de musique occidental et appliquons sa progression à l'étoile tétraédrique. La note *do* pénètre par la pointe, au bas du tétraèdre féminin. Au début, cette énergie est de nature masculine parce qu'elle arrive de l'octave précédente, mais elle se transforme en énergie de nature féminine en pénétrant dans un nouveau tétraèdre qui, lui, est féminin. La polarité se renversera d'ailleurs à nouveau, alors que l'énergie pénétrera dans le prochain tétraèdre (voir illustrations 12-6 et 12-7).

L'énergie arrive donc en *do*, puis se rend rapidement en *ré* et en *mi*, ce qui définit une surface triangulaire plate, la distance entre les trois notes étant exactement la même (ce qui représente parfaitement les trois premiers *tons* de la gamme). Mais l'énergie doit maintenant changer de direction par rapport à cette surface plate et effectuer un changement de direction de 120 degrés pour parvenir en *fa* (ce qui indique parfaitement le fameux *demi-ton* de la gamme). Dès que l'énergie est en *fa*, le tétraèdre féminin (pointe en bas) est bien défini et nous abordons une

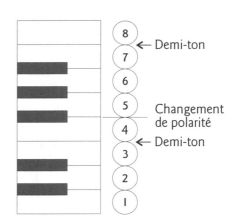

Illustration 12-3. L'Œuf de vie déplié musicalement. Sur la gauche se trouve une portion de clavier représentant une octave. La disposition des notes blanches par rapport aux notes noires rend les demi-tons très visibles au sein de l'intervalle de huit degrés. Dans la gamme chromatique, les demi-tons sont entre 3 et 4 (*mi* et *fa*), et entre 7 et 8 (*si* et *do*).

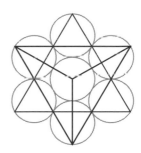

Illustration 12-4. L'étoile tétraédrique inscrite dans l'Œuf de vie.

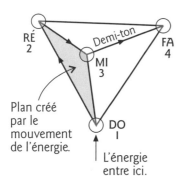

Illustration 12-5. Le tétraèdre féminin. À partir de la pointe du bas, *do*, l'énergie choisit un plan triangulaire afin d'atteindre *ré* et *mi* ; un changement de direction (le demi-ton) est nécessaire pour parvenir jusqu'à *fa* sur la dernière pointe du tétraèdre, ce qui complète le premier tétracorde de la gamme.

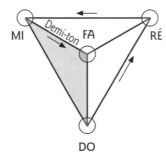

Illustration 12-6. La base du tétraèdre est choisie par l'énergie en mouvement, qui va de *do* à *ré*, puis à *mi*. La dernière pointe du tétraèdre est le *fa*, situé ici au centre du dessin.

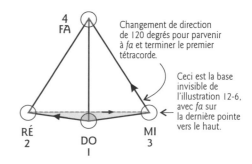

Illustration 12-7. Le demi-ton entre la troisième et la quatrième note. Un changement de direction de 120 degrés est nécessaire pour atteindre *fa* sur la dernière pointe du tétraèdre.

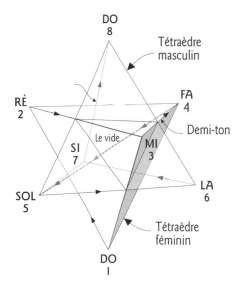

Illustration 12-8. L'énergie en mouvement d'un tétraèdre à l'autre.

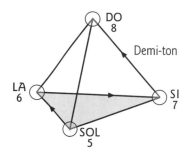

Illustration 12-9. Le tétraèdre masculin, avec changement de direction jusqu'à *do*, la première note/pointe du prochain tétraèdre (féminin).

deuxième phase au cours de laquelle l'énergie changera à nouveau de direction (voir illustration 12-7). Nous allons y revenir dans un instant.

Vous souvenez-vous des différents mouvements de la Genèse accomplis par la conscience dans le processus de création à partir de rien ? Sinon, rafraîchissez votre mémoire en relisant le chapitre 5, à partir de la page 172. Les projections de l'esprit (un autre mot pour la conscience) dans le vide – ou les formes sortant du vide, c'est-à-dire de rien – renvoient au même concept. Quand l'esprit est dans ce vide, c'est-à-dire dans le rien absolu, les formes qu'il crée sont également faites de rien. L'esprit a donc choisi les règles suivantes : tout ce qu'on peut voir en trois dimensions doit d'abord être perceptible en deux dimensions. La réalité bidimensionnelle vient toujours en premier, avant le monde tridimensionnel.

Quand l'esprit agit sur l'une des faces du trétraèdre et effectue ensuite un changement de direction de 120 degrés par rapport à ce plan, apparaît alors dans le monde à deux dimensions « une ombre » ayant la moitié de la longueur des deux premiers mouvements effectués sur la face triangulaire. Géométriquement, l'ombre est un tout petit peu plus longue que la moitié, et je crois que c'est là une expérience réelle. On a appelé cela « un demi-ton ». En vérité, les quatre notes sont à distance égale, mais pour l'esprit qui expérimente, cela semble être un demi-mouvement, ce qui désigne très bien le demi-ton entre *mi* et *fa* ici-bas dans notre monde, car, comme nous venons juste de le dire, le monde bidimensionnel en est la source. À partir de maintenant, le tétraèdre féminin est complet.

Continuons donc notre explication. L'énergie a complété son cycle dans le tétraèdre féminin (pointe en bas) et doit maintenant passer dans le tétraèdre masculin (pointe en haut). Veuillez ici vous reporter à l'illustration 12-8. L'énergie accomplit ce tour de force en traversant précisément le centre de l'étoile tétraédrique, le point symbolisant « le vide absolu », le rien. La première note sur le tétraèdre masculin est *sol*. Par cet acte accompli entre *fa* et *sol*, la polarité de l'énergie passe de féminine à masculine.

Dès lors, l'énergie va se mouvoir exactement comme elle l'a fait dans le tétraèdre pointe en bas (féminin), mais cette fois-ci, le plan défini par *sol*, *la* et *si* constitue la surface de base du tétraèdre masculin (pointe en haut).

Pour finir, l'énergie change une dernière fois de direction et termine son parcours en *do*, la dernière note sur l'étoile tétraédrique actuelle (voir illustration 12-9), mais aussi la première note du tétraèdre suivant. La conscience passe de la mort à la vie et vice versa, par la transition d'une forme à l'autre. Le féminin devient le masculin et la démarche tout entière recommence.

« Recommence », dites-vous ? Oui, car il y a tout un enchaînement d'étoiles tétraédriques dans les systèmes dont nous discutons. C'est comme en musique, où il y a toujours une octave au-dessus et en dessous de la présente, ce qui, du moins en théorie, se poursuit à l'infini. Ce modèle s'applique aux différents niveaux de conscience ou « dimensions » dont nous avons parlé au chapitre 2. En ce qui concerne l'énergie qui se déplace d'un chakra à l'autre, c'est exactement la même chose. Il existe des octaves de chakras au-dessus et en dessous de celle dont nous faisons présentement l'expérience. C'est le fondement géométrique de l'immortalité, pourrait-on dire. L'esprit, ou la conscience, monte et descend sur cette échelle comme bon lui semble. Autrement dit, il ne quitte un monde que pour pénétrer dans un autre.

Les chakras du corps humain et la gamme chromatique

Examinons maintenant les chakras du corps humain (voir illustration 12-10) et observons la façon dont l'énergie se meut à travers eux, soit exactement comme dans la gamme musicale (l'emplacement de chaque chakra n'est qu'approximatif dans ce dessin).

Suivons la topographie du corps. Vous noterez d'abord les trois premiers chakras ou chakras inférieurs. Le premier est situé à la base de la colonne vertébrale, le deuxième se trouve à 7,23 centimètres plus haut, et le troisième est également à la même distance du précédent. Puisque la mesure est universelle, il s'agit de la distance *moyenne* entre les deux yeux, même si pour vous ce n'est pas exactement le cas. N'oubliez pas que c'est là une moyenne par rapport à *tous* les êtres humains. Vous noterez aussi qu'après le troisième chakra s'effectue un changement de direction à partir du « mur » juste au-dessus et que nous appelons également « le demi-ton ».

Ce demi-ton est crucial pour l'évolution humaine, et son secret n'est révélé qu'une fois que l'esprit est prêt et a bien maîtrisé ses conditions de vie dans son nouveau monde. Aux yeux de l'esprit incarné dans le corps, ce demi-ton n'est pas évident du tout. En fait, il est très bien camouflé et l'esprit ne peut en devenir conscient qu'au bon moment.

Par conséquent, dès que nous découvrons ce demi-ton et le dépassons, l'énergie peut remonter jusqu'au cœur, puis jusqu'à la gorge, la glande pituitaire et la glande pinéale. Parvenue là, elle doit alors faire

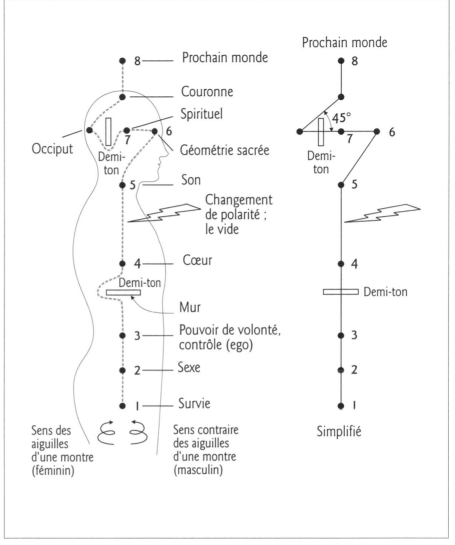

Illustration 12-10. Le système à huit chakras chez l'être humain.

face à un deuxième obstacle de même nature que l'on pourrait également appeler un autre « mur » ou un deuxième demi-ton. Il est situé entre la base du crâne (la région de l'occiput) et la glande pituitaire. Notez que le premier obstacle était parallèle au sol, alors que celui-ci est perpendiculaire. Dès qu'il est possible à l'énergie consciente que nous sommes de dépasser ce deuxième obstacle ou demi-ton, elle parvient jusqu'au huitième et dernier chakra de l'octave. Les hindous l'appellent « le trône de Dieu », car pour eux, c'est le but de toute vie. Il est exactement à une longueur de main au-dessus du sommet du crâne.

Le huitième chakra n'est que le commencement, ou la première note, d'une autre octave de chakras localisés au-dessus de la tête. Il y a aussi une octave de chakras sous nos pieds, et c'est de là que nous venons tous, car nous progressons toujours du bas vers le haut.

L'énergie consciente (c'est-à-dire nous-mêmes) peut se déplacer dans le corps de deux manières principales, l'une étant de nature féminine et l'autre, de nature masculine. De plus, l'énergie se déplace toujours en spirale. Quand elle bouge dans le sens inverse des aiguilles d'une montre par rapport au corps, elle est de nature masculine ; quand elle se meut dans le sens des aiguilles d'une montre, toujours par rapport au corps qui tiendrait une montre en main et observerait les aiguilles, la spirale est de nature féminine. Après la naissance, l'esprit humain se concentre d'abord sur le chakra le plus bas de l'épine dorsale. Mais au cours des différents stades de sa vie ici-bas, il sera progressivement influencé par des chakras de plus en plus élevés.

Chaque chakra a ses qualités particulières, dont certaines sont d'ailleurs mentionnées dans l'illustration 12-10. Le premier chakra a trait à notre capacité de survivre dans l'environnement de la planète Terre. Le deuxième chakra se rapporte à tout ce qui concerne le sexe. Quant au troisième, il est le siège de la volonté humaine. Pour sa part, le quatrième renferme l'émotivité ou les qualités de cœur, alors que le cinquième est spécialisé dans la science des sons et que le sixième contient la géométrie sacrée de toute la création en ayant la capacité de la comprendre. Pour finir, le septième chakra renvoie à tout ce qui est de nature spirituelle, alors que le huitième englobe tout ce qui touche à la prochaine dimension d'existence.

Quand un être conscient se rend dans un monde entièrement nouveau pour lui – comme un petit bébé qui arrive sur terre –, il n'a qu'une chose en tête. Il veut d'abord et avant tout survivre et rester là où il est. Toute son attention converge sur sa capacité de survie dans ce nouveau monde, et il fera tout en son pouvoir pour y rester. Comme nous l'avons déjà précisé, le premier chakra est comme des verres de lunette grâce auxquels le nouveau-né interprète sa nouvelle réalité, et toute la concentration dont il est capable est requise simplement pour arriver à rester dans ce nouveau monde.

À partir du moment où sa capacité de survie devient un fait accompli, l'esprit incarné prend conscience d'un autre chakra ou deux. En fait, il y en a deux, mais au début, l'esprit humain aura l'impression de n'en avoir qu'un. Les autres chakras ne sont donc pas apparents à cause du premier « mur » ou demi-ton. Il faudra d'abord qu'il apprenne à maîtriser les chakras inférieurs ; ensuite, sa sagesse innée lui dictera la voie vers une plus grande compréhension des choses.

Lorsqu'on sait qu'on pourra survivre, on désire naturellement entrer en contact avec les gens qui vivent dans la même réalité que soi - c'est là un instinct naturel. Dans le cas d'un petit bébé, celui-ci agira habituellement en tentant de prendre contact avec sa mère, plus spécialement s'il est nourri au sein, un acte sexuel tout à fait naturel et acceptable.

Alors que l'enfant grandit et devient un adolescent, ce besoin de contact avec l'autre prend la forme d'un désir purement sexuel. Nous aspirons tous à un contact physique avec les êtres qui vivent dans le même monde que nous. Dans les autres mondes, ce même désir prend des formes différentes, mais fondamentalement, disons que nous cherchons tous à entrer en contact avec les formes de vie du nouveau monde dans lequel nous venons tout juste de pénétrer. Nous appelons donc le deuxième chakra le chakra sexuel. Une fois que l'enfant réalise qu'il va pouvoir survivre dans ce bas monde, il cherche naturellement à entrer en contact avec les gens qui vivent dans son nouveau monde, et le troisième chakra devient une réalité pour lui. Il veut maintenant apprendre à contrôler et à manipuler cette nouvelle réalité grâce à ce que nous pourrions appeler la force de volonté. À ce point de notre séjour ici-bas, nous voulons savoir comment tout fonctionne et connaître les lois qui régissent notre nouveau monde. Comment nous y prenons-nous ? Nous passons tout notre temps à essayer de résoudre des dilemmes de nature physique. Grâce à la force de notre volonté, nous tentons petit à petit de contrôler le monde physique. Dans les autres mondes, les choses sont assez différentes de la troisième dimension mais il existe encore une corrélation entre eux.

Les efforts que vous déployez pour comprendre la réalité sont interprétés de nombreuses manières au cours du temps. Lorsqu'on est encore un tout jeune enfant, on traverse une période particulièrement intéressante pendant laquelle on se fait souvent qualifier « d'affreux jojo ». C'est à ce moment de notre vie que nous voulons *tout* savoir sur notre monde environnant, et *tout* tester afin de mesurer ce que nous pouvons faire ou non. En effet, à cette période de sa vie l'enfant touche à tout, s'empare de tout, casse tout, lance tout en l'air puis cherche quelque chose d'autre à disséquer. Autrement dit, il fait tout le contraire de ce qu'il doit faire. Un tel enfant continuera dans cette voie tant qu'il ne sera pas satisfait de sa compréhension du monde physique.

Lorsqu'on est encore un petit bébé, on ne sait absolument pas qu'un obstacle nous empêche d'accéder aux quatre autres chakras. On est inconscient du fait qu'on devra apprendre beaucoup d'autres leçons dans le futur et qu'elles auront trait à d'autres chakras que les trois premiers. En somme, tout est en train de changer rapidement à ce sujet également, car notre mère la Terre se réveille de son long sommeil, tout comme ses enfants.

Le premier obstacle
et la possibilité de le contourner

Dieu, ou la vie elle-même, a donc placé cet obstacle ou ce demi-ton, ce qu'on pourrait aussi appeler un changement de direction, de manière que les êtres humains aient d'abord l'opportunité de maîtriser les influences des trois premiers chakras, et ceci, jusqu'à un certain point. Par conséquent, lorsque vous et moi grandissions, nous n'étions que le résultat de l'influence des trois premiers chakras. Il se peut aussi que nous n'ayons été influencés que par un seul chakra pendant quelque temps, alors que les deux autres ne nous inspiraient que très épisodiquement, chacun de nous étant la manifestation d'un mélange particulier de ces trois influences.

Il faut dire que ce modèle de conduite est le même pour un pays, une planète, une galaxie ou quelque autre entité vivante. Ce genre d'influence a lieu à tous les niveaux de l'existence. Prenons par exemple les États-Unis. C'est un pays tout neuf, encore très jeune, qui vit au milieu d'un monde beaucoup plus vieux que lui. Comparés à la plupart des autres pays, les États-Unis – et ses habitants – sont comme de jeunes adolescents. Vous aurez sans doute noté que jusqu'aux années 50, la grande majorité de sa population – pas tout le monde, bien sûr – fonctionnait sous l'influence d'un des trois chakras inférieurs. Tous ces gens étaient très intéressés par leur capacité de tout contrôler, par l'argent et le matérialisme, par leurs maisons et leurs voitures, et bien entendu, par tout ce qui touche au sexe, à la nourriture et à la survie ici-bas, dont l'accumulation d'argent (parfois considérable). En fait, par tout ce qui les faisait se sentir encore plus en sécurité. C'était vraiment un monde très matérialiste. C'est alors qu'un changement de conscience eut lieu dans les années 60, ce qui transforma rapidement un état de chose que tout le monde pensait être très normal. Les gens se mirent alors à méditer et à utiliser les chakras situés plus haut sur l'épine dorsale.

Si l'on visite un vieux pays comme l'Inde, par exemple, ou le Tibet, ou même certaines parties de la Chine – en fait, tous les lieux dont les civilisations existent depuis très, très longtemps –, on découvre que les membres de ces civilisations ont trouvé moyen de contourner le premier « mur » ou demi-ton grâce à quelque méthode particulière, ainsi que de s'élever jusqu'à des niveaux de conscience beaucoup plus subtils que le nôtre, représentés par les quatrième, cinquième, sixième et septième chakras. Mais même dans ce cas, ils se retrouvèrent devant un deuxième « mur » ou demi-ton entre le septième et le huitième chakra, ce qui arrêta à nouveau leur progression.

Résumons-nous pour plus de clarté : la partie inférieure de notre colonne vertébrale est reliée à trois chakras principaux, tandis que la partie supérieure en a quatre autres. Dès qu'un pays ou un individu dépasse le premier obstacle ou demi-ton (entre le troisième et le quatrième chakra), il n'est plus le même, et ce, à tout jamais. Lorsqu'on *sait* qu'il y a quelque chose de plus que le train-train de la vie journalière, on passe le reste de sa vie à essayer de retrouver les expériences que les chakras supérieurs nous ont procurées, même si on a seulement eu une expérience passagère et comme un avant-goût des mondes supérieurs.

Qu'il s'agisse d'un individu ou d'un pays, dès que celui-ci a trouvé moyen de s'élever au-dessus du premier demi-ton et de se rendre dans le chakra du cœur, celui du courant sonore (la région des cordes vocales, la gorge), des géométries sacrées (la glande pituitaire) et de la nature spirituelle des choses (la glande pinéale), il perd souvent intérêt pour les centres de conscience inférieurs et tout ce qu'ils représentent. Il ne s'intéresse plus beaucoup à l'aspect physique de la vie, et ma foi, se fiche un peu que le logis soit agréable ou non, et de toute autre considération matérielle de ce genre. Par contre, il est très intéressé par les informations et les expériences qui ont trait à la nature de ces centres ou chakras supérieurs. Si vous observez les conditions de vie dans certains pays comme l'Inde, par exemple, qui possède une des plus vieilles civilisations du monde, il semble que tout ce qui est de nature purement physique ait été progressivement négligé ou soit même tombé dans un état de grand délabrement, car beaucoup d'habitants de ces pays ne s'intéressent plus qu'à essayer de trouver cette réalité qui n'existe que dans les niveaux de conscience supérieurs.

Dès qu'un pays parvient au niveau du septième chakra, ce qui est d'ailleurs très difficile à atteindre, sa seule préoccupation est de chercher à savoir ce qui se passe après la mort, à connaître le niveau de conscience qui suit celui de la vie présente. Tel a été le cas avec l'ancienne Égypte.

Revenons à la porte du premier demi-ton, entre le troisième et le quatrième chakra. Disons que dans des circonstances normales, non seulement vous ne pourriez jamais la trouver, mais vous ne sauriez même pas qu'elle existe. Il se pourrait même que vous deviez passer par de nombreuses vies successives avant d'en apprendre l'existence, ainsi que celle des chakras supérieurs – surtout si vous avez un style de vie matérialiste et conventionnel. Il est malgré tout inévitable que chacun de nous finira par trouver cette porte et l'ouvrir, spécialement s'il vit dans un pays très porté sur la spiritualité et concentre souvent son attention sur des questions de nature spirituelle.

Les différents moyens de venir
à bout du premier obstacle

Je ressens qu'au commencement – ou plus exactement, au *nouveau* commencement, juste après « la chute » qui mena à la fin des temps en Atlantide –, les êtres humains qui vivaient en ce temps-là furent encore inspirés par le niveau de conscience supérieur qu'ils avaient perdu. Cela survint grâce à leurs expériences de *near-death*, cet état de mort imminente marqué par l'arrêt temporaire de tous les signes vitaux et suivi d'une période de résurrection ou, plus exactement, de retour à la vie présente. Lorsque quelqu'un meurt, sa conscience franchit le seuil de la première porte, dépasse le premier obstacle ou demi-ton et se retrouve dans un autre monde, une autre interprétation de la réalité. Mais il se peut aussi qu'une personne semble mourir, fasse l'expérience d'une autre réalité pendant une période de temps plus ou moins longue et revienne à la vie dans son corps physique tout en conservant la mémoire de son expérience. Les gens qui connaissent une expérience de *near-death* sont irrémédiablement changés et commenceront probablement à faire tout ce qu'ils peuvent pour découvrir ce qui s'est passé au juste et retourner à cet état. En fait, il leur est complètement impossible de douter de cet autre aspect de l'existence, qui a trait aux chakras supérieurs.

Un autre groupe d'humains a trouvé moyen de dépasser le premier obstacle, entre le troisième et le quatrième chakra, et d'atteindre le niveau de conscience supérieur au précédent. Il s'agit des utilisateurs de substances psychédéliques que l'on trouve partout aujourd'hui, dans presque chaque culture basée sur l'esprit religieux de l'époque, du moins d'après ce que j'en sais. Les substances à effets psychédéliques ne sont pas des drogues dans le sens connu du terme. Elles diffèrent grandement des drogues « à plaisir » comme l'opium, l'héroïne, le crack et ces autres substances exotiques, qui produisent exactement l'opposé des substances psychédéliques. Toutes les drogues à plaisir ont tendance à accroître l'activité des centres ou chakras inférieurs et à amener la personne à se sentir « bien ». Toutefois, elles entraînent un inconvénient majeur : celle-ci est prise au piège dans ces centres inférieurs. À ce propos, Gurdjieff a écrit qu'en termes de spiritualité, la cocaïne est la pire de toutes les drogues parce qu'elle cause des hallucinations particulières, augmente le culte du moi et laisse place à un égoïsme des plus pernicieux. Je ne désire ni juger ni condamner qui que ce soit, même si Gurdjieff était de l'opinion que l'usage de cette drogue mène dans une direction opposée à celle de la vraie spiritualité.

Les substances psychédéliques, quant à elles, produisent un effet différent, sans provoquer d'intoxication pathologique comme les drogues à plaisir. Les Incas utilisaient « le cactus de San Pedro » mélangé avec quelques feuilles de coca (qui, soit dit en passant, n'a rien à voir avec la cocaïne). Les membres de plusieurs tribus amérindiennes utilisent le peyotl, une cactée (plante) qui produit des hallucinations visuelles, soit une drogue psychédélique légale chez eux, puisque son usage fait partie de leur religion depuis des milliers d'années. Les anciens Égyptiens ont peint ou sculpté sur les murs de leurs monuments, et ceci à plus de 200 endroits différents, un champignon facile à identifier. Tout blanc avec des points rouge vif sur la surface de son capuchon, il porte le nom d'*Amanita muscaria* (l'amanite musquée), et je connais au moins un livre qui traite entièrement de cette question. Il s'agit de *The Sacred Mushroom*, par Andrija Puharich.

Mais aux États-Unis, c'est l'usage du LSD dans les années 60 qui permit à beaucoup de gens de venir à bout de l'obstacle entre le troisième et le quatrième chakra, et de goûter enfin aux plaisirs des chakras supérieurs – plus spécialement l'usage du LSD-25. En effet, on a estimé que plus de 25 millions d'Américains ont pris du LSD-25 dans les années 60, ce qui les a ouverts aux influences des chakras supérieurs. La plupart d'entre eux n'avaient jamais été initiés à quoi que ce soit et firent montre d'un manque de contrôle quasi total. Au moins, parmi les anciennes cultures, l'individu devait passer par une période de préparation importante avant d'être autorisé à utiliser les drogues psychédéliques, mais la plupart des jeunes Américains de ces années-là étaient loin de se soucier de tout cela et, malheureusement, il y eut beaucoup d'accidents et de pertes parmi eux. Ils se retrouvaient soudain dans un monde entièrement différent, et sans aucune préparation. Dans la plupart des cas, ils s'ouvraient au chakra du cœur et éprouvaient peu à peu un sentiment d'amour expansif qui englobait bientôt tout le monde et toute la création (tels les *flower children*).

Ils auraient pu se hisser jusqu'au cinquième chakra, celui du courant sonore et du son, s'ils avaient commencé leurs expériences avec de la musique. Rien n'aurait pu les arrêter, car la musique mène automatiquement au cinquième chakra, et ce fut d'ailleurs souvent le cas. Ce chakra (celui de la gorge) procure une expérience entièrement différente du chakra du cœur, tout comme le chakra du sexe (situé dans la région de la prostate chez les hommes, et des ovaires chez les femmes) diverge grandement de celui situé à la base de la colonne vertébrale et qui a trait à la survie dans le monde physique.

Si tous ces gens étaient alors allés encore plus loin, ils auraient pu atteindre le sixième chakra (la région du troisième œil) et y découvrir les géométries sacrées à la base de toute création. Ainsi, ils auraient eu d'incroyables expériences dans ce sens, car la vie tout entière leur aurait paru de nature géométrique.

Il se peut aussi que quelques rares individus soient parvenus jusqu'au septième chakra, le centre de la vraie spiritualité. À ce niveau-là, on n'a plus qu'un seul souci : trouver moyen de s'unir à Dieu, de se brancher directement sur l'universel. Si la conscience de la personne réside en permanence dans ce centre, c'est désormais son seul intérêt dans la vie. Rien d'autre n'a autant d'importance.

Mais le problème avec l'usage des drogues psychédéliques est celui-ci : quand l'élément chimique particulier qui est en elles s'épuise et disparaît, la conscience de la personne est continuellement ramenée dans les trois chakras inférieurs et la réalité de notre bas monde. Par contre, ces individus ont été changés à tout jamais par cette expérience et ils essaieront généralement de retourner à ces mondes qu'ils jugent supérieurs, *ce qui est impossible* avec les substances psychédéliques.

L'ère des psychotropes a créé quelque chose de permanent aux États-Unis. Elle a permis à plusieurs millions d'individus de contourner l'obstacle apparemment infranchissable du premier demi-ton (entre le troisième et le quatrième chakra) et de faire personnellement une expérience qui leur a démontré que des mondes dits « supérieurs » existent réellement. Depuis ce temps-là, des millions de gens passent leur vie à essayer d'y retourner, et ce faisant, changent progressivement le pays dans lequel ils vivent et, finalement, le monde entier.

Je crois que le prochain stade d'évolution a commencé dès que les gens se sont efforcés de parvenir à un état de conscience plus élevé *sans* l'usage d'aucune drogue. Nous avons eu nos gourous et nos yogis, nos méditations et de nombreuses pratiques spirituelles, ainsi que nos expériences religieuses. Il existe toutes sortes de voies spirituelles et de méditations qui nous calment suffisamment pour nous amener à contourner cet obstacle du premier demi-ton, entre le troisième et le quatrième chakra, et aucune voie n'est meilleure que l'autre. Tout ce que nous avons besoin d'identifier, c'est ce qui fonctionne le mieux pour nous personnellement.

Après être resté suffisamment longtemps dans cette zone de conscience qui s'étend du quatrième au septième chakra, et l'avoir maîtrisée jusqu'à un certain point, chacun doit alors faire face à un deuxième « mur » situé à 90 degrés du premier (voir illustration 12-10). Les angles que la conscience doit négocier pour pouvoir contourner l'obstacle sont différents – et des plus astucieux. Mais si vous trouvez la voie et transcendez ainsi ce monde à trois dimensions, vous pénétrez alors dans le monde suivant que la planète Terre elle-même est destinée à connaître, ainsi que toutes ses formes de vie. Vous mourrez alors ici-bas et renaîtrez ailleurs. Vous ne quitterez un lieu que pour mieux pénétrer dans un autre, car l'esprit (l'énergie consciente) est éternel et immortel. Nous allons bientôt parler de ce nouveau monde. Il ne s'agit pas d'aller *quelque part* mais plutôt d'épouser un autre état d'être.

Dans l'ancienne Égypte, une fois que les initiés avaient terminé vingt-quatre ans d'entraînement, on leur donnait l'hallucinogène approprié et l'opportunité de s'étendre dans le sarcophage de la chambre du roi pendant trois jours et deux nuits (et parfois même un jour de plus). Chacun cherchait principalement ce passage, à ouvrir cette porte du seuil et à pouvoir ainsi pénétrer dans les mondes supérieurs, à la suite de quoi il revenait sur terre pour aider autrui à faire de même. Après avoir goûté à la vie dans les dimensions d'existence supérieures à celle-ci, l'initié n'avait plus qu'une seule chose à faire dès son retour : se mettre au service de toute vie, car il savait dorénavant avec certitude qu'il *était* toute vie.

En fin de compte, la plupart des chercheurs dans le monde souhaitent pouvoir s'élever en conscience sans l'usage de drogues et sans avoir à passer par un état de mort imminente suivi d'un retour à la vie. Ils cherchent quelque chose de naturel, quelque chose qui était déjà en eux à leur naissance. La recherche est toujours la même, peu importent la religion ou la discipline spirituelle, la technique ou la forme de méditation. Peu importent aussi les mots retenus pour décrire l'expérience, c'est la porte du seuil qu'ils cherchent à ouvrir, la première ou la deuxième. Voilà ce qui constituera toujours l'objet principal de leur recherche.

Les chakras de notre étoile tétraédrique

Ces huit chakras de notre épine dorsale qui alimentent notre corps ont leur double dans l'espace (voir illustration 12-11). Il s'agit de sphères d'énergie dont la taille varie selon chaque personne. En effet, le rayon de chaque sphère est égal à la longueur de main de chacun de nous, depuis le sommet du majeur jusqu'à la base du poignet. (Mes

Illustration 12-11. Le canon humain de Léonard avec les huit sphères.

propres sphères ont un rayon d'environ 23 centimètres, soit un diamètre d'environ 46 centimètres.)

Ces sphères d'énergie sont bien réelles. Chacune d'elles est située sur une pointe de l'étoile tétraédrique qui entoure votre corps dans l'espace. C'est en fait « un double exemplaire » de vos chakras. On peut très bien sentir et détecter ces sphères, alors que leurs chakras respectifs ne sont qu'un tout petit point situé au centre exact de chaque pointe de l'étoile tétraédrique.

Quand j'avais encore accès à un scanner construit spécialement pour la détection des émissions moléculaires (DEM), les membres de mon équipe de recherche et moi pouvions très bien déceler ces petits centres d'émissions qu'on appelle les chakras. Quelques jours avant ma démission en tant qu'ingénieur en science moléculaire, mes collègues et moi prîmes les mesures exactes de notre corps et de l'étoile tétraédrique l'entourant. Nous dirigeâmes ensuite nos instruments sur le centre exact de chacun des huit chakras principaux, situé à l'extrémité de chacune des pointes de notre étoile tétraédrique. Pour cela, nous avions recours à un stylet attaché au scanner, mais tant que ce dernier ne touchait pas le centre exact de chaque pointe du tétraèdre, il ne se passait rien sur l'écran de l'ordinateur. Par contre, dès que nous touchions un tant soit peu le petit point dans le vide, l'écran s'illuminait immédiatement. Dès que nous avions localisé ce point, nous devions nous efforcer d'y maintenir l'extrémité du stylet, afin de photographier ce à quoi les chakras ressemblent à l'intérieur du corps. C'est ainsi que nous découvrîmes que chaque chakra possède une pulsation particulière. Comme je me préparais au moment de ma démission à essayer de découvrir ce qui provoquait ces pulsations, je ne connais toujours pas la réponse. Il va sans dire que la première chose que nous aurions vérifiée aurait été leurs relations aux battements du cœur. Malgré tout, le corps humain produit d'autres rythmes dont nous ne savons encore rien, et tout reste à faire dans ce domaine.

Le système à treize chakras
des anciens Égyptiens

Nous allons maintenant explorer le domaine des énergies créées par les treize chakras du système égyptien. Mais auparavant, je désire entamer cette section en rappelant à la plupart d'entre vous que toutes ces informations ne sont pas absolument nécessaires à connaître. C'est là un sujet complexe qui rend les choses encore plus difficiles à comprendre en ce qui concerne les mouvements d'énergie dans le corps. Vous pouvez donc soit sauter ces quelques pages, soit les lire en gardant en tête qu'il ne s'agit que « d'informations supplémentaires » dont vous pouvez prendre connaissance ou non.

Si vous utilisez le système à treize chakras au lieu de celui à huit chakras, plus habituel, vous devez dès maintenant bien comprendre quelque chose, sous peine de créer une grande confusion. D'après ce que j'ai moi-même appris à ce sujet, on ne peut pas employer les deux systèmes en même temps. On doit retenir l'un ou l'autre, mais surtout

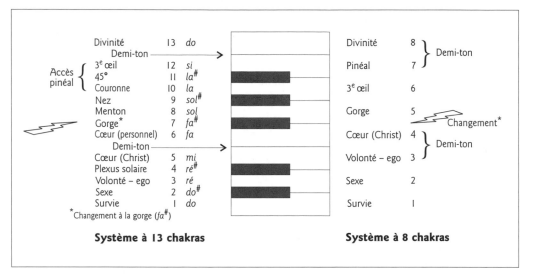

Système à 13 chakras		
Divinité	13	*do*
Demi-ton		
3e œil	12	*si*
45°	11	*la#*
Couronne	10	*la*
Nez	9	*sol#*
Menton	8	*sol*
Gorge*	7	*fa#*
Cœur (personnel)	6	*fa*
Demi-ton		
Cœur (Christ)	5	*mi*
Plexus solaire	4	*ré#*
Volonté – ego	3	*ré*
Sexe	2	*do#*
Survie	1	*do*

Accès pinéal { 3e œil, 45°, Couronne

*Changement à la gorge (fa#)

Système à 8 chakras		
Divinité	8	Demi-ton
Pinéal	7	
3e œil	6	
Gorge	5	Changement*
Cœur (Christ)	4	Demi-ton
Volonté – ego	3	
Sexe	2	
Survie	1	

Illustration 12-12. La gamme de piano, le système à treize chakras (chromatique) et le système à huit chakras (les notes majeures).

pas les deux à la fois. Cela semble assez mystérieux, mais la même chose se passe lorsqu'on utilise la physique quantique. Nous pouvons voir que notre réalité est faite soit de particules (ou d'atomes), soit de vibrations (ou d'ondes sinusoïdales), mais si nous essayons de superposer les deux systèmes, rien ne va plus.

Par exemple, cet état qui se trouve entre la quatrième et la cinquième note de la gamme et qu'on appelle « le vide » existe en fait entre le chakra du cœur et celui de la gorge, si on choisit le système à huit chakras. Or, dans le système à treize chakras, ce même état se situe entre les deux cœurs (c'est-à-dire le cœur proprement dit et la région du thymus), soit entre le sixième et le septième chakra. La raison de tout cela est la suivante : l'esprit (la conscience) utilise deux points de vue ou systèmes différents au cours de son mouvement à travers l'étoile tétraédrique. Nous allons néanmoins essayer de simplifier tout ceci au maximum.

Dans la gamme chromatique, les huit notes blanches ajoutées aux cinq notes noires du piano forment un ensemble de treize notes (voir illustration 12-12). Autrement dit, lorsqu'on ajoute la gamme pentatonique des cinq notes noires (*do#, ré#, fa#, sol#, la#*) à la gamme en clé de *do*, c'est-à-dire les huit notes blanches (*do, ré, mi, fa, sol, la, si, do*), on obtient une gamme chromatique, et toutes les octaves du piano fonctionnent à partir du même modèle. Si on commence par *do*, la gamme chromatique est la suivante : *do, do#, ré, ré#, **mi**, **fa**, fa#, sol, sol#, la, la#, **si**, **do**.*

Les deux demi-tons sont situés entre ***mi*** et ***fa*** et entre ***si*** et ***do*** (en caractères gras). Vous noterez qu'il n'y a pas de note dièse (noire) entre chacune de ces deux paires. Le « vide » de l'octave est toujours entre la quatrième et la cinquième note, entre *fa* et *sol,* ce qui marque un changement de polarité, ou le passage du tétraèdre féminin (pointe en bas) au tétraèdre masculin (pointe en haut). Le symbole de l'éclair à droite de l'illustration 12-12 indique cet endroit important. Dans la gamme chromatique, il y a une différence parce que la circulation des énergies est basée sur une autre perspective du tétraèdre. Nous allons d'abord étudier comment s'établit la gamme chromatique pour ensuite en examiner la circulation des énergies.

La gamme chromatique a douze notes, et la treizième est la première note de la gamme suivante. Pour les octaves, il y a sept notes blanches par octave et la huitième est la reprise de la première. Cela signifie donc que le huitième chakra de l'octave et le treizième chakra de la gamme chromatique sont en fait situés sur la même note et jouent exactement le même rôle.

L'adaptation de ces deux systèmes harmoniques dans le système des chakras aboutit au système chromatique à treize chakras, qui est beaucoup plus complet que celui à huit chakras. Lorsqu'on recourt au système chromatique à treize chakras, il est possible de répondre aux nombreuses questions qui se posent. Par exemple, ce n'est qu'avec ce système que l'on peut découvrir la mesure de 7,23 centimètres entre les chakras. Il n'est pas possible de faire de même avec le système à huit chakras seulement. Nous allons donc voir chaque système tour à tour et nous vous tiendrons toujours informés à ce sujet.

Partout autour de nous, la nature utilise plusieurs gammes ou systèmes afin de maintenir le tout en relation harmonieuse. Je dois cependant ajouter que *tous* les systèmes d'harmonie musicale sont dérivés d'une seule forme géométrique, mais qu'il n'est pas nécessaire de savoir cela dans le cadre de notre travail. Cette forme unique est le tétraèdre, mais le sujet est un peu trop complexe pour la démarche que nous nous proposons de faire ici.

Un des systèmes dont nous avons déjà parlé est celui des différentes dimensions de la création (voir le tome 1, page 51). Nous vous suggérons de relire cette section. Une fois cela fait, tout aura beaucoup plus de sens pour vous.

Notre découverte du véritable emplacement des chakras

Comme je l'ai déjà mentionné, mes collègues et moi avons eu l'opportunité, il y a quelques années déjà, de passer notre propre corps au scanner à émissions moléculaires et ainsi de très bien voir à l'écran les micro-ondes en provenance de chaque chakra, ce qui nous permit de les localiser de la manière la plus exacte qui soit. C'est alors que nous découvrîmes que certains chakras ne sont pas situés à l'endroit indiqué habituellement dans les livres. Par exemple, j'ai lu dans beaucoup de bouquins métaphysiques que le treizième chakra est situé de quatre à six épaisseurs de doigts (soit de 10 à 15 centimètres) au-dessus du sommet du crâne. Or, selon la sonde de notre machine à émissions moléculaires, il n'y a absolument rien à cet endroit-là ! Nous cherchâmes encore et davantage dans cette région particulière, car les auteurs des livres en question étaient tous très convaincants, mais nous n'obtînmes jamais aucun résultat. Par contre, lorsque nous pointâmes la sonde sur l'endroit suggéré par les géométries, soit à une longueur de main (de 18 à 20 centimètres en moyenne, selon la taille de la personne) au-dessus du sommet du crâne, un véritable feu d'artifice illumina immédiatement notre écran.

On pourrait donner un exemple du même genre avec le troisième chakra, dans le système à huit chakras. Selon presque tous les enseignements d'arts martiaux, comme d'ailleurs toutes les philosophies hindoues, le troisième chakra est situé à un ou deux doigts (environ cinq centimètres) en dessous du nombril. Or, selon nos instruments, il n'y avait rien là non plus, absolument rien ! Nous passâmes des heures à essayer de trouver le fameux hara dans cette région du corps, mais sans jamais obtenir aucun résultat non plus ! Par contre, lorsque nous pointâmes la sonde de notre appareil précisément sur le point suggéré par les géométries, c'est-à-dire au centre absolu du nombril, nous trouvâmes facilement le troisième chakra et l'activité à l'écran nous le prouva une fois de plus.

Je soupçonne donc que dans le passé, certains initiés décidèrent de cacher les faits. Ils voulaient que l'emplacement exact de ce chakra reste un secret, parce qu'il s'agit d'un endroit très important, et c'est pourquoi je pense qu'on a fait circuler de fausses rumeurs, qui sont d'ailleurs restées improuvables pendant longtemps. En effet, l'art de la désinformation par le mensonge, que ce soit dans le domaine de la science ou de la religion et de la haute spiritualité, a été énormément pratiqué au cours des 2000 ans passés (l'âge du *kaliyuga*, l'âge de fer).

La carte des chakras
sur la surface du corps

Les anciens Égyptiens affirment autre chose au sujet du système à treize chakras. Selon eux, chaque centre ou chakra peut être localisé à partir d'un relevé topographique sur toute la surface du corps humain, car tous sont à distance égale les uns des autres. Pour être plus exact, disons que ce ne sont pas les chakras eux-mêmes qui sont espacés avec régularité le long du tube à prana central, mais plutôt *leur point d'entrée* à la surface de notre corps. La distance qui les sépare correspond à la distance entre vos deux yeux, ou entre le bout de votre nez et celui de votre menton, ou entre de nombreux autres endroits de votre corps.

Par conséquent, nous vous suggérons d'utiliser cette mesure sur vous-mêmes. Étendez-vous sur une surface dure et plate (sur le sol, par exemple) et placez votre majeur sur le périnée, le premier chakra, qui a trait à votre survie ici-bas. Le périnée est la partie recouverte de peau entre le vagin et le rectum chez la femme, et entre les bourses (le scrotum) et l'anus chez les hommes. En supposant que la distance entre votre majeur et votre pouce est de 7,20 centimètres (en prenant rapidement la mesure entre le bout du menton et du nez, par exemple), votre pouce va donc indiquer l'emplacement exact du deuxième chakra, le chakra sexuel, qui est à la hauteur de la prostate et un peu plus haut que le pubis.

Si vous conservez le même écart entre vos doigts (et vous pouvez rapidement le vérifier en les plaçant entre le bout du menton et du nez) et continuez à prendre la même mesure à partir du chakra sexuel, vous allez constater que cette fois-ci, le pouce pénètre exactement au milieu du nombril, ce qui est, comme nous venons de le voir, l'emplacement exact du troisième chakra.

Plaçons maintenant notre majeur sur le nombril en gardant toujours le même espacement entre nos doigts, et nous noterons alors que le pouce arrive juste à l'entrée du plexus solaire, le quatrième chakra, dans le système à treize chakras que nous utilisons ici.

Continuons de la même manière que précédemment. Nous arrivons maintenant au cinquième chakra, le chakra christique, celui du cœur. Comme vous pouvez vous en rendre compte par vous-mêmes, celui-ci est situé un peu plus haut que l'os du sternum, dans le creux de la poitrine.

Lorsque vous prenez la mesure suivante, votre pouce se pose sur le sixième chakra, que l'on considère souvent comme le chakra du deuxième cœur, le thymus, qui se rapporte davantage à l'amour conditionnel pour *une partie* seulement de l'existence ou pour une personne en particulier. C'est donc l'amour que l'on exprime lorsqu'on devient amoureux de quelqu'un. Tout cela est ressenti plus dans la région du thymus qu'au niveau du cœur proprement dit qui, lui, renvoie à l'amour inconditionnel pour toute vie, à l'amour primordial et universel : l'amour pour Dieu. Même si l'on tombe amoureux d'une planète tout entière, du moment qu'il ne s'agit que d'un aspect particulier de la réalité – même si elle est aussi immense qu'un système solaire –, tout cela est ressenti par le thymus, le deuxième cœur.

Veuillez également noter que ces chakras des deux cœurs correspondent à des notes blanches sur la gamme chromatique et que c'est exactement là que se trouve le demi-ton sur le système à treize chakras (voir illustration 12-12).

Prenez maintenant la prochaine mesure (tout en restant étendus sur une surface bien plate) et vous verrez que le pouce touche alors la pomme d'Adam, si vous êtes de sexe masculin (d'où le nom). Comme les femmes, elles, n'en ont pas, ce chakra est plus difficile à localiser avec exactitude, mais disons qu'il s'agit de la région du larynx et des cordes vocales, qui correspond au septième chakra sur la gamme chromatique.

Avec la mesure suivante, le pouce touche l'extrémité du menton, soit le chakra numéro huit. C'est un endroit très puissant dont on ne parle que très rarement (mais que les boxeurs connaissent bien). Le yogi Bhajan en parle à ses élèves dans ses discours, car il considère que ce chakra est l'un des plus importants.

Maintenant, si vous prenez à nouveau la même mesure à partir du menton, le pouce se pose sur le bout du nez, le neuvième chakra. Avec la mesure suivante, il touche le troisième œil, le dixième chakra.

Continuez à mesurer encore une fois, et l'extrémité du pouce se pose alors juste au-dessus du front, le onzième chakra, que l'on appelle encore « le chakra à 45 degrés », et dont je vais vous entretenir dans un instant.

Si vous prenez maintenant la dernière mesure, le pouce touche le point le plus haut du crâne, le chakra couronne, soit le chakra numéro douze. Pour finir, à exactement une distance de main au-dessus du chakra couronne se trouve le treizième chakra et la dernière note de ce système, autant que la première note du système suivant, comme dans la gamme chromatique.

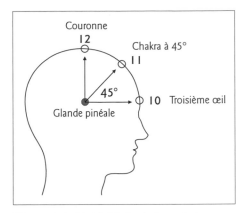

Illustration 12-13. Trois chakras de la glande pinéale.

La raison pour laquelle nous appelons le onzième chakra « le chakra à 45 degrés » a trait à la manière dont les dixième, onzième et douzième chakras sont reliés à la glande pinéale (voir illustration 12-13). Vous rappelez-vous mes propos à l'effet que la glande pinéale ressemblait à un œil ? Eh bien, il semble que lorsque cette glande « regarde » ou projette de l'énergie en direction de la glande pituitaire, cela produit les perceptions du troisième œil. Par contre, un autre faisceau d'énergie se projette à partir de la glande pinéale et aboutit au onzième chakra. Il se trouve à 45 degrés (en moyenne) du premier faisceau (voir illustration 12-13). À mon avis, l'angle est exactement de 45 degrés, mais je ne peux pas encore le prouver. Finalement, un troisième faisceau part toujours de la glande pinéale mais aboutit cette fois-ci au chakra couronne. Les trois projections d'énergie que je viens juste de définir partent toutes du même point : la glande pinéale.

Voici donc une autre contradiction entre les deux systèmes de chakras. Dans le système à huit chakras, on considère que la glande pinéale est le chakra à partir duquel on se rend dans l'autre monde. Par contre, dans le système à treize chakras, la glande pinéale a trois points d'accès et son mode d'utilisation est différent du système à huit chakras.

Autre point intéressant à souligner : dans le système à huit chakras, le premier demi-ton est situé entre le cœur universel et la gorge (les cordes vocales, le son). Par contre, dans le système à treize chakras, le premier demi-ton est situé entre le cœur *universel* (l'amour pour toute vie, peu importe où elle se trouve) et le cœur *personnel* (l'amour pour quelqu'un ou quelque chose), soit entre le cinquième et le sixième chakra. Cette différence entre la conscience christique et l'amour personnalisé de la conscience humaine est un des points les plus importants à comprendre dans le domaine de la spiritualité. Or, il se trouve que ce demi-ton est placé exactement à l'endroit où le changement de direction a lieu. Quant au deuxième demi-ton de l'octave chromatique, il est en effet situé entre le douzième et le treizième chakra. C'est aussi un endroit crucial, mais différent, du système à huit chakras. Pourquoi crucial ? Parce que c'est à partir de là qu'on se déplace d'un monde à un autre, d'une dimension d'existence à une autre. En fait, chaque demi-ton et chaque chakra est source de leçons différentes qu'il est essentiel d'apprendre dans la vie.

L'autre mouvement de la conscience à travers l'étoile tétraédrique

Disons ici que c'est un peu comme si l'esprit universel (ou la conscience universelle) avait décidé qu'il y aurait plus d'une manière de se déplacer à travers les deux tétraèdres en étoile imbriqués l'un dans l'autre. Quand nous utilisons le système à huit chakras, les choses sont très simples. Mais dès que nous recourons au système à treize chakras, l'esprit (la conscience) devient beaucoup plus complexe. J'allais offrir un autre moyen de progresser à travers l'étoile tétraédrique – que l'esprit aurait très bien pu retenir tout en continuant à faire face aux exigences de la réalité –, mais après réflexion, je pense que cela provoquerait plus de confusion dans l'esprit des gens qu'autre chose. Si vous voulez vraiment savoir, je vous suggère de chercher par vous-mêmes. Essayez d'abord depuis le point de vue en surplomb sur le tétraèdre, à partir du haut ou du bas, peu importe. Pour vous mettre sur la piste, disons qu'un des deux tétraèdres donnera les notes blanches et que l'autre donnera les noires.

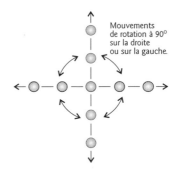

Mouvements de rotation à 90° sur la droite ou sur la gauche.

Illustration 12-14a. Vue en surplomb des cinq canaux sur une ligne horizontale qui effectue des rotations à 90° en remontant le long de la colonne vertébrale.

Les cinq canaux en spirale

Les deux systèmes de chakras dont nous venons de parler ne constituent qu'une version très simplifiée du système de chakras tout entier chez l'être humain, qui est en fait beaucoup plus complexe que tout ce que nous vous avons présenté jusqu'à maintenant. Même si nous n'avons mentionné que le tube de lumière central reliant tous les chakras entre eux et au travers duquel rayonne l'énergie du ciel et de la Terre, il existe en fait *cinq canaux différents* ainsi que quatre chakras additionnels pour chacun des chakras principaux. Chaque association de cinq chakras est disposée en ligne droite, et chaque ligne droite est à 90 degrés de la précédente, alors que la lumière passe de chakra en chakra sur la colonne vertébrale, elle-même traversée verticalement par le tube de lumière central (voir illustrations 12-14a et 12-14b).

Sachez que le canal central (ce fameux tube de lumière central) et un canal de chaque côté de lui (soit trois canaux en tout) forment ce qu'on appelle *les canaux principaux*. Les deux autres canaux, qui leur sont extérieurs, sont *les canaux secondaires*. Ceci a trait aux cinq niveaux de la conscience humaine dont Thot a parlé dans le chapitre 9. Vous souvenez-vous ? Les premier, troisième et cinquième niveaux de conscience sont harmonieux et mènent naturellement à la conscience de l'unité, tandis que les deuxième et quatrième niveaux de conscience sont dissonants et mènent à la conscience de la dualité. Ceci se rapporte également aux cinq sens et aux cinq corps platoniciens, mais nous en resterons là afin de simplifier les choses.

Avant même de pouvoir discuter de ces cinq canaux à travers lesquels passe l'énergie consciente universelle, nous devons aborder le sujet de la lumière. En effet, si nous comprenons comment la lumière se déplace dans l'espace intersidéral, il nous sera plus facile de bien saisir le mouvement du prana dans les chakras. Toute forme d'énergie a une seule source : le prana ou le chi, l'énergie universelle de la force de vie. C'est la conscience elle-même ou l'esprit – ce même esprit qui a commencé son voyage dans le vide et créé des cercles, des sphères et des lignes imaginaires qui sont maintenant à la base de tout ce qui est.

Étudier la lumière, c'est analyser les mouvements de l'esprit ou la danse de l'esprit dans la nature, car c'est l'esprit même qui a tout créé. Comme nous avons déjà amorcé l'étude des mouvements de l'esprit dans le vide, nous pourrons être encore plus précis au cours de notre démarche. Attardons-nous maintenant sur l'étude de la lumière ; plus tard, nous reviendrons à cet exposé sur les chakras.

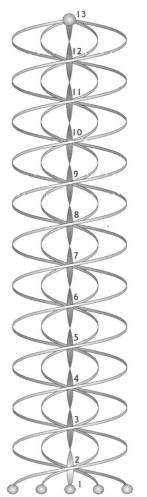

Coccyx Anus Périnée Vagin Clitoris

Illustration 12-14b. Mouvements de rotation de la spirale de lumière, alors qu'elle passe d'un chakra à l'autre. Vue de côté des cinq canaux chez la femme.

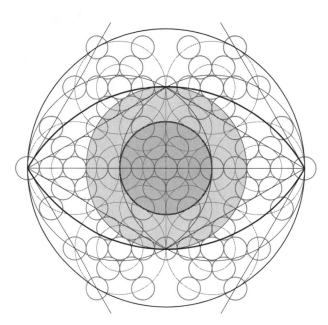

Illustration 12-15. Géométrie sacrée de l'œil.

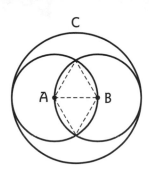

Illustration 12-16a. Deux cercles créant une *Vesica piscis*, le tout étant parfaitement inscrit par un cercle plus grand.

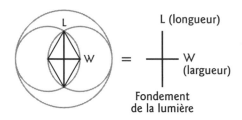

Illustration 12-16b. Même dessin auquel on a ajouté le losange et la croix dans la *Vesica piscis*.

Illustration 12-17a. Vue en surplomb de deux tétraèdres à trois dimensions côte à côte.

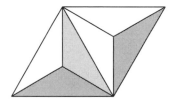

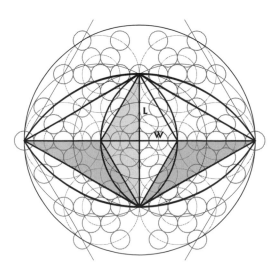

Illustration 12-17b. Deux tétraèdres à trois dimensions côte à côte.

Que la lumière soit

L'illustration 12-15 représente le dessin le plus important que j'aie jamais fait pour comprendre la réalité. Vous rappelez-vous de mes propos concernant le premier jour de la Genèse ? « Mon dieu, il a coulé tellement d'eau sous les ponts depuis ce temps-là », répondrez-vous sans doute. Nous sommes partis du vide le plus absolu, puis nous avons créé une sphère et nous nous sommes promenés sur sa surface. À partir de là, nous avons créé une deuxième sphère absolument identique à la première et ces deux sphères imbriquées l'une dans l'autre ont à leur tour engendré une *Vesica piscis*. Vous souvenez-vous ? Dans la Bible, il est rapporté qu'après son premier mouvement sur « la face des eaux », Dieu dit : « Que la lumière soit ! » Vous rappelez-vous qu'à ce moment-là j'ai dit que plus tard je vous montrerais que la *Vesica piscis* a trait à la lumière ? Eh bien, reportez-vous maintenant à l'illustration 12-15, qui détaille les énergies impliquées dans la *Vesica piscis*.

C'est beaucoup plus complexe que cela, mais le dessin montre suffisamment la relation qui existe avec la lumière.

Dans l'illustration 12-16a, les cercles A et B passent par le centre de chacun, formant de la sorte une *Vesica piscis*, le tout s'inscrivant parfaitement à l'intérieur du grand cercle C. Cette *Vesica piscis* est d'ailleurs davantage délimitée par les lignes intérieures qui forment deux triangles équilatéraux. La longueur (L) et la largeur (W) de ces deux triangles côte à côte forment une croix (voir illustration 12-16b). Or, cette croix est le fondement même de la lumière.

Notez maintenant que ces deux triangles sont en fait deux tétraèdres à trois dimensions côte à côte (voir illustration 12-17a). Imaginez deux tétraèdres de même taille placés l'un à côté de l'autre sur un dessus de table bien plat et que vous observez en surplomb. Ils sont parfaitement inscrits dans les limites d'une *Vesica piscis*, comme l'illustration 12-17b le démontre. L est la longueur de la *Vesica piscis*, alors que W est sa largeur. Chaque fois que celle-ci pivote de 90 degrés, cela crée une nouvelle *Vesica piscis* (voir les croix de plus en plus petites et de plus en plus grandes dans l'illustration 12-18), et la longueur de la précédente devient la largeur de la suivante. Le dessin commence à élaborer une forme qui ressemble à un œil. Cette progression peut d'ailleurs continuer à l'infini dans les deux sens, extérieurement et intérieurement. Cette progression de tels rapports au sein de la *Vesica piscis* identifie le modèle sous-jacent à la lumière, basé sur la racine carrée de 3. Comme vous pouvez encore le voir dans l'illustration 12-18, la lumière progresse exactement de la mêmc manière.

Il y a maintenant plusieurs années de cela, alors que je dirigeais moi-même les ateliers Fleur de vie, se trouvait parmi mes étudiants un certain individu dont je tairai le nom, car je ne pense pas qu'il apprécierait que je révèle son identité. Disons simplement que dans les cercles scientifiques, il est aujourd'hui considéré comme un des trois grands experts mondiaux sur l'étude de la lumière. C'est aussi, trêve de plaisanteries, un des hommes les plus brillants que je connaisse. Ce gars-là est incroyable. Dès sa sortie des grandes écoles (il avait alors tout juste 23 ans), Martin-Marietta l'avait immédiatement engagé et avait même mis à sa disposition toute une équipe de scientifiques, l'assurant de tout l'appui financier dont il aurait jamais besoin. Ce jeune chercheur avait reçu carte blanche. « Informe-nous simplement de ce que tu veux faire ; nous sommes à ton entière disposition », lui avait dit son patron. Chose certaine, il avait ce genre de personnalité et d'intelligence qui inspire confiance. Il choisit par conséquent d'étudier la lumière, et un des premiers projets qu'il entreprit fut l'étude des yeux, qui en sont les récepteurs par excellence.

Quand on désire étudier un phénomène naturel, on s'arrange pour réunir autant de composantes que l'on peut. Dans le cas qui nous occupe, deux éléments avaient été retenus : l'onde sinusoïdale de la lumière et l'instrument qui la perçoit, c'est-à-dire l'œil. Dans sa composition géométrique, l'un va toujours réfléchir l'autre. Il devrait donc exister une similitude entre l'œil lui-même et les ondes sinusoïdales dont la lumière est composée, aussi bien que dans leur mode de progres-

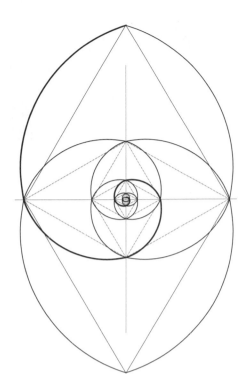

Illustration 12-18. Spirales de lumière.

Illustration 12-19. L'œil humain.

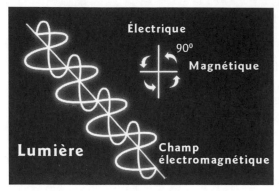

Illustration 12-20. Mouvement d'une onde lumineuse.

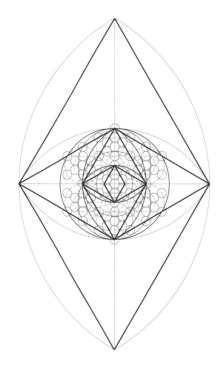

Illustration 12-21. La géométrie de la lumière.

sion. Entre parenthèses, j'ai découvert que si l'on essaie de construire un instrument destiné à recevoir quelque chose, plus on peut imiter ce qu'il reçoit, mieux cet instrument semble pouvoir le recevoir.

Après avoir étudié pour ainsi dire tous les types d'yeux sur la planète, cet homme de génie finit par découvrir qu'il n'en existe en fin de compte que six catégories principales, en similitude avec les cristaux. Il y a donc six types d'yeux sur cette planète, et les êtres vivants qui appartiennent à chaque type ont des caractéristiques physiques et géométriques particulières.

Ce chercheur de grande renommée participait donc à mon atelier ce jour-là, et quand je projetai ce dessin sur l'écran (voir illustration 12-18), il en tomba presque à la renverse. Il sembla même un peu en colère, puis nous expliqua pourquoi. En effet, après toutes les recherches considérables effectuées à grands frais par lui-même et tous les membres de son équipe sur les différents types d'yeux et tous les autres sujets qui s'y rapportaient, il avait fait à peu près le même dessin que mon illustration, afin de démontrer les caractères communs à tous les types d'yeux. Autrement dit, nous étions tous les deux parvenus à la même conclusion. À tel point qu'il pensa d'abord qu'il y avait eu une fuite dans le système de sécurité de son entreprise et qu'on lui avait volé le contenu de ses papiers. Mais comme vous le savez vous-mêmes, ce genre d'information n'est l'exclusivité de personne. C'est plutôt d'ordre universel. Cela appartient à chacun d'entre nous et quiconque pose les bonnes questions peut y avoir accès. Tout est même inscrit dans les cellules de chaque être vivant.

Si nous observons les yeux de quelqu'un, nous voyons deux *Vesica piscis*, mais en fait, chaque œil est rond. C'est une boule, une sphère équipée d'une lentille sur une partie de sa surface (voir illustration 12-19). Dans l'illustration 12-15, on peut voir la sphère bien ronde, l'ovale de la *Vesica piscis*, ainsi que le cercle plus petit de l'iris. On peut presque *ressentir*, lorsqu'on observe cette illustration à l'aide du lobe droit du cerveau, que toutes ces géométries sont parfaitement exactes.

Mais cette représentation de l'œil est *beaucoup plus* qu'un simple dessin. Elle démontre non seulement les géométries impliquées dans les lobes oculaires, mais également celles de la lumière elle-même, car elles ne font qu'une. Les géométries qui créent tous les types d'yeux et celles qui relèvent du spectre électromagnétique tout entier, y compris de la lumière visible, sont absolument identiques. Dans la Genèse, quand l'esprit de Dieu finit d'accomplir le premier mouvement, il en résulta une *Vesica piscis* et Dieu lança immédiatement : « Que la lumière soit ! » Ce n'est donc pas une simple coïncidence si la lumière vint en premier.

Le mouvement sinusoïdal de la lumière est démontré dans l'illustration 12-20, où vous pouvez également voir très clairement le rapport entre la *Vesica piscis* et la lumière. La composante électrique est située sur un axe perpendiculaire au sol, alors que la composante magnétique est à 90 degrés de celle-ci, et dans les deux cas, il s'agit d'une onde à progression sinusoïdale. Dans ce dessin, on peut également voir que chaque segment d'onde effectue continuellement une rotation à 90 degrés du précédent.

Maintenant, observez bien l'illustration 12-21. Vous y découvrirez la même géométrie et la même progression de la lumière. La longueur de la *Vesica piscis* représente la composante électrique, alors que sa largeur représente la composante magnétique, et le rapport entre les deux est la racine carrée de trois. Dans le tome 1, à la page 49, j'ai avancé par erreur que la longueur et la largeur de la *Vesica piscis* correspondaient aux proportions du nombre d'or. En fait, le rapport tient plus de la racine carrée de 3, un des nombres sacrés chez les anciens Égyptiens. Malgré tout, si vous observez le modèle créé par les deux *Vesica piscis* à 90 degrés l'une de l'autre, et qui sont basées sur le nombre d'or et sur la racine carrée de 3, il devient évident qu'elles sont très semblables. Peut-être la nature essaie-t-elle à nouveau de se rapprocher de la progression du nombre d'or, comme elle l'a déjà fait avec la progression de Fibonacci !

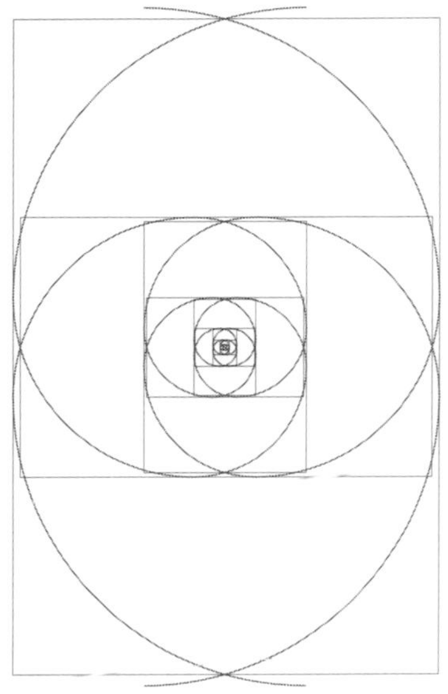

Alors que l'énergie lumineuse se déplace par rotations successives à 90 degrés l'une de l'autre, on peut voir le même phénomène se produire géométriquement lorsqu'on fait l'examen de la manière dont la *Vesica piscis* évolue également par rotations successives à 90 degrés l'une de l'autre, et dans les deux sens, intérieurement et extérieurement. Si vous pouvez voir cela, alors vous comprendrez la géométrie de la lumière dans l'illustration 12-18.

Les spirales du nombre d'or paraissent très semblables aux *Vesica piscis* de la racine carrée de 3. Notez néanmoins que les rectangles de l'illustration 12-22a ne se touchent pas complètement, alors qu'ils le font avec les *Vesica piscis*.

Il est intéressant de voir, dans l'illustration 12-22b, que la *Vesica piscis* est la géométrie à la fois des yeux et de la lumière. C'est aussi la géométrie des feuilles de la plante dans l'illustration 12-23. En effet, la nature crée les feuilles dans le but de recevoir la lumière et de la transformer en chlorophylle par le processus de la photosynthèse. On peut donc y discerner la même géométrie et la même progression que dans l'illustration 12-18, avec les spirales de lumière.

Nous allons maintenant voir comment le mouvement de l'énergie dans les chakras ressemble à celui de la lumière. (Je le répète : toutes ces informations sont données à l'intention des personnes qui, parmi vous, les trouvent essentielles. Vous pouvez donc passer cette section ou la lire succinctement si tout cela vous semble trop compliqué. Vous n'avez

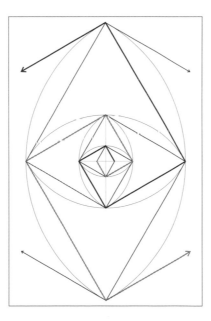

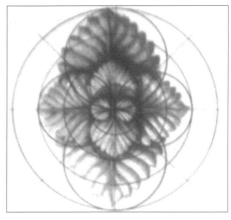

Illustration 12-22a. La géométrie de la lumière dans les spirales du nombre d'or.

Illustration 12-22b. Quatre spirales mâles à la racine carrée de trois sortant d'une *Vesica piscis*.

Illustration 12-23. Les feuilles et la lumière.

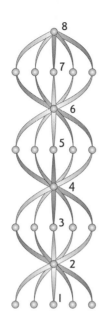

Illustration 12-24a. Spirale de lumière passant par les huit chakras.

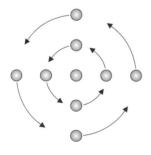

Illustration 12-24b. La spirale masculine vue en surplomb. La spirale féminine tourne dans le sens opposé, c'est-à-dire de gauche à droite.

besoin que des informations sur les mouvements d'énergie dans les systèmes à huit et à treize chakras.)

L'illustration 12-24a est une représentation du mouvement de l'énergie lumineuse, de la manière dont la lumière progresse en spirale tout autour de l'épine dorsale, exactement comme elle le fait au sein de l'espace intersidéral, sauf que dans ce cas, elle se dilate continuellement. L'illustration 12-24b montre une vue en surplomb de cette spirale d'énergie en mouvement.

Par conséquent, il existe cinq canaux par lesquels l'énergie monte en spirale à travers les chakras en mode masculin, soit dans le sens contraire des aiguilles d'une montre, ou en mode féminin, dans le même sens que la montre (de gauche à droite), et ce, pour l'observateur regardant droit devant lui.

Et maintenant, je vous prie au départ de m'excuser pour les descriptions assez osées qui vont suivre, en vue de pouvoir identifier les cinq canaux principaux du corps humain, mais je ne peux faire autrement. Si le point d'observation est situé sous une personne, dans le but d'identifier ses canaux d'énergie, et au niveau des organes génitaux, on peut remarquer les cinq régions particulières par lesquelles ils passent. Il y a d'abord le tube de lumière central, qui traverse le périnée et s'élève à la verticale au milieu de l'épine dorsale. Puis il y a deux autres canaux de chaque côté du tube central, soit un total de cinq canaux (voir illustration 12-25).

Chez la femme, le périnée est situé entre l'anus et le vagin alors que chez l'homme, il se trouve entre l'anus et le scrotum. Extérieurement, le périnée se présente comme une petite surface de peau sans caractéristique particulière, mais il s'agit en fait d'une ouverture interne et d'un tube lumineux invisible pour les yeux physiques qui passe exactement par ce centre. Un examen clinique révélerait que si l'on appuyait un doigt avec force sur le périnée, il s'enfoncerait d'environ cinq centimètres dans le corps du patient. Le périnée est donc l'ouverture du tube de lumière central sur lequel les chakras principaux sont ancrés. Mais il

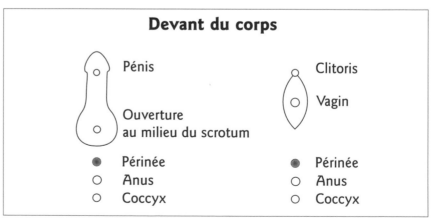

Illustration 12-25. Les cinq ouvertures des cinq canaux.

y a quatre ouvertures de plus, ou quatre canaux d'énergie : deux en avant du périnée et deux en arrière (voir illustration 12-25).

Le premier canal juste derrière le périnée est l'anus, dont l'énergie remonte en spirale, tel qu'il est démontré dans les illustrations 12-24a et 12-24b. Le deuxième canal énergétique, derrière l'anus, est la pointe du coccyx, à l'extrémité du sacrum. Comme vous pouvez aussi le voir dans l'illustration 12-25, tous les canaux sont situés sur la même ligne. De plus, le flot d'énergie du coccyx est plus puissant que celui de l'anus (voir illustration 12-24a). Devant le périnée se trouve le vagin chez la femme et l'ouverture au milieu du scrotum (entre les bourses) chez l'homme. À cet endroit, le flot d'énergie est aussi puissant que celui de l'anus. Et encore plus en avant se trouve le canal du clitoris chez la femme et du pénis chez l'homme. À cet endroit, le flot d'énergie est aussi puissant que celui du coccyx.

Si l'on observe ces cinq canaux d'énergie à la base du tronc (le premier chakra), on ne peut manquer de remarquer qu'ils sont tous disposés en ligne droite. L'ouverture du vagin est une *Vesica piscis* orientée verticalement par rapport au corps, soit d'avant en arrière ou vice versa, tout comme l'ouverture du pénis. Tous les organes correspondants se sont également développés sur la même ligne, à l'exception des testicules, qui sont côte à côte mais rapprochées l'une de l'autre. Vous constaterez d'ailleurs que cette exception aura sa raison d'être lorsque vous étudierez le cinquième chakra dans quelques minutes.

Élevons-nous maintenant jusqu'au deuxième chakra. Cette ligne jadis verticale par rapport au corps effectue ici un mouvement de rotation de 90 degrés, soit en mode féminin (de gauche à droite), soit en mode masculin (de droite à gauche), et vous allez voir que différentes parties du corps, en ce qui a trait aux chakras, se conforment à la direction de leur énergie.

Au niveau du deuxième chakra (le chakra sexuel), les trompes de Fallope chez la femme sont situées de chaque côté de l'utérus central, sur la ligne droite à 90 degrés de celle du premier chakra. La disposition générale des organes suit donc l'orientation de cette ligne. Si nous continuons à nous élever sur la spirale, nous parvenons maintenant au troisième chakra du nombril. À nouveau, la direction générale est à 90 degrés de la précédente. Pensez à la direction du cordon ombilical, qui est à la verticale du corps chez le nouveau-né. Notre montée en spirale de chakra en chakra nous amène cette fois au plexus solaire, le quatrième chakra. Puisque la direction générale continue à changer de la même manière que toutes les fois précédentes, le plexus solaire ressemble intérieurement à une *Vesica piscis* orientée à l'horizontale ou, si vous préférez, sur une ligne droite qui va de gauche à droite du corps et vice versa.

Une rotation de plus sur la spirale, toujours à 90 degrés de la précédente, nous amène maintenant au chakra du cœur, juste au-dessus du sternum. C'est là que quelque chose de différent se produit – sauf, peut-être, pour le premier chakra. Dès que vous aurez analysé les mouvements de rotation à 90 degrés effectués jusqu'ici, vous pourrez comprendre cette différence.

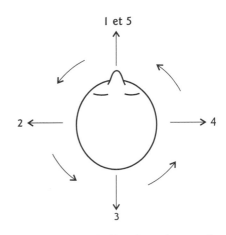

Illustration 12-26a. Tête humaine vue de haut. Un cycle entier est accompli en cinq mouvements, la spirale passant par cinq chakras différents, selon les flèches numérotées.

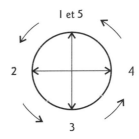

Illustration 12-26b. Un cycle entier complète le cercle.

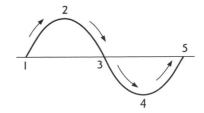

Illustration 12-26c. Un cycle entier sous la forme d'une onde sinusoïdale lumineuse.

Dans l'illustration 12-26a, vous avez une vue en surplomb d'une personne qui fait face au haut de la page. Lorsque nous commençons la spirale, à la base de la colonne vertébrale, la ligne des cinq canaux respectifs fait également face au haut de la page (1). À titre d'exemple, disons que la rotation va se faire de droite à gauche (voir illustration 12-26b), mais qu'elle pourrait aussi s'effectuer de gauche à droite. À la rotation de 90 degrés suivante, la spirale parvient jusqu'au chakra sexuel, et la ligne des cinq canaux est alors orientée vers la gauche du personnage (2). À la troisième rotation de 90 degrés, la spirale est parvenue au troisième chakra, celui du nombril, et la ligne des cinq canaux fait face au bas de la page (3) ; quatrième rotation de 90 degrés, la spirale parvient au quatrième chakra, celui du plexus solaire, et la ligne des cinq canaux fait face au côté droit de la page (4). Et finalement, à la cinquième rotation de 90 degrés, la spirale parvient au cinquième chakra, celui du cœur, et la ligne des cinq canaux *revient pour la première fois* à sa position verticale originelle (1 et 5) après avoir bouclé les 360 degrés du cercle.

Par conséquent, le chakra du cœur est différent parce qu'il connaît le parcours tout entier, les cinq canaux alignés ayant accompli un tour complet, et le même phénomène survient lorsqu'on est en présence d'ondes sinusoïdales ou de vagues lumineuses (voir illustration 12-26c). Observez bien les cinq points importants de chaque onde sinusoïdale une fois qu'elle a accompli son cycle. Eh bien, c'est la même chose avec le cinquième chakra, celui du cœur. À partir de maintenant, le cycle a été complété et nous voyons une ligne verticale et une ligne horizontale formant une croix. La région du cœur est donc cet endroit très spécial marqué d'une croix. Voilà pourquoi les anciens Égyptiens considéraient le cœur comme l'un des centres les plus importants du corps humain. C'est l'endroit de l'achèvement, de la plénitude et de la réalisation, de notre amour pour Dieu et toute la création. Il est intéressant de noter que les seins – et c'est plus particulièrement le cas chez les femmes que chez les hommes – se projettent devant le buste et s'écartent en même temps les uns des autres. En effet, au niveau du cœur, qui est aussi celui de la poitrine et des seins, nous venons de voir que deux lignes énergétiques tracent une croix et, par conséquent, deux modes d'orientation consécutifs. Les organes situés à ce niveau ont donc tendance à suivre deux directions à la fois. Nous avons d'ailleurs rencontré ce phénomène de simultanéité des deux directions au niveau du premier chakra, et cette fois-ci plus particulièrement chez l'homme, avec les testicules et la verge, que chez la femme (voir 1 et 5 dans les illustrations 12-26a et 12-26b).

L'énergie sexuelle et l'orgasme
selon les anciens Égyptiens

Nous allons maintenant faire un pas de côté et nous arrêter suffisamment longtemps pour discuter d'un sujet immense – l'importance de l'énergie sexuelle et de l'orgasme chez l'être humain. Les anciens Égyptiens croyaient que l'orgasme était la clé de la vie éternelle et intimement lié au cinquième chakra. Expliquons d'abord ce lien avec la vie éternelle.

De nos jours, quand les êtres humains utilisent l'énergie sexuelle et atteignent l'orgasme, ils s'inquiètent très peu de savoir ce qui arrive à cette énergie une fois qu'elle est libérée. La plupart des gens dans le monde sont totalement ignorants de cela. Habituellement, l'énergie remonte dans la colonne vertébrale et sort par le sommet de la tête pour se rendre directement dans le huitième ou le treizième chakra. Dans certains cas très rares, l'énergie sexuelle descend depuis la base de la colonne vertébrale jusqu'à un endroit situé à une longueur de main sous les pieds et qui est à l'opposé de celui qui se trouve à la même distance au-dessus du sommet du crâne. Dans un cas comme dans l'autre, l'énergie sexuelle, cette énergie concentrée de la force de vie, est dissipée et perdue. C'est comparable à la décharge d'une batterie par son pôle négatif. Le courant électrique n'est plus dans les piles, il est perdu à jamais. C'est ce que disent tous les étudiants du tantrisme dans le monde, peu importe le système auquel ils appartiennent, à savoir que « chaque orgasme nous rapproche un peu plus de la mort, car cet acte nous fait perdre notre énergie, notre force de vie ». Mais les Égyptiens, eux, ont découvert que tel n'est pas forcément le cas.

Voilà pourquoi les systèmes de tantrisme hindou et tibétain conseillent à l'homme de ne pas éjaculer. Selon eux, lorsqu'un de leurs étudiants apprend à contrôler son orgasme, il peut diriger le liquide séminal jusqu'aux chakras supérieurs grâce à ce qu'ils appellent de minuscules « tubes invisibles ».

Dans les deux systèmes, ainsi que dans le tantrisme des taoïstes chinois, les pratiquants s'intéressent au mouvement de l'énergie sexuelle parfois appelée « courant sexuel ». Ce qui les fascine particulièrement, c'est ce qui se passe quand on déplace l'énergie sexuelle avant l'orgasme. Toutefois, comparés aux Égyptiens, leurs points de vue sur cette énergie sont entièrement différents.

Les anciens Égyptiens croyaient que l'orgasme était sain et nécessaire, mais que les courants d'énergie sexuelle devaient être contrôlés d'une manière profondément ésotérique ne ressemblant à aucun autre système. Si cette énergie était correctement contrôlée, disaient-ils, l'orgasme représentait une source quasiment infinie d'énergie pranique pour l'initié et, ainsi, elle n'était pas perdue. Toujours selon eux, le Mer-Ka-Ba tout entier de l'être humain, ou son corps de lumière, bénéficiait de cette décharge sexuelle et, dans de bonnes conditions, l'orgasme menait à la vie éternelle. Par ailleurs, la croix ansée était la clé de tout cela.

« Mais qu'est-ce que la croix ansée a à voir avec l'énergie sexuelle ? » me demanderez-vous sans doute. La réponse est un peu compliquée, mais je vais prendre le temps de vous la donner. Nous allons ici aborder un sujet que les Égyptiens ont cherché à comprendre pendant des milliers d'années. Commençons d'abord par le cinquième chakra. Dans les pages précédentes, vous avez pu constater que ce chakra, celui du cœur, constitue le premier endroit où l'énergie de la spirale a accompli un tour complet. Le cœur est le premier chakra dans lequel les flots

Illustration 12-27a. Point de vue en surplomb des spirales d'énergie au niveau du cinquième chakra.

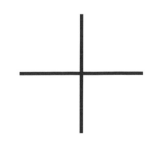

Illustration 12-27b. Les mêmes énergies au cinquième chakra, mais vues de face.

Illustration 12-27c. Le cinquième chakra et ses énergies. Une vue de côté. La croix ansée égyptienne.

d'énergie vertical et horizontal sont réunis et se croisent. Si vous pouviez observer ces énergies en surplomb, vous verriez qu'elles ressemblent à ceci (voir illustration 12-27a).

Si vous pouviez les voir en faisant face à un être humain, elles ressembleraient à ceci (voir illustration 12-27b).

Vous aurez certainement noté que ces deux exemples figurent parmi les symboles chrétiens les plus connus dans le monde. Maintenant, si vous vous déplacez sur le côté et faites face à la personne de profil, les énergies auront une apparence différente de ce à quoi vous vous attendiez. Il existe aussi un « tube » ovoïdal dans lequel l'énergie vitale peut se mouvoir. Les Égyptiens finirent par le découvrir en discutant avec les membres de la fraternité Tat, qui, elle, avait élu domicile sous la Grande Pyramide. En fait, ces informations nous arrivent tout droit de l'Atlantide. Vu de profil, voici à quoi ressemble le champ énergétique d'un être humain, en association avec le cinquième chakra (voir illustration 12-27c).

Je trouve très intéressant de constater que les chrétiens comprenaient tout ceci dans le passé. À preuve, le symbole suivant (voir illustration 12-27d) brodé sur les robes de nombreux prêtres, à certaines époques de l'année associées à la résurrection. Celui-ci montre trois points de vue : en surplomb, de face, et de côté tout à la fois. Je crois aussi que les chrétiens ont omis de dessiner l'anse au complet afin d'empêcher toute filiation avec la vieille religion égyptienne. Mais il est évident qu'au début, ils savaient exactement de quoi il s'agissait.

Illustration 12-27d. Le symbole chrétien qui incorpore les éléments des trois illustrations précédentes.

En définitive, comme vous savez vous-mêmes que cette « anse » ou ce canal énergétique de forme ovoïdale fait partie du système énergétique de l'être humain, vous allez mieux comprendre les raisons de la conduite sexuelle des anciens Égyptiens.

Permettez-moi ici d'expliquer quelque chose à propos de la croix ansée, avant même d'aborder son rapport avec l'énergie sexuelle. Au cours de mes visites dans les musées, j'ai pu observer environ 200 bâtons égyptiens dont la plupart étaient en bois, bien que d'autres matériaux aient parfois été utilisés. Ils étaient généralement munis d'un diapason à une extrémité, et quatre types d'objets différents pouvaient être attachés à l'autre bout.

Par exemple, l'angle de 45 degrés qui est employé pour l'expérience de la résurrection est mentionné dans le chapitre 5, mais nous n'avons pas beaucoup discuté de cet accessoire étonnant qu'est la croix ansée.

Quand on fait vibrer le diapason à une extrémité du bâton, l'énergie se dissipe très rapidement si l'autre bout n'est pas muni d'un accessoire, la croix ansée en particulier. Mais si vous y attachez celle-ci, l'énergie produite par le diapason et transmise par le bâton sur toute sa longueur pénètre alors dans la croix ansée à l'autre bout et est renvoyée dans le bâton, ce qui permet à l'énergie de subsister longtemps en circuit fermé.

Quand j'étais en Hollande, il y a bientôt deux ans de cela, un groupe de participants avait fabriqué un bâton en cuivre muni d'un diapason d'excellente qualité à un bout et d'un pas de vis à l'autre, de manière que l'on puisse y visser divers accessoires. Je décidai alors de tenter une petite expérience. Sans rien fixer à l'autre bout, je tins le bâton d'une main et frappai le diapason de l'autre tout en calculant combien de temps je pourrais sentir la vibration circulant dans l'objet tout entier. Je vissai ensuite une croix ansée et frappai à nouveau le diapason. À ma grande surprise, la vibration resta perceptible dans le bâton trois fois plus longtemps.

C'est précisément la raison pour laquelle les Égyptiens s'adonnaient à ce genre de sexualité que je suis sur le point de vous expliquer. Avec le temps, ils découvrirent que s'ils avaient un orgasme et laissaient l'énergie sexuelle s'échapper par le haut ou par le bas de l'épine dorsale, elle était complètement gaspillée. Par contre, si cette même énergie sexuelle était guidée par la conscience et encouragée à s'engager dans l'anse de la croix au niveau du cœur, elle parcourait la boucle et revenait dans le corps, passait à nouveau par le cœur et regagnait ce véritable bâton qu'est l'épine dorsale, continuant ainsi à vibrer et à résonner dans tout le corps. De la sorte, l'énergie de la force de vie n'était plus gaspillée. Si nous faisons cette expérience personnellement, nous pouvons alors nous rendre compte que cette pratique semble accroître notre énergie.

Je pourrais m'étendre longuement sur le sujet, mais vous comprendrez beaucoup mieux et beaucoup plus vite si vous essayez vous-mêmes cette méthode. Sachez toutefois que quelques essais seulement ne sont souvent pas suffisants pour obtenir de bons résultats, car l'énergie sexuelle a encore tendance à dépasser le niveau du cinquième chakra et à sortir du corps par le sommet de la tête. Tout cela exige donc une certaine pratique, mais une fois que vous avez appris, je doute fort que vous choisissiez de laisser échapper l'énergie découlant d'un orgasme de toute autre manière. Celle-ci est beaucoup trop puissante et agréable pour qu'on puisse à nouveau s'en passer. Dès que votre corps se souviendra de cette expérience, il voudra continuer de la vivre et abandonnera volontiers ses vieilles habitudes.

Les 64 combinaisons de la sexualité et de la personnalité

Dès que vous aurez personnellement fait l'expérience de ce que j'avance plus haut, vous voudrez sans doute apporter quelques ajustements afin de mieux satisfaire vos besoins. Je vais donc commencer par expliquer les pratiques de base des anciens Égyptiens en matière de sexualité d'après ce que Thot m'en a rapporté. Depuis notre point de vue d'être humain moderne vivant au XXIe siècle, il est difficile de croire que nos ancêtres pratiquaient un système aussi subtil et sophistiqué.

Disons d'abord qu'ils ne voyaient pas seulement deux polarités sexuelles comme nous, de nos jours. En effet, pour leurs initiés il y en avait 64, *toutes séparées* les unes des autres. Je ne vais pas disséquer cette question ni m'y engager trop profondément dans ce livre ; je vais uniquement m'en tenir aux grandes lignes. Ce système est en fait basé sur la molécule d'ADN et ses 64 codons.

Les anciens avaient découvert quatre polarités sexuelles fondamentales : mâle, femelle, bisexuelle et neutre. Chacune d'elles a plusieurs aspects : mâle hétérosexuel et mâle homosexuel ; femelle hétérosexuelle et femelle homosexuelle ; bisexuelle : corps mâle et corps femelle ; neutre : corps mâle et corps femelle. Cela fait huit types principaux de sexualité.

Ce que je suis sur le point d'ajouter est également en dehors du savoir humain habituel. Les initiés égyptiens ne nous voyaient pas seuls dans notre corps. Ils pouvaient y percevoir et identifier huit personnalités complètement différentes et séparées les unes des autres. Ces huit personnalités sont d'ailleurs étroitement reliées aux huit premières cellules, qui engendrent les huit circuits électriques qui sont eux-mêmes reliés aux huit chakras principaux, ce qui correspond aux huit pointes de l'étoile tétraédrique inscrite autour du corps humain.

Quand un esprit désincarné se rend sur terre pour la première fois, il oriente les tétraèdres autour du corps de manière à être mâle ou femelle durant son incarnation. La première personnalité émerge alors, qui est soit masculine, soit féminine. Pour sa deuxième incarnation, l'esprit choisira généralement le genre opposé à celui de la première incarnation et disposera les tétraèdres en conséquence. Il continuera à privilégier différentes pointes de l'étoile tétraédrique en la faisant pivoter sur elle-même, de sorte que la pointe désirée soit alors en avant. Puisque chaque pointe représente une personnalité différente et unique en elle-même, cela permet à cette dernière de s'exprimer au cours de sa propre incarnation bien distincte. Après les huit premières vies, l'esprit choisit généralement un rythme qui maintiendra l'équilibre entre ses vies sur terre. Par exemple, il optera pour trois vies consécutives en tant qu'homme, suivies par trois vies consécutives en tant que femme, et ainsi de suite. Il sélectionnera d'ailleurs différents rythmes au cours du temps.

Dans presque tous les cas, l'esprit développera une préférence pour un certain type de personnalité dans sa manifestation en tant qu'homme et pour un autre type de personnalité en tant que femme. C'est le schéma qu'il utilisera le plus souvent. Une personnalité commence donc à être dominante dans chaque genre, et on pourrait la qualifier de grand-père ou de grand-mère vis-à-vis des six autres. L'esprit prendra aussi la forme d'une personnalité un peu plus jeune, soit l'équivalent ici d'une personne d'âge moyen. Se développera aussi une personnalité encore plus jeune, qui semble âgée de 25 à 35 ans. Et finalement, il y aura une forme de personnalité beaucoup moins courante qu'on peut qualifier d'adolescente. Ces huit personnalités (quatre individus de chaque sexe) forment la totalité de la manifestation de l'esprit sur terre.

Sachant cela, les anciens Égyptiens combinaient donc les huit modes sexuels principaux avec les huit personnalités différentes afin de créer les 64 configurations associées au tantrisme égyptien. Inutile de vous dire que nous sommes encore incapables de fonctionner à ce niveau. Un sujet fascinant s'il en est, et dont la maîtrise exige de nombreuses années. Il fallait douze ans pour que l'initié égyptien passe par chacune de ses personnalités, dont l'orientation sexuelle était unique par rapport aux autres. À la fin de son entraînement, il en résultait un être de grande sagesse ayant vraiment une profonde compréhension de l'existence.

Et en une sorte d'apothéose, le nouvel initié tenait une rencontre avec ses huit personnalités, qui devenaient conscientes au même moment dans le temps. La sagesse du grand-père ou de la grand-mère devenait alors accessible aux personnalités plus jeunes.

Instructions ayant trait à l'orgasme

Nous allons maintenant vous décrire exactement la manière « ansée » de faire circuler l'énergie pendant l'orgasme. Bien sûr, le genre d'activité sexuelle précédant cet orgasme ne dépend que de vous. Je ne suis pas ici pour juger qui que ce soit – et il est bien certain que les anciens Égyptiens aussi ne se seraient pas permis une telle chose, puisqu'ils croyaient qu'il fallait connaître les 64 modes de sexualité avant de pouvoir s'étendre dans le sarcophage de la chambre du roi et de faire l'ascension jusqu'au prochain niveau de conscience. C'était du moins *leur* idée, mais il est important de savoir aussi que tout cela n'est pas nécessaire pour vous. On peut très bien parvenir au prochain niveau de conscience sans avoir obtenu ces informations par le biais de l'expérience personnelle. Ce qu'il faut d'abord savoir, c'est ceci : du point de vue des anciens Égyptiens, l'art de faire circuler l'énergie sexuelle – ou de lui faire faire un mouvement circulaire ansé pendant l'orgasme – était de la plus haute importance si l'on désirait accéder à la vie éternelle. Vous devrez donc décider pour vous-mêmes si c'est là quelque chose que vous désirez pratiquer.

1. Au moment où vous sentez que l'énergie sexuelle est sur le point de s'élever dans la colonne vertébrale, ayez la présence d'esprit d'inspirer profondément à 90 % de la capacité de vos poumons et de retenir votre souffle.

2. Permettez à l'énergie sexuelle de l'orgasme de remonter le long de l'épine dorsale, et au moment où elle parvient au niveau du cœur (le cinquième chakra), ayez également la présence d'esprit de visualiser et de désirer avec force que toute cette énergie lumineuse vire à 90 degrés de votre corps, sorte par-derrière vous et s'engage dans l'anse de la croix, remonte le long de son ovale, passe à une main au-dessus de votre tête, redescende devant vous et pénètre à nouveau dans le chakra du cœur, mais cette fois-ci par le devant. L'anse de la croix représente donc le chemin exact que l'énergie sexuelle va parcourir dès qu'elle sortira de

vous *par-derrière*, au niveau du cœur, et rentrera à nouveau en vous *par-devant*. Alors que l'énergie s'approchera du chakra du cœur, qui est en fait son point d'origine, elle aura souvent tendance à ralentir sa course, du moins au début. Si votre vision intérieure est bien développée, vous pourrez vous rendre compte que la sphère d'énergie sexuelle lumineuse se condense de plus en plus en elle-même alors qu'elle parcourt l'anse de la croix. Il se peut même que vous éprouviez un choc assez considérable lorsqu'elle entrera à nouveau en vous *par-devant* et toujours au niveau du cœur. Sachez aussi que tout ceci se passe alors que vous retenez encore votre souffle.

3. Au moment même où l'énergie sexuelle entre à nouveau en contact avec sa source (par-devant le chakra du cœur), souvenez-vous d'inspirer à nouveau. Vos poumons sont déjà pleins à 90 % mais maintenant, vous les remplissez au maximum.

4. Expirez très lentement. L'énergie sexuelle continuera à tourner en rond dans l'anse de la croix pendant tout le temps de votre expiration. Continuez à inspirer et à expirer profondément, mais à partir de maintenant, un changement s'opère.

5. Alors que vous respirez profondément, visualisez l'énergie sexuelle sous la forme d'un point de lumière, alors que le prana en provenance de vos deux pôles* atteint votre cœur avec chaque inspiration et que la divine énergie irradie dans tout votre corps avec chaque expiration. Prenez conscience de la totalité de votre Mer-Ka-Ba et laissez l'énergie sexuelle et pranique imprégner votre être tout entier et vous redonner la santé du corps, de l'esprit et du cœur.

6. Continuez à respirer avec ampleur jusqu'à ce que vous sentiez que votre corps est bien détendu, puis respirez à nouveau normalement.

7. Si possible, relaxez-vous complètement. Vous pouvez même vous endormir si vous le voulez.

Si vous vous adonnez à cette pratique pendant une semaine, vous comprendrez exactement ce que je vous dis ici. Si elle devient constante, vous redonnerez peu à peu de la santé et de la force à vos corps physique, émotionnel et mental. Mais si vous sentez, pour quelque raison que ce soit, que cette pratique n'est pas bonne, arrêtez-vous immédiatement ou, encore mieux, ne l'expérimentez pas.

Au-delà du chakra du cœur

On ne peut, sur le plan physiologique, percevoir les prochains chakras, ceux qui sont situés au-dessus du cinquième (le chakra du cœur), aussi clairement que les cinq précédents. Après que l'énergie a quitté le cinquième chakra, le phénomène de rotation à 90 degrés se poursuit. La spirale continue donc son mouvement de rotation (voir

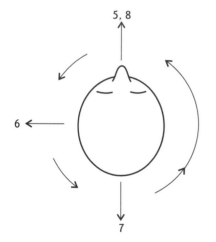

Illustration 12-28. Montée de la spirale vers le haut à partir du cinquième chakra.

---

* C'est-à-dire la partie supérieure du tube pranique central, votre pôle nord, en même temps que sa partie inférieure, votre pôle sud. C'est en respirant consciemment par ce tube que l'on augmente considérablement l'apport de prana dans le corps. (NDE)

illustration 12-28) et parvient à la région du thymus, le sixième chakra, celui de l'amour personnel. Au prochain angle de 90 degrés, dans sa rotation vers l'arrière, elle se trouve alors au chakra de la gorge. Chez les hommes, la pomme d'Adam, qui pointe légèrement vers l'avant, est un indicatif de ce plan avant/arrière.

Lorsque nous parvenons au huitième chakra, celui du bout du menton, la circulation des énergies change. En effet, la ligne énergétique est orientée exactement de la même manière que celle du chakra précédent, soit de l'avant à l'arrière du corps et inversement, et c'est pourquoi le menton pointe vers l'avant, tout comme la pomme d'Adam. C'est la première fois que le changement de direction à 90 degrés n'a pas eu lieu comme auparavant. Et pourquoi donc ? Désormais, l'énergie entre dans une nouvelle phase – peut-être parce qu'il s'agit du huitième chakra et qu'il marque la fin d'un cycle. Un nouveau système de chakras émerge au niveau de la tête. C'est d'ailleurs grâce à lui que le système à treize chakras peut exister dans

Illustration 12-29. Le canon humain selon Léonard. Détails du quadrillage de la tête.

le corps humain, soit les huit chakras principaux, plus un système indépendant de cinq chakras secondaires que nous allons maintenant étudier.

Que se passe-t-il au juste ? Si vous étudiez à nouveau les détails du canon humain de Léonard de Vinci (voir illustration 12-29), vous vous apercevez que la tête du personnage est entièrement contenue dans un des 64 carrés du grand quadrillage, mais qu'il existe aussi un quadrillage à plus petite échelle dans le carré en question, soit 4 x 4 = 16 petits carrés délimitant le visage. Le dessin de l'illustration 12-29 est malheureusement très flou en raison du grossissement, mais c'est encore mieux que rien. Si vous le pouvez, procurez-vous une bonne copie du dessin original, et vous verrez alors beaucoup mieux les détails. Ce deuxième quadrillage (4 x 4 = 16 petits carrés en tout) est un prolongement du grand (8 x 8 = 64 grands carrés), et la tête du personnage est donc inscrite dans un carré qui est le 1/64 du grand, qui, lui, circonscrit le corps humain tout entier.

Notre système de chakras traverse le corps depuis la base de la colonne vertébrale jusqu'à la tête. À ce niveau, il se développe en une sorte de minisystème de chakras, depuis le bout du menton jusqu'au sommet du crâne. À première vue, cela semble être un système à huit chakras, mais je n'en suis pas encore sûr ; il pourrait en fait s'agir d'un autre système à treize chakras à une échelle plus petite.

Ces chakras sont donc les suivants : le bout du menton, la bouche, le bout du nez, les yeux, et le troisième œil. Les trois autres sont situés à l'intérieur de la tête et restent par conséquent invisibles à l'œil nu. À ce niveau-là également, on progresse par des rotations successives à 90 degrés l'une de l'autre (voir illustration 12-14a). Reprenons à partir de ces chakras : le bout du menton pointe en avant. En effectuant une rotation de 90 degrés, nous avons la bouche, qui a la forme d'une *Vesica piscis* et s'étend à l'horizontale par rapport au chakra précédent. Après une nouvelle rotation à 90 degrés, nous trouvons le nez qui, semblable au menton, pointe en avant du visage. Une autre rotation, et nous parvenons aux yeux, qui sont également des *Vesica piscis* et s'étendent à l'horizontale comme la bouche. Finalement, nous arrivons au troisième œil. Tout comme le chakra du cœur, celui-ci est situé à l'endroit où le cercle est à nouveau bouclé, après quatre changements de direction à 90 degrés l'un de l'autre. Vous remarquerez qu'il s'agit du cinquième mouvement et du cinquième chakra dans les deux cas. Voilà pourquoi le chakra christique, celui du cœur, et le chakra du troisième œil sont si uniques et importants par rapport à tous les autres. Chacun d'eux, dans le système qui lui est propre, est le cinquième chakra, celui qui complète le cycle.

Tel est le genre d'étude que j'effectuais au moment où Thot décida de quitter cette planète. J'aurais souhaité passer plus de temps avec lui, car on ne peut pas trouver d'explications sur tout cela dans les livres. Les Égyptiens n'ont jamais écrit quoi que ce soit là-dessus. Aucune information sur l'œil droit d'Horus n'est consignée nulle part, à l'exception de ce qui a été sculpté en bas-reliefs sur les murs du grand hall menant à la salle des archives, car en ce temps-là, tout était transmis oralement.

L'art de franchir l'obstacle du deuxième et dernier demi-ton

Dans l'illustration 12-30, vous pourrez facilement discerner l'emplacement de la glande pinéale et du 13e chakra. La façon la plus simple et la plus logique d'y arriver serait de monter tout droit, mais Dieu n'a pas permis qu'il en soit ainsi, sans doute parce que c'était trop évident ! Il, elle ou cela a changé l'angle, de telle sorte que la conscience (vous et moi) ne puisse pas facilement trouver la sortie et reste au niveau de la glande pinéale jusqu'à la maîtrise. Tout comme dans le dessin du système à huit chakras (voir illustration 12-10) – où l'on peut voir qu'un obstacle existe à l'horizontale entre le troisième et le quatrième chakra, de manière que la conscience ne puisse avoir accès aux chakras supérieurs avant d'avoir eu l'opportunité d'utiliser et de maîtriser les chakras inférieurs jusqu'à un certain point –, la situation est tout à fait semblable au niveau du septième et du huitième chakra. Mais cette fois-ci, le blocage est à la verticale, au niveau de l'occiput ou, plus exactement, au point situé juste dans le creux derrière la tête, à la base du crâne. Ajoutons que les deux obstacles décrits plus haut correspondent aux deux demi-tons de la gamme chromatique, ce qui est difficile à découvrir par l'expérimentation. Les Tibétains ont bien dit qu'on ne peut se rendre jusqu'au 13e chakra sans passer d'abord par le derrière de la tête, déclaration ambiguë s'il en est une. Un véritable effort de recherche et de réflexion s'avère donc nécessaire pour trouver enfin la bonne porte et en franchir le seuil.

Comme il est démontré dans l'illustration 12-30, il y a bien cinq chakras en ligne droite, allant de l'avant à l'arrière au niveau de la glande pinéale. Trois de ceux-ci résident à l'intérieur du crâne, un est à l'extérieur derrière lui, et un autre à l'extérieur devant lui, au niveau du troisième œil. La plupart d'entre nous ne connaissent que la glande pinéale et la glande pituitaire.

À l'origine, les Néfilims découvrirent comment se rendre du 12e au 13e chakra et ainsi changer de dimension, mais leur manière de faire était différente de la façon dont nous le ferons. Ils se rendaient d'abord en conscience jusqu'à la glande pinéale, puis jusqu'à la glande pituitaire, continuaient dans l'espace jusqu'au chakra situé à l'extérieur de la boîte crânienne et au niveau du troisième œil, puis effectuaient le changement de direction à 90 degrés et s'élevaient tout droit dans l'autre dimension à partir de là. En raison de leur utilisation fréquente de cette technique rapide, dont le parcours a l'apparence de la lettre « L », les Néfilims devinrent connus sous ce nom. On les appela les « El », ce qui devint bientôt leur sobriquet. Plus tard, quand ils se firent rares sur la planète, on les appela les « Elders » ou les « Anciens ».

Je crois que nous autres qui vivons sur terre aujourd'hui allons nous y prendre autrement – à moins que vous ne désiriez personnellement faire comme les Néfilims. En ce qui me concerne, je choisis, à cet égard, de suivre le reste de la population sur la planète. Ce que je vais vous décrire est la manière utilisée par Thot et sa femme Shizat. Et la raison pour laquelle nous allons nous-mêmes recourir à cette méthode est sa simplicité. Voici donc quelques-unes des instructions que Thot m'a laissées avant de partir.

Depuis la glande pinéale, rendons-nous en conscience au point situé derrière la tête et dans le creux à la base du crâne. Effectuons maintenant un changement de direction de 45 degrés et continuons en ligne droite jusqu'au chakra couronne, tout en haut du crâne. À partir de là, faisons à nouveau un changement de direction de 45 degrés en nous élevant tout droit jusqu'au 13e chakra. Il se peut alors que votre Mer-Ka-Ba devienne plus ou moins instable à cause des changements de direction en succession rapide (deux fois 45 degrés, soit un total de 90 degrés). Soyez sans inquiétude, car il va se restabiliser.

Juste avant la chute de l'Atlantide, nous fîmes tous un changement de direction de 90 degrés, ce qui est en soi beaucoup plus difficile à supporter que deux changements de 45 degrés chacun. Lorsque vous

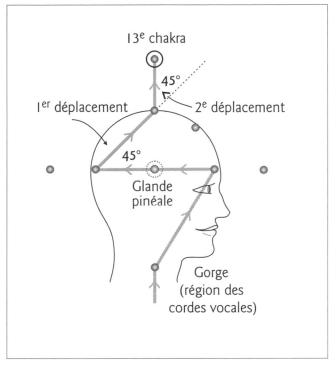

Illustration 12-30. L'ascension dans les temps modernes.

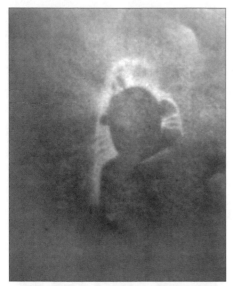

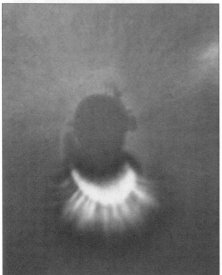

Illustration 12-31. Photographies de Kirlian montrant un bout de doigt pointant en direction de l'objectif.

ferez le premier changement de 45 degrés, vous remarquerez que votre Mer-Ka-Ba se met à tanguer et vous vous sentirez tout drôles. Vous devrez alors vous asseoir et bien vous centrer en vous-mêmes, jusqu'à ce que le Mer-Ka-Ba se soit enfin stabilisé. Après chaque changement de direction, attendez de une minute à une minute et demie avant de pourvuivre. Dès que vous sentirez que votre Mer-Ka-Ba est stable à nouveau, continuez alors votre progression jusqu'au 13e chakra.

C'est ce que beaucoup de maîtres ascensionnés ont fait au cours de leur ascension. Ils accomplirent le premier changement de direction, attendirent jusqu'à ce que tout soit redevenu calme et firent immédiatement un autre changement de direction. Ce faisant, on se retrouve dans une sorte de *no man's land* pendant quelques instants, et tout nous semble alors instable. On ne peut cependant rester là. Si on y demeurait longtemps, je ne sais pas ce qui se passerait. Toutefois, on peut y rester quelques instants (une minute ou deux) puis effectuer le deuxième changement de direction, ce qui nous mène tout droit dans la prochaine dimension.

Je vous le répète de manière que vous puissiez vous en souvenir : il se peut que vous trouviez cela très utile à un moment donné de votre vie. Il existe beaucoup de moyens de faire directement l'expérience d'autres dimensions, mais celui qui nécessite un seul angle à 90 degrés s'adresse à des âmes plus mûres. Si on s'en tient à deux changements de direction de 45 degrés chacun, c'est un peu comme si on utilisait des poids moins lourds pour s'entraîner. C'est beaucoup plus facile, et il y a peu de risques que cela nous déséquilibre.

Les champs électromagnétiques autour du corps

Nous allons maintenant étudier les champs électromagnétiques créés par le mouvement de l'énergie et de la conscience *à l'intérieur* des chakras.

Le premier champ électromagnétique à la surface du corps est le champ pranique ou du chi, qu'on appelle aussi corps éthérique. Même s'il est présent dans toutes les parties du corps, on peut beaucoup mieux le discerner autour des mains, des pieds, de la tête et, dans une certaine mesure, dans la région des épaules. Il s'agit habituellement d'une douce lumière d'un blanc bleuté. Très près de la peau se trouve comme une fine membrane noire et, juste au-dessus, cette lumière blanc-bleu rayonne hors du corps. C'est le prana, ou l'énergie de la force de vie de notre corps. Tout autour de nos mains, celle-ci a généralement de un demi-centimètre à neuf ou dix centimètres d'épaisseur. Mais pour le reste du corps, ce prana forme une couche lumineuse qui n'a pas plus de deux centimètres d'épaisseur.

Même si vous n'y croyez pas, vous pouvez facilement voir vous-mêmes ce corps éthérique. Si vous voulez tenter l'expérience, voici les instructions. Mettez une feuille de papier cartonné noir et de format moyen en arrière-plan et placez une partie de votre bras et votre main à environ trois centimètres devant. Éclairez la scène avec une lampe directionnelle du genre lampe de table à dessin que vous aurez branchée sur un rhéostat, de manière à pouvoir augmenter ou diminuer la luminosité de l'ampoule à volonté. Projetez d'abord le faisceau de lumière, observez bien votre main et la partie exposée de votre bras, puis tournez le rhéostat jusqu'à ce que vous ne puissiez plus les voir. Attendez onze secondes tout en essayant de déceler quelque chose dans l'obscurité ambiante. Quand vos yeux se seront ajustés, vous pourrez à nouveau les discerner et vous devriez aussi pouvoir distinguer l'aura pranique principalement autour de votre main, mais également autour de votre bras. Si vous n'obtenez aucun résultat la première fois, redonnez de la lumière et recommencez.

Dès que vous apercevez l'aura bleutée, concentrez votre regard sur une partie de votre main, comme la dernière phalange de votre majeur, avec la feuille de papier noir à deux ou trois centimètres en arrière-plan. Puis fixez-la de dix à quinze secondes sans battre des paupières. Vous commencerez alors à voir cette douce lumière blanc-bleu autour de vos doigts.

Parvenus à ce point, vous pouvez faire plusieurs choses. D'abord écarter légèrement les doigts et apercevoir comme des flammèches d'énergie blanc-bleu s'étirer, pareilles à du chewing-gum. Quand vous écarterez à nouveau les doigts (lentement et jusqu'au maximum), ces flammèches réintégreront vos doigts. Continuez l'expérience aussi longtemps que vous le voulez. La plupart des participants verront tout ce qui est décrit plus haut.

Ensuite, vous pouvez prendre un cristal – il n'a pas besoin d'être de première qualité – et le tenir plaqué contre un de vos poignets. Commencez alors à respirer lentement, profondément et avec rythme, selon la méthode de votre choix – par exemple « la respiration profonde » en yoga. Puis inspirez lentement et profondément, retenez votre souffle pendant sept secondes environ, selon vos capacités, et expirez lentement et à fond. Répétez le même processus plusieurs fois de suite et prenez votre temps. Le flot de prana augmentera alors peu à peu et s'accumulera dans le cristal par votre main et votre poignet. À cette étape, vous discernerez sans doute comme des flammes qui sortent du bout des doigts et augmentent progressivement de taille. Parfois même, celles-ci s'étendront jusqu'à atteindre de dix à quinze centimètres (et ce, devant vos propres yeux). C'est alors que vous prendrez vraiment conscience que tout ceci est lié au souffle. Alors que vous inspirez, le champ aurique se contracte légèrement sur lui-même ; mais quand vous expirez, ce champ se dilate. Vous pouvez vous-mêmes constater comment le souffle et l'aura pranique réagissent l'un par rapport à l'autre.

Une photo Kirlian peut être tirée lorsqu'on pose la main ou le doigt, ou une feuille d'arbre (coupée en deux ou non), sur une plaque métallique légèrement électrifiée. Toutefois, un film spécial pouvant capter une partie du spectre électromagnétique est requis. Dans l'illustration 12-31, nous avons deux photos Kirlian du bout du doigt d'une guérisseuse ; elles ont été prises par le personnel du Human Dimensions Institute (l'Institut des dimensions humaines). Dans la photo du haut, la guérisseuse est immobile. Elle est simplement assise et ne pense à rien en particulier. On peut quand même distinguer une lumière blanc-bleu qui émane du bout de son doigt. La photo du bas démontre ce qui s'est passé lorsqu'elle a commencé à respirer profondément et à se concentrer sur l'acte de guérir. Des flammes blanc-bleu émanent maintenant de l'extrémité de son doigt. Dans ce cas particulier, le souffle n'est pas le seul à produire ce résultat. C'est également dû à l'influence du chakra sur lequel elle se concentre. Nous en reparlerons dans le chapitre sur la guérison.

Au-delà de ce prana lumineux qui irradie tout autour du corps se trouve un autre champ énergétique qui, lui, n'est pas associé directement au souffle, mais est plutôt relié à nos pensées et à nos émotions. En effet, nos pensées émettent des ondes électromagnétiques à partir du cerveau, et il en est de même de nos émotions, qui elles viennent du cœur. Tout ceci est également visible, mais uniquement si vous le désirez avec suffisamment d'enthousiasme. La plupart des gens ont en effet choisi de ne plus rien voir. Par conséquent, ils ne savent plus ce qui est là, à portée de leurs sens plus subtils. De nos jours, des caméras peuvent saisir des clichés de l'aura et être couplées à un ordinateur. Il ne s'agit donc plus d'estimations à vue de nez, mais plutôt de véritables faits scientifiques. À ce propos, vous pouvez d'ailleurs vous reporter aux informations fournies par le Dr Valorie Hunt et vous rendre compte des progrès de la science en ce qui concerne l'aura humaine et ses secrets.

L'art et la manière de bloquer sélectivement les informations qui nous parviennent du monde ambiant sont assurément des sujets intéressants. C'est comme de vivre dans une grande ville où toutes sortes de bruits arrivent continuellement à nos oreilles : les coups de klaxon des conducteurs impatients, les sirènes hurlantes des ambulances et des voitures de police, la tôle froissée au cours d'un accident automobile au coin de la rue, les cris des gens, et les rafales saccadées des marteaux-piqueurs sur la chaussée – en fait, tout ce qui est possible et imaginable. Tous ces bruits se fondent en un bourdonnement incessant que nous autres humains entendons en arrière-fond, et si nous habitons en ville, nous n'y prêtons même plus attention. Nous avons en nous cette capacité extraordinaire d'éliminer complètement cette cacophonie de notre conscience de veille. Pour la plupart des citadins, elle n'existe même plus. Et pourtant, si quelqu'un qui vit à la campagne ou même dans une petite ville de province se rend dans la grande cité, tous ces bruits lui semblent assourdissants. Mais si cette même personne restait en ville pendant suffisamment longtemps, elle finirait aussi par développer la capacité de ne plus rien entendre. Eh bien, c'est ce que nous avons fait avec l'aura humaine. Peut-être était-ce devenu trop pénible de voir toutes ces pensées et tous ces sentiments contradictoires et souvent très négatifs émerger continuellement en notre conscience et l'offenser !

Comment voir l'aura

Si vous désirez vraiment voir l'aura et apprendre quelque chose à son sujet, je vous suggère d'abord la lecture d'un livre ou deux sur les traitements par la gamme chromatique. Ainsi, vous vous familiariserez avec les significations des diverses couleurs. En fait, j'ai découvert que nous possédons déjà cette connaissance dans notre subconscient. J'ai lu vingt-deux ouvrages sur les traitements par la couleur et je me suis rendu compte qu'ils disent tous à peu près la même chose. Il y a très peu de différences dans ces pages, et la signification reste la même. Si vous en lisez deux ou trois vous-mêmes, je suis sûr que vous en saisirez facilement la substance. Le livre d'Edgar Cayce, *Auras: An Essay on the Meanings of Colors*, est excellent, car il est simple et très pertinent.

Les militaires entraînent maintenant certains soldats d'élite à voir les auras. Ainsi, ils sont capables de savoir exactement ce que l'ennemi pense et ressent, ce qui s'avère évidemment un avantage majeur en cas de conflit. Voici d'ailleurs leur technique.

À cette fin, procurez-vous plusieurs feuilles de papier cartonné en couleur ainsi qu'une grande feuille de papier cartonné blanc d'environ 90 centimètres de longueur et 60 centimètres de largeur. Vous allez maintenant être les témoins d'un phénomène de vision qui n'a absolument rien à voir avec l'aura ; cependant, vous pouvez apprendre à distinguer l'aura humaine grâce à cette technique.

Posez la grande feuille de papier blanc à plat sur le sol et éclairez-la du dessus, toujours avec une lampe directionnelle de type table à dessin et branchée au préalable sur un rhéostat. Posez maintenant une des feuilles de couleur au milieu du papier blanc. Choisissez d'abord une feuille rouge et fixez-là pendant 30 secondes sans cligner des yeux. Une fois ce temps écoulé, continuez à regarder fixement le même endroit, même après avoir brusquement retiré cette feuille et l'avoir placée hors de vue. En moins d'une seconde, *la couleur complémentaire* apparaîtra devant vos yeux, c'est-à-dire le vert. Ce double sera toujours d'une couleur différente de l'original, mais la forme restera la même.

Cette image fantôme apparaîtra donc devant vos yeux, toute reluisante et transparente, et il vous semblera même qu'elle flotte au-dessus de la surface du papier blanc. Si vous répétez la même expérience avec quatre ou cinq feuilles de couleurs différentes les unes après les autres, cela ne prendra que quelques minutes avant que vous développiez une certaine capacité de percevoir ce type d'image en couleur – reluisante, transparente et flottant dans l'espace. En fait, ces couleurs sont comme le champ aurique, sauf qu'elles sont idéales, car peu de gens ont une aura dont les couleurs sont si nettes et si claires.

Pour la deuxième partie de l'entraînement, vous aurez besoin d'un partenaire et tous les deux devrez (de préférence) porter des vêtements blancs, car c'est le meilleur moyen de voir les couleurs de l'aura. Les vêtements eux-mêmes ne bloquent certainement pas l'aura, mais leur couleur (autre que le blanc) la rend difficile à percevoir. Demandez à votre partenaire de rester debout devant un écran de projection blanc ou, à la rigueur, un mur blanc (s'il y en a un dans votre environnement immédiat). Prenez ensuite la lampe équipée du rhéostat et réglez-la pour obtenir une illumination maximale, tout en dirigeant le faisceau sur votre partenaire. Prenez maintenant une feuille de couleur et demandez qu'il la tienne à environ trois centimètres devant lui, et à hauteur de poitrine. Comme auparavant, concentrez-vous sur le papier en couleur, fixez votre regard sur lui sans battre des paupières et comptez mentalement jusqu'à trente. Demandez à votre partenaire de retirer rapidement la feuille de papier et de la mettre hors de vue. Vous verrez alors la couleur complémentaire, comme si elle flottait dans l'espace tout autour de la personne debout devant vous.

Cela fait, vous pouvez demander au sujet de placer la feuille de couleur derrière sa tête ou ses épaules. Répétez le même processus quatre ou cinq fois, jusqu'à ce que vous soyez habitués à voir les couleurs dans l'espace tout autour de son corps. Ensuite, retirez le papier de couleur de sa main et continuez à observer le sujet en tournant très lentement le rhéostat de manière à avoir de moins en moins de lumière. À partir d'un certain point, le corps de votre partenaire devient très sombre et un moment magique survient bientôt, car d'un seul coup, toutes les couleurs de l'aura apparaissent devant vos yeux.

Je dis bien *toutes* les couleurs. Vous saurez qu'il s'agit bien de toutes les couleurs de l'aura, et pas seulement des couleurs complémentaires déjà vues, puisque *vous* verrez alors toute une variété de couleurs *changeantes*. Tout ce à quoi la personne pense et tout ce qu'elle ressent sur le moment est immédiatement projeté sous forme de couleurs dans l'aura. Habituellement, celles qui se trouvent autour de la tête et des épaules représentent ce à quoi la personne pense. Dans la région de la poitrine et du dos, les couleurs sont celles des sentiments et des émotions, même s'il s'agit parfois d'une légère juxtaposition.

En plus des pensées et des émotions, il se peut que l'aura révèle un problème de santé. Si vous êtes malade ou souffrez d'un malaise physique, elle adoptera souvent une couleur particulière. Les couleurs émises par nos pensées brillent et reluisent dans l'aura, mais changent en même temps qu'elles. Quant aux couleurs qui correspondent aux émotions, elles ont tendance à se mouvoir autour de la personne. Par contre, celles associées à une maladie sont fixes, se présentant souvent comme des formes globuleuses et parfois angulaires qui se dégagent du patient, mais restent au même endroit du corps. Dans certains cas, une maladie ne donnera aucun signe extérieur de sa présence, car la couleur ou la forme angulaire rattachée à cette maladie reste totalement à l'intérieur du corps, sans rien laisser émerger. En général, disons que quelque chose est habituellement apparent.

Au Human Dimensions Institute, un médecin donne un cours sur l'art de diagnostiquer les maladies humaines en effectuant une lecture de l'aura. Il a découvert depuis longtemps que lorsqu'on a appris cela, on peut simplement observer une personne, analyser la condition de son aura et déduire exactement ce qui ne va pas par rapport à sa santé. On n'a pas besoin de MRI *(Magnetic Resonance Imaging)* ou, si vous préférez, d'images par résonance magnétique. On observe simplement l'aura du patient et on sait ce qui se passe. La plupart des gens peuvent faire cela, et ce bon docteur est prêt à leur enseigner comment y arriver. Personnellement, je crois que tout le monde est capable de voir l'aura, à moins d'avoir de sérieux problèmes émotifs ou physiques.

Voici comment vérifier si ces champs auriques sont réels ou fictifs. Au cours de mon atelier, je disais à la personne observée par le groupe : « Et maintenant, pense à ta voiture. » Les gens ont généralement des sentiments très confus quand il est question de leur voiture, surtout les femmes. Immédiatement, nous pouvions tous voir les couleurs de l'aura changer autour de la tête du sujet. Ensuite, on peut par exemple lui dire : « Cesse de penser à ta voiture et concentre-toi sur quelqu'un que tu n'aimes pas du tout. » Un rouge terne apparaîtra alors dans le champ aurique du sujet observé, la couleur même de la colère, car nous éprouvons souvent une certaine colère envers quelqu'un que nous détestons. Cette couleur apparaîtra autour de la tête et des épaules, et peut-être même tout autour du corps. Après, on peut dire au sujet : « Bon, maintenant, pense à quelqu'un que tu aimes ou que tu adores. » Beaucoup de rose rayonnera généralement par la poitrine, ainsi que du blanc ou une effusion dorée au-dessus de la tête. Si la personne observée pense à un être spirituel ou à une situation de nature spirituelle, ou encore à Dieu, on peut habituellement déceler beaucoup de jaune or et de violet dans son aura. Mais à partir du moment où ses pensées changent, les couleurs de son aura changent également. Voilà comment vous pouvez savoir si l'expérience est fiable ou non.

Dès que vous avez développé cette capacité, vous pouvez l'activer ou, au contraire, la désactiver à volonté. Dans mon cas, cette faculté est endormie la plupart du temps, à moins d'avoir à l'utiliser à nouveau pour quelque bonne raison (au cours de mes ateliers, par exemple). Mais c'est très facile à faire pour la plupart d'entre nous. C'est un peu comme avec un stéréogramme ; on peut regarder normalement si on veut, mais on peut aussi croiser légèrement les yeux et fonctionner peu à peu sur un autre plan dès qu'on obtient la vision stéréogrammique à trois dimensions, ce qui se passe en fait lorsqu'on perçoit l'aura. On peut soit observer le corps en surface comme d'habitude, soit commencer à observer l'espace autour de lui et apercevoir les couleurs de l'aura.

Le corps de lumière au complet

L'aura humaine est entièrement contenue dans un autre champ magnétique qui, lui, est de forme ovoïdale et entoure complètement le corps humain. Hors de cette forme s'expriment des centaines d'images géométriques d'une très grande précision. Elles sont de nature électromagnétique (du moins dans notre dimension d'existence actuelle) et on peut très bien les discerner sur l'écran d'un ordinateur branché en parallèle sur des appareils de détection adéquats. En fait, ces géométries sont très difficiles à distinguer sans l'aide de ces instruments très sensibles. On peut aussi les « voir avec les yeux de l'esprit », ce qu'on appelle encore la clairvoyance, et les « sentir » grâce à l'intuition, mais elles sont très difficiles à discerner avec les yeux physiques parce que l'énergie dont elles sont composées est très subtile. Dès que notre Mer-Ka-Ba est réactivé, c'est beaucoup plus facile à entrevoir, car celui-ci est un champ électromagnétique très puissant.

Nous allons poursuivre l'investigation de ces géométries dans le prochain chapitre et nous nous efforcerons de rendre le sujet facile à comprendre. Dès qu'on a pu les contempler, on sait qu'elles offrent l'opportunité de faire l'ascension dans les mondes de lumière, vers l'immortalité et la réalisation de ce qu'on appelle « Dieu ».

TREIZE

Les géométries
et la méditation du Mer-Ka-Ba

Résumons le dernier chapitre en disant d'abord qu'une énergie rayonne des chakras et qu'à partir de ceux-ci les méridiens influencent chaque cellule du corps. Puis, qu'un champ pranique qui se trouve tout près du corps est créé par le flot d'énergie passant par les chakras et les méridiens. Et qu'enfin le champ aurique, qui rayonne depuis la surface du corps jusqu'à une distance de plusieurs dizaines de centimètres, est généré par les pensées, les sentiments et les émotions. Ce dernier est à son tour circonscrit par un champ de forme ovoïdale. À partir de là, nous commençons à percevoir les géométries lumineuses qui composent la plus grande partie du corps de lumière chez l'homme. Le Mer-Ka-Ba est un potentiel des champs de lumière géométriques, et il est créé par la conscience. Cela ne se passe pas automatiquement, sauf après une très longue période d'évolution, et au moment de l'histoire où j'écris ces lignes, seulement un dixième de un pour cent de l'humanité possède un champ Mer-Ka-Ba actif. Je crois néanmoins que cela changera énormément au cours des années à venir.

L'être humain est entouré de nombreuses formes géométriques qui sont de nature électromagnétique au sein de notre dimension (voir illustration 13-1). Le Mer-Ka-Ba est en contact avec toutes les dimensions possibles et imaginables, et il recourt aux lois de chacune d'elles pour se manifester. Dans l'illustration 13-1, on ne peut voir qu'une seule réalité géométrique sur les centaines qui existent tout autour du corps. Ce que vous voyez ici n'est que l'étoile tétraédrique, le premier champ géométrique circonscrivant le corps humain et qu'on appelle parfois « l'introduction au Mer-Ka-Ba ». C'est d'ailleurs lui que nous (du moins la plupart d'entre nous) allons utiliser sur terre à ce moment de notre histoire. Cependant, nous allons aussi vous introduire à une géométrie plus complète du corps de lumière, puisque ces informations seront très importantes pour certains d'entre vous. Mais pour la majorité des gens, ce champ tétraédrique en étoile à huit branches est tout ce qu'il est nécessaire de connaître. Dès que

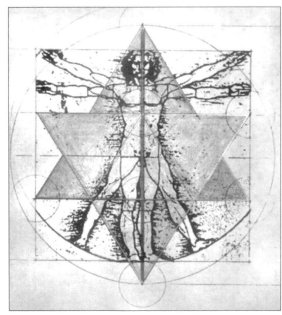

Illustration 13-1. La géométrie de l'étoile tétraédrique tout autour du corps humain.

vous aurez pénétré dans le prochain monde, la quatrième dimension de cette planète, vous recevrez toutes les informations supplémentaires nécessaires dont vous aurez besoin à ce moment-là.

Et pourquoi donc continuer à répandre des informations qui ne s'adressent qu'à un petit nombre ? Je parle à un auditoire situé sur de nombreux plans de l'évolution. Chacun de vous est important pour l'être universel. En fait, si un seul esprit, ou une seule conscience individualisée, devenait non existant, l'univers entier cesserait d'exister. Afin de pouvoir toucher tous les membres de cet auditoire, je dois donc aller au-delà de ce dont la plupart des gens ont besoin.

L'étoile tétraédrique, source de toutes les formes géométriques autour du corps humain

Si vous vous efforcez de retracer l'origine des lignes énergétiques de ce tétraèdre étoilé à l'intérieur du corps humain, vous finirez par en découvrir une minuscule reproduction au sein même des huit premières cellules, dans l'Œuf de vie situé au centre géométrique absolu du corps humain, c'est-à-dire à la base de la colonne vertébrale. Comme vous avez pu le voir au chapitre 7, toute la création est de nature géométrique. Le mode de division des cellules vivantes, la mitose, passe de la sphère au tétraèdre, puis à l'étoile tétraédrique, ce qui mène au cube et à nouveau à la sphère, et pour finir, au tore. Mais ces géométries du début de la vie humaine sur terre ne s'arrêtent pas là. Elles continuent à s'accumuler jusqu'à environ dix-sept mètres autour du corps, créant ainsi toute une série de formes géométriques parfaitement imbriquées les unes dans les autres, et sans cesse intimement liées les unes aux autres, que la vie utilisera un jour, au cours de sa propre évolution.

Maintenant que vous connaissez la source de toutes ces géométries qui s'accumulent autour du corps humain, commençons-en l'étude avec l'étoile tétraédrique. Nous allons d'abord vous demander de réviser la partie des informations contenues aux pages 57 et 58 du tome 1, ceci pour gagner du temps, car c'est par cela qu'il faut débuter.

D'autre part, sachez que les informations qui vont suivre appartiennent au domaine du sacré et ont la capacité de vous transformer à tout jamais. Si, pour quelque raison que ce soit, vous sentez que cette voie n'est pas bonne à suivre pour vous en ce moment, alors ne l'empruntez pas. Attendez d'être absolument certains, car à partir du moment où vous vous aventurez sur ce sentier, aucun retour en arrière n'est possible. En votre for intérieur, vous saurez ce que je veux dire ici, parce que vous aurez déjà fait l'expérience de beaucoup de choses qui relèvent du domaine des chakras supérieurs. Oh, vous pouvez lire cet ouvrage sans crainte, car seul le fait de faire personnellement *l'expérience* du Mer-Ka-Ba peut vous changer, ainsi que votre vie tout entière. Le fait de devenir personnellement conscients altérera votre être intime, votre moi supérieur, c'est-à-dire vous-mêmes sur un plan de conscience supérieur à celui-ci, et dans votre vie ici-bas, vous allez croître spirituellement de plus en plus rapidement.

Si vous vous adonnez à cette pratique, il se peut que des changements majeurs se produisent dans votre vie en quelques jours ou en quelques semaines. Il se peut aussi que certains de vos amis et quelques-unes de vos connaissances qui, jadis, obstruaient spirituellement votre vie, disparaissent soudain de votre vue et soient remplacés par d'autres. C'est là une loi spirituelle qui est déjà à l'œuvre, comme vous allez rapidement le découvrir vous-mêmes si vous choisissez de vous engager sur cette voie des chakras supérieurs et du Mer-Ka-Ba. Je vous dis tout cela maintenant, de manière que vous le sachiez et ne soyez pas surpris de ce qui va se passer. Dès que la vie est consciente de votre réveil, elle se met à vous aider dans ce sens. Et dès que vous avez commencé à vous réveiller, la vie se sert de vous pour se développer davantage ! Vous souvenez-vous de tout cela ? Il est bien évident que ce n'est pas la première fois que vous vous engagez sur ce sentier. En vérité, vous savez déjà. Et maintenant, poursuivons notre progression.

Ce tétraèdre en étoile entourant le corps humain (voir illustration 13-2) deviendra une des représentations les plus importantes pour arriver à comprendre le Mer-Ka-Ba et travailler avec lui, tel que cela est enseigné dans ce livre. Ce que vous voyez ici n'est évidemment qu'un dessin à deux dimensions sur la surface plate d'une page, mais imaginez qu'il est en fait tridimensionnel et qu'il a du volume. Avec de la profondeur de champ, vous pouvez alors vous rendre compte que ces deux tétraèdres imbriqués l'un dans l'autre sont parfaitement contenus dans un cube. Cela vous aiderait vraiment beaucoup de construire vous-mêmes une de ces formes ou, à la rigueur, d'en acheter une toute faite, de manière que vous puissiez vous en faire une image parfaite à l'esprit. Vous trouverez, dans les dernières pages de ce volume, un patron d'étoile tétraédrique que vous pourrez photocopier, découper et coller.

Une des premières choses que les anges me demandèrent de faire, au cours de leur enseignement, fut justement de dessiner tous les éléments d'une étoile tétraédrique sur une feuille de papier cartonné, de les découper, puis de les plier soigneusement et de les coller, ceci en vue de former un tétraèdre en étoile aussi parfait que possible. Le simple fait de tenir cette forme entre vos mains vous aidera énormément à la comprendre. En fait, il est pour ainsi dire essentiel que vous fassiez cela. En effet, si, parvenus à ce point de votre évolution, vous saisissez mal un concept ou si ce qui a trait à la forme tétraédrique dont nous parlons ici n'est

Illustration 13-2. Orientations masculine et féminine à l'intérieur du tétraèdre étoilé.

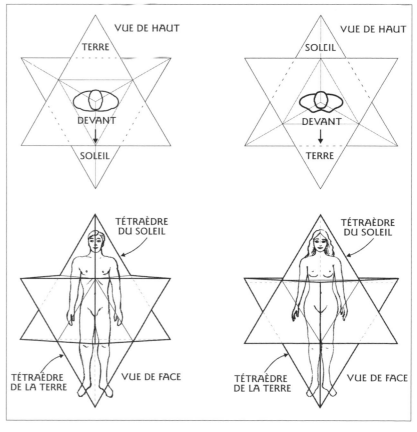

pas absolument clair dans votre esprit, il se peut que cela empêche votre progression.

La manière simple d'assembler une étoile tétraédrique est de construire d'abord deux pyramides à quatre faces égales (des triangles équilatéraux) que vous collez ensuite base contre base pour obtenir un octaèdre parfait (car voyez-vous, il existe bien un octaèdre à l'intérieur même du tétraèdre en étoile). Puis, assemblez huit tétraèdres identiques qui ont exactement les mêmes dimensions que chaque face de l'octaèdre. Et finalement, collez chacun de ces tétraèdres sur chacune des faces de l'octaèdre. Vous verrez alors apparaître devant vos yeux, ô surprise, une belle étoile tétraédrique à huit branches qui s'inscrit parfaitement dans un cube ! Il y a évidemment d'autres moyens d'obtenir le même résultat (et le patron à découper à la fin de ce volume est de ceux-là), mais ce que je viens tout juste de décrire est encore ce qu'il y a de plus facile à faire. Chose certaine, vous devez vous procurer une étoile tétraédrique. Encore une fois, faites-la vous-mêmes, ce qui est mieux, ou, à la rigueur, achetez-en une, ce qui s'avère beaucoup moins amusant et plus coûteux !

Le pas suivant consiste à comprendre comment votre corps physique s'inscrit dans le tétraèdre en étoile, ou comment l'étoile à huit branches est disposée tout autour de votre corps. Si vous étudiez attentivement celle que vous venez de construire vous-mêmes ou d'acheter, et celle tracée dans l'illustration 13-1, vous vous en souviendrez facilement.

Dans le dessin de Léonard de Vinci, le tétraèdre pointant vers le haut, ou vers le Soleil, est de nature masculine. Par contre, le tétraèdre pointant vers le bas est de nature féminine. Nous allons les appeler respectivement le tétraèdre du *Soleil* et le tétraèdre de la *Terre*. Si un être humain se place à l'intérieur d'une étoile tétraédrique, avec une pointe au-dessus de sa tête et une autre sous ses pieds, et qu'il regarde l'horizon droit devant lui, l'étoile ne peut occuper que deux positions symétriques.

Pour un homme, la ligne saillante ou l'arête de son tétraèdre du Soleil est exactement devant lui et la face plate opposée, derrière lui. Par contre, en ce qui concerne son tétraèdre de la Terre, la face plate est devant lui, et l'arête derrière lui (voir illustration 13-2, à gauche).

Pour une femme observant l'horizon, la face plate du tétraèdre du Soleil est exactement devant elle, alors que l'arête opposée est derrière elle. Par contre, l'arête de son tétraèdre de la Terre est devant elle et la face plate opposée, derrière elle (voir illustration 13-2, à droite). Maintenant, sachez qu'il y a en fait trois étoiles tétraédriques autour du corps humain, qu'elles sont imbriquées l'une dans l'autre et occupent le même espace*. Par ailleurs, ces trois tétraèdres en étoile utilisent le même axe central. Si vous pouviez les voir physiquement, ils ne paraîtraient former qu'un seul tétraèdre, alors qu'il y en a trois. Nous expliquerons tout cela davantage dans les pages explicitant le quinzième souffle.

Passons maintenant à la méditation Mer-Ka-Ba proprement dite et aux informations spéciales que j'ai reprises et remaniées pour vous aider

---

* Ces formes géométriques sont dans la quatrième dimension, où trois objets semblables en tout point *peuvent* occuper le même espace. (NDE)

à résoudre la plupart des problèmes que les étudiants ont rencontrés dans le passé en essayant de réactiver leur Mer-Ka-Ba d'après ces instructions ou d'autres très semblables. Celles que vous lisez ici, et qui ont été quelque peu révisées, ont été utilisées depuis le début par les facilitateurs de la Fleur de vie. On les a même reproduites sur plusieurs sites Web de par le monde. Toutefois, il faut préciser ici que la plupart des gens n'ont pu effectuer un bon travail à partir de ces seules instructions, et ce, à cause de problèmes restés cachés jusqu'à maintenant. Veuillez donc lire ce texte revu au fur et à mesure que nous le présentons ici, de manière à éviter d'avoir vous-mêmes à faire face à ces difficultés.

Ce n'est qu'au cours des ateliers organisés pendant ces cinq dernières années que les facilitateurs et moi-même avons pu graduellement prendre conscience des problèmes que les étudiants rencontraient quant à ces instructions, et de leur compréhension personnelle de ces dernières par l'expérience directe. À mon avis, cette nouvelle façon d'expliquer les choses sera plus efficace, mais le mieux, et de loin, est encore de participer vous-mêmes à un atelier Fleur de vie organisé par un facilitateur entraîné et qui est membre de l'organisation Flower of Life Research, Inc. (Pour le Québec et la France, veuillez contacter Rachel Pelletier au (418) 837-7623.) On trouve maintenant des facilitateurs compétents et bien entraînés dans 33 pays. Si cela vous intéresse, vous pouvez consulter le site *www.floweroflife.org* sur Internet. De plus, vous pouvez toujours téléphoner à notre bureau international de Phoenix (Arizona), au (602) 996-0900, du moment que vous pouvez vous exprimer en anglais, car aucun de nos membres ne parle français. Tous les facilitateurs ont non seulement reçu un bon entraînement concernant les instructions visant à la réactivation du Mer-Ka-Ba, mais ils peuvent également enseigner par le biais du cœur aussi bien que par la parole, ce qu'aucun livre ne pourra jamais faire. En fait, les leçons reçues en passant par le cœur sont beaucoup plus importantes que la connaissance livresque et intellectuelle. Et bien sûr, il n'en tiendra toujours qu'à vous de décider si un facilitateur ou une facilitatrice de la Fleur de vie peut vous être de quelque utilité ou non pour bien comprendre et saisir ce qu'est le Mer-Ka-Ba. Cela étant dit, commençons maintenant les instructions, subdivisées en quatre parties.

La respiration sphérique et le souvenir de ce qu'est le Mer-Ka-Ba

Comme le Soleil, nous devons respirer et irradier notre lumière tout autour de nous, et c'est de la vie même que nous recevons notre manne.

Aménagez d'abord un coin privé chez vous que vous réserverez pour cette méditation. Assurez-vous que personne ne vous importune durant votre méditation, que ce soit en ouvrant la porte, en traversant la pièce, en utilisant le téléphone, ou de toute autre manière. Choisissez par exemple un coin de votre chambre à coucher et installez-y un petit autel sur lequel vous placerez une bougie et d'autres objets que vous jugez sacrés, très significatifs et inspirants. Si vous avez encore la souplesse nécessaire, vous pouvez vous asseoir en tailleur à même le sol (position

Supplément n° 1 :
Si vous n'êtes pas arrivés récemment d'une autre partie de l'univers, vous vous êtes probablement réincarnés sur terre à plusieurs reprises depuis ces derniers 13 000 ans, et votre Mer-Ka-Ba est probablement resté inactif tout ce temps. Cela fait donc très longtemps que votre corps n'a pas ressenti cette expérience. La pratique de ce mode de respiration particulier va donc avoir pour effet de réactiver le Mer-Ka-Ba tout autour de vous. C'est un peu comme si on commençait à faire tourner une toupie ; au début, tout va bien parce qu'elle est bien lancée et qu'elle se tient bien droite, mais on doit la relancer de temps en temps pour qu'elle ne s'arrête jamais plus. Eh bien, c'est la même chose avec votre Mer-Ka-Ba, mais dans ce cas, les réactivations appuyées (une fois toutes les vingt-quatre à quarante-huit heures au maximum, soit une fois par jour pour être plus sûr) ne devront pas être répétées éternellement. Il viendra un temps où le Mer-Ka-Ba continuera de rester en vie sans votre aide, mais parvenir à ce stade prend du temps. En effet, le Mer-Ka-Ba ne devient « permanent » que lorsque la personne en question est consciente de son souffle en permanence. Celle qui y est arrivée a toutes les chances d'avoir un Mer-Ka-Ba permanent autour d'elle. Clarifions donc en disant que la pratique journalière de la méthode qui va suivre est destinée à vous amener à créer un champ Mer-Ka-Ba bien vivant tout autour de votre corps physique, ce que vous pourrez un jour cesser de faire, car vous serez alors parvenus à la respiration Mer-Ka-Ba consciente en permanence.

Si vous vous arrêtez de pratiquer la méditation Mer-Ka-Ba avant d'être devenus conscients en permanence de votre respiration Mer-Ka-Ba, vous aurez à faire face à quelques problèmes. Il se peut donc que votre ego vous encourage à mettre un terme à votre pratique quotidienne en vous susurrant à l'oreille : « Ah, maintenant, je suis sûr que *mon* Mer-Ka-Ba est permanent ! » alors qu'en fait, il ne l'est pas du tout. Si vous suivez l'élan de votre ego, votre Mer-Ka-Ba cessera de vivre (de tournoyer autour de vous) après 47 ou 48 heures sans réactivation consciente de votre part. Comment savoir si votre Mer-Ka-Ba est permanent ou non ?

C'est très difficile à déterminer, surtout au début de votre pratique, parce que les énergies du Mer-Ka-Ba sont très subtiles. Si vous avez pratiqué la méditation pendant plus d'un an et que vous êtes sûrs d'être conscients de votre souffle Mer-Ka-Ba de nombreuses fois par jour, alors il est pour ainsi dire certain que votre Mer-Ka-Ba est devenu permanent. Si vous êtes en contact avec votre être intérieur et que vous n'êtes pas sûrs d'avoir atteint ce stade, demandez-le-lui. Mais une chose reste certaine : si vous cessez votre méditation Mer-Ka-Ba et en oubliez jusqu'à son existence pendant plusieurs jours d'affilée, vous devrez tout recommencer depuis le début. Ce n'est que lorsque vous êtes devenus conscients en permanence de votre souffle Mer-Ka-Ba que votre Mer-Ka-Ba lui-même sera devenu permanent tout autour de vous.

du lotus) ; sinon, prenez place sur un coussin ou sur une chaise droite, peu importe. Rendez cet endroit saint et sacré pour vous-mêmes et par vous-mêmes, car c'est là que vous allez apprendre à réactiver le Mer-Ka-Ba autour de votre corps et à entrer consciemment en contact avec votre être supérieur.

Pratiquez cette méditation une fois par jour, jusqu'à ce que vous soyiez devenus conscients de votre respiration (ce qui est facile) en permanence (ce qui est beaucoup plus difficile). Le but consiste à devenir conscients de votre rapport intime avec Dieu, et ce, avec chaque inspiration et chaque expiration du souffle, c'est-à-dire en permanence. Et maintenant, veuillez lire le supplément n° 1.

Pour commencer la méditation, asseyez-vous d'abord dans la position du lotus ou celle de votre choix et relaxez-vous. Vous pouvez aussi prendre place sur une chaise droite. Laissez maintenant tous les ennuis de la journée derrière vous. Respirez en cadence et assez légèrement tout en vous détendant. Devenez conscients de chaque souffle et sentez votre corps se relâcher. Dès que la tension s'efface peu à peu, placez votre attention sur le chakra christique, à environ un centimètre au-dessus du sternum, et ouvrez votre cœur petit à petit. Ressentez de l'amour pour Dieu et pour toute vie, où qu'elle se trouve. Continuez à respirer avec rythme (les temps d'inspiration et d'expiration du souffle étant égaux) en restant conscients de votre respiration et ressentez l'amour qui imprègne votre conscience. Quand ce sentiment est fermement ancré en vous, vous êtes prêts pour l'expérience du Mer-Ka-Ba. Le degré de votre capacité d'aimer sera le degré de votre capacité de faire l'expérience du Mer-Ka-Ba vivant.

Aperçu général sur la méditation

La méditation tout entière consiste en 17 souffles* complets (une inspiration et une expiration constituant un souffle). Les six premiers souffles (c'est-à-dire les six premières inspirations et expirations) servent à rééquilibrer les polarités au sein des huit circuits électriques et à bien les nettoyer. Les sept souffles suivants sont très différents en ce sens qu'ils servent à rétablir le mouvement du prana à travers votre système de chakras et à instaurer ce que nous appelons la *respiration sphérique* au sein du corps physique. Le 14e souffle est unique, car il rétablit l'équilibre de l'énergie pranique dans votre corps, depuis le niveau de conscience de la troisième dimension jusqu'à celui de la quatrième dimension. Les trois derniers souffles sont utilisés pour recréer le Mer-Ka-Ba grâce à deux champs électromagnétiques en forme d'étoile tétraédrique qui tournent sur le même axe, mais à l'opposé l'un de l'autre, ceci à une certaine vitesse et selon un certain rapport.

---

* Voir p. 434. Une note spéciale s'applique au 18e et dernier souffle.

Première partie : les six premiers souffles

Les instructions qui vont suivre se rapportent à votre cœur, à votre esprit, à votre corps et à votre souffle.

PREMIER SOUFFLE : inspiration

Votre cœur : Ouvrez-le tout grand et ressentez de l'amour pour toute vie. Si vous ne pouvez y arriver, vous devez au moins vous ouvrir à cet amour dans toute la mesure du possible. C'est l'instruction la plus importante de cette méditation.

Votre esprit : Devenez conscients du tétraèdre du Soleil (mâle ; celui qui pointe vers le haut, vers le Soleil), dont une arête fait face à l'observateur s'il s'agit d'un homme, ou se trouve dans son dos s'il s'agit d'une femme. Visualisez ce tétraèdre du Soleil comme étant rempli d'une lumière blanche resplendissante qui entoure complètement votre corps. (Cette couleur blanche aveuglante est celle de l'éclair dans le ciel, pendant un orage. En fait, ce n'est pas seulement la couleur de l'éclair, c'est également son énergie.) Visualisez cette forme géométrique au mieux de vos capacités. Si vous en êtes incapables, sentez et sachez qu'il en est ainsi et que cette réalité est tout autour de vous. Sentez le tétraèdre du Soleil rempli de cette énergie lumineuse. (Veuillez lire le supplément no 2.)

Votre corps : Immédiatement avant l'inspiration du premier souffle, faites le premier mudra en joignant les extrémités du pouce et de l'index de chaque main. Ce qui importe, c'est que les bouts des doigts déjà nommés se touchent normalement, sans trop appuyer, et que les autres doigts restent naturellement écartés les uns des autres et ne touchent aucun objet non plus (car de véritables circuits électriques sont en jeu dans cette méditation, et vous devez veiller à ne pas les court-circuiter). Les paumes de chaque main sont tournées vers le haut pendant les six premiers souffles. (Veuillez vous reporter au supplément no 3.)

Votre souffle : Au même moment, et alors que vos poumons sont vides, inspirez fermement en comptant mentalement jusqu'à sept (le souffle yogique). Respirez seulement par le nez, sauf aux endroits que nous indiquerons, en commençant par l'estomac et le diaphragme et en finissant par la poitrine. Tout ceci doit être accompli en un seul mouvement bien coordonné, et non pas en trois parties distinctes. L'expiration (d'une durée de 7 secondes également) s'effectue, quant à elle, soit en retenant d'abord la poitrine et en relaxant l'estomac alors qu'on expire, soit en retenant d'abord l'estomac et en relaxant la poitrine. Le point le plus important est que le souffle doit devenir rythmique, à savoir que les temps d'inspiration et d'expiration sont les mêmes. Essayez « la méthode des sept secondes » des Tibétains. Vous inspirez pendant sept secondes et expirez pendant autant de secondes. C'est en vous familiarisant avec cette méditation que vous finirez par trouver le rythme qui vous convient le mieux. Vos inspirations et vos expirations peuvent être aussi longues que vous le désirez, du moment qu'elles sont de même durée et pas moins de cinq secondes chacune. Si vous avez un problème

Supplément no 2 :
Vous allez maintenant avoir besoin d'une petite étoile tétraédrique à huit branches pour pouvoir l'observer à votre aise. Réalisez que chaque côté du tétraèdre en étoile représente la longueur de vos bras écartés au maximum, d'une extrémité du majeur à l'autre (ou la hauteur de votre taille, si vous préférez). L'étoile tétraédrique vous circonscrit donc complètement. Si vous êtes seuls, reproduisez le triangle de votre tétraèdre pointe en haut sur le sol en y épinglant un morceau de corde ou en la faisant tenir en place avec du ruban adhésif, et mettez-vous au centre. Cela vous aidera à bien visualiser le volume de votre tétraèdre tout autour de vous. Au cours de l'atelier Fleur de vie, quatre personnes sont souvent nécessaires pour maintenir ensemble les longueurs de corde aux quatre pointes, ce qui permet à l'étudiant qui se tient au milieu de se rendre exactement compte de la taille, du volume et de la présence du tétraèdre autour de lui.

Autre point important. Quand vous visualisez vos tétraèdres (il y en a deux, qui sont imbriqués l'un dans l'autre et forment une étoile tétraédrique à huit branches), ne les voyez pas en dehors de vous. Voyez-vous plutôt vous-mêmes au centre exact de cette forme et contemplez le monde extérieur depuis l'intérieur de son volume. Ne visualisez pas non plus une petite étoile tétraédrique en face de vous en la contemplant depuis l'extérieur seulement. Cette manière de voir les choses vous ferait perdre contact avec le champ électromagnétique (le Mer-Ka-Ba) qui existe déjà tout autour de vous, et vous seriez incapables de le recréer pour votre conscience objective. Votre esprit a besoin d'entrer en contact avec le vrai champ Mer-Ka-Ba. Et pour cela, vous devez vous voir à l'intérieur même de l'étoile tétraédrique grandeur nature, avec les tétraèdres *autour de votre corps*.

En second lieu, deux choix s'offrent à vous pour reconnecter votre esprit à vos tétraèdres. Certaines personnes peuvent les visualiser ; leur capacité dans ce sens est extraordinaire. D'autres ne peuvent rien voir du tout, mais arrivent à les sentir, et ces deux méthodes sont correctes. La faculté de « voir intérieurement » ou « d'imaginer » appartient au lobe gauche du cerveau, qui est masculin. Par contre, la faculté de « sentir » ou de ressentir relève du lobe droit féminin. Ces deux approches fonctionnent bien toutes les deux et votre choix est sans grande importance, sinon pour vous-mêmes. Certains adeptes utilisent même les deux lobes en même temps, ce qui est également très bien.

Supplément nº 3 :
Un mudra renvoie à une position des doigts. Les hindous, aussi bien que les Tibétains, en utilisent beaucoup au cours de leurs pratiques. Chaque mudra met l'individu en contact avec un circuit électrique particulier dans le corps.

Comme nous l'avons déjà vu, il existe huit circuits électriques principaux dans le corps humain, et chacun d'eux est relié à une des huit premières cellules situées à la base de l'épine dorsale. Il m'est

de santé ou le souffle très court pour quelque raison, faites au mieux de vos possibilités.

Les instructions qui vont suivre sont tirées du livre *The Science of Breath: A complete Manual of the Oriental Breathing Philosophy of Physical, Mental, Psychic and Spiritual Development,* du yogi Ramacharaka (Yoga Publishers Society, 1904). Je souhaite que cette description puisse vous aider.

Dans cet exercice, vous respirez uniquement par le nez (sinon, faites au mieux). Inspirez fermement en remplissant d'abord la partie inférieure des poumons, soit en respirant depuis le diaphragme et les muscles de l'abdomen. Continuez votre inspiration alors que le diaphragme et l'abdomen parviennent naturellement à leur maximum d'expansion, et laissez la partie moyenne et supérieure des poumons se remplir d'air en ouvrant la cage thoracique et en laissant la poitrine se gonfler au maximum.

À première vue, on pourrait penser qu'il s'agit de trois mouvements distincts, ce qui est inexact. Chaque inhalation doit se faire en un mouvement continu et naturel. C'est d'abord le diaphragme et le ventre qui se gonflent, suivis de la cage thoracique tout entière, ceci en un mouvement uniforme et pour ainsi dire sans effort. Évitez à tout prix de respirer par saccades et de vous efforcer de suivre ces instructions trop à la lettre. Pratiquez naturellement et calmement, et bientôt, votre souffle deviendra uniforme et plus profond que d'habitude. Avec un peu de pratique, vous parviendrez aisément à inspirer et à expirer profondément et de manière rythmique.

Pendant l'exhalation, maintenez la poitrine dans sa position et rentrez légèrement le ventre en le soulevant un peu vers le haut alors que vous expirez. *(Note de l'auteur : Quelques instructeurs demandent à leurs étudiants de faire le contraire, soit de maintenir l'abdomen dans la même position et de rentrer la poitrine avant l'abdomen au moment de l'expiration. Toutefois, la plupart des instructeurs utilisent comme moi la première méthode. En réalité, l'une ou l'autre fera l'affaire.)* Relaxez la poitrine et l'abdomen en fin de souffle. Avec de la pratique, vous parviendrez aisément et presque automatiquement au rythme et à la profondeur de souffle nécessaires.

PREMIER SOUFFLE : *expiration*

Votre cœur : de l'amour.
Votre esprit : Soyez conscients du tétraèdre de la Terre, dont la pointe est dirigée vers le bas. Pour l'homme, l'arête est située derrière lui et la face plate, devant. Pour la femme, l'arête est devant elle et la face plate, derrière elle. Visualisez ou sentez que ce tétraèdre est rempli d'une lumière blanche resplendissante.
Votre corps : Conservez le même mudra.
Votre souffle : Maintenant que vous êtes parvenus au maximum de votre inspiration en comptant intérieurement jusqu'à sept, expirez sans hésiter et d'une manière continue pendant sept secondes également, à la manière du yogi. Quand il n'y a plus d'air dans vos poumons, relâchez

la poitrine et l'abdomen sans forcer et retenez votre souffle. Quand vous ressentez un désir de plus en plus pressant de respirer à nouveau, généralement après cinq secondes et plus, faites alors ce qui suit.

Votre esprit : Prenez conscience de la base plate en forme de triangle équilatéral de votre tétraèdre de la Terre, situé au bas de la poitrine, à sept centimètres environ en dessous du chakra christique (voir le canon humain selon Vitruvius dans le tome 1, juste avant la préface). Faites descendre cette base plate triangulaire à l'intérieur du tétraèdre de la Terre en une pulsation d'énergie vers le bas. Elle se conformera à la forme du tétraèdre (diminuant en surface) en descendant à l'intérieur de celui-ci, poussant devant elle toute l'énergie négative du circuit électrique impliqué par le mudra et l'éjectant hors du tétraèdre par sa pointe du bas. Par cette action, la lumière chargée des souillures accumulées dans la forme tétraédrique sortira avec force de sa pointe dans le bas, en direction du centre de la Terre. Cette lumière chargée d'énergies de basses vibrations – si vous pouvez la voir intérieurement avec votre vision non physique (car elle appartient à la quatrième dimension) – est habituellement tachée de points sombres et prend souvent la couleur brune d'une eau boueuse, ou pire encore, surtout au début de votre pratique. Cet exercice mental est accompli simultanément avec les mouvements corporels indiqués plus bas. (Mais auparavant, veuillez lire le supplément n° 4.)

Votre corps : Vous pouvez faire cet exercice les yeux ouverts ou fermés. Croisez légèrement les yeux, sans trop forcer, puis levez votre regard aussi haut que vous le pouvez (une sensation de picotement entre les yeux au niveau du troisième œil peut alors se faire sentir), puis abaissez-le rapidement jusqu'au point le plus bas possible. Cette fois-ci, il se peut que vous éprouviez la sensation d'un courant électrique descendant le long de votre colonne vertébrale exactement en même temps que votre regard s'abaisse. Il s'agit, dans cet exercice, de bien coordonner l'intention avec l'exécution en utilisant le pouvoir de la visualisation ou du *feeling*, de l'intuition. En même temps que vos yeux légèrement croisés* s'abaissent rapidement, faites comme si (cela produira les mêmes résultats) la surface triangulaire du tétraèdre de la Terre s'abaisse dans cette forme en synchronisme parfait avec votre regard ou visualisez cette image. Dès que vous avez terminé, le tétraèdre retrouvera automatiquement sa forme originelle, car sa surface à l'horizontale se reformera et reprendra sa position de départ.

Cette action aura pour effet d'entraîner hors du tétraèdre toutes les pensées et tous les sentiments négatifs qui s'étaient accumulés dans ce circuit particulier de votre système électrique. Plus précisément, cela nettoiera le circuit électrique associé au mudra que vous utilisez. Et maintenant, immédiatement après que l'énergie négative a été pulsée hors du tétraèdre, effectuez le prochain mudra et recommencez le même cycle avec le deuxième souffle.

---

* Si vous avez du mal à croiser légèrement les yeux ou à les conserver croisés pendant que vous abaissez votre regard, ayez-en simplement l'intention et sachez qu'il en est ainsi. La méthode marchera tout aussi bien. (NDE)

difficile de tout expliquer par le menu dans cette colonne, mais disons pour nous résumer qu'il est seulement nécessaire de rééquilibrer et de nettoyer six circuits, et que cela agira automatiquement sur les deux circuits restants (ils seront eux-mêmes rééquilibrés et nettoyés). En fait, le même principe est à l'œuvre avec le système de localisation GPS *(Global Positioning System)*, grâce auquel on peut obtenir les coordonnées exactes de n'importe quoi sur la surface du globe. Ce système est basé sur le tétraèdre. Si on en connaît seulement trois points, le quatrième coule de source et peut facilement être localisé. Or, si on nettoie et rééquilibre trois circuits électriques représentés par les pointes à la base du tétraèdre, le quatrième se nettoie et se rééquilibre automatiquement (la quatrième pointe). Par conséquent, si les six pointes de base des tétraèdres sont nettoyées et rééquilibrées, les deux pointes restantes le seront aussi, à savoir celle qui se trouve à une longueur de main au-dessus de la tête et celle qui est à une longueur de main sous la plante des pieds lorsqu'on se tient debout et bien droit. C'est la raison pour laquelle il n'y a que six souffles rééquilibrants et nettoyants pour les huit circuits dans la méditation Mer-Ka-Ba.

Supplément n° 4 :
Le fait que cette énergie négative pénètre dans le corps de notre bonne mère la Terre ne devrait pas trop vous inquiéter. Celle-ci est parfaitement capable de l'assimiler sans aucun problème pour elle-même. Cependant, si vous habitez à un étage supérieur d'un appartement, il est de votre devoir de protéger les gens qui vivent en

dessous de vous contre toute conta-
mination possible. Pour ce faire,
nous vous proposons de recourir à
la méthode qui va suivre.

Nous n'avons pas expliqué ce
qu'est l'énergie de la pensée, et si
vous ne la comprenez pas encore
très bien, alors faites uniquement
preuve de foi, en attendant d'obtenir la connaissance. Sachez simplement que l'énergie négative que
vous avez émise hors de vous ne
contaminera personne au cours de
sa projection dans le magma
terrestre. *Pensez de cette manière et
sachez qu'il en est ainsi* ; de la
sorte, il en sera assurément ainsi.

Supplément nº 5 :
Le raffinement qui va suivre est
facultatif. Si vous n'en sentez pas la
nécessité, continuez alors à ressentir
seulement de l'amour. Vous ne
pouvez y ajouter autre chose que
lorsque vous vous êtes bien habitués
à la pratique initiale de la méditation et que vous n'avez plus besoin
de vous concentrer sur la manière
de vous y adonner. Voici donc ce
que vous pourrez faire plus tard :
remplacez le sentiment d'amour
dans les sept souffles à venir avec
un des sept sentiments nobles
nommés plus bas, et ce, pendant
toute la durée de chaque souffle
(à l'inspiration et à l'expiration).

Souffle nº 7   Amour
Souffle nº 8   Vérité
Souffle nº 9   Beauté
Souffle nº 10   Confiance
Souffle nº 11   Harmonie
Souffle nº 12   Paix
Souffle nº 13   Vénération envers Dieu

C'est l'attitude nécessaire lorsque
nous désirons nous engager sur la
voie du retour jusqu'à notre

Les cinq souffles qui suivent sont identiques au premier, avec leurs
mudras correspondants, qui sont les suivants :

DEUXIÈME SOUFFLE   Mudra : Joindre le pouce et le majeur
de chaque main.

TROISIÈME SOUFFLE   Mudra : Joindre le pouce et l'annulaire
de chaque main.

QUATRIÈME SOUFFLE   Mudra : Joindre le pouce et l'auriculaire
de chaque main.

CINQUIÈME SOUFFLE   Mudra : Joindre à nouveau le pouce et
l'index de chaque main
(comme dans le premier
souffle).

SIXIÈME SOUFFLE   Mudra : Joindre le pouce et le majeur
de chaque main.

Cette première partie, avec les six premiers souffles (qui ont pour but
d'équilibrer les polarités et de nettoyer les circuits de votre système électrique), est terminée. Vous êtes maintenant prêts à poursuivre avec la
deuxième partie.

Deuxième partie : les sept prochains souffles
et l'art de recréer la respiration sphérique

À partir de maintenant, une nouvelle manière de respirer commence.
Vous n'avez plus besoin de visualiser un des tétraèdres chaque fois que
vous inspirez ou expirez. Vous devez simplement visualiser, ou sentir, ou
seulement être conscients du tube pranique qui s'étend depuis le
sommet du tétraèdre du Soleil (de nature masculine), situé à une main
au-dessus de votre tête, jusqu'à l'extrémité du tétraèdre de la Terre (de
nature féminine), à une main sous vos pieds. Le diamètre de votre tube
est égal au cercle que vous pouvez former lorsque vous joignez le pouce
et le majeur de votre main. (Puisque chacun de nous est légèrement
différent et unique, il a sa propre mesure.) Ce tube parfaitement droit
est comparable à un tube fluorescent dont chaque extrémité se termine
par la pointe d'un cristal. Le prana pénètre donc par ces deux extrémités grâce à un trou infiniment petit.

SEPTIÈME SOUFFLE : *inspiration*

Votre cœur : de l'amour. On pourra démontrer plus de raffinement
après avoir perfectionné cette méditation. (Veuillez lire le supplément
nº 5.)

Votre esprit : Visualisez ou sentez ce tube pranique qui traverse votre
corps de part en part. Dès l'instant où vous commencez l'inspiration du
septième souffle, sentez ou voyez avec votre vision intérieure la lumière
blanche étincelante du prana monter et descendre simultanément dans
ce même tube. Le point de rencontre de ces deux colonnes de prana
dans le corps est contrôlé par votre volonté, et le mouvement du prana

dans le tube est pour ainsi dire instantané. Il s'agit là d'un vaste domaine scientifique connu dans l'univers entier. Malgré tout, il ne vous sera donné dans l'enseignement présent que ce qui vous est nécessaire pour vous rendre de la troisième dimension de conscience à la quatrième et pour accompagner votre mère la Terre dans sa propre ascension.

Dans le cas présent, vous allez diriger les deux flux de lumière pranique de manière qu'ils se rencontrent au nombril – ou plus précisément à l'intérieur de votre corps, au niveau du nombril. Au moment exact où les deux rayons se rencontrent, alors que vous entamez votre inspiration, une sphère pranique lumineuse apparaît à leur point d'intersection dans le tube, et dans le cas qui nous occupe, au niveau du chakra du nombril. Tout se passe en un instant seulement. Alors que vous pratiquez encore l'inspiration du septième souffle, la sphère de prana lumineux se met, lentement au début, à se concentrer et à augmenter de taille.

Votre corps : Utilisez le même mudra pendant les sept souffles : le pouce, l'index et le majeur de chaque main sont joints ensemble, et les paumes sont tournées vers le haut.

Votre souffle : Exercez-vous encore à la respiration yogique, une respiration profonde et rythmique, telle qu'elle a déjà été expliquée, en comptant mentalement sept secondes durant chaque inspiration et expiration, à moins que vous préfériez un autre rythme. Allez-y d'après ce que vous ressentez être le mieux pour vous-mêmes. À partir de maintenant, il n'est plus nécessaire de retenir le souffle. Le flux de prana dans les deux directions (de haut en bas, et de bas en haut dans le tube) ne s'arrête plus et ne change en aucune manière quand vous passez d'une inspiration du souffle à une expiration. Il y aura un apport continu dans les deux sens, et celui-ci ne s'arrêtera plus jamais, aussi longtemps que vous respirerez de cette manière – même après la mort, l'ascension ou la résurrection.

SEPTIÈME SOUFFLE : expiration

Votre esprit : La sphère de prana, centrée juste derrière le nombril, continue à augmenter, si bien qu'en fin d'expiration, elle atteindra un diamètre de 20 à 23 centimètres.

Votre souffle : Ne forcez pas l'air hors des poumons. Lorsque vos poumons sont naturellement vides, commencez immédiatement le prochain souffle.

HUITIÈME SOUFFLE : inspiration

Votre cœur : de l'amour.

Votre esprit : La sphère de prana continue à concentrer l'énergie de la force de vie et à augmenter de taille.

source, en franchissant à nouveau le portail interdimensionnel situé dans la constellation d'Orion, au sein de la nébuleuse du crabe. Seule une conscience (ou un esprit) qui vit vraiment ces qualités peut espérer pouvoir enfin en franchir le seuil. Ce raffinement, si vous l'employez de manière répétée, génère un champ électromagnétique subtil qui vous aidera dans le futur. Et si vous ne comprenez pas maintenant, vous comprendrez plus tard.

Supplément nᵒ 6 :
Puisqu'un changement de polarité sexuelle est en train de se produire sur terre en ce moment même – causé par un nouveau genre de lumière qui rayonne maintenant depuis l'intérieur du Soleil –, un nombre de plus en plus grand d'êtres humains change aussi de polarité. Comme ce mudra n'est pas de la plus grande importance et qu'il sert principalement à vous détendre pendant la méditation, je suggère que vous placiez les paumes de vos mains de la manière qui vous semble la plus confortable, sans vous soucier de polarité. Et si votre choix s'avère différent au cours du temps, qu'il en soit donc ainsi !

Supplément nᵒ 7 :
Pendant des années, nous avons recommandé que les étudiants pratiquent uniquement la respiration sphérique, jusqu'à ce qu'ils puissent contacter leur « *higher self* », leur Soi supérieur, et obéir à ses propres instructions. Malgré tout, la Terre est maintenant parvenue à une conscience beaucoup plus élevée, et il est devenu possible de passer immédiatement à la quatrième partie de la méditation Mer-Ka-Ba.

Supplément nº 8 :
Voilà un des points les plus mal compris des débutants. Il n'est pas encore clair dans leur esprit qu'ils ont affaire à *trois jeux* d'étoiles tétraédriques autour du corps (et que chaque étoile tétraédrique est composée de deux tétraèdres simples imbriqués l'un dans l'autre). L'erreur la plus fréquente consiste à faire tourner le tétraèdre du Soleil dans le sens inverse de la montre (de droite à gauche) et le tétraèdre de la Terre dans le sens opposé (de gauche à droite). Cette tendance ne cause pas grand tort, mais la croissance spirituelle du fautif est temporairement arrêtée.

Le type de Mer-Ka-Ba ainsi créé vous mènera jusque dans une harmonique en résonance avec la troisième dimension de cette planète, qui a été utilisée pendant des milliers d'années par les chamans et guérisseurs en tout genre, dans le but de gagner des pouvoirs et de guérir autrui. Cela a même été retenu dans l'art de la guerre. Cependant, c'est là une pratique qui ne débouche pas sur quelque chose de réellement significatif. En fin de compte, elle ne vous permettra pas de faire l'ascension jusque dans les mondes supérieurs avec notre mère la Terre. Si cela est votre façon de pratiquer votre méditation Mer-Ka-Ba, veuillez recommencer votre pratique selon les instructions que nous vous donnons ici.

Supplément nº 9 :
Vous pouvez également recourir au mudra des doigts croisés : dans ce but, croisez vos doigts et faites en sorte que les pouces se touchent naturellement.

HUITIÈME SOUFFLE : *expiration*

Votre esprit : La sphère pranique augmente sans cesse de volume et parviendra à sa taille maximale à la fin de ce souffle. Cette taille est différente pour chacun de nous. Si vous placez l'extrémité de votre doigt le plus long sur le nombril, la ligne de votre poignet vous donnera le rayon de cette sphère lorsqu'elle est à son maximum. Cette sphère de prana pur ne peut grossir davantage ; elle en restera là, même lorsque nous vous donnerons les instructions pour en créer une autre plus grande à partir de celle-ci.

NEUVIÈME SOUFFLE : *inspiration*

Votre esprit : La sphère, ne pouvant plus continuer à prendre du volume, concentre alors toujours plus de prana à l'intérieur d'elle-même, ce qui la rend de plus en plus resplendissante de lumière.

Votre souffle : La sphère devient encore plus lumineuse, alors que vous poursuivez votre inspiration.

NEUVIÈME SOUFFLE : *expiration*

Votre souffle : La sphère continue à augmenter de luminosité alors que vous expirez.

DIXIÈME SOUFFLE : *inpiration*

Votre esprit : Alors que vous inspirez au dixième souffle, la sphère de lumière située dans la région de votre estomac et centrée exactement derrière le nombril parvient à son maximum de concentration. Approximativement au milieu de l'inspiration, au moment de la concentration maximale, la sphère s'embrasera et changera de couleur et de qualité. Le prana, qui est normalement de couleur blanc-bleu, tournera brusquement au jaune doré, tel le Soleil. La sphère tout entière est maintenant un soleil doré très semblable à l'astre de notre système solaire. Alors que vous complétez la dixième inspiration du souffle, cette nouvelle sphère de lumière dorée parviendra à son maximum de concentration. Au moment où votre inspiration atteint son apogée, la sphère est prête à accomplir une transformation remarquable dans votre corps.

DIXIÈME SOUFFLE : *expiration*

Votre esprit : Au moment de l'expiration, la petite sphère de lumière d'or, dont le diamètre est de deux longueurs de main, se bombe dans la région de son équateur, signe certain de son expansion imminente. En une seconde, avec l'aide de la méthode d'expiration du souffle que nous décrivons plus bas, la sphère se dilate rapidement et parvient jusqu'à la taille de la sphère de Léonard dans son fameux dessin, celui d'un homme debout, écartant les bras au maximum, et circonscrit dans une sphère (dont l'extrémité rejoint le bout de ses doigts). Votre corps est maintenant entouré d'une énorme sphère de lumière d'or, dont le centre est toujours à ce point situé juste derrière le nombril. Vous êtes retournés à l'ancienne forme de respiration sphérique. Malgré tout, cette grande sphère n'est pas encore stable. Vous devez prendre trois souffles supplémentaires (les souffles 11, 12 et 13) afin de stabiliser et de consolider cette nouvelle sphère de lumière d'or.

Votre souffle : Au moment de l'expiration, retenez l'air pendant un instant tout en gonflant votre cage thoracique. Quand la pression est suffisante, laissez l'air s'échapper soudainement de vos poumons par la bouche. Notez que pendant la rétention du souffle, les muscles de l'estomac se contractent et que la région de la gorge semble s'ouvrir. C'est à ce moment-là que la petite sphère, qui est prête à se dilater, se bombe à son équateur et qu'au bon moment (généralement en l'espace d'une seconde ou deux) elle explose soudainement, alors que vous laissez votre souffle sortir de votre poitrine avec force. À cet instant précis, la petite sphère devient aussi grande que celle décrite par Léonard dans son fameux dessin. Notez également que la petite sphère est toujours là (parce que c'est en elle qu'il y a encore la plus grande concentration de prana) mais qu'il s'agit maintenant de deux sphères imbriquées l'une dans l'autre.

LES ONZIÈME, DOUZIÈME ET TREIZIÈME SOUFFLES : inspirations et expirations

Votre esprit : Détendez-vous et laissez tomber la visualisation. Dorénavant, *sentez* simplement le mouvement du prana arrivant toujours dans le tube par les deux pôles, se rencontrant au point situé juste derrière le nombril et rayonnant ensuite jusque dans la grande sphère.

Votre souffle : Respiration yogique, profonde et rythmique. À la fin du treizième souffle, la grande sphère est devenue stable et permanente ; vous voilà prêts pour le quatorzième souffle, qui est essentiel.

Il est important de noter ici que la petite sphère est encore présente à l'intérieur et au milieu de la grande. La petite sphère est en fait plus brillante et plus concentrée que la grande sphère qui, elle, possède une lumière plus diffuse et de moins grande intensité. C'est de la petite sphère que l'on tire le prana pour différents usages, dont le travail de guérison.

Troisième partie : le quatorzième souffle

QUATORZIÈME SOUFFLE: inspiration

Votre cœur : Toujours de l'amour.
Votre esprit : Dès le commencement de l'inspiration du quatorzième souffle, faites remonter par la pensée le point de rencontre des deux flux de prana, depuis la région du nombril jusqu'à celle du cœur, à six ou sept centimètres au-dessus du sternum, soit le chakra de la conscience christique dans la quatrième dimension. En fait, ce sont les deux sphères

Supplément n° 10 :
Après la création du Mer-Ka-Ba et sa pratique journalière pendant environ deux semaines, vous pouvez rendre cette expiration forcée du souffle bien moins dramatique et beaucoup plus symbolique, car votre subconscient connaît exactement vos intentions et peut provoquer l'accélération des tourbillons avec ou sans cette pulsation forcée du souffle expiré. (Mais si vous aimez toujours le faire, allez-y !)

Supplément n° 11 :
La raison pour laquelle on utilise le rapport 34/21 est la suivante : comme vous l'avez appris dans le chapitre 8, ces deux nombres font partie de la progression de Fibonacci (1, 1, 2, 3, 5, 8, 13, 21, 34, 55, 89, etc.). Dans la nature, toutes les spirales qui tournent dans le sens inverse des aiguilles d'une montre – et qui sont présentes dans les pommes de pin et les tournesols, par exemple – ont des nombres qui appartiennent également à la progression de Fibonacci (il se peut qu'il y ait des exceptions, mais je n'en connais encore aucune). Cette explication répond en partie à la question : « Mais pourquoi 34/21 ? »

Je ne peux faire ici de longue dissertation sur le sujet, mais disons que chaque chakra a un rapport de vitesses rattaché à cette troisième dimension. Avec le quatorzième souffle, nous sommes passés au chakra du cœur, le chakra christique, et nous avons commencé à respirer à partir de là. Or, le rapport de vitesse du chakra christique en chacun de nous est de 34/21. Celui du chakra au-dessus (c'est-à-dire de la gorge) est de 55/34. Quant au chakra en dessous, celui du plexus solaire, il est de 21/13. Il n'est pas important que nous sachions tout cela maintenant, car lorsque nous parviendrons dans la quatrième dimension, nous en obtiendrons la pleine connaissance.

Supplément n° 12 :
Plusieurs instructeurs dans le monde ont maintenant décidé d'enseigner la manière de faire tourbillonner le Mer-Ka-Ba de leurs étudiants à une vitesse plus grande que celle de la lumière. Bien que ce soit leur choix et que je leur en laisse l'entière responsabilité, je sens personnellement que c'est une pratique extrêmement dangereuse. En fait, le moi supérieur ou *higher self* de ces étudiants, ou leur identité supérieure, si vous préférez, ne permettra pas que cela leur arrive, même si l'étudiant donne l'ordre à son subconscient qu'il en soit ainsi. En effet, si le Mer-Ka-Ba de la personne en question tournoyait à une vitesse supérieure à celle de la lumière dans cette troisième dimension, cette personne disparaîtrait littéralement de notre vue et réapparaîtrait autre part dans l'univers, dans une autre dimension. Désormais, elle ne pourrait plus vivre sur terre.

Ne vous impatientez pas, car viendra un temps où cet acte sera très à propos. Il s'agit en fait du « dix-huitième souffle », et nous en reparlerons dans un instant.

qui se meuvent de concert, car elles partagent exactement le même centre, et quand le centre se déplace, elles se déplacent avec lui. Même si ce mouvement vers le haut est facile à accomplir, son effet est extrêmement puissant, car commencer à respirer depuis ce nouveau point sur le tube pranique changera inévitablement votre conscience depuis le niveau de conscience dans la troisième dimension jusqu'à celui qui se trouve dans la quatrième dimension, ou encore, depuis la conscience terrestre jusqu'à la conscience christique. Il faudra quelque temps avant que la transition s'accomplisse, mais elle est inévitable si vous continuez cette pratique.

Votre corps : Le mudra suivant sera utilisé pendant le restant de la méditation. Les hommes placeront la paume de leur main gauche sur celle de leur main droite, alors que toutes les deux sont dirigées vers le ciel. Par contre, les femmes placeront la paume de leur main droite sur celle de leur main gauche. Les deux pouces se touchent légèrement dans les deux cas, et il s'agit d'un mudra très relaxant. (Veuillez vous reporter au supplément n° 6.)

Votre souffle : Respiration yogique profonde et rythmique. Malgré tout, si vous continuez à respirer à partir du centre christique sans activer votre Mer-Ka-Ba (ce qui est recommandé, en attendant d'avoir pris contact avec votre identité supérieure), vous pouvez dorénavant passer à une respiration rythmique moins profonde et plus agréable. En d'autres mots, continuez à respirer avec rythme, mais d'une manière moins appliquée et, par conséquent, beaucoup plus naturelle et aisée, car à partir de maintenant votre attention capte davantage le rayonnement d'énergie lumineuse qui se déplace simultanément de haut en bas et de bas en haut dans le tube pranique, se rencontrant dans la région du cœur, juste au-dessus du sternum, et formant une petite sphère de lumière qui rayonne dans la grande. Tout ce que vous avez à faire est de *sentir* ce mouvement et ce rayonnement en arrière-fond. Utilisez votre qualité féminine et *soyez*, tout simplement. Ressentez votre connexion avec toute vie à travers le souffle christique. Souvenez-vous de votre rapport intime et permanent avec Dieu. (Veuillez lire le supplément n° 7.)

Quatrième partie : les trois derniers souffles et la création du véhicule de l'ascension

Pendant des années, il a été enseigné que l'on ne doit pas s'adonner à cette quatrième partie de la méditation avant d'avoir trouvé moyen de contacter l'être divin en soi, et que c'est lui qui nous donnera la permission de continuer ou non. Aujourd'hui, vous avez la permission d'appliquer le contenu de ce qui va suivre. Toutefois, nous vous conseillons encore d'être ouverts à toute communication de votre « *higher self* », de votre âme, de l'identité supérieure qui est en vous et que vous êtes vous-mêmes sur un plan d'existence plus élevé. Prenez ce conseil au sérieux, car les énergies qui seront conjurées en vous, autour de votre corps et dans votre esprit sont énormes.

Votre cœur : Amour inconditionnel pour toute vie.

Votre esprit : Soyez conscients de l'étoile tétraédrique tout entière. Chaque tétraèdre en étoile est en fait composé de deux tétraèdres imbriqués l'un dans l'autre. Il y a le tétraèdre du Soleil (masculin, pointe en haut) marié au tétraèdre de la Terre (féminin, pointe en bas). L'union sacrée de ces deux êtres forme l'étoile tétraédrique ou encore, l'étoile de David à trois dimensions. Par ailleurs, vous devez réaliser que *trois étoiles tétraédrique l'une sur l'autre* occupent le même espace – trois jeux complets de (doubles) tétraèdres en étoile, qui sont tous exactement de la même taille et qui, avant la réactivation du Mer-Ka-Ba, ne semblent former qu'une seule étoile, alors qu'en fait ils sont séparés et bien distincts les uns des autres. Chaque étoile tétraédrique a exactement la même taille, mais une polarité qui lui est propre (masculine, féminine ou neutre). Et finalement, chaque étoile tétraédrique tourne autour du même axe central (celui du tube de lumière pranique).

La première étoile tétraédrique est de nature neutre. C'est littéralement la représentation du *corps physique lui-même*, et son centre est à la base de la colonne vertébrale (la région des huit premières cellules). Elle ne change jamais d'orientation, sauf dans certains cas rares dont nous n'avons pas encore parlé. Elle est orientée autour du corps selon la polarité sexuelle de l'individu.

La deuxième étoile tétraédrique est de nature masculine et électrique. C'est littéralement la représentation de *l'esprit humain*, encore appelé intellect ou corps mental, et elle ne peut tourner que dans le sens inverse des aiguilles d'une montre (par rapport à vous qui êtes à l'intérieur et observez droit devant vous). Une autre manière d'expliquer cela pourrait se résumer ainsi : cette étoile tétraédrique tourne de votre droite vers votre gauche lorsque vous êtes à l'intérieur et que vous observez droit devant vous.

La troisième étoile tétraédrique est de nature féminine et magnétique. C'est littéralement la représentation du *corps émotionnel* humain, et elle ne peut tourner que dans le sens des aiguilles d'une montre par rapport à vous, ou si vous préférez, de votre gauche à votre droite. (Veuillez lire le supplément n° 8.)

Au cours de l'inspiration du quinzième souffle, alors que vous inspirez, dites-vous ceci dans votre esprit : « **vitesse égale** ». Cet ordre aura pour effet d'enclencher la rotation des deux étoiles tétraédriques (les seules des trois qui soient mobiles), qui tourneront chacune à vitesse égale, mais dans des directions opposées l'une par rapport à l'autre. La partie subconsciente de votre esprit connaît déjà votre intention et fera exactement ce que vous exigez d'elle. En d'autres termes, si l'étoile tétraédrique représentant le *corps mental* se met à tourner à un tiers de la vitesse de la lumière (ce qui est d'ailleurs le cas), alors l'étoile tétraédrique représentant le corps émotionnel sera entraînée exactement à la même vitesse, mais dans le sens opposé.

Votre corps : À partir de maintenant, continuez à utiliser le même mudra, celui de la paume de la main gauche sur celle de la main droite

pour les hommes, et vice versa pour les femmes. Les paumes sont tournées vers le haut et les pouces se touchent légèrement dans les deux cas.
(Veuillez vous reporter au supplément n⁰ 9.)

Votre souffle : Toujours la respiration yogique profonde et rythmique, mais seulement pour les trois prochains souffles. Après cela,
retournez à une respiration plus superficielle, effectuée avec plus d'ai-
sance, mais toujours rythmique. Nous vous le répéterons à l'avenir.

QUINZIÈME SOUFFLE : *expiration*

Votre esprit : Les deux étoiles tétraédriques tournoient de plus en
plus. En un instant, les pointes (c'est-à-dire les parties les plus éloignées du centre de chaque étoile) atteignent la vitesse d'environ un
tiers de celle de la lumière. À cette vitesse, il est bien certain qu'on
ne peut plus « voir » les étoiles tétraédriques tournoyer autour de soi.
Toutefois, on peut les « sentir ». Vous venez juste de mettre en
marche votre Mer-Ka-Ba, mais vous n'irez nulle part et ne ferez pas
encore d'expérience extraordinaire. C'est comme si vous aviez
démarré le moteur de votre voiture, mais qu'elle restait au point
mort. Voilà néanmoins un pas essentiel à franchir lorsqu'on crée un
Mer-Ka-Ba.

Votre souffle : Comme dans le souffle numéro 10, serrez les lèvres
tout en faisant monter la pression de l'air dans vos poumons alors que
la région du plexus solaire et des abdominaux se tend sous la
contrainte. Puis laissez soudain échapper l'air par la bouche en détendant les lèvres, comme vous l'avez déjà fait, ce qui encouragera les deux
étoiles tétraédriques à tourbillonner ensemble. (Veuillez lire le supplément n⁰ 10.)

SEIZIÈME SOUFFLE : *inspiration*

Votre esprit : C'est assurément le souffle le plus extraordinaire de
tous. Alors que vous inspirez, dites-vous ceci : « **34/21** ». C'est là un
code que votre subconscient comprendra ; il signifie que l'étoile tétraédrique de *votre faculté mentale* va maintenant tournoyer à **34 tours de
plus**, tandis que l'étoile tétraédrique de *votre corps émotionnel* le fera à **21
tours de plus**, formant ainsi un rapport de **34/21**. Alors que les deux
étoiles tétraédriques augmentent maintenant de vitesse (soit deux tiers
de la vitesse de la lumière dans un cas et un tout petit peu moins vite
dans l'autre cas), ce rapport de **34/21** reste stable durant toute l'accélération.

Votre souffle : Respiration yogique profonde et rythmique. (Veuillez
lire le supplément n⁰ 11.)

Votre esprit : Alors que vous pulsez votre souffle comme il a été expliqué plus haut, les deux jeux de tétraèdres augmentent immédiatement de vitesse. En un instant, ils passent de un tiers à deux tiers de la vitesse de la lumière. Alors qu'ils s'approchent de cette dernière, un phénomène remarquable se produit. Un disque plat s'étend rapidement tout autour du corps à partir des huit premières cellules d'origine (à la base de la colonne vertébrale), parvenant immédiatement à un diamètre d'environ 17 mètres. Et la sphère d'énergie centrée autour des deux jeux de tétraèdres crée autour du corps, avec le disque, une forme semblable à une soucoupe volante classique (ou à deux assiettes à soupe inversées et posées bord à bord). Cette matrice énergétique est appelée le Mer-Ka-Ba. Malgré tout, ce champ électromagnétique n'est pas encore stable. Si, parvenus à ce point dans votre méditation, vous voyez ou sentez le Mer-Ka-Ba autour de vous, vous aurez l'impression qu'il vacille sur son axe comme une toupie qui ne tourne pas suffisamment vite. Il est par conséquent encore instable, et le souffle n° 17 est absolument nécessaire pour accroître sa vitesse de rotation.

Votre souffle : Comme avec le quinzième souffle. Pincez les lèvres, faites monter la pression de l'air dans vos poumons et pulsez soudain cet air hors de vous par la bouche en relâchant les lèvres. C'est à ce moment exact que la vitesse des deux jeux de tétraèdres augmente. Alors que vous sentez cette vitesse de rotation augmenter, expulsez votre souffle avec force (sans trop exagérer, car votre subconscient comprend déjà très bien votre intention). Cet acte provoquera une vitesse supérieure à celle obtenue pendant le souffle précédent, et le Mer-Ka-Ba en forme de soucoupe se formera complètement tout autour de vous.

DIX-SEPTIÈME SOUFFLE : inspiration

Votre cœur : Souvenez-vous que vous devez ressentir un amour inconditionnel pour toute vie au cours de cette méditation, sous peine de n'obtenir aucun résultat.

Votre esprit : Alors que vous inspirez, dites-vous ceci : « **neuf dixièmes de la vitesse de la lumière** ». C'est l'ordre que vous donnez à votre subconscient afin qu'il augmente la vitesse du Mer-Ka-Ba jusqu'à 9/10 de la vitesse de la lumière (soit 90 %, ou environ 270 000 kilomètres à la seconde), ce qui stabilisera complètement le champ d'énergie tourbillonnante et donnera lieu à autre chose. L'univers de la troisième dimension dans lequel nous vivons tous en ce moment est basé sur ce rapport de 9/10 de la vitesse de la lumière. En effet, chaque électron de notre corps tourne autour du noyau de l'atome à 9/10 de la vitesse de la lumière. Voilà pourquoi cette vitesse particulière a été choisie. Cela vous rend capables de comprendre et de travailler avec le Mer-Ka-Ba dans cette troisième dimension sans être obligés de vivre immédiatement des expériences dans la quatrième dimension, et plus. C'est un point très important, surtout au commencement. (Veuillez vous reporter au supplément no 12.)

Votre souffle : La respiration yogique, profonde et rythmique.

DIX-SEPTIÈME SOUFFLE : expiration

Votre esprit : La vitesse de rotation augmente jusqu'à 9/10 de la vitesse de la lumière, ce qui stabilise le Mer-Ka-Ba.

Votre souffle : Le même que les souffles 15 et 16. Serrez vos lèvres, faites monter la pression d'air à l'intérieur de vous, puis lâchez le souffle avec force par la bouche, en desserrant les lèvres. Vous êtes maintenant dans votre Mer-Ka-Ba, qui est devenu stable et en parfaite harmonie avec la troisième dimension. Avec l'aide de votre identité supérieure, vous comprendrez ce que cela signifie au juste.

Maintenant que vous avez terminé cet exercice de respiration, vous pouvez, en théorie, vous lever immédiatement et retourner à votre routine quotidienne. Mais dans ce cas, essayez de vous souvenir de votre souffle et d'en être conscients en permanence, aussi bien que du mouvement du prana dans le tube central, dont les deux polarités se rencontrent au cœur avec chaque souffle. Faites ceci jusqu'à ce que vous réalisiez que la vie elle-même est une longue méditation les yeux ouverts et que tout est sacré, absolument tout.

Plutôt que de vous lever immédiatement, il serait bon que vous restiez en méditation un peu plus longtemps, soit de quinze minutes à une heure ou plus, si vous pouvez vous offrir ce luxe. Pendant que vous êtes dans cet état méditatif, sachez que vos pensées et vos émotions sont considérablement amplifiées. C'est le moment parfait pour répéter en soi-même des affirmations positives. Parlez à votre identité supérieure, à votre âme ou à votre ange gardien, tous synonymes, et découvrez vous-mêmes les possibilités de ces moments très chargés. Nous en reparlerons en détail dans le chapitre sur l'énergie psychique.

LE DIX-HUITIÈME SOUFFLE

Ce souffle, très spécial, ne vous sera pas enseigné ici. C'est votre identité supérieure qui doit vous le révéler. Ce souffle vous mènera au-delà de la vitesse de la lumière et de la troisième dimension, jusqu'à la quatrième (et même plus loin, si telle est la volonté de votre âme, de votre être intérieur profond et sage). Tout cela est basé sur des fractions à nombres entiers, comme en musique. Vous disparaîtrez alors de ce monde-ci et réapparaîtrez dans un autre, qui sera votre nouveau foyer pendant quelque temps. Il ne s'agit pas d'une fin, mais plutôt du commencement d'une conscience sans cesse grandissante qui vous ramènera à la Source. Je vous demande de ne pas faire d'essais avec ce dix-huitième souffle, car cela peut être très dangereux.

Soyez patients et ne vous inquiétez de rien, car au bon moment, votre ange gardien, votre être divin, vous aidera à vous souvenir de la bonne manière d'effectuer ce souffle. Cela viendra à vous quand vous en aurez vraiment besoin.

Néanmoins, je dois préciser que plusieurs instructeurs enseignent maintenant ce souffle à leurs étudiants, spécialement sur Internet. Je ne peux vous imposer de faire ou non quoi que ce soit, mais de grâce, soyez très prudents. Certains, parmi ces instructeurs, diront savoir comment s'y prendre, en ajoutant qu'ils connaissent la bonne manière de vous ramener sur terre. Souvenez-vous simplement que si vous preniez *vraiment* ce souffle, vous n'existeriez plus dans cette dimension-ci. L'idée que vous pouvez vous rendre dans une dimension d'existence supérieure à celle-ci, puis revenir sur terre à volonté, est très improbable. Je n'affirme pas que la chose est impossible, je dis simplement qu'elle est peu probable. Si vous faisiez vraiment l'expérience des mondes supérieurs à ce moment-ci de votre évolution, vous ne voudriez plus retourner sur terre. Par conséquent, faites attention. Comme je l'ai déjà souligné, quand le bon moment sera venu, vous saurez automatiquement comment vous y prendre sans avoir besoin d'aucune aide extérieure.

Informations supplémentaires sur les problèmes que les gens rencontrent parfois

Pour des raisons pratiques, à peu près tous les problèmes dont nous avons été les témoins ou qui nous ont été rapportés par les facilitateurs et facilitatrices de par le monde seront soulevés dans cette section. Il se peut que certains constituent aussi une sorte de répétition de ce qui a déjà été vu, mais d'autres seront tout nouveaux. Nous avons déjà mentionné le problème numéro un associé à la création du Mer-Ka-Ba humain et qui consiste, chez certaines personnes, à faire tournoyer le tétraèdre du Soleil (masculin) dans un sens, et le tétraèdre de la Terre (féminin) dans le sens opposé, au lieu de faire tournoyer chacune des deux *étoiles tétraédriques* entières dans des directions opposées l'une par rapport à l'autre. Je rappelle ici que chaque étoile tétraédrique est composée d'un tétraèdre du Soleil et d'un tétraèdre de la Terre, et que ces deux tétraèdres imbriqués l'un dans l'autre doivent tourner *ensemble* dans la *même* direction. Nous allons réimprimer cette section, car elle porte sur un point très important. Ci-après, vous allez également trouver les réponses à d'autres problèmes, ainsi que des informations supplémentaires sur des sujets que nous examinerons sous un autre angle, en employant des mots différents, dans le but de vous aider à mieux les comprendre.

1. On fait tournoyer le tétraèdre pointe en haut et le tétraèdre pointe en bas indépendamment, et dans deux directions opposées.
C'est là une des erreurs principales que les gens commettent, surtout au début. Il n'est pas encore clair dans leur esprit qu'il y a en fait *trois jeux* d'étoiles tétraédriques autour du corps. Ainsi, ils font simplement tournoyer le tétraèdre du Soleil de droite à gauche, soit dans le sens inverse des aiguilles d'une montre, et le tétraèdre de la Terre de gauche à droite, soit dans le sens contraire (alors qu'ils se trouvent à l'intérieur

et qu'ils observent l'horizon). Cette erreur n'entraîne pas beaucoup de dégâts, mais elle empêche momentanément la croissance spirituelle.

Le type de Mer-Ka-Ba ainsi créé vous mènera jusque dans une harmonique en résonance avec la troisième dimension de cette planète que les chamans et les médecins indigènes ont utilisé pendant des milliers d'années pour gagner du pouvoir et mieux guérir autrui. On y a même eu recours dans l'art de la guerre. Cependant, c'est là une pratique qui ne débouche pas sur quelque chose de réellement significatif. En fin de compte, cela ne vous permettra pas d'accomplir l'ascension jusque dans la quatrième dimension et les mondes supérieurs, comme notre mère la Terre le fait elle-même en ce moment. En définitive, si vous agissez de la sorte, veuillez recommencer votre pratique et méditer de la manière décrite ici.

2. On s'aperçoit que les tétraèdres sont trop grands ou trop petits, ou qu'un tétraèdre est plus gros ou plus petit que l'autre.

Il arrive parfois que les étudiants ressentent ou « voient » leur étoile tétraédrique et jugent qu'elle est trop grande, ou trop petite, ou qu'un des tétraèdres est plus gros ou plus petit que l'autre. Les instructions qui vont suivre s'appliquent aussi aux champs électromagnétiques inclinés ou dépourvus d'alignement. Qu'est-ce que cela signifie au juste ?

Vos étoiles tétraédriques et les tétraèdres qui les composent constituent la mesure exacte de l'équilibre des polarités dans votre corps. L'étoile qui vient en premier et sert de fondement de base à l'intérieur de votre corps est due à vos parents. Le tétraèdre du Soleil représente les énergies que votre père vous a données au moment de votre conception ; le tétraèdre de la Terre renvoie aux énergies que votre mère vous a aussi données, également au moment de votre conception. Si, durant l'enfance, et plus spécialement dans les trois ans qui ont suivi la conception, vous vous êtes butés à des expériences traumatisantes à cause de vos parents, vos tétraèdres refléteront ces traumatismes.

Par exemple, si votre père avait l'habitude de vous gifler et de vous punir sévèrement en recourant à des sévices corporels, de manière que vous en éprouviez de la peur, il est presque certain que votre tétraèdre du Soleil se contractait et devenait plus petit. Si la situation n'était qu'occasionnelle, peut-être la blessure guérissait-elle et tout retournait-il à la normale, si votre père était malgré tout un être aimant. Mais si ces punitions corporelles ont continué au cours du temps, votre tétraèdre du Soleil est resté déformé en permanence tout en étant plus petit qu'à la normale, ayant ainsi une influence sur votre vie d'enfant et d'adulte, à moins qu'un mode de guérison quelconque n'ai été administré.

Les deux tétraèdres de l'étoile tétraédrique devraient être de même taille, et chaque arête devrait représenter la longueur de vos bras écartés ou, si vous préférez, la hauteur de votre taille. Mais c'est rarement le cas. Chaque être humain, ou presque, a eu une enfance traumatisante, et même pire encore. Partant, que pouvons-nous faire ? Eh bien, une thérapie et un mode de guérison appropriés deviennent alors nécessaires.

Dans l'ancienne Égypte, l'aspect féminin du lobe droit du cerveau et l'école de mystères qui lui était associée (l'œil gauche d'Horus) venaient toujours en premier. Une fois l'individu émotionnellement guéri, on lui enseignait alors l'aspect masculin du lobe gauche, dans l'école de mystères appropriée (celle de l'œil droit d'Horus). Aux États-Unis et dans d'autres pays où le lobe gauche est très prédominant, nous avons introduit l'aspect intellectuel de la science du Mer-Ka-Ba en premier, sollicitant ainsi le lobe gauche du cerveau. Pourquoi ? Parce que les citoyens de ces pays ont de grandes difficultés à comprendre tout ce qui est féminin et appartient au domaine du lobe droit. Dans la plupart des cas, les gens ont rejeté cette voie plus simple, plus aimante. J'ai donc tout d'abord introduit la voie masculine, de manière à captiver l'attention de la majorité. Mais comme c'est chose faite et que vous commencez à étudier ce sentier, il est nécessaire que je vous rappelle d'étudier la façon de faire féminine à partir de maintenant ou à quelque moment dans le futur.

Guérir sur le plan émotionnel est indispensable si vous souhaitez vraiment trouver l'illumination dans cette vie-ci. Pas moyen d'y échapper. Lorsque vous vous mettez à découvrir les mondes supérieurs, vous cessez de progresser au-delà d'un certain point, jusqu'à ce que cette guérison de vos émotions puisse avoir lieu. Je suis désolé, mais c'est ainsi que les choses se passent.

La bonne nouvelle est que malgré tout, des techniques visant à assister les êtres humains dans ce sens ont été développées avec succès dans les soixante-dix dernières années. Du temps de Freud jusqu'à nos jours, une incroyable quantité de découvertes ont été faites sur les émotions humaines. Dans ce groupe de chercheurs qui ont ouvert la porte à notre compréhension, mentionnons particulièrement Wilhelm Reich. Il fut le premier à réaliser que lorsque nous sommes encore enfants et que nous ne voulons pas sentir les douleurs de nos expériences émotives – celles qui sont de nature négative –, nous accumulons ces pénibles souvenirs dans nos muscles, dans notre système nerveux et dans l'espace, tout autour de notre corps de lumière lui-même. Or, nous savons maintenant que cela ne se passe pas n'importe où dans notre corps de lumière et que cela se loge plus précisément dans nos tétraèdres.

Après Reich et son école, il y eut le docteur Ida P. Rolf, qui en vint à la conclusion que si les douleurs émotives s'accumulent dans nos muscles, c'est là que nous devons aller les chercher. C'est ainsi que le « rolfing » a pris naissance. Depuis lors, plusieurs grandes âmes sont apparues sur la scène en empruntant les idées présentées par Reich, tels Fritz Perl et Sandy Goodman avec leurs approches particulières, notamment la gestalt-thérapie et le psychodrame. Plus récemment, l'hypnothérapie est apparue et a ouvert davantage de portes à notre entendement, y compris au sujet de nos vies passées (et futures) et de leurs effets sur notre vie présente. Nous connaissons de mieux en mieux les cas de possession par des entités atteintes de troubles fonctionnels ou par des esprits mauvais, des êtres démoniaques du genre que l'on décrit en occultisme et dans des cercles de vaudou. Et puisque nous les comprenons mieux, nous avons trouvé des méthodes plus faciles pour nous en débarrasser.

Je suggère que vous vous fassiez confiance et que vous vous ouvriez à la possibilité que quelqu'un va venir dans votre vie, qui sera capable de vous aider à rétablir vos déséquilibres émotifs (même si vous n'en êtes pas conscients). Dans presque tous les cas, l'aide ne peut venir que de l'extérieur. Habituellement, nous sommes incapables de voir nos propres problèmes. Voilà donc un des domaines de l'expérience humaine où une aide extérieure est pour ainsi dire la seule solution.

C'est seulement quand une personne fait preuve d'un bon équilibre émotif qu'elle peut fonctionner avec succès dans son Mer-Ka-Ba.

3. Le point d'origine du disque qui s'étend tout autour de nous à partir de notre Mer-Ka-Ba a changé.

Normalement, le point d'origine de ce disque d'environ 17 mètres de diamètre est exactement au centre des huit premières cellules, à la base de la colonne vertébrale. C'est la région du périnée, où le disque prend sa source. Or, il se trouve que dans certains cas, le disque émerge à partir d'autres chakras ou d'autres points dans le corps. Il est très important de remettre ce disque à sa place par le pouvoir de la pensée, de l'intention dirigée, et par l'usage de la visualisation, car cela changera la nature du système de chakras tout entier. Autrement, ce genre d'erreur déforme l'expérience que l'on tire de notre Mer-Ka-Ba. Heureusement, tout cela peut être facilement corrigé. Il s'agit simplement de « voir » le disque se recentrer à la base de la colonne vertébrale et de le maintenir là pendant quelque temps afin qu'il se stabilise. Chaque fois que vous pratiquez la méditation Mer-Ka-Ba, assurez-vous que le disque est centré au bon endroit. Après une semaine de pratique, il restera là.

4. Un champ de rotation est inversé.

Le simple fait de mal comprendre les instructions données pour la pratique de la méditation Mer-Ka-Ba peut faire en sorte d'inverser le champ de rotation des étoiles tétraédriques. En d'autres mots, au lieu que l'étoile tétraédrique représentant *la faculté mentale* tournoie de droite à gauche (depuis l'intérieur du corps) à 34 tours et que l'étoile tétraédrique représentant *les émotions* tournoie de gauche à droite à 21 tours, le sens de rotation de chaque étoile est inversé. Par ceci, je veux dire que la faculté mentale tournoie à 21 tours et que les émotions tournoient à 34 tours, ce qui est aberrant, anormal et contre nature. Peu importe la raison qui vous a menés à cette situation, elle est très dangereuse, car une rotation inversée est anti-vie. Si vous faites cela pendant suffisamment longtemps, un état maladif quelconque finira par apparaître, ce qui peut même mener à la mort du corps physique.

La solution est simple : rectifiez rapidement l'erreur. Mais lorsque vous corrigez le champ électromagnétique, c'est comme si vous recommenciez à zéro pour créer un champ permanent.

Afin d'être parfaitement clairs, et parce que ce point est d'une importance vitale, nous vous répétons ici les instructions : du point de vue de l'être conscient que vous êtes, résidant dans un corps et observant le monde ambiant depuis cette position, l'étoile tétraédrique du *mental* commence par faire 34 tours, de droite à gauche autour de vous (c'est-à-dire que pour vous qui êtes à l'intérieur de cette étoile du mental, le tournoiement se fera dans le sens inverse des aiguilles d'une montre que vous tiendriez à la main et fixeriez du regard), alors que l'étoile tétraédrique des *émotions* commence par faire 21 tours, de gauche à droite (c'est-à-dire que pour vous qui êtes aussi à l'intérieur de l'étoile des émotions, le tournoiement se fera dans le sens des aiguilles de la même montre).

5. Vous voyez vos étoiles tétraédriques à l'extérieur et à l'avant de votre corps.

Si vous voyez vos étoiles tétraédriques dans l'espace à l'avant de vous, cela ne peut pas créer de Mer-Ka-Ba. Votre esprit *doit* entrer en contact avec un champ d'énergie réel, soit celui des étoiles tétraédriques. Vous devez vous voir *à l'intérieur et au centre* du véritable champ électromagnétique qui existe autour de votre corps. Vous pouvez soit « voir » ce champ électromagnétique avec votre vision intérieure (si elle est suffisamment développée), soit le sentir intuitivement, cela n'a pas d'importance. D'une manière ou d'une autre, cette perception vraie aura pour effet de brancher votre esprit sur le corps de lumière.

Problèmes mineurs et malentendus

6. L'usage parfait des mudras.

Pendant les deux premières semaines, il est très important que vous utilisiez les mudras exactement comme ils doivent l'être. Mais une fois que l'esprit et le corps savent ce que vous avez l'intention de faire, l'usage des mudras peut devenir relatif ou être complètement éliminé. Le corps a besoin de savoir que vous vous efforcez d'entrer en contact avec un système électrique particulier qui existe en lui. Une fois qu'il sait de quel système il s'agit, vous pouvez obtenir le contact simplement par le biais de votre intention. C'est un peu comme apprendre à aller à bicyclette. Au début, vous devez concentrer toute votre attention sur le fait de rester en équilibre, mais dès que votre corps sait comment, votre attention n'est plus nécessaire ; c'est devenu un automatisme.

7. Pulser l'air hors des poumons avec force pendant les dixième, quinzième, seizième et dix-septième souffles.

Comme précédemment, l'acte de pulser correctement l'air à l'extérieur des poumons est très important pendant les deux premières semaines. Après cela, l'acte lui-même pourra être accompli très superficiellement, sinon éliminé. Dès que l'esprit et le corps comprendront, ils accompliront parfaitement cette fonction grâce à votre intention.

8. Les couleurs.

Pendant les deux premières semaines ou même le premier mois, nous vous demandons d'utiliser la couleur de l'éclair (un blanc très légèrement bleuté et presque aveuglant) dans les tétraèdres et le tube à prana central. Plusieurs d'entre vous ont découvert dans le passé que des couleurs se présentaient à eux au cours de leurs expériences avec le Mer-Ka-Ba, se demandant si c'était acceptable ou non.

Nous vous demandons de choisir la couleur de l'éclair parce qu'elle correspond à du prana pur. Beaucoup parmi vous constateront cependant qu'ils ne peuvent s'empêcher de « voir » une ou plusieurs autres couleurs dans leur Mer-Ka-Ba. Ce seront d'abord les tétraèdres qui se coloreront, puis le Mer-Ka-Ba tout entier. Ce n'est pas du tout une mauvaise chose, et c'est très normal !

Nous suggérons qu'après environ un mois, vous permettiez aux couleurs de se présenter naturellement, sans recourir à votre intention. Sentez ce qui se passe dans votre corps quand ces couleurs se mettent à apparaître. Observez les images, si elles se présentent à votre esprit. C'est là une forme de communication avec votre *higher self*, votre identité supérieure. C'est le commencement d'un mode de communication intime qui finira par vous mettre en contact avec la vie tout entière.

9. Les autres sens.

Clarifions en ajoutant que non seulement la couleur ou la vue, mais les cinq sens chez l'être humain (et même des sens que vous ne pensiez pas avoir), commenceront à agir réciproquement avec votre Mer-Ka-Ba. Ne craignez rien, détendez-vous et permettez qu'il en soit ainsi. C'est absolument normal.

10. Les sentiments et les émotions.

Ils jouent un rôle énorme dans l'expérience que l'on a du Mer-Ka-Ba. Souvenez-vous que c'est le corps émotionnel féminin qui amène le Mer-Ka-Ba à la vie, et pas seulement la connaissance masculine de la manière de le créer. Afin de comprendre peu à peu ce qui est dit ici, étudiez le raffinement des sept sentiments nobles décrits dans le supplément n° 5, à la page 426, ainsi que les illustrations 18-1 et 18-2 à la page 550, et rendez-les vivants dans votre propre Mer-Ka-Ba. Sachez aussi qu'il existe de nombreuses autres combinaisons qui sont autant de points de transit interdimensionnels en forme d'étoile, mais que *l'amour* et *la vérité* font partie de toutes celles que je connais. Vous savez déjà tout cela. Au fur et à mesure que vous vivrez tout cela vous-mêmes et que vous engagerez vos propres sentiments et vos propres émotions dans ce champ électromagnétique qu'on appelle le Mer-Ka-Ba, vous vous souviendrez. Expérimentez donc vous-mêmes !

11. L'énergie sexuelle.

Sur ce plan, l'énergie sexuelle est un élément fondamental pour le Mer-Ka-Ba et la conscience humaine. Le sujet du tantrisme égyptien est trop vaste et compliqué pour qu'il puisse être transmis ici dans son intégralité, et ce n'est d'ailleurs pas nécessaire. Le seul aspect important à comprendre est *la croix ansée* et la manière de faire circuler l'énergie sexuelle dans l'anse au niveau du cœur, dans une direction qui va toujours de l'arrière à l'avant. Reportez-vous donc au chapitre 12 (page 405) afin de rafraîchir votre mémoire. Si vous n'utilisez plus l'énergie sexuelle, passez cette section et poursuivez votre lecture.

L'accélération de l'esprit
dans la matière

Ce qui suit est un sujet très important dont nous devons maintenant discuter. Étant donné la nature des sujets abordés dans ce livre, il se peut que beaucoup d'entre vous traversent une période de grande émotivité après la réactivation de leur Mer-Ka-Ba. Si tel est le cas pour vous, sachez que c'est absolument normal.

Nous avons déjà traité de cette question, mais c'est tellement important que je voudrais répéter tout cela ici. Lorsque vous recommencez à respirer de la manière indiquée dans la méditation et que le grand rayonnement de prana redescend dans le tube, après 13 000 ans d'oubli, il y a toutes les chances que votre identité supérieure reprenne le contrôle de votre vie et la purifie petit à petit. J'entends par là que les personnes, les endroits et les objets qui bloquaient jadis votre développement spirituel finissent par vous quitter. À première vue, il pourra vous sembler que c'est là une grosse perte et quelque chose de très négatif. Mais alors que vous vous habituerez à votre nouvelle vie, vous aurez une nouvelle perspective et saurez alors pourquoi les choses devaient changer. Ne craignez pas cette période de transition. Dieu et votre identité supérieure veillent sur vous.

Le degré d'intensité de cette transition dépendra du degré de pureté et de détachement de votre vie présente. C'est comme lorsqu'on prend un médicament. Au début, notre état de santé peut sembler s'aggraver, alors que la maladie commence à quitter le corps. La longueur de cette période de transition dépendra de l'intensité de la maladie. Évidemment, dès qu'elle aura disparu, on se sentira infiniment mieux et ce sera le début d'une vie beaucoup plus saine.

Aperçu général du champ énergétique
qui entoure le Mer-Ka-Ba

Répétons-le à nouveau : les informations qui vont suivre sont destinées à certaines personnes. Vous pouvez lire cette section, mais si cela ne vous semble ni important ni nécessaire, sautez-la ou voyez-y, en la parcourant, seulement des informations s'ajoutant à votre formation générale. Il se peut qu'à un moment donné dans le futur tout ceci devienne très important pour vous également.

Le champ énergétique qui entoure le corps humain est beaucoup plus complexe que ce qui a été enseigné dans l'atelier Fleur de vie jusqu'à ce jour. Comme nous vous l'avons déjà dit, l'étoile tétraédrique est la porte qui ouvre sur un état de conscience supérieur à celui dans lequel nous sommes en ce moment. Mais il y a plus encore.

Tout niveau de conscience possible et imaginable est contenu dans cette enveloppe énergétique tout autour du corps humain, bien que ce soit encore à l'état potentiel. En fait, il n'existe qu'une seule réalité, mais un nombre presque infini de combinaisons de ces énergies pouvant créer diverses variétés de Mer-Ka-Ba, qui colorent alors l'unique réalité et la rendent apparemment autre. Et selon le Mer-Ka-Ba utilisé, l'univers tout entier nous semblera complètement différent, y compris les lois qui le régissent. La plus grande partie de l'univers conscient s'efforce de trouver des solutions à ce « problème » que nous avons en ce moment. Une chose est certaine : toutes les possibilités de résolution du conflit sont basées sur la géométrie sacrée et la connaissance de ses combinaisons.

Maintenant, dans le but d'aider l'humanité et son futur, j'offre les possibilités géométriques qui vont suivre. Je ne prétends pas que ces informations soient complètes en elles-mêmes ; elles ne représentent que des possibilités, des potentiels. Nous allons commencer avec l'étoile tétraédrique et vous donner un point de vue imagé du champ énergétique qui existe au-delà du Mer-Ka-Ba. Nous irons pas à pas dans cette présentation, jusqu'à ce que nous parvenions à une vue d'ensemble de la totalité de ce champ.

Il y a d'abord les huit premières cellules à la base de la colonne vertébrale, et dont la multiplication organisée crée d'ailleurs le corps humain adulte. Bien évidemment, d'autres types de corps physiques peuvent se développer selon les besoins de l'esprit, mais les géométries resteront toujours les mêmes. Dans beaucoup de cas, il n'y a plus de corps ; il n'y a que l'esprit, la conscience. Par conséquent, tout autour du corps ou de l'esprit se trouve un champ électromagnétique sous la forme d'une étoile tétraédrique, telle que celle démontrée dans l'illustration 13-3.

Ensuite, il y a le champ magnétique du Mer-Ka-Ba tout autour de l'étoile ; il ressemble à ceci lorsqu'il est réactivé (voir illustration 13-4).

Englobant complètement le Mer-Ka-Ba se trouve une sphère d'énergie, dont le diamètre exact est celui de son disque, soit environ 17 mètres (voir illustration 13-5).

À l'intérieur de cette grande sphère se trouve un champ électromagnétique qui a la forme d'un dodécaèdre pentagonal. Chacune de ses faces a cinq côtés égaux et peut aussi servir de base pour une calotte icosaédrale (voir illustration 6-26). Si l'on remet cette calotte sur toutes les faces du grand dodécaèdre, on obtient de nouvelles pointes. Et si l'on joint ces dernières par des lignes droites, on obtient alors un icosaèdre. Comme vous pouvez le voir ici, le dodécaèdre et l'icosaèdre ne sont jamais très loin l'un de l'autre.

Cette combinaison de formes énergétiques (dodécaèdre/icosaèdre) est une réplique exacte du treillis christique qui entoure dorénavant la

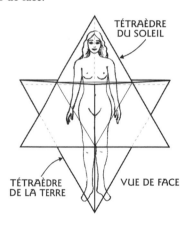

Illustration 13-3. Le corps et son étoile vus de face.

Illustration 13-4. Le corps, son étoile et son Mer-Ka-Ba.

Terre. C'est là un point important à souligner, car nous sommes capables de nous connecter directement sur lui par le biais de notre propre treillis, ceci grâce au phénomène de résonance, ou d'induction à distance. Voici ce à quoi cela ressemble (voir illustration 13-6).

Maintenant, remarquez que le tube pranique central est extensible. Jusqu'ici nous avons appris qu'il ne s'étendait que d'une pointe à l'autre de notre étoile tétraédrique. Eh bien, ce tube peut être prolongé des deux côtés à volonté et ainsi entrer en contact avec la pointe de chaque calotte du grand dodécaèdre (voir illustration 13-7).

Entre cet alpha (l'étoile tétraédrique) et cet oméga (l'étoile dodécaédrique) se trouvent de nombreux champs énergétiques de nature géométrique, tous centrés sur ce tube à respirer le prana. En fait, il y en a tellement, avec leurs lignes de force internes, que si l'on pouvait tracer toutes ces géométries au grand complet, leur superposition serait telle qu'on ne pourrait plus rien voir à travers elles. Nous n'allons d'ailleurs pas faire cela pour deux raisons : d'abord, il deviendrait impossible de bien distinguer chaque géométrie sans faire des centaines de dessins spéciaux dans le but d'isoler chaque tracé. Ensuite, tout ce travail n'est vraiment

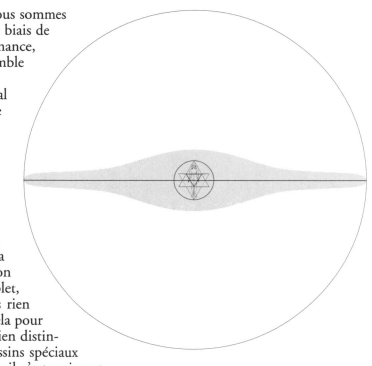

Illustration 13-5. La grande sphère extérieure.

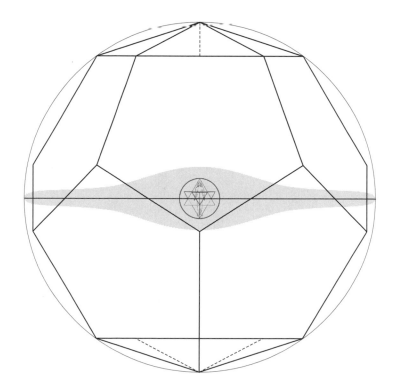

Illustration 13-6. Le grand dodécaèdre, dont chaque face a une calotte icosaédrale (non montrée ici afin de simplifier le dessin).

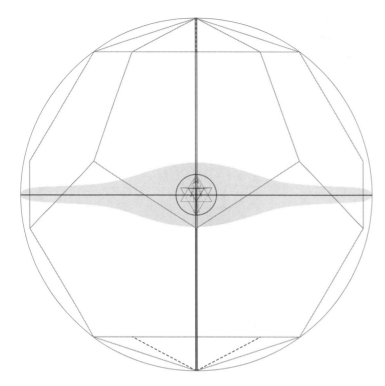

Illustration 13-7. Le tube à respirer ou tube pranique extensible.

pas nécessaire pour l'ascension qui aura lieu dans un futur immédiat. Nous n'allons donner qu'un exemple. Sachez simplement que ces informations seront les mêmes pour toutes les autres formes géométriques.

Ajoutons une forme géométrique hypothétique. En fait, ce polyèdre régulier n'est pas placé au bon endroit, mais nous l'utiliserons néanmoins à titre d'exemple. Entre l'alpha et l'oméga, ajoutons donc un octaèdre (voir illustration 13-8). Sachez qu'il n'y a pas seulement que l'étoile tétraédrique qui ait trois manifestations distinctes. Cette loi est applicable à *toutes* les formes géométriques qui composent le corps de lumière chez l'être humain. Chaque polyèdre est en fait une trilogie, même si vous n'en voyez qu'une seule manifestation. Vous vous souviendrez en effet que *trois* étoiles tétraédriques occupent le même espace. L'une d'elles est fixe, la deuxième tourbillonne vers la gauche, et la troisième, vers la droite. La même chose est applicable pour *toutes les formes géométriques qui se trouvent autour de notre corps.*

Nous aborderons à nouveau ce sujet dans le chapitre portant sur l'énergie psychique. À ce

Illustration 13-8. Octaèdre hypothétique. Visualisez mon cristal de fluorine octaédrique de l'illustration 6-35b (p. 204, tome 1) à cet endroit-là.

propos, disons que cette énergie psychique est composée de deux éléments principaux : *l'attention* et *l'intention*. Quand l'esprit humain concentre son attention sur quelque chose, et avec l'intention d'obtenir un certain résultat, c'est ce qui sera manifesté. Par ailleurs, nos croyances contrôlent ce qu'il nous est possible de faire ou non dans la vie.

Par conséquent, le tube à respirer le prana traverse de nombreux champs d'énergie géométriques, ce qui crée, par extension, d'innombrables possibilités. Comment sélectionner ce que vous désirez manifester ? Vous placez simplement votre attention sur une géométrie particulière (mais vous devez d'abord savoir qu'elle est là) et réactivez ce champ électromagnétique particulier avec votre intention. Le tube à respirer ou tube pranique fonctionnera alors, mais uniquement à cet endroit-là et à travers ces géométries.

Il faut aussi ajouter ici que le tube à respirer a des extrémités composées de formes géométriques ou cristallines diverses qui s'imbriquent parfaitement dans le nouveau champ énergétique, permettant à un prana de nouvelle qualité de pénétrer dans votre tube. Oui, absolument, le prana possède des qualités variées selon qu'il provient ou non de différents mondes, et celles-ci changent en plus la conscience du Mer-Ka-Ba ! L'illustration 13-9 nous montre trois possibilités.

Puis, enfin, il y a le champ toroïdal (en forme de pain couronne) ; il est centré sur chaque Mer-Ka-Ba utilisé par l'esprit. Parfois, l'esprit s'occupe de nombreux Mer-Ka-Ba au même moment dans le temps, ce qui produit le phénomène des « roues dans les roues ». Les formes géométriques sont si serrées les unes contre les autres que cela ressemble à des

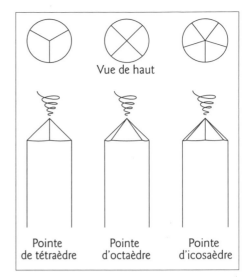

Illustration 13-9. Exemple de trois pointes possibles d'un tube pranique. Elles auront toujours autant de facettes que le polyèdre traversé.

Illustration 13-10. Champ toroïdal autour de l'étoile tétraédrique (visualisez un demi-pain couronne).

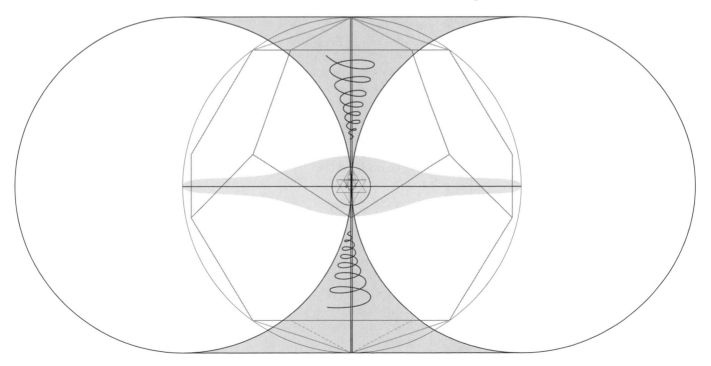

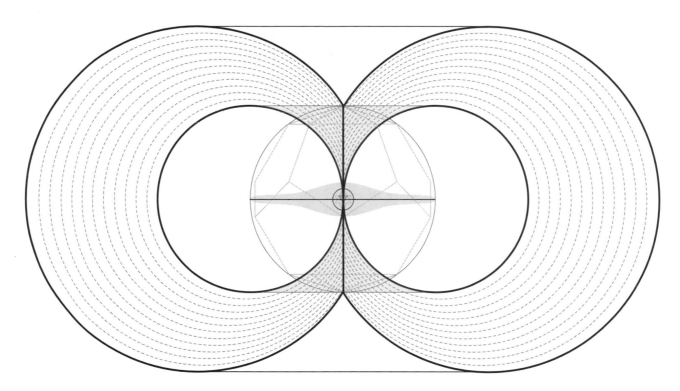

Illustration 13-11. Le corps de lumière dans sa totalité. Il entoure toutes les formes de vie – toutes les formes sont vivantes.

pelures d'oignons. Ces champs toroïdaux dépassent les confins du Mer-Ka-Ba proprement dit, tel qu'il est montré dans l'illustration 13-10.

Nous avons tout rassemblé dans ce dernier dessin, sauf les calottes icosaédrales et les géométries intermédiaires entre l'alpha et l'oméga. Cela vous donnera au moins une meilleure image et peut-être même une compréhension plus grande de la nature de votre corps de lumière (voir illustration 13-11).

Ce corps de lumière, dans son intégralité, entoure toutes les formes de vie – et toutes les formes sont vivantes.

Même si l'illustration 13-11 est une image presque complète du champ d'énergie qui se trouve tout autour de l'être humain, la photo suivante (illustration 13-12) démontre ce qui se manifeste principalement dans la réalité en tant que Mer-Ka-Ba ou corps de lumière humain.

Nous avons ici la photographie infrarouge de l'enveloppe de chaleur de « la galaxie du sombrero ». Assurément, cela ressemble fort à une soucoupe volante ! On remarque un anneau immense tout autour de la partie la plus extérieure, qui paraît plus sombre que le reste en raison de sa très, très grande vitesse de rotation à cette extrémité. L'enveloppe de chaleur, elle, est dans les proportions exactes du Mer-Ka-Ba que l'on trouve autour de notre corps, dès qu'il a été réactivé par la respiration et la méditation. Avec un équipement électronique adéquat, on peut d'ailleurs très bien discerner celui-ci sur l'écran d'un ordinateur, puisque son aspect électromagnétique le rend visible, du moins partiellement, dans la gamme des micro-ondes.

Ainsi donc, à partir de maintenant, tout dépend de vous ! Parvenus à ce point, vous avez accumulé une connaissance suffisante pour réactiver votre corps de lumière. Si, au cours de vos méditations, vous savez dans votre cœur que c'est la chose à faire, alors allez-y ! Mais peut-être devriez-vous encore attendre d'avoir lu le prochain chapitre, car cela implique beaucoup plus que de faire tourner les roues de votre Mer-Ka-Ba. En effet, ce grand accomplissement n'est en fait qu'un simple commencement.

Illustration 13-12. La galaxie du sombrero.

QUATORZE

Le Mer-Ka-Ba et les siddhi

Au cours des deux derniers chapitres, nous avons défini le flux d'énergie pranique et le champ électromagnétique du corps de lumière chez l'être humain. Nous avons aussi donné les instructions nécessaires pour la réactivation du Mer-Ka-Ba. Lorsque ces informations furent disséminées pour la première fois au cours de l'atelier Fleur de vie *(Flower of Life Workshop)*, nous présumions que les étudiants trouveraient par eux-mêmes le moyen de prendre directement contact avec leur identité supérieure. Grâce à cela, ils allaient recevoir les informations contenues dans ce chapitre (et bien davantage). C'est bien ce qui se passa pour quelques étudiants, mais la grande majorité d'entre eux n'a pas encore compris ce qu'est le Mer-Ka-Ba, ni quel est son but, à savoir : l'art et la manière de méditer sous sa protection, et avec son aide.

C'est d'ailleurs pour cette raison que j'ai ajouté l'atelier Terre et ciel *(Earth/Sky Workshop)*, soit pour amener les étudiants à mieux comprendre et à mieux vivre la signification du Mer-Ka-Ba. Dans ce chapitre, nous allons vous fournir tous les éléments de base qui faciliteront l'enclenchement du processus, mais il est encore essentiel que vous vous mettiez consciemment en rapport avec votre être intérieur, ceci en vue de découvrir et d'atteindre votre but dans la vie.

Au cours de l'atelier Fleur de vie, nous n'avons enseigné que la manière de réactiver le Mer-Ka-Ba, et beaucoup d'étudiants ont pensé que c'était tout. Le Mer-Ka-Ba est le modèle sur lequel toutes choses visibles et invisibles ont été créées, sans exception aucune. Il offre donc un nombre quasiment infini de possibilités.

L'usage du Mer-Ka-Ba

On croit généralement que le Mer-Ka-Ba est le véhicule de l'ascension, et cela est vrai, mais c'est aussi plus que cela. Il représente le *tout* de chaque chose. Le Mer-Ka-Ba peut influencer et être n'importe quoi, selon ce que décide la conscience qui est en lui. Ses seules limites sont donc celles de la conscience qui se trouve à l'intérieur de lui. Dans sa forme la plus pure, la seule limitation de ce véhicule à forme tétraédrique est celle-ci : il ne peut pas faire passer l'esprit à travers le Grand vide (ou Grand mur) et le mener jusqu'à la prochaine octave de dimensions. Cet acte exige que la personne abandonne son individualité et s'allie à au moins un autre esprit pour former un genre de Mer-Ka-Ba très spécial. La connaissance de celui-ci n'est pas nécessaire en ce moment.

Si l'ego humain décide d'utiliser le Mer-Ka-Ba de manière négative, dans le but de faire du mal, de contrôler autrui pour profiter de quelque situation, ou de faire quoi que ce soit de malhonnête et aucunement basé sur les images les plus pures de l'amour, il se prépare alors à apprendre de dures leçons. Beaucoup ont essayé avant lui, y compris Lucifer. Dieu savait qu'une telle chose finirait par arriver et arrangea tout de telle sorte que cette menace ne puisse continuer à peser éternellement au sein de l'univers, car le Mer-Ka-Ba a besoin d'amour pour survivre. Dès qu'il est employé à mauvais escient, il commence à mourir. Très rapidement, l'identité supérieure entre en scène et le coupable est « arrêté ». Il devra attendre avant de pouvoir continuer son ascension vers le sommet de l'immense montagne qu'est la conscience, jusqu'à ce que cette leçon d'amour soit bien apprise. Ne sous-estimez pas ce que je viens juste de vous dire, sinon vous perdrez simplement votre temps.

Au chapitre 17, nous parlerons des actions de Lucifer quand il a découvert qu'il ne pouvait pas manipuler le Mer-Ka-Ba.

Ce véhicule de lumière est un peu comme un ordinateur. Si une personne réactive simplement son Mer-Ka-Ba sans rien faire d'autre, c'est comme si on achetait un ordinateur surpuissant et qu'on ne se servait pas de ses logiciels. L'appareil restera allumé là, sur notre table de travail, mais on n'accomplira jamais rien avec lui. Ce n'est qu'à partir du moment où vous décidez d'utiliser les différents programmes que la raison d'être de cet outil de travail peut être justifiée. Le type de programme que vous choisissez déterminera alors les résultats.

Bien qu'imparfaite, cette analogie vous aidera peut-être à mieux comprendre ce que j'essaie de vous transmettre ici. Il est également vrai que si vous réactivez votre Mer-Ka-Ba, cet acte à lui seul alertera cet être qui est toujours vous, mais à un niveau supérieur, et le processus de réveil s'amorcera. En fin de compte, *vous* seuls devez prendre contact directement et consciemment avec votre identité supérieure, votre âme, votre ange gardien – peu importe le nom que vous lui donnez –, pour répondre à toutes les questions et découvrir la signification cachée de votre vie, votre mission sur cette terre et la manière de l'accomplir. Ce chapitre vise d'ailleurs à vous épauler dans cette démarche.

La méditation

Habituellement, nous pensons que la méditation est un acte que l'on fait en fermant les yeux et en se concentrant à l'intérieur de soi, ce qui nous mène finalement à la réalisation de soi, et dans un sens, c'est vrai.

Mais on peut également méditer les yeux ouverts. Alors que notre point de vue s'élargit, nous nous rendons compte que la vie tout entière est une méditation, un réveil à l'école du souvenir.

Si vous entrez consciemment en contact avec votre identité supérieure, ses instructions vous mèneront à un état de méditation et de réalisation qui aura une grande signification pour vous. C'est vraiment la solution idéale. Malgré tout, si vous n'êtes toujours pas directement en contact avec elle, vous pourrez en attendant recourir aux techniques traditionnelles de méditation comme le kriya-yoga, le vapasana ou d'autres méthodes tibétaines, taoïstes, etc. Vous pouvez utiliser ces méditations et pratiquer en même temps celle du Mer-Ka-Ba, il n'y a là aucun problème, à moins que votre instructeur n'y voie un inconvénient. S'il vous laisse entendre que vous ne pouvez retenir d'autre méthode que celle qu'il propose, alors vous devrez suivre ses instructions ou trouver un autre instructeur qui, lui, vous permettra de continuer avec la méditation Mer-Ka-Ba.

Quelle que soit la méthode choisie, un niveau de conscience particulier va émerger, c'est inévitable, car cela a trait à la relation qui existe entre le monde intérieur et le monde extérieur. Lorsqu'on réalise enfin que tout est lumière, la phase miraculeuse débute et les siddhi commencent à se manifester. C'est ce stade de développement que nous allons maintenant aborder, car lorsque nous le maîtrisons, la compréhension de la signification et du but de l'existence suit de très près. C'est à ce stade que l'humanité tout entière est dorénavant parvenue. Nous devons tous comprendre ce qui se passe, et nous y parviendrons.

Les siddhi, ou pouvoirs psychiques

Qu'est-ce donc qu'un *siddhi* ? C'est un mot hindou qui veut dire « pouvoir » – ou plus exactement, pouvoir psychique. Beaucoup d'instructeurs hindous considèrent qu'il s'agit d'un des aspects de la conscience par lequel nous devons tous passer un jour ou l'autre, mais les pouvoirs psychiques sont habituellement perçus comme dangereux. Pourquoi ? Parce qu'il est très facile de se perdre spirituellement dans ce domaine de la conscience, alors que l'ego n'a pas encore été transcendé. Ce dernier peut en effet devenir tellement hypnotisé par cette expérience d'acquisition des siddhi, qu'il finit par oublier que c'est vers Dieu qu'il doit retourner. Or, l'ego peut même aller jusqu'à penser qu'il *est* Dieu ! Cette question de l'ego ne peut être sous-estimée ni évitée. C'est un niveau de conscience qui doit être maîtrisé.

Sachez donc que lorsque je parle des siddhi, je le fais pour que vous puissiez les maîtriser, et non pas pour que vous vous en serviez dans le but d'obtenir quelque gain personnel égoïste ou de gonfler votre ego.

En 1971, quand les deux anges m'enseignèrent la manière de créer le Mer-Ka-Ba, je commençai bientôt à vivre quelques expériences étranges que je ne pouvais m'expliquer. Très souvent, alors que j'étais en présence d'équipement électrique, quelque chose finissait par exploser ou par brûler (spécialement une fois le disque de mon Mer-Ka-Ba déployé, pendant l'expiration du seizième souffle). Ces incidents continuèrent d'ailleurs à se produire occasionnellement pendant presque quinze ans, car je pensais toujours qu'il s'agissait d'un effet secondaire impossible à éliminer. Je perdis beaucoup d'appareils de télévison, de radios et d'autres objets fonctionnant à l'électricité, et tous ces petits malheurs en apparence insignifiants au début finirent par me coûter très cher alors que le temps passait.

Un jour – je crois que c'était en 1986 –, je me suis trouvé chez des amis, quelque part à Hawaii, à travailler avec Thot. Je participais alors à un cercle de méditation et j'étais assis tout près d'un mur où un commutateur électrique était installé juste au-dessus de ma tête. Au moment précis où le disque se déploya avec la pratique du seizième souffle, le commutateur explosa littéralement juste derrière moi, ce qui fit un trou dans le mur, et le fil électrique se mit à brûler depuis l'intérieur. Je me souviens que nous dûmes trouver un extincteur à la hâte et tout arroser pour enrayer le feu.

Franchement, j'étais très embarrassé et un peu honteux. Ce genre d'incident gâchait ma vie depuis des années et j'en avais assez. Une fois les flammes éteintes et tout remis en place, je me rendis dans une autre pièce et invoquai la présence de Thot dans ma méditation. Je sentais qu'il pourrait m'expliquer ce que je faisais de travers, et lui demandai comment m'y prendre pour mettre un terme à tout cela. Sa réponse fut très directe : « Dis simplement à ton Mer-Ka-Ba qu'à partir de maintenant, il ne va plus influencer le champ magnétique des appareils électriques ou électroniques avec lesquels tu entres en contact. » La première pensée qui me vint alors à l'esprit se présenta sous la forme d'une question : « Est-ce vraiment aussi simple que ça ? »

Malgré mon doute, j'intimai immédiatement à mon Mer-Ka-Ba de ne plus influencer le champ magnétique des appareils électriques qui se trouvaient dans mon environnement immédiat, et je dois avouer qu'à partir de cet instant, je n'ai jamais plus eu d'ennuis de ce genre. L'événement me permit aussi de mieux saisir la nature des siddhi associés au Mer-Ka-Ba.

En fait, ils ne sont rien de plus que des ordres que l'on donne, et *si c'est fait correctement*, ils se matérialisent. Si vos ordres s'adressent directement à votre Mer-Ka-Ba, alors celui-ci continuera éternellement à leur obéir jusqu'à ce que vous décidiez vous-mêmes qu'il en soit autrement, en formulant une autre intention et un nouvel ordre. Bien sûr, tout cela est simple à dire, mais plus difficile à bien comprendre, et je ferai donc de mon mieux pour illustrer ce point.

L'art de programmer les cristaux

Il y a, au cœur de chaque ordinateur, un petit cristal synthétique. Or, il se trouve qu'à la fois les ordinateurs et les cristaux – que ces derniers soient naturels ou cultivés par l'homme – ont des caractéristiques très semblables à celles du Mer-Ka-Ba. L'art de programmer les cristaux est donc tout à fait comparable à ce qu'on pourrait encore appeler la programmation du Mer-Ka-Ba. De nombreux livres ont été écrits sur la manière de programmer les cristaux de roche, et parmi eux, j'en connais au moins trois bons, écrits par Katrina Raphaell.

Comme je l'ai déjà précisé, en ce qui a trait à l'énergie psychique, tout est basé sur deux qualités, à savoir : l'attention et l'intention. J'ai également dit que les cristaux de roche sont, comme vous et moi, des êtres vivants. Ils peuvent à la fois recevoir et émettre différentes fréquences, et même, des ondes sinusoïdales compliquées, n'importe où au sein du spectre électromagnétique (le SEM), y compris tout ce qui touche à la pensée, aux émotions et aux sentiments humains. Vous souvenez-vous de la vogue des postes de radio à galène ? Somme toute, il ne s'agissait que d'un petit cristal de roche, un sulfure naturel de plomb que l'on trouve abondamment dans la nature, qui était maintenu en place dans l'appareil par un étrier à vis et que l'on touchait en différents endroits à l'aide d'une fine aiguille reliée à un dispositif d'amplification sonore très simple. Lorsqu'on touchait la surface du petit cristal de galène, on pouvait ainsi capter différentes stations de radio et entendre très distinctement leurs signaux à l'aide du dispositif d'amplification branché sur une paire d'écouteurs.

Citons également Marcel Vogel, un homme de science remarquable qui a travaillé dans les laboratoires Bell pendant des années et qui est l'auteur de nombreuses inventions, notamment le disque dur et les petites disquettes portatives. Voilà un homme qui avait une connaissance scientifique profonde à la fois des cristaux (naturels ou artificiels) et des ordinateurs. Peu de temps avant sa mort, il avait révélé les conclusions de son étude approfondie du sujet, dont le nombre maximal de programmes qu'un cristal de roche naturel peut contenir. Selon lui, n'importe quel cristal naturel ne peut contenir qu'un seul programme par facette à son extrémité. En ce temps-là, je pensai que cette déclaration de sa part était incroyable et m'efforçai alors de faire rapidement une recherche personnelle dans ce sens, dans le but de prouver ou de réfuter ses propos.

À cette fin, je contactai un chercheur scientifique du nom de Bob Dratch, et nous mîmes sur pied une petite expérience afin de vérifier la véracité de tout cela. Nous plaçâmes un cristal de quartz sur son banc de laboratoire, ainsi que son scanner à émissions moléculaires (SEM), dont nous dirigeâmes la pointe vers le cristal, ceci en vue de pouvoir capter ses émissions à micro-ondes et de les analyser grâce à un petit programme que Bob avait inventé.

Il observait donc l'écran, alors que je programmais le cristal de roche par la pensée. En effet, nos pensées sont en soi des ondes électromagnétiques à très grande amplitude qui voyagent presque en ligne droite à travers l'espace et peuvent maintenant être captées grâce à divers appareils scientifiques. Par conséquent, pourquoi ne pas diriger une pensée particulière sur un cristal naturel, qui la recevra alors et la diffusera autour de lui, tout comme avec les ondes radio ?

Évidemment, Bob ne savait pas ce que je pensais, ni à quel moment. Par conséquent, il ne pouvait compter que sur moi pour le lui dire. Mais c'était différent dans cette expérience. À l'instant même où je programmais le cristal avec une pensée (par exemple l'idée de l'amour), Bob pouvait noter un changement immédiat dans la signature sinusoïdale sur l'écran de son appareil. Il ne lui fallut pas longtemps pour pouvoir me souligner exactement quand je programmais le cristal, ou au contraire, quand j'effaçais un des programmes. (Pour effacer ou retirer un programme, on donne simplement l'ordre au cristal de le faire, par la pensée volontaire.)

Je ne pouvais pas le berner. Par exemple, quand je mettais trois programmes dans le cristal et en retirais deux, Bob pouvait facilement voir trois nouvelles vaguelettes apparaître dans la signature sinusoïdale, et ensuite, deux vaguelettes disparaître de l'écran. Il pouvait parfaitement me suivre. C'est ainsi que nous pûmes confirmer ce que M. Vogel avait dit sur la capacité qu'ont les cristaux de retenir un programme par facette à leur extrémité. Dès que j'essayais d'enregistrer plus de programmes que de facettes, rien n'était plus enregistré dans la signature sinusoïdale visible sur l'écran de l'ordinateur. Le cristal de roche était simplement saturé et ne pouvait plus accepter de nouveau programme. J'étais absolument abasourdi.

À la lumière de cette expérience, je crois donc que nous pouvons tous nous rendre compte que les cristaux de roche retiennent les pensées (mais aussi les émotions et les sentiments) volontairement dirigées vers eux et qu'ils peuvent également les irradier autour d'eux, exactement comme une station de radio diffuse ses programmes. Eh bien, c'est la même chose avec votre Mer-Ka-Ba. N'oubliez pas que sa nature est cristalline, car il utilise les mêmes géométries que celles des molécules atomiques présentes dans les cristaux. Par conséquent, lorsque vous émettez des pensées, des émotions et des sentiments tout en plaçant votre *attention* sur le Mer-Ka-Ba, ils s'inscriront profondément en lui, et celui-ci continuera automatiquement à les diffuser, jusqu'à ce que vous ayez *l'intention* d'en faire cesser la diffusion. Et personne, pas même Lucifer, ne peut arrêter ou altérer les programmes de votre Mer-Ka-Ba, sauf vous-mêmes. À moins, bien entendu, que vous instauriez un programme affirmant le contraire.

Une grosse différence existe entre les cristaux de roche et le Mer-Ka-Ba. En effet, ce dernier peut apparemment contenir *un nombre illimité* de programmes. Du moins, il semble que ce soit bien le cas, car j'ai introduit une très grande quantité de programmes dans mon propre Mer-Ka-Ba au cours des ans, et chacun fonctionne encore à merveille, sans aucun signe de saturation. Si limite il y a, je suis absolument sûr qu'il ne s'agit pas d'un petit nombre, comme de six à huit avec les cristaux de roche.

Les programmes du Mer-Ka-Ba

La programmation du Mer-Ka-Ba et l'énergie psychique sont très intéressantes non seulement à étudier, mais aussi à pratiquer. En fait, c'est ce que nous faisons automatiquement tous les jours, mais peu de gens se rendent compte de quoi il s'agit au juste. J'aimerais maintenant vous raconter une histoire vraie avant d'aborder le sujet comme tel. Je commencerai cependant par une définition.

Comment transformer l'eau en vin

Supposons que vous désirez déguster un vin français particulier ou quelque chose d'aussi spécifique que cela. C'est votre vin favori et vous vous dites : « Je désirerais tellement en avoir une bouteille ! » Vous la voyez même clairement dans votre esprit et en avez déjà l'eau à la bouche, tellement votre désir est puissant. C'est vraiment ce que vous désirez, mais vous ne savez pas comment vous y prendre pour l'obtenir.

Bien sûr, vous pouvez créer le vin dans ce monde connu à trois dimensions. À cette fin, vous plantez les vignes et attendez plusieurs années qu'elles poussent suffisamment pour porter fruit. Vous vendangez alors et pressez les beaux raisins pleins des effluves du soleil et de la terre, puis vous versez le liquide dans des fûts de bois et attendez que la fermentation naturelle fasse son œuvre. Tout cela est un peu lent, ennuyeux et aléatoire, mais si c'est ce que vous acceptez comme unique réalité dans votre vie, vous pouvez toujours le faire.

Ou bien, vous pouvez vous rendre au supermarché du coin et acheter une bouteille de ce vin préféré.

Ou alors, vous pouvez rester assis là en pensant à ce vin en bouteille, jusqu'à ce que quelqu'un entre dans la pièce et interrompe votre rêverie. Vous aviez complètement oublié d'avoir invité cette personne à déjeuner avec vous. C'est alors qu'elle sort une bouteille du vin auquel vous rêviez d'un sac en papier brun qu'elle tenait à la main et la dépose sur la table en lançant : « Tiens, j'espère que tu l'aimeras. Tu connais ce cru-là ? »

Si cela ne vous arrive qu'une seule fois, vous vous direz certainement : « Mon Dieu, quelle coïncidence ! » Mais si cela survient chaque fois que vous pensez fortement à quelque chose, vous allez commencer à voir l'existence différemment : « Tiens, c'est drôle ! Chaque fois que je pense à quelque chose, que je veux quelque chose ou que j'ai besoin de quelque chose, c'est exactement ça qui se manifeste dans ma vie ! »

Finalement, toutes ces « coïncidences » vous amènent à prendre conscience qu'il existe assurément un lien entre ce que vous ressentez, ce à quoi vous pensez et ce qui vous arrive dans la vie. Beaucoup parmi vous me comprendront, car il s'agit en fait du point de départ de ce sentier particulier qui mène à la vie spirituelle.

Ceci nous conduit naturellement au pas suivant, qui est l'usage des siddhi, où l'on explore petit à petit l'art de manifester ces choses volontairement et consciemment, au lieu qui s'agisse d'une coïncidence en apparence accidentelle. Et cela nous incite bientôt à réfléchir sur l'accomplissement d'actes prétendument « miraculeux », tel celui de Jésus transformant l'eau en vin. Dans ce cas particulier, il ne s'agit encore que de la transmutation d'un élément en un autre. Par conséquent, vous pouvez vous prouver à vous-mêmes, en même temps qu'à autrui, que ce à quoi vous croyez dans cette réalité existe vraiment. Cela devient un fait accompli ; vous avez rendu l'irréel réel. Ce domaine est malgré tout dangereux, car à ce moment-là, l'ego n'a généralement pas encore été transcendé.

Après cela, un autre pas reste à franchir : celui qui consiste à manifester du vin à partir de rien – là, il ne s'agit plus de transmuter un élément (l'eau) en un autre (le vin), mais bien de créer quelque chose à partir du grand vide, c'est-à-dire de rien. C'est à ce stade que votre être divin et vous ne faites plus qu'un.

Un état d'être encore plus transcendant est celui où l'on n'a plus envie de vin – car on n'a plus aucun besoin ni aucun désir ; on sait que tout est à sa place et parfait tel quel. Nous avons maintenant dépassé la polarité. Le sentier menant à notre foyer originel devient très simple, très direct et débarrassé de tout encombrement.

Le bidon d'essence

C'est pendant que je vivais en pleine nature sur la côte ouest du Canada que je commençai à réaliser ce qu'est cette idée de coïncidence ou de synchronisme parfait entre les choses. Les deux anges nous étaient déjà apparus, à ma femme et à moi, et nous étions constamment guidés par leurs conseils. Dès le début de notre association avec eux, ils nous avaient dit de ne pas nous inquiéter de questions d'argent, car ils nous procureraient tout ce dont nous avions besoin. Ils nous avaient expliqué que Dieu a créé « une loi naturelle » au bénéfice de l'homme. L'humanité peut soit compter sur Dieu pour la sustenter, soit compter sur elle-même. Si l'individu choisit la première option, tout ce dont il a besoin sera toujours « à sa portée immédiate ». Mais s'il ne compte que sur lui-même, Dieu ne pourra pas l'aider en fonction de ses demandes.

À cette époque-là, j'énervais de plus en plus ma femme parce que nous avions besoin d'un bidon d'essence pour la voiture. Le réservoir était tombé à sec plusieurs fois alors qu'elle conduisait, et la station-service la plus proche était à 32 kilomètres de chez nous. L'auto était encore tombée en panne le jour précédent, et ma femme avait dû marcher longtemps pour rentrer à la maison. Elle était furieuse contre moi parce que je n'avais pas encore acheté un bidon, et le sujet revenait constamment dans la conversation, ce à quoi je lui rétorquai : « Fais confiance à Dieu ! » Exaspérée, elle s'écria : « À Dieu ? J'ai besoin d'un bidon ! » Je tentai d'expliquer une fois de plus : « Tu te souviens de ce que les anges nous ont dit. Pour l'instant, nous n'avons pas besoin de travailler, et ils vont toujours nous procurer tout ce dont nous avons besoin. Oui, c'est vrai, nous n'avons presque plus d'argent, mais s'il te plaît, continue à avoir la foi ! » Et c'était très vrai, nous avions vraiment tout ce dont nous avions besoin – sauf un bidon d'essence.

Tout au long de notre promenade au bord du lac, elle ne cessait de me le rappeler et de faire des remarques acerbes à ce sujet : « Retournons vivre en ville. Arrêtons-nous de ne vivre que par la foi. C'est trop difficile. Nous avons besoin d'argent ! » Nous nous assîmes sur un rocher et contemplâmes ce beau lac entouré de montagnes majestueuses que Dieu nous avait donné, et ma femme continua à se plaindre de moi, de Dieu et des anges.

Alors qu'elle parlait encore avec animation et beaucoup d'émotion, mon regard se porta soudain sur un objet qui semblait posé là sur le sol, entre deux grosses pierres, à une dizaine de mètres de l'endroit où nous étions assis. Bien sûr c'était, devinez quoi… un bidon d'essence ! Quelqu'un avait dû tirer son bateau à terre, camper, puis quitter les lieux en laissant l'objet derrière lui. Mais ce n'était pas un simple bidon, il n'avait rien d'ordinaire, croyez-moi ! Oh non, celui-là était incroyablement beau ; je n'en avais jamais vu de semblable ! Je ne savais même pas qu'on pouvait en trouver de tels ! Il était fait d'un cuivre épais recouvert d'une belle laque rouge, mis à part les poignées qui, elles, étaient bien poncées et reluisaient comme de l'or. Si j'avais dû l'acheter, il m'aurait coûté plus de cent dollars, à coup sûr !

J'interrompis gentiment ma femme : « Attends une minute… », puis je me levai, allai chercher le bel objet et le posai nonchalamment devant elle : « Est-ce que tu penses que celui-là fera l'affaire ? » Abasourdie, elle se calma immédiatement et resta silencieuse pendant deux semaines.

La liasse de billets

À cette époque-là, nous vivions donc en pleine nature dans une petite maison qui nous avait été prêtée par l'Église paroissiale, avec l'assurance que nous pouvions demeurer là aussi longtemps que nous le voulions, sans frais ! Le site était certainement à compter parmi les plus beaux du monde. Oui, c'est vrai, nous n'avions rien… mais nous avions tout, si vous comprenez ce que je veux dire – et même un bidon d'essence ! Pendant notre séjour, comme je l'ai déjà mentionné, survint une période de vaches maigres et nous commençâmes à manquer d'argent, car les anges nous avaient demandé de ne pas travailler pendant tout le temps que nous serions là et de continuer à méditer.

Plus nos réserves baissaient, plus ma femme devenait nerveuse. Il ne nous resta bientôt plus que seize dollars et aucun signe nous laissant croire que nous pourrions augmenter notre pécule. Elle était à bout de patience et commençait à avoir peur, très peur. C'en était trop ; je sentais qu'elle pensait sérieusement à tous nous quitter. Nous devions effectuer un paiement de 125 dollars pour la voiture le jour suivant, sinon nous allions la perdre. Nous étions loin d'avoir cette somme, et assurément, c'était un fait incontournable. Ma femme se plaignit toute la journée et continua même à lancer ses récriminations jusque tard dans la soirée. Lorsque nous nous mîmes finalement au lit, elle s'enroula dans les couvertures et s'écarta de moi autant que possible, sombrant finalement dans un sommeil agité.

Il était environ minuit. Quelqu'un frappa à la porte. Souvenez-vous que nous vivions en pleine nature, dans un isolement quasi total. Notre petite maison était à plus de six kilomètres de la route la plus proche, et notre voisin à trois kilomètres de chez nous. Un visiteur, si tard pendant la nuit ?…

Je me tirai du lit, enfilai ma robe de chambre et allai ouvrir. Un vieil ami à moi que je n'avais pas revu depuis au moins deux ans se tenait là, debout devant moi, tout souriant, et il me dit : « Eh bien, mon vieux, je t'ai cherché partout. C'est vraiment le bled, chez toi ! T'es recherché par la police ? » Ce à quoi je lui répondis du tac au tac : « Bien sûr que non, gros malin ! Mais nous, tu sais, on aime la nature et les petits oiseaux. Allez, entre ! Qu'est-ce que tu fous ici en plein milieu de la nuit ? »

Je dois ici préciser que je lui avais jadis prêté de l'argent. En fait, je le lui avais donné, sans même lui demander de me rembourser, et puis j'avais complètement oublié cet épisode de ma vie. Après que nous lui eûmes offert de s'asseoir, de boire et de manger, il finit par s'exclamer : « Je ne sais pas pourquoi, mais il fallait absolument que je vienne te voir et que je te rembourse l'argent que tu m'as si gentiment prêté. C'était devenu comme une idée fixe ! » Sur ce, il sortit une grosse liasse de billets de 20 dollars, qu'il posa sur la table. Il y avait là environ 3500 dollars. À nos yeux, et vu le fait que nous vivions le plus simplement du monde en pleine nature, cette somme était suffisante pour satisfaire nos besoins pendant longtemps.

La deuxième liasse de billets

Ma femme, une fois de plus, en resta bouche bée. Cette fois-ci, je ne l'entendis plus se plaindre pendant au moins six mois. Pas la moindre récrimination !

Quelques mois s'écoulèrent, et quand la nouvelle somme d'argent finit par diminuer dangereusement elle aussi, sa foi et sa confiance en Dieu furent à nouveau mises à rude épreuve. Je dois reconnaître que cette fois-ci, il ne nous restait plus que douze dollars dans la cagnotte. Ma pauvre chérie en parlait sans cesse, semant ses peurs et ses angoisses à tout vent, en en faisant richement profiter ses enfants et son mari. Puis vinrent les menaces. Elle nous déclara qu'elle allait tous nous quitter et rentrer aux États-Unis, où là au moins, elle pourrait rencontrer des gens « normaux ». Les heures passèrent, ma femme continua à se plaindre, le soleil baissa à l'horizon, finit par se coucher et nous aussi. La journée avait été épuisante, car nous nous étions disputés sur ces questions d'argent et de foi en Dieu. Chose curieuse, en plein milieu de la nuit, quelqu'un frappe à nouveau à la porte.

Je me lève, j'enfile ma robe de chambre, j'ouvre la porte et je me trouve alors face à face avec un autre copain à moi. Mais celui-là, cela faisait longtemps, *très* longtemps que je ne l'avais pas revu ; en fait, depuis que nous étions tous les deux étudiants à Berkeley. Je n'en croyais pas mes yeux. Comment donc avait-il pu me retrouver ? Je l'invitai à entrer, lui offrit à boire et à manger (je commençais à en avoir l'habitude), et exactement la même chose se passa. Il sortit lui aussi une liasse de billets de banque, qu'il déposa sur la table. Cette fois-ci, il n'y avait que 1800 dollars, et il me dit : « Tiens, voilà l'argent que tu m'as prêté quand j'en avais besoin. J'espère que ça t'aidera. »

Ma femme, elle, passa exactement par les mêmes changements qu'auparavant. Elle se sentit d'abord très soulagée et je ne l'entendis plus se plaindre pendant plusieurs mois. Mais alors que notre nouveau pécule diminuait, elle perdit à nouveau la foi. Elle ne pouvait simplement pas croire que les anges – qui lui apparaissaient tout aussi bien qu'à moi – pourraient vraiment continuer à nous procurer « tout ce dont nous avions besoin », selon leurs propres paroles, même s'ils nous l'avaient amplement démontré pendant presque deux ans déjà.

Dès qu'il n'y eut plus d'argent du tout, ma pauvre femme, n'en pouvant vraiment plus, nous laissa tous tomber et rentra effectivement aux États-Unis pour trouver un emploi à Berkeley. En ce qui la concernait, c'était bien le commencement de la fin de ce genre de vie spirituelle. Elle perdit bientôt sa capacité de voir les anges, et il lui fallut compter uniquement sur elle-même pour gagner sa vie. Elle retrouva du travail et retourna au train-train quotidien qu'elle avait connu avant la venue des anges. Son existence journalière redevint comme une chaîne de vieilles habitudes et de contraintes en tout genre, et la magie s'évanouit.

Les anges, eux, ne m'ont jamais quitté. Même aujourd'hui, ma subsistance dépend entièrement d'eux, et en contrepartie je dédie toutes mes activités à Dieu. J'ai la foi et je fais confiance à l'invisible. Alors que l'argent continuait à se manifester dans notre vie, ma foi se renforçait de plus en plus, mais c'était exactement le contraire pour ma femme. C'est un peu comme cette histoire du verre que certains voient à moitié plein, alors que d'autres le voient à moitié vide ! Souvenez-vous de cette petite histoire vraie, car en ce qui concerne les siddhi et les lois naturelles créées par Dieu, nous serons tous testés.

Pendant toute la durée de ce séjour de rêve en pleine nature, ma femme et moi avions été les témoins de nombreux miracles. Il ne se passait pas une semaine, que dis-je, pas un seul jour, sans que quelque chose de miraculeux nous arrive, et ceci, pendant presque deux ans ! Il était question d'événements tellement incroyables que n'importe quel témoin aurait juré qu'il s'agissait bien là de miracles. Personnellement, la grande leçon que je tirai de cette aventure fut que même les plus grands miracles ne sont pas suffisants pour quelqu'un qui se laisse subjuguer par la peur. Par contre, les miracles peuvent également inciter quelqu'un à aimer Dieu davantage et à lui faire encore plus confiance.

Il y a donc un grand danger spirituel avec les siddhi, et pas seulement parce que l'ego peut gonfler, tel un beau paon empanaché, et tenter de les utiliser pour un gain uniquement personnel. Il se peut aussi que l'ego prenne de plus en plus peur et que l'individu finisse par mettre un terme à ses méditations. D'une façon comme de l'autre, la croissance spirituelle s'arrête, jusqu'à ce que le bon moment se présente. Personne ne se perd à tout jamais. En fait, il ne s'agit que d'un délai.

Les quatre manières
de programmer le Mer-Ka-Ba

Maintenant que nous vous avons introduits aux siddhi et à leurs écueils possibles, voyons comment le Mer-Ka-Ba peut être programmé. Les quatre approches que nous allons étudier sont apparentées aux quatre polarités sexuelles principales, soit le masculin, le féminin, le bisexuel (ou hermaphrodite) et l'asexuel (c'est-à-dire ni l'un ni l'autre). Par conséquent, sous la rubrique « masculin », nous avons « mâle – mâle » (mâle hétérosexuel) et « mâle – femelle » (mâle homosexuel). Sous la rubrique « féminin », nous avons « femelle – femelle » (femelle hétérosexuelle) et « femelle – mâle » (femelle lesbienne). Sous la rubrique « bisexuel », nous avons « bisexuel mâle » et « bisexuel femelle ». Finalement, sous la rubrique « asexuel », qui possède aussi une polarité, nous avons « asexuel mâle » et « asexuel femelle ». Ces huit polarités sont elles-mêmes divisibles en d'autres catégories, mais il n'est pas nécessaire de toutes les étudier ici étant donné ce que nous nous proposons de faire.

Les quatre manières de programmer le Mer-Ka-Ba suivent donc la même classification fondamentale, à savoir : le masculin, le féminin, le bisexuel et l'asexuel.

La programmation masculine

Dans la religion de Shiva, on affirme qu'il n'y a que 113 façons de méditer. Les disciples de Shiva croient donc dur comme fer qu'il y en a seulement 113, et pas une de plus. Selon eux, quelle que soit la manière dont vous méditez – et même si vous inventez quelque chose de tout nouveau –, cela fera toujours partie de ces 113 catégories.

Les 112 premières sont masculines et la dernière (ou la première) est féminine ! Toutes les manières de méditer masculines peuvent être consignées par écrit et verbalement décrites pour le bénéfice d'autrui. Des descriptions exactes sont possibles, et la logique est de rigueur. On vous dit, ou vous pouvez lire, que si vous faites comme ceci, puis comme cela, alors vous pouvez vous attendre à tel résultat.

Par contre, dans la manière féminine de méditer, il n'y a aucune règle et on ne fait jamais deux fois la même chose ; ou plus exactement, cela pourrait à la rigueur avoir lieu, mais dans ce cas, ce ne serait jamais prémédité. Contrairement à la façon de faire masculine, il n'y a aucune logique dans la manière féminine de faire les choses. C'est le domaine exclusif des sentiments et de l'intuition, et c'est aussi fluide que l'eau qui, entre autres caractéristiques, emprunte toujours un chemin de moindre résistance.

La programmation masculine du Mer-Ka-Ba est donc très logique et précise. Voici un exemple qui illustrera bien ce point.

Lorsque je commençai à organiser l'atelier du Mer-Ka-Ba triphasé (Tri-Phased Mer-Ka-Ba Workshop), entre l'atelier Fleur de vie et l'atelier Terre et ciel, je dus bientôt faire face à un problème particulier. Le

Mer-Ka-Ba triphasé crée un énorme champ électromagnétique, puisqu'il a un diamètre de plus de 2 570 000 kilomètres de long, et un minimum de deux personnes est requis pour le créer. Comme vous pouvez l'imaginer, au moment même où le disque se déploie, l'énergie dégagée est fabuleuse. Or, il se trouve qu'au cours du premier atelier, et immédiatement après que notre groupe eut créé le Mer-Ka-Ba triphasé, les équipements électroniques des militaires de la région captèrent l'événement sur leurs écrans et ceux-ci envoyèrent immédiatement quatre hélicoptères pour analyser ce nouveau phénomène de plus près. Ils ne voulaient plus partir et nuisaient grandement à mon programme d'enseignement.

Les anges m'avaient bien avisé que j'organiserais neuf de ces ateliers particuliers et qu'ensuite je n'en ferais jamais plus aucun de ce genre. C'est assez malheureux à reconnaître, mais le contenu de cet atelier sur le Mer-Ka-Ba triphasé devint la source d'informations la plus mal comprise et la plus mal utilisée qui soit. Environ trente instructeurs internationaux et un nombre inconnu de sites Web commencèrent à se servir de toutes ces informations spécialisées sans me demander la permission et sans que personne sache quel en était le but véritable. Tout le monde présumait que c'était destiné à l'évolution de l'individu, mais la vérité était tout autre. Le programme du Mer-Ka-Ba triphasé visait uniquement au réveil de l'esprit de notre mère la Terre et à la réactivation de son propre Mer-Ka-Ba ! Or, c'est maintenant un fait accompli, avec en prime involontaire le mauvais usage de ces informations de la part de beaucoup d'instructeurs qui, du moins en ce qui touche ces derniers, fourvoyèrent spirituellement la plupart de leurs étudiants.

Toujours est-il que des groupes de trois ou quatre hélicoptères peints en noir continuèrent à nous rendre visite tout au long de mes six premiers ateliers. Les choses se déroulaient ainsi : une quinzaine de minutes après que le groupe eut créé le Mer-Ka-Ba triphasé, nos fins limiers volants tout de noir vêtus arrivaient sur la scène et tournoyaient continuellement autour de nous pendant une heure ou deux, sans doute pour analyser et tester la situation tout à loisir avec leurs instruments de bord.

En fait, le FBI (Federal Bureau of Investigation ou Bureau fédéral d'enquêtes) finit par envoyer quelqu'un pour participer à mon atelier, et cet homme me révéla d'ailleurs son identité au grand complet. Il y avait aussi trois autres agents du FBI qui, eux, restèrent dans l'ombre, et c'est à cause de ce genre d'interférence dans le groupe que je décidai d'utiliser les siddhi du Mer-Ka-Ba pour parer à tout harassement ultérieur. Les anges m'accordèrent d'ailleurs la permission de le faire.

Tout ce que je fis me ramena au fait d'établir « un Mer-Ka-Ba accessoire ». Je vous expliquerai en long et en large (littéralement) de quoi il s'agit vers la fin de ce chapitre, mais brièvement, disons qu'il s'agit d'un champ électromagnétique créé par quelqu'un, en plus de son propre Mer-Ka-Ba. Ce Mer-Ka-Ba accessoire pourra rester dans un endroit fixe, par exemple tout autour d'une maison, d'un appartement ou d'une parcelle de terrain. Il peut donc être programmé tout à fait séparément de votre propre Mer-Ka-Ba, même s'il ne peut exister et rester en vie que grâce à votre propre énergie et à votre force de vie.

Je créai donc un Mer-Ka-Ba secondaire, ou accessoire, et le plaçai à l'endroit même où l'atelier du Mer-Ka-Ba triphasé allait avoir lieu. Il était suffisamment grand pour pouvoir englober l'endroit tout entier, de manière que, au moment où le groupe pénétrerait dans le vif des trois phascs, sa programmation protégerait tout le monde contre de nouvelles intrusions. Ce programme « masculin » était en fait très simple : je demandai simplement que le Mer-Ka-Ba secondaire rende « invisibles et indétectables » pour quiconque les effets externes du Mer-Ka-Ba triphasé.

Ainsi, après que le groupe eut créé le Mer-Ka-Ba triphasé, et pour la première fois au cours des ateliers, aucun hélicoptère ne fit son apparition. Leurs instruments de bord ne pouvaient plus nous capter. C'était aussi simple que cela. Vous aurez sans doute noté vous-mêmes que c'est grâce à cette méthode que j'avais jadis fait cesser les interférences sur tous les appareils électriques ou électroniques.

Malgré tout, nous commîmes une erreur humaine, et cela vous indique le genre de problème auquel on est confrontés avec la programmation masculine. Le groupe de participants à l'atelier décida soudain de se rendre à Sedona pour les activités du dernier jour. Or, ce petit village pittoresque se trouvait à environ 80 kilomètres de l'endroit où nous étions, et lorsque nous nous déplaçâmes tous ensemble d'un endroit à l'autre en voiture pour entreprendre la dernière partie de l'atelier, nous oubliâmes complètement que nous étions maintenant hors de la zone protégée par le Mer-Ka-Ba accessoire et que mon programme – dans lequel tout était « invisible et indétectable » – ne marchait plus depuis que nous avions dépassé les limites que j'avais moi-même imposées au Mer-Ka-Ba secondaire. Parvenus à Sedona, nous nous étions enfoncés dans la forêt avoisinante pendant plusieurs kilomètres, et environ quinze minutes après que le groupe eut à nouveau créé le Mer-Ka-Ba triphasé, six hélicoptères tout noirs firent leur apparition et ne quittèrent plus les lieux. Ils continuèrent à tournoyer autour de nous comme des mouches autour d'un morceau de viande, et l'épreuve dura presque une heure.

Au cours des deux derniers ateliers du Mer-Ka-Ba triphasé, nous utilisâmes à nouveau le programme « invisible et indétectable » mais cette fois-ci, nous restâmes à l'intérieur des limites de la sphère du Mer-Ka-Ba secondaire. Aucun hélicoptère ne vint alors nous importuner. Telle est donc la nature de la programmation masculine – elle est spécifique.

Je ne suis pas ici pour vous dire quoi faire ni quoi programmer dans votre Mer-Ka-Ba. Je ne suis ici que pour vous expliquer comment y arriver. Le reste ne dépend que de vous et de votre identité supérieure, ce que nous appelons le *higher self* aux États-Unis. Lorsque nous aborderons le sujet de la guérison de l'environnement, par exemple, toutes les informations que je vous donne ici commenceront à avoir plus de sens pour vous.

La programmation féminine

Comme nous l'avons déjà précisé, la programmation féminine ne possède aucune logique, tous les hommes savent cela (je plaisante…).

La programmation de type féminin est sans forme, sans structure et sans organisation. En fournir un exemple est même difficile, mais je vais néanmoins essayer. Si l'on parle de protection psychique, par exemple, de nombreux programmes de nature masculine permettront de l'obtenir. On peut refléter l'énergie psychique par différents moyens et la retourner à sa source, ou jusque dans les entrailles de la terre, ou même la convertir d'élément négatif à positif. Les méthodes masculines sont donc très, très nombreuses. Par contre, une méthode féminine pourrait programmer le Mer-Ka-Ba pour qu'il choisisse lui-même ce qui est le plus approprié, sans rien préciser d'autre. En d'autres termes, elle lui laisse la capacité d'opter parmi *toutes les possibilités*. Cette méthode ne précise aucune manière dont le Mer-Ka-Ba va réagir devant une attaque psychique, mais celui-ci le fera d'une façon qui produira toujours d'excellents résultats.

Une autre méthode typiquement féminine consiste à remettre sa vie entière entre les mains de Dieu. Ceci est très semblable à ce qui a été expliqué plus haut, mais sous-entend que l'on accepte la possibilité d'une attaque psychique et même le fait qu'elle pourrait apparemment aller à l'encontre de nos meilleurs intérêts. On admet que Dieu est beaucoup plus sage que nous, y compris par rapport à toutes ces questions. Souvenez-vous que même l'idée d'une attaque psychique implique la notion de polarité et de séparation. On pense alors en termes de « moi, ici » et « les autres, là ».

Les programmes mixtes

Ceci, par contre, est assez simple à expliquer. Il s'agit d'un esprit incarné dans un corps d'homme ou de femme et qui utilise en même temps les deux manières de programmer expliquées plus haut. Il mettra donc sur pied un programme féminin en vue d'obtenir certains résultats, tout en établissant des programmes masculins pour accomplir encore d'autres choses.

La programmation de style asexué

Cette idée de pouvoir programmer en style asexué est un paradoxe. Disons simplement qu'une personne du type asexué (extrêmement rare sur terre, mais souvent rencontrée dans le cosmos) ne programme pas du tout. Il s'agit de gens qui sont en dehors de toute polarité et qui n'y réagissent pas. Même l'idée taoïste selon laquelle « le dénuement est la plus grande défense » ne leur viendrait jamais à l'esprit. Ils voient la vie et la réalité selon une perspective complètement différente. Voilà quelque chose qui, pour nous autres humains, est presque inimaginable.

Et puisqu'il n'y a pour ainsi dire aucune personne du genre asexué sur terre en ce moment, nous n'avons pas besoin de discuter de tout cela. De plus, si vous êtes l'une d'elles, vous n'avez pas besoin de faire tout ce que nous expliquons dans ce livre. Vous vivez déjà la Voie.

Le Mer-Ka-Ba accessoire ou secondaire

Comme nous l'avons dit, le Mer-Ka-Ba accessoire est un champ électromagnétique vivant tout à fait indépendant et séparé du Mer-Ka-Ba de la personne qui le crée. Ce Mer-Ka-Ba secondaire pourra agir dans une localité fixe, comme autour d'une maison, d'un appartement ou d'une parcelle de terrain. Ses programmes pourront être entièrement différents de ceux de votre Mer-Ka-Ba personnel, même si le Mer-Ka-Ba accessoire ne reste en vie que grâce à votre énergie, à votre force de vie.

C'est simple à créer :

1. Choisissez un endroit où le « tube à respirer », ou tube pranique central, devra se trouver.

2. Décidez des limites extérieures du Mer-Ka-Ba. En d'autres mots, quel diamètre le disque devra-t-il avoir (la longueur de votre jardin ou la hauteur de votre maison, par exemple) ? La taille de ce Mer-Ka-Ba secondaire pourra être assez grande, très grande ou même énorme. (Au moment où j'écris ces lignes, il y en a déjà un pour aider l'environnement. Il fait un peu plus de 365 kilomètres de diamètre et englobe toute la région dans laquelle je vis. Nous continuons à expérimenter avec lui ; il m'aura fallu plusieurs années pour apprendre à en utiliser un de cette taille.)

3. Ne vous inquiétez pas de la polarité sexuelle du Mer-Ka-Ba accessoire ni de la manière dont les tétraèdres sont orientés. Quelle que soit leur position, cela fonctionnera.

4. La taille des tétraèdres s'ajustera automatiquement à celle que vous choisissez pour le disque. Par conséquent, vous n'avez nul besoin de penser à cela.

5. Alors que vous faites votre méditation au sein de votre propre Mer-Ka-Ba, « voyez intérieurement » ou sentez simplement que la même chose se passe dans votre Mer-Ka-Ba secondaire. Autrement dit, chaque fois que vous accomplissez une des transformations dans votre propre Mer-Ka-Ba, entre les souffles 1 et 17, vous « voyez intérieurement », ou sentez, ou savez, que la même chose va se passer dans votre Mer-Ka-Ba accessoire.

6. Vous devez vous rappeler votre Mer-Ka-Ba secondaire au moins une fois par jour, tout comme vous devez aussi réactiver votre propre Mer-Ka-Ba au moins une fois par jour. Cela veut dire que chaque fois que vous faites votre méditation dans votre propre Mer-Ka-Ba, vous voyez ou sentez que la même chose va se produire dans votre Mer-Ka-Ba accessoire, un pas après l'autre, ou un souffle après l'autre. Quand votre disque se détend, celui de votre Mer-Ka-Ba secondaire se détend aussi.

7. Vous pouvez avoir plus d'un Mer-Ka-Ba accessoire, mais cela devient de plus en plus complexe, car vous devez vous souvenir de chacun d'eux pour leur donner de l'énergie vitale chaque fois.

8. Programmez votre nouveau Mer-Ka-Ba accessoire comme vous l'entendez, et immédiatement après qu'il a été créé. Dès qu'il est programmé, ce qui est en mémoire restera en lui jusqu'à ce que vous le retiriez vous-mêmes.

Une dernière remarque. Si vous avez déjà un Mer-Ka-Ba permanent, alors vous découvrirez que vous pouvez créer un Mer-Ka-Ba accessoire instantanément, en un seul souffle. Par ailleurs, il exigera moins d'attention de votre part pour rester en vie.

Conclusion

Nous avons parlé des siddhi et examiné quelques-uns des traquenards de cet aspect supérieur de la méditation avec le Mer-Ka-Ba. Nous n'avons cependant pas discuté du véritable but de la méditation avec le Mer-Ka-Ba. Répétons ici que c'est grâce à votre contact conscient avec votre identité supérieure ou votre *higher self* (les termes sont synonymes) que vous pourrez réaliser qui vous êtes au juste – c'est la réalisation de soi. Ce contact important est le vrai commencement de toute méditation qui vous amènera à découvrir le but de votre existence. Nous reparlerons de ceci dans un prochain chapitre.

Amour et guérison

L'amour est la création

L'amour est la source de la création tout entière. C'est en fait la conscience qui forme les univers créés, toutes les dimensions d'existence et les mondes dans lesquels nous vivons. Comme nous l'avons déjà dit, lorsque nous examinons les autres mondes depuis notre point de vue dualiste, nous voyons sans cesse les choses sous la forme d'une trilogie. Nous partageons toujours le temps en trois tranches : le passé, le présent et le futur. Pour nous, l'espace est à considérer selon ces trois axes que sont x, y et z. Nous saisissons la réalité sous la forme du microcosme, le monde de tous les jours, et du macrocosme. Nous désignons ceci par la trinité de la réalité.

Tout, dans cette trinité de la réalité, des particules atomiques aux gigantesques galaxies, est maintenu en place par des forces auxquelles nous avons donné différents noms parce que nous les percevons comme étant séparées et sans rapport les unes avec les autres. Les atomes sont maintenus ensemble par des forces atomiques apparemment différentes des forces gravitationnelles qui, elles, gardent les planètes ensemble autour d'un Soleil. Et les Soleils, avec leur système tournant autour d'eux, sont eux-mêmes retenus ensemble parmi d'autres Soleils, mais tout ceci est-il vraiment dissemblable ? Ne s'agirait-il pas plutôt d'une différence de dimensions dans lesquelles tout se manifeste ?

L'amour est une vibration particulière de la conscience qui, lorsqu'elle est présente parmi les humains, rassemble les gens et leur permet de développer une vie sociale. Sans amour, le mariage n'est qu'un travesti et il finira par se dissoudre. Souvent, les parents ne resteront ensemble que pour épargner leurs enfants. Mais même dans ce cas, n'est-ce pas justement l'amour qui sauve le mariage, l'amour pour les enfants ? Il se peut aussi que nous ayons d'autres raisons de continuer à entretenir des liens avec quelqu'un sans qu'il y ait d'amour, mais ce n'est jamais la même chose qu'avec un amour vrai. L'amour est le lien le plus puissant de tous. Les gens mourront d'amour, pour de l'amour ou à cause de son absence, et même par amour.

Je crois fermement que tout, dans l'univers, est un miroir de la conscience. D'après ce que j'ai pu voir moi-même, l'énergie est consciente, peu importe le nom qu'on lui donne. On pourra l'appeler électricité, magnétisme, champs électromagnétiques, chaleur, énergie cinétique, forces atomiques, gravité, etc. Et à partir de cette croyance, nous voyons que selon la fameuse formule $E = mc^2$, l'énergie est en relation avec la matière – et avec le carré de la vitesse de la lumière, qui est un chiffre. Par conséquent, la matière est aussi la conscience, mais sous une forme cristallisée. Depuis ce point de vue sur le monde, tout est conscience. Et la conscience est la lumière intérieure qui se réfléchit sur la matière du monde extérieur et crée ainsi le monde extérieur tout entier, d'un souffle à l'autre. Le monde intérieur de la conscience – les rêves, les visions, les sentiments, les émotions, l'énergie sexuelle, la kundalini, et même nos interprétations de la réalité extérieure – constitue la source même de la matière, et la manière dont cette matière est organisée se retrouve dans la formule $E = mc^2$. De plus, l'amour est la force de cohésion dans cette équation. L'amour est exactement la vibration à laquelle la matière réagit. Nous avons tous un grand pouvoir de création. Nous l'avons oublié, mais il est maintenant temps de nous en souvenir.

C'est pourquoi le Mer-Ka-Ba vivant a besoin d'amour pour survivre. Sans amour, il n'est plus alimenté et bientôt, il périt. L'aspect féminin doit être présent dans cet amour afin d'équilibrer l'aspect masculin. Autrement, la vie ne peut exister.

Seul l'amour peut changer l'eau en vin. C'est lui qui peut ressusciter les morts. C'est l'amour qui peut vous guérir ainsi qu'autrui. En fait, c'est l'amour, et ce ne peut être que lui, qui guérira ce monde. Par conséquent, parler de guérison sans parler d'amour, c'est parler sans vérité. En médecine, seules certaines choses sont possibles. Mais avec l'amour, *tout* l'est. Avec l'amour, une maladie incurable n'est rien d'autre qu'une manifestation de lumière, et les atomes du corps peuvent être réarrangés de telle manière que la santé parfaite retourne en lui. L'absence d'amour est la source de toutes les maladies, car seul l'amour tire la matière du chaos et lui donne un certain ordre. S'il n'y a pas d'amour, le chaos s'ensuivra.

La guérison ne peut avoir lieu que par le biais de l'amour.
Vers la fin des années 80, nous avons effectué une étude afin de voir si tous les guérisseurs partagent un trait en commun. Nous en avons examiné autant qu'il nous a été possible à l'époque, la plupart d'entre eux utilisant leurs propres techniques. Par conséquent, presque toutes les techniques de guérison étaient représentées dans cette étude, où l'on retrouvait des chirurgiens psychiques, des maîtres reiki, des guérisseurs recourant au prana et à l'imposition des mains, des sorciers médecins et des femmes médecins de différentes tribus, des chamans, des pratiquants de sorcellerie, des guérisseurs psychiques, et bien d'autres. Dans le cadre de notre recherche, nous nous penchâmes sur les énergies qui irradiaient de leur corps et découvrîmes qu'elles produisaient, à peu de chose près, la même onde sinusoïdale, soit une répétition de trois vagues basses suivies d'une vague haute, puis trois vagues basses à nouveau, encore suivies par

une vague haute, le même schéma se répétant sans cesse sur l'écran de notre appareil. De plus, la source de ce modèle vibratoire (celui de l'amour) était invariablement située dans le chakra universel du cœur, au milieu de la poitrine et à quelques centimètres au-dessus du diaphragme.

Du point de vue de la géométrie sacrée, c'est là quelque chose de très intéressant, car la longueur du tube pranique au-dessus et en dessous du chakra du cœur correspond exactement à une partie masculine pour trois parties féminines. Ce même aspect était présent chez tous les guérisseurs, du moins pendant qu'ils travaillaient à une guérison. Ils étaient tous centrés sur leur chakra christique situé dans leur poitrine, juste au-dessus du sternum, au moment même où ils accomplissaient une guérison – le chakra principal de l'amour inconditionnel universel !

En raison de cette recherche et d'autres expériences faites depuis, je crois maintenant que les méthodes ou techniques de guérison employées par divers guérisseurs sont de peu d'importance. La technique ne fait que donner une structure au guérisseur, afin que son esprit puisse se concentrer sur quelque chose de tangible. La *vraie* guérison, quant à elle, vient de l'amour que celui-ci prodigue à son patient. C'est cet amour qui guérit, et non pas les connaissances livresques ou les techniques mises à profit par cette personne. Par conséquent, parler de guérison sans parler d'amour forcera toujours la vérité à prendre le large.

Qu'il s'agisse de guérir des gens, des villages entiers ou la planète dans sa totalité, c'est du pareil au même. La seule différence est le degré d'amour que l'on émet.

Le mental sait comment manipuler la matière, et l'amour aussi, mais l'amour peut également créer la matière à partir de rien. Peu importe ce qui a besoin d'être guéri, l'amour trouvera toujours un moyen. *L'amour véritable est illimité.*

Quel est donc le voile qui nous empêche de voir cette grande vérité et de la vivre ? Assurément, nos croyances nous limitent. Ce que nous croyons être vrai constitue toujours notre limite. Si nos médecins nous disent qu'une certaine maladie est incurable et que nous croyons en leurs paroles, nous ne pourrons simplement pas nous guérir. Nous sommes pris dans l'étau de cette croyance et la manifestons alors, même si cela signifie vivre à l'agonie et dans le plus grand inconfort pour le restant de nos jours. Seul un miracle, quelque chose de plus grand que nous-mêmes, peut nous libérer d'une croyance figée. Ainsi, notre conception des choses empêche la guérison. Quand notre mental est à la barre, et non pas notre cœur, nous en souffrons presque toujours.

Laissez-moi vous raconter une histoire vraie à propos du triomphe d'une femme sur son mental et ses croyances négatives. Elle s'appelle Doris Davidson.

Atteinte d'une polio, Doris était confinée dans une chaise roulante depuis environ douze ans au moment de notre rencontre. Son médecin lui ayant dit qu'elle ne pourrait jamais plus marcher, elle s'était résignée à ce « fait ». Elle vivait seule avec son fils, qui sacrifiait sa vie pour s'occuper d'elle.

Un jour, elle se mit à lire les ouvrages de Katrina Raphaell sur la guérison par les cristaux. Les mots de Katrina enflammèrent bientôt son imagination, car elle affirmait et démontrait à sa manière que *toutes* les maladies sont curables. Grâce aux écrits de Katrina, Doris commença à retrouver l'espoir pour la première fois depuis de nombreuses années. Elle téléphona à Katrina afin de lui demander son avis, mais pour quelque raison, celle-ci lui conseilla de me contacter.

Je lui répondis qu'il fallait que je demande la permission et que je la rappellerais. (Nous parlerons de l'importance d'obtenir cette permission vers la fin de ce chapitre.) Je m'adressai donc aux deux anges, qui m'accordèrent le feu vert à tous les points de vue. Assurément, dans ce cas particulier, la guérison pouvait avoir lieu. Les anges me conseillèrent de ne pas faire le travail de guérison que j'effectue généralement, mais de travailler plutôt *uniquement* sur ses croyances. Ils me dirent qu'à partir du moment où elle croirait *vraiment* qu'il lui était possible de guérir, elle le ferait elle-même.

Je la rappelai donc, et tout ce que nous fîmes fut de converser ensemble. Une fois par semaine, pendant plusieurs mois, nous entretenions un dialogue que je menais souvent, pour l'encourager à croire qu'elle pouvait se guérir elle-même. Mais durant tous ces mois-là, rien ne se passa.

Puis un beau jour elle m'appela, et il était évident au ton et à la fermeté de sa voix qu'elle avait bien changé. Elle m'annonça alors qu'elle avait pris certaines décisions. Tout d'abord, elle avait décidé que jamais plus elle n'utiliserait sa chaise roulante. Par conséquent, elle l'avait vendue et avait demandé à son docteur de lui faire une armature orthopédique spéciale qui soutiendrait ses hanches aussi bien que ses jambes. En effet, ses jambes étant grandement détériorées à force de rester assise si longtemps, elles étaient très faibles. Par ailleurs, Doris devait se servir d'un cadre de marche, un déambulateur, pour éviter de tomber. Elle dut donc endurer ces nouvelles restrictions pendant de nombreux mois.

Un beau matin, sentant que ses deux jambes étaient maintenant suffisamment fortes pour la supporter, elle se mit à employer des béquilles normales. Les résultats furent de plus en plus encourageants, ce qui renforça sa conviction qu'assurément, elle allait pouvoir se guérir elle-même.

Ses jambes devinrent tellement fortes que l'armature pour ses hanches n'était désormais plus nécessaire. Elle ne conserva donc que celle qui tenait les genoux en place. Elle marchait tellement bien et se sentait si confiante en elle-même qu'elle demanda à son fils de la quitter et de refaire sa vie sans elle, car maintenant elle pouvait s'occuper d'elle-même sans aucune aide extérieure.

C'est alors que le « jour J » arriva. Doris pouvait dorénavant marcher sans ses béquilles, en n'utilisant que les armatures pour les genoux. Elle était si excitée que je pouvais à peine placer un mot au téléphone. Quelques jours plus tard, elle se rendit même au Bureau des véhicules automobiles en vue de rendre effectif son permis de conduire, ce qui fut fait ! Immédiatement après cela, elle vendit sa maison et acheta une camionnette toute neuve aménagée en camping-car, qu'elle conduisit jusqu'à Taos, au Nouveau-Mexique, où je vivais en ce temps-là, et elle participa à l'un de mes ateliers Fleur de vie. Elle pénétra dans la salle sans aucune aide, un grand sourire aux lèvres. Tout le monde pensait qu'elle allait soudain se mettre à léviter, tant elle était radieuse. Elle tourna sur elle-même pour bien nous montrer qu'elle n'avait plus aucune armature orthopédique. Puis elle me regarda en disant : « Drunvalo, je suis complètement guérie ! Je suis tellement heureuse ! Je t'aime ! » Elle nous quitta tous en dansant. Je l'observai déambulant dans la rue ; toute trace de polio l'avait apparemment quittée. Chose certaine, personne n'aurait jamais cru qu'elle venait de passer douze ans de sa vie dans une chaise roulante !

Chaque année, pour Noël, et ce, pendant cinq ou six ans, elle m'envoya une carte exprimant sa gratitude. Pourtant, je n'avais rien fait ; elle s'était guérie elle-même. Elle avait compris le problème et *cru* de tout son cœur qu'il était vraiment possible qu'elle se guérisse elle-même, et bien sûr, c'est exactement ce qui se produisit.

Souvenez-vous de cette femme qui toucha simplement le vêtement de Jésus pour se guérir, et à qui celui-ci répondit : « Ma fille, sois rassurée, car ta foi t'a guérie. »

Ce que vous *croyez* être vrai constitue toujours votre limite. Si vous ne croyez pas à ces limites, vous êtes libres.

« Guéris-toi toi-même »

Disons d'abord qu'il y a la guérison d'autrui, puis la guérison de soi-même, par soi-même. Mais vous devez toujours commencer par vous-mêmes. Si vous ne pouvez pas vous guérir vous-mêmes, comment pouvez-vous vraiment espérer guérir autrui ? Par conséquent, voyons ici votre propre champ énergétique, votre Mer-Ka-Ba.

En ce qui concerne la respiration et la méditation Mer-Ka-Ba, je crois que si vous pratiquez la respiration une fois par jour et faites circuler le prana dans votre corps, vous trouverez la santé à coup sûr. Ce processus peut cependant être considérablement accéléré si l'on comprend que le Mer-Ka-Ba est vivant et répond seulement aux intentions conscientes de l'esprit à l'intérieur de sa sphère.

En raison des pranas mâle et femelle parfaitement équilibrés que l'on capte lorsqu'on respire au sein du Mer-Ka-Ba par le tube pranique central, quelques maladies disparaîtront par le simple fait que l'on respire désormais de cette manière. Ainsi, pour certains problèmes de santé, vous devriez rapidement ressentir un énorme changement. D'autres, par contre, ne pourront être résolus que grâce à une compréhension plus profonde de ce qu'est la maladie.

L'histoire suivante illustrera ce point. Dans le courant de l'année 1972, je vivais au Canada dans une petite maison située en bordure d'une grande forêt, avec ma femme et mes enfants. Il a d'ailleurs déjà été question de cette période dans l'un des chapitres précédents. Ma femme et moi avions étudié l'hypnotisme. Nous avions aussi appris que nous pouvions quitter notre corps et nous déplacer de pièce en pièce dans la maison. Nous avions même établi des tests pour vérifier si nos perceptions hors du corps étaient réelles.

L'un d'entre eux était simple. Quand ma femme était en état de transe, je quittais la pièce et allais dans une autre, changeant les objets de place et lui donnant une nouvelle apparence connue de moi seul. À mon retour, je lui demandais de se rendre dans l'autre pièce par le dédoublement et de me décrire ce qu'elle voyait. Elle le faisait parfaitement chaque fois. C'est alors que je commençai à comprendre que la vie sur terre était différente de ce que je croyais.

Par la suite, nous inventâmes de très nombreux tests, certains beaucoup plus complexes que d'autres. Dans l'un de ceux-là, nous nous projetions jusqu'à une librairie du centre-ville et choisissions un ouvrage que nous n'avions pas encore lu (par projection astrale, ou vision à distance). Dans ce cas-là, ma femme se mettait en état de transe, projetait sa conscience jusqu'à la librairie, ouvrait un livre à une certaine page et m'en faisait la lecture alors que j'étais moi-même resté à la maison et que je consignais tout ce qu'elle me disait par écrit, y compris le folio. Le lendemain matin, nous nous rendions en ville pour vérifier tout cela, et les deux textes se correspondaient toujours parfaitement. Au fur et à mesure que le temps passait, nous devînmes beaucoup plus confiants envers la vraie nature de la réalité et la place qu'occupe la conscience dans cette réalité.

Puis un jour, je me retrouvai en train de faire chauffer une poêle en fonte sur la plaque de la cuisinière – je l'avais oubliée là pendant au moins quinze minutes et elle avait chauffé jusqu'à devenir pratiquement rouge. Ma femme entra dans le cuisine et prit la poêle par la queue d'un geste automatique. J'avais bien essayé de la prévenir, mais les choses s'étaient produites si rapidement que les mots m'étaient restés dans la gorge. Elle avait donc saisi la queue de la poêle de la main gauche et l'avait déplacée quelque peu avant que son corps réagisse à la douleur. Elle laissa alors tomber l'objet avec grand fracas et poussa un cri strident, sombrant immédiatement dans un état de choc.

L'esprit vide, je me précipitai immédiatement et me penchai au-dessus d'elle, car elle était tombée au sol, et examinai sa main. C'était une mauvaise brûlure, et je ne sus que passer sa main sous l'eau froide. Je la fis se relever et l'aidai à garder la main sous le robinet pendant quelques minutes, mais quelque chose se passa en moi entre-temps. Saisi d'une inspiration soudaine, je la regardai et lui dis que j'allais la mettre en transe, ce qu'elle accepta. Dès qu'elle le fut, je lui affirmai que la douleur la quittait immédiatement, et elle ne sentit plus rien. Elle avait alors les yeux fermés et restait très calme. Je décidai d'aller plus loin.

Alors que j'observais la paume de sa main brûlée, et qu'elle était toujours en état d'hypnose, je lui dis qu'à partir de maintenant sa main redeviendrait absolument normale, et ceci, au compte de trois. Au moment même où je prononçai le mot « trois » – environ deux ou trois secondes plus tard –, sa main redevint complètement normale. Je le vis de mes propres yeux, et cela changea ma vie à tout jamais. À partir de cet instant, je réalisai que tout ce que la société et mes parents m'avaient appris sur la réalité était faux, que le corps est fait de lumière et qu'il répond à la conscience. En fait, il répond à ce que la personne croit être vrai, peu importe ce que c'est.

À la suite de cet incident dramatique, nous fîmes ensemble de nombreuses expériences qui nous prouvèrent, sans l'ombre d'un doute, que la réalité tout entière est constituée de lumière, c'est-à-dire qu'elle peut avoir une apparence solide mais qu'en fait elle ne l'est pas et qu'elle est maintenue en place par la conscience. C'était la première leçon importante de ma vie sur la guérison. Il me fallut plusieurs années supplémentaires pour comprendre que ce qui s'était alors passé pouvait être appliqué à toutes les situations dans cette réalité. Par exemple, un organe malade, même s'il est presque détruit, peut retrouver la santé par le simple biais de la conscience.

Pendant quelque temps, j'avais eu une amie du nom de Diana Gazes. Elle vivait à New York et avait fait une émission de télévision qu'elle avait intitulée *Gazes into the Future* (Regards dans le futur). Cette femme avait pris l'habitude de filmer toutes sortes de guérisons spectaculaires pour son émission, à laquelle elle dut mettre fin après plusieurs années de diffusion. Mais au moment où cela se passa, elle était en train de préparer une nouvelle émission (qui, elle, ne fut jamais diffusée) à propos de l'incroyable guérison d'un garçon de onze ans. Elle avait filmé les progrès de ce jeune pendant environ un an, et tout était presque prêt pour être présenté à l'antenne. C'est alors qu'on lui annonça que son émission était annulée.

Tout jeune, ce garçon collectionnait des salamandres. Et vous savez que si on coupe la queue, ou même une patte, à une salamandre, elle en fera simplement repousser une autre. Personne n'avait dit à cet enfant, y compris ses parents, que seules les salamandres peuvent faire ça, que la même chose ne s'applique pas aux êtres humains. Et puisque personne ne le lui avait dit, il ne savait pas. Il croyait au contraire que c'était là chose normale. Or, à l'âge de dix ans, il dut être amputé d'une partie de sa jambe, juste au-dessus du genou. Que croyez-vous qu'il fit ? Il se mit tout bonnement à faire repousser une autre jambe !

Tout est documenté dans la production vidéo de Diana. Dans la dernière partie de cette vidéo, on le voit en train de faire repousser ses doigts de pieds. Il lui aura fallu environ un an pour en arriver là. En définitive, qu'est-ce qui est possible ou impossible ? Tout dépend de vos croyances, du fait que vous croyez que quelque chose est vrai ou non, possible ou non, matérialisable ou non. Vous vous assignez à vous-mêmes vos propres limitations.

Quand vous vous serez guéris vous-mêmes et que vous connaîtrez la nature de ce dont je parle ici, alors il se peut que l'esprit divin vous inspire à guérir autrui. Et s'il vous demande d'être un guérisseur, alors il y a davantage de choses que vous devrez comprendre.

Guérir autrui ou pas

Personne n'a le droit de guérir qui que ce soit sans permission, même s'il en a le pouvoir par un simple attouchement. C'est illégal. Nous vivons tous dans ce genre d'école où l'expérience de chacun est précieuse ; votre expérience personnelle ne peut être remplacée par celle de quelqu'un d'autre, et chacun de nous a besoin de faire la sienne. Du point de vue spirituel, tenter de guérir quelqu'un simplement parce que vous le désirez, ou parce que vous pensez qu'il doit en être ainsi, ou que telle ou telle personne le mérite, n'est pas une chose à faire. *Vous devez d'abord obtenir la permission.*

« Et pourquoi ? » me demanderez-vous. Parce que dans cette troisième dimension, nous ne pouvons pas très bien voir les choses telles qu'elles sont. Nous ne bénéficions d'aucune vue d'ensemble et ne savons pas exactement ce que nos actes pourraient provoquer. Il se peut que nous pensions pouvoir faire un grand bien à la personne, mais il se peut aussi que nous lui causions un grand tort. Nous vivons tous dans l'école universelle de la matière et du temps ; il se peut très bien qu'une personne soit venue sur terre simplement pour passer par l'expérience d'une maladie, d'un handicap ou d'une difformité. C'est grâce à cette condition qu'elle pourra apprendre ce qu'est la compassion, et vous lui volez cette opportunité en la guérissant. Efforcez-vous donc de maintenir votre ego à l'écart ; de la sorte, vous effectuerez toujours le bon choix. Qui, quand et comment guérir vous viendront alors naturellement.

Voici ce que je fais. Je requiers d'abord la permission de mon Soi supérieur et lui demande aussi si cette tentative de guérison est acceptable selon l'ordre divin. (Je reparlerai de ce qu'est le Soi supérieur ou le *higher self*, comme nous l'appelons aux États-Unis – voir les chapitres 16, 17 et 18.) Si j'obtiens un oui, alors je sollicite verbalement la personne concernée (dans toute la mesure du possible) quant à son désir réel que je la guérisse. Si j'obtiens à nouveau un oui, j'invoque la présence du Soi supérieur de la personne elle-même et lui demande si cette guérison est en accord avec l'ordre divin. Parfois j'obtiens sa permission, mais d'autres fois elle ne m'est pas accordée. Dans ce cas, je dis simplement à la personne que je suis désolé, mais que je ne peux pas l'aider en ce moment, permettant ainsi à la nature de faire ce qu'elle veut. Par contre, si j'obtiens la permission, voici ce que je fais ensuite.

Clarifions d'abord certains points. Quand je vous dis : « Voici ce que je fais », cela ne signifie aucunement que c'est nécessairement ce que *vous* devriez faire aussi. J'utilise ma propre conduite comme exemple pour vous aider à comprendre ; je ne vous la présente pas comme un dogme à suivre.

Le Soi supérieur de la personne sait exactement ce qui ne va pas, et ceci, jusque dans les moindres détails. Par conséquent, si vous continuez à vous entretenir avec celui-ci une fois qu'il vous a donné la permission de guérir la personne en question, vous accumulerez une grande connaissance au sujet de sa maladie. J'ai découvert que le Soi supérieur de la personne, si je le lui demande, me dira exactement comment agir pour la guérir. Dans certains cas, il s'agira de recourir à l'usage de la médecine traditionnelle, mais dans d'autres cas, ce qu'il m'est conseillé de faire n'a, à première vue, absolument aucun sens. Par exemple, le Soi supérieur de la personne pourra vous demander de peindre une étoile rouge sur votre front pendant tout le temps que vous travaillerez avec cette personne. Sur le plan intellectuel, vous ne comprenez pas pourquoi vous devez vous plier à ce rituel, mais quand la personne aperçoit l'étoile rouge, quelque chose se déclenche en elle et une guérison spontanée a lieu. Par conséquent, acquiescez aux requêtes de l'identité supérieure de votre sujet, car elle connaît tout.

Les idées qui vont suivre seront sans doute très différentes de ce que vous avez déjà appris sur la guérison. S'il vous plaît, gardez l'esprit ouvert. Pour commencer, je réalise que les gens ont différents concepts par rapport à ce qu'est une maladie. Mais comme je l'ai déjà précisé, le corps est, à mes yeux, simplement fait de lumière, et son état peut facilement être amélioré dès que l'esprit accepte la possibilité d'une guérison. Puisque j'agis toujours à partir de cette prémisse, je considère le corps uniquement comme de l'énergie, y compris la maladie. Tous les tenants et aboutissants de la maladie n'ont aucune importance – c'est ce que la personne pense qui a causé cette maladie. Pour moi, à la fois le corps et la maladie sont simplement de l'énergie plus ou moins lumineuse.

J'ai découvert que le processus de guérison est grandement facilité si « l'état maladif », ou la vieille énergie négative, est retiré du corps avant qu'on tente de l'infuser d'une énergie positive. L'énergie, qu'elle soit négative ou positive, répond très bien à l'intention humaine. Disons qu'un patient souffre d'une cataracte sur chaque œil et qu'il ne peut plus rien voir. Un médecin ou un chirurgien vous diront qu'il n'y a rien d'autre à faire que d'opérer les deux yeux afin de l'enrayer.

En ce qui me concerne, il ne s'agit que d'énergie. J'approche donc mes doigts de l'organe malade et, avec mon intention, m'empare de la cataracte ou des humeurs malignes, et les extrais. Quant à la manière de se débarrasser de cette énergie négative, une fois qu'elle a été retirée du corps, cela diffère d'un guérisseur à l'autre. Évidemment, vous ne pouvez la laisser là, sinon elle infectera peu à peu quelqu'un d'autre.

Les guérisseurs philippins, par le biais du prana, visualisent un bol de lumière violette qui consume l'énergie disharmonieuse qu'ils jettent dedans, mais chacun a sa méthode particulière. En ce qui me regarde, les anges m'ont simplement invité à envoyer l'énergie de la maladie vers le centre de la Terre, précisant que notre mère la Terre la convertirait en énergie positive. Et cela a parfaitement marché jusqu'à maintenant.

Les idées de chacun diffèrent également quant à la manière d'attirer le prana guérisseur ou l'énergie positive dans le corps. Les maîtres du Chi Gung extraient cette énergie de la nature. Les guérisseurs philippins la tirent du soleil. Mais puisque vous apprenez à réactiver votre Mer-Ka-Ba, vous avez un avantage certain. Vous allez pouvoir extraire une quantité illimitée de prana pur de la quatrième dimension et l'utiliser pour vous ou pour votre travail de guérison. Comme il vous a été montré au chapitre 12, le cœur de chacun de vous est circonscrit par une sphère faite du prana le plus lumineux qui soit, et dont le diamètre correspond à deux longueurs de main (voir illustration 12-11). C'est en effet au niveau du cœur que les deux colonnes de prana se rencontrent (l'une depuis le haut du tube, et l'autre depuis le bas). Dans le chapitre 13, il vous est expliqué qu'au dixième souffle, cette petite sphère de prana superconcentré se détend soudain pour former la grande sphère qui circonscrit alors le corps humain tout entier ; mais la petite sphère existe toujours. C'est à partir de cette source (la petite sphère de prana super-concentré autour du cœur) que l'on obtient tout le prana nécessaire pour le travail de guérison.

Par conséquent, vous visualisez simplement cette sphère de lumière blanche tout autour de votre cœur, *avec l'intention* que cette énergie pranique pénètre maintenant la personne qui nécessite une guérison. Cette source de prana est illimitée. Ainsi, chaque fois qu'une certaine quantité est dépensée pour aider autrui, elle est immédiatement remplacée grâce à sa source même, qui est intarissable. Votre cœur est situé au milieu de votre poitrine, et presque exactement entre vos deux bras. Par conséquent, vous pouvez facilement visualiser ou sentir cette énergie pranique lumineuse rayonner de votre cœur, se déplacer dans vos bras, puis dans vos mains, et pénétrer ensuite la personne qui en a besoin. En fait, la distance n'a aucune importance dans ce travail de guérison. La personne pourra vivre aux antipodes, vous pourrez toujours lui envoyer de l'énergie pranique avec votre seule intention, et elle la recevra parfaitement.

Dès que l'énergie stagnante ou négative a été extraite de la partie malade du corps du patient et remplacée par un prana lumineux et actif, le pas suivant consiste à voir la personne complètement guérie dans votre esprit — et ce, jusqu'à environ trois mois dans le futur (petit détail extrêmement important). En somme, vous *savez* qu'il en sera ainsi.

Cette forme de guérison est simple, mais très efficace. Souvenez-vous que c'est l'amour qui guérit.

Je souhaite maintenant aborder un sujet quelque peu différent. Dans la majorité des cas où la guérison n'a pas lieu malgré tous les efforts du guérisseur, quelque chose ou quelqu'un stoppe la guérison à l'intérieur même du patient, et cela n'a rien à voir avec ses croyances. C'est là une situation que la plupart des guérisseurs souhaitent éviter, mais si la personne est confrontée à ce problème, il est *absolument nécessaire d'y faire face*.

Ceci nous amène à traiter des entités et des formes-pensées négatives qui, sans faire partie de la personne, vivent à l'intérieur de celle-ci. Ces entités sont des parasites. Elles ne sont pas la personne, mais cette dernière les a attirées par ses pensées, ses émotions, ses sentiments et ses actes. La présence de ces entités peut empêcher la guérison et causer d'autres maladies graves.

Qu'est-ce qu'une entité ? C'est un être vivant normalement dans une autre dimension et qui, d'une manière ou d'une autre, s'est retrouvé impliqué dans la nôtre et ne peut plus retourner dans la sienne. Dans leur propre monde, ces entités sont utiles et nécessaires à la bonne marche de l'univers. Mais dans le nôtre, elles représentent un problème pour l'homme.

Il existe un autre genre d'entité, une âme humaine désincarnée qui, par peur, n'a pas encore quitté la troisième dimension et a choisi de résider à l'intérieur d'une autre personne en attendant. Il existe en fait d'autres possibilités, comme des âmes d'extraterrestres en provenance d'autres dimensions ou non et qui se retrouvent au mauvais endroit au mauvais moment.

Nous pourrions comparer cela à vos cellules. Chacune d'elles est unique et vit à un certain endroit dans votre corps. Elle a un travail particulier à accomplir, qui bénéficie au corps entier. Les cellules sont différentes les unes des autres ; celles du cerveau sont certainement différentes de celles du cœur, et ces dernières divergent à leur tour des cellules du foie, et ainsi de suite. Aussi longtemps que les cellules restent à leur place, il n'y a aucun problème. Mais si votre estomac se remplit de cellules sanguines, dans l'ordre de cet univers, ce ne serait pas leur place. Un travail de guérison deviendrait nécessaire pour les retirer de là et bloquer l'invasion de nouvelles cellules étrangères.

Qu'est-ce qu'une forme-pensée disharmonieuse, ou négative ? C'est la pensée d'un humain ou d'un autre être qui s'est cristallisée dans une personne, généralement par intention, prenant ainsi l'apparence d'un charme, d'un maléfice, d'un ensorcellement, d'une malédiction, d'une haine dirigée contre quelqu'un, etc. Tout cela peut s'abattre sur une personne et la posséder. Une fois que c'est chose faite, cela prendra généralement une certaine forme dotée de vie, et on pourra s'en débarrasser de la même manière qu'avec les esprits désincarnés.

Toutes ces énergies agissent au détriment de la santé de l'être humain qui en est possédé, une « bonne » entité mise à part. Oui, c'est rare, mais une entité bonne et de nature très évoluée habite parfois la personne. Quand j'en découvre une, je ne fais habituellement rien pour la déloger. Elle partira d'elle-même au bon moment.

Les hypnothérapeutes doivent continuellement faire face à ce genre de situation. C'est ordinairement la première chose qu'ils font. Et je suis d'accord avec eux. Après que l'on a obtenu la permission du Soi supérieur de la personne, on doit d'abord vérifier si celle-ci a des entités et/ou des formes-pensées disharmonieuses en elle. L'origine de ces entités peut souvent être retracée jusqu'à une période particulière, du temps de l'Atlantide, au cours de laquelle le Mer-Ka-Ba fut mal utilisé. En effet, la membrane entre les dimensions fut déchirée il y a de cela environ 13 000 ans, et très souvent ces entités d'un autre monde sont restées avec les gens d'ici-bas tout ce temps.

Demandez à votre Soi supérieur si vous aussi allez devoir vous occuper de cet aspect du travail de guérison. Dans la négative, mettez tout cela de côté, mais faites-vous à l'idée que dans certains cas vous ne pourrez rien faire pour guérir la personne aussi longtemps qu'une certaine entité (ou plusieurs) résidera à l'intérieur de celle-ci.

Je vais maintenant expliquer comment je m'y prends pour l'extirper ; souvenez-vous néanmoins que ce n'est pas la technique qui importe, mais l'amour présent dans votre cœur. Et ma manière de faire les choses n'est certainement pas l'unique moyen ni la seule technique qui soit à votre disposition. Si vous êtes débutants, alors ce que je dis ici pourra sans doute vous être de quelque utilité. Je ferai de mon mieux.

Dans le passé, l'Église catholique et même d'autres religions ont pratiqué l'exorcisme en vue d'expulser l'entité du corps de la victime. C'était habituellement fait avec très peu de compréhension sur le plan spirituel, en recourant à la force psychique brute. Le prêtre désirait seulement retirer l'entité, et ce qui advenait de cette dernière par la suite lui était complètement égal. Si l'officiant avait su alors que cette entité n'avait d'autre choix que de réintégrer le corps de quelqu'un d'autre aussi rapidement que possible, et habituellement la première personne qu'elle apercevait une fois sortie du corps, il aurait sans doute tenté de s'y prendre autrement. L'entité *doit* réintégrer le corps de quelqu'un, c'est là une question de survie pour elle. Car dans la troisième dimension, elle est incapable de vivre longtemps en dehors d'une forme.

Par conséquent, quel bien y a-t-il à se livrer à ce genre d'exorcisme ? La maladie, le mal, l'entité restent toujours au sein de l'humanité. L'entité réside dans un monde qui n'est pas le sien ; elle a peur et elle est très malheureuse. Ces entités sont comme des enfants, mais afin de se protéger dans ce monde qui leur est étranger, elles ont appris à adopter des apparences effrayantes et à faire des bruits qui maintiennent les humains à distance. Si on les approche avec amour, avec honnêteté et intégrité, on peut les convaincre qu'on a réellement la capacité de les renvoyer chez elles, dans la dimension d'existence à laquelle elles appartiennent, et elles ne résisteront plus. Très souvent, elles choisiront d'aider l'âme qui s'occupe d'elles avec une telle compassion. Je suggère donc que vous traitiez ces entités avec le même soin qu'un enfant, peu importe ce qu'elles font.

Voyons maintenant comment nous pouvons agir. Si vous comprenez que la réalité n'est constituée que de lumière et qu'elle se conforme à vos intentions, alors vous savez que vous pouvez créer les intentions ayant la capacité de tout guérir. Ne craignez pas ces entités ou ces formes-pensées disharmonieuses. Tant et aussi longtemps que vous vous mettez en rapport avec elles par amour, elles ne peuvent vous faire de tort. Lorsque vous êtes dans cet état de conscience particulier, vous êtes à l'abri de tout mal. Si vous entrez en relation avec de telles entités par la peur, en passant par l'énergie sexuelle, les drogues ou toute autre expérience qui les attire dans votre monde intérieur, alors elles peuvent vous posséder.

Avec amour, je demande d'abord au Soi supérieur de la personne à guérir s'il existe des entités ou des énergies négatives à l'intérieur de celle-ci. S'il me répond oui, alors j'installe par la pensée un octaèdre qui entoure complètement la personne, ainsi que moi-même, et je le fais pour deux raisons. D'une part, cette forme octaédrique (ou deux pyramides à quatre faces chacune et jointes par la base) empêche l'esprit désincarné de s'échapper et d'entrer dans le corps de quelqu'un d'autre.

D'autre part, une petite ouverture interdimensionnelle située en bout de pointe permettra à l'esprit désincarné de regagner son propre monde.

Puis j'invoque la présence et l'aide de l'archange Michaël. Il adore effectuer ce genre de travail, qui rapproche l'univers de l'ordre divin originel. Il se tient derrière moi et observe par-dessus mes épaules. Nous travaillons désormais ensemble et ne faisons plus qu'un, et l'archange Michaël travaillera également avec vous si vous le lui demandez.

Je place alors ma main devant le nombril de la personne et demande à l'entité de s'approcher de moi. Il s'agit ici d'une sorte de communication par télépathie, car j'ai découvert qu'il n'est pas nécessaire que l'entité parle par la bouche de la personne envahie (ce qui rend toujours les choses plus compliquées et instille souvent de la peur chez l'individu touché). Dès que je suis en communication télépathique avec l'esprit désincarné, je lui envoie de l'amour de manière qu'il sache que je ne suis pas là simplement pour « l'attraper » et que je suis au contraire préoccupé par son bien-être.

Chaque esprit, qu'il soit incarné ou non, a été créé par Dieu pour certaines raisons et sert un but sacré dans son plan d'existence. Rien n'est jamais fait à l'aveuglette. Je dis à l'entité que mon but est de la faire retourner dans le monde hors duquel elle a été arrachée jadis. Et je suis absolument sérieux, je ne plaisante pas. Dès que l'esprit est convaincu de ma bonne foi, le reste va de soi.

Il se pourra que je sente cet esprit, ou même que je le voie intérieurement. Ces entités sont souvent étranges à contempler pour le novice. Elles prennent parfois l'apparence d'un serpent ou d'un insecte, mais en réalité, elles peuvent apparaître sous à peu près n'importe quelle forme. Au bon moment, je commence donc à extirper cet esprit hors du corps de la personne possédée. Dès qu'il est complètement dégagé et se trouve à environ un mètre du corps de sa victime, je le remets à Michaël, qui le fait alors monter jusqu'à la pointe de l'octaèdre dirigée vers le haut et le renvoie chez lui en lui faisant traverser la membrane séparant une dimension de l'autre. L'archange Michaël sait toujours exactement quoi faire, croyez-moi.

On peut qualifier cette situation d'avantageuse pour tout le monde. La personne y gagne, ainsi que l'esprit errant qui s'était installé en elle. Pour lui, c'est comme de monter au ciel, car c'est seulement là qu'il peut accomplir sa destinée et être vraiment heureux. Quant à la personne guérie, elle vit désormais toute seule dans son propre corps, et souvent pour la première fois depuis des milliers d'années. Elle devient enfin capable de fonctionner d'une manière saine et normale. Très souvent, dans ce cas, de nombreuses maladies quitteront d'elles-mêmes le corps, puisque seul l'esprit désincarné (ou plutôt, l'esprit incarné dans la personne) causait tous ces problèmes.

Une petite précision : si je place ma main devant le nombril du patient, c'est que j'ai découvert que c'est là l'endroit du corps le plus facile à « travailler » lorsqu'on veut retirer les esprits qui le possèdent. Ces derniers pénètrent généralement dans le corps par le chakra situé à la base du crâne, à cet endroit qu'on appelle l'occiput. Une personne abrite habituellement des entités parce qu'elle a utilisé, ou utilise encore, des drogues ou boit de l'alcool en trop grande quantité et devient ainsi vulnérable à une invasion. Ou bien alors, des entités pourront trouver une ouverture grâce à l'usage qu'une personne fait de l'énergie sexuelle, ou lorsque celle-ci se laisse aller à éprouver une peur extrême et est réduite à l'impuissance. Il y a bien d'autres raisons, mais ces trois-là sont les plus communes.

Dès qu'un esprit est sorti du corps qu'il possédait et démontre ainsi que retourner dans son monde d'origine est réellement possible, si d'autres esprits occupaient le même corps, ils feront littéralement la queue dans l'espoir que vous les aiderez aussi et ne se battront plus contre vous. Au contraire, vous bénéficierez alors de toute leur coopération, car eux aussi veulent rentrer chez eux.

Je sais que tout cela semble bien étrange pour beaucoup d'entre vous, mais c'est pourtant un fait très réel. J'ai observé les résultats chez des milliers de personnes et j'ai vu de mes propres yeux combien ces méthodes ont pu les aider à se débarrasser d'entités et à jouir à nouveau d'une bonne santé.

Pour terminer, permettez-moi de vous donner deux exemples. L'année dernière, à Mexico, un jeune homme inconnu est venu me voir après l'atelier et m'a dit avoir besoin d'aide. Il m'expliqua alors que pendant environ un an, il avait été incapable de se contrôler, et ce, sur bien des plans. Il avait l'impression qu'un esprit étranger habitait son corps et me demanda si je pouvais le vérifier.

Après en avoir obtenu la permission, je m'adressai à son Soi supérieur. Il me confirma que ce jeune homme n'avait qu'une seule entité étrangère en lui et que si je le voulais, je pouvais agir comme j'avais l'habitude de le faire en pareil cas. Cet esprit se manifesta et se mit à parler en anglais par la bouche du possédé, mais avec un accent italien très prononcé, ce qui me fit rire intérieurement. Je n'avais encore jamais rencontré d'esprit ayant un accent italien ! Nous entretînmes une conversation pendant environ un quart d'heure, puis il me dit simplement qu'il allait quitter ce corps, ce qu'il fit quelques minutes plus tard.

Le jeune homme se sentit beaucoup mieux, et nous commençâmes à parler ensemble. Je lui demandai comment il pensait avoir permis une possession de ce genre. Il me répondit ne pas savoir au juste mais connaître l'endroit où l'événement s'était passé. Je lui demandai de le préciser. « En Italie », me répondit-il sans hésiter. « Oui, bien sûr ! » m'exclamai-je en moi-même. Cet esprit était celui d'un humain désincarné qui avait simplement eu peur de quitter la troisième dimension et de se rendre dans la dimension d'existence suivante.

Le deuxième exemple se situe en Europe. Une femme et son mari assistaient à mon atelier. Cela faisait des années qu'ils étaient mariés et ils s'aimaient tendrement, mais alors qu'ils vieillissaient ensemble, elle commença à avoir des fantaisies sexuelles avec « un homme imaginaire ». Non pas que les activités sexuelles entre son mari et elle n'étaient pas satisfaisantes, mais ces fantaisies s'étaient simplement présentées dans sa tête sans qu'elle puisse les arrêter.

Alors que le temps s'écoulait, cet homme imaginaire vampirisa de plus en plus son énergie sexuelle, jusqu'à ce que, un jour, elle ne puisse plus avoir d'orgasme, *sauf* avec cet étranger qui hantait son imagination. Elle cessa de faire l'amour avec son mari malgré elle. L'homme imaginaire la forçait à copuler avec lui au moins deux ou trois fois par jour, dès *qu'il* en avait envie, et non pas le contraire. Elle avait perdu tout contrôle sur la situation.

À la rigueur, il aurait pu s'agir d'un problème émotif ou mental de sa part, mais tel n'était pas le cas. Il s'agissait bien là d'une entité en apparence « imaginaire », mais qui existait réellement et appartenait à une autre dimension. Cette femme avait donc affaibli son champ électromagnétique (son aura) par l'usage de drogues. En fait, elle n'en consommait plus et n'en avait d'ailleurs pris qu'à deux occasions dans le passé, mais c'était déjà trop tard. L'homme désincarné avait trouvé moyen d'envahir son corps.

Après avoir obtenu la permission, je parlai à son Soi supérieur pendant longtemps. L'esprit qui la possédait était doué d'une grande intelligence. Il n'y avait pas moyen de lui cacher quoi que ce soit. Dès que je le contactai, il sut immédiatement ce que j'avais l'intention de faire. Il me parla en profondeur pendant environ vingt minutes et voulut ensuite voir l'archange Michaël de ses propres yeux. Je l'invitai donc à sortir sa tête par l'estomac de cette femme et à se rendre compte par lui-même. Lorsqu'il aperçut Michaël, je sus immédiatement, rien qu'à l'expression de son visage, qu'il était très impressionné. Il se retira immédiatement dans le corps de son hôte, me dévisagea du regard et finit par me dire qu'il avait besoin de davantage de temps pour prendre une décision. Il me demanda vingt-quatre heures de réflexion.

Le jour suivant, la dame possédée me raconta qu'elle avait parlé avec lui pendant presque toute la nuit. Il lui avait rapporté qu'il l'aimait et qu'en fait il ne voulait pas partir, mais qu'il avait décidé que ce serait mieux ainsi. Puis, évidemment, ils firent l'amour.

Ce soir-là, je plaçai ma main devant l'estomac de la victime et recontactai l'homme désincarné, comme il me l'avait demandé. Il me dit simplement : « Bonsoir. Je voudrais vous préciser que je vous aime beaucoup et je tiens à vous remercier de m'avoir aidé de cette manière. » Ensuite, il me fit comprendre qu'il était maintenant prêt à partir. Je l'aidai à s'extirper du corps de cette femme, et l'archange, le prenant par les épaules, le fit remonter jusque dans le monde d'où il était venu, sans aucune résistance de sa part.

Quand je confirmai à cette femme que la séance était terminée, elle fut très étonnée, car elle n'avait rien senti. Elle me regarda et dit : « Il voulait que je vous laisse savoir qu'il vous aime beaucoup. »

Ce même soir, la dame et son mari se connurent à nouveau, et pour la première fois depuis longtemps. Le matin suivant, ils étaient tellement heureux qu'ils décidèrent d'avoir une deuxième lune de miel. Une vie toute nouvelle s'offrait à eux.

Autres détails importants : Assurez-vous d'extirper vraiment *tous les débris* du corps de la victime. Beaucoup de ces entités « pondront des œufs » ou laisseront derrière elles certains débris. Demandez où ces derniers se trouvent, sentez-les ou voyez-les avec votre vision intérieure et retirez-les du corps de la victime en même temps que l'entité fautive. Renvoyez alors le tout dans le monde auquel il appartient. Si vous laissez ces débris derrière, la victime pourra continuer à se sentir malade à cause d'eux, ou même à conserver les maladies occasionnées par la présence de cet esprit dans le passé, bien qu'il ne soit maintenant plus là.

Une dernière chose. Personnellement, si je me sens malade ou que quelque chose commence à aller de travers dans ma vie, ce qui est rare, j'attends un peu avant de tenter de remédier à la situation. Pourquoi ? Parce que je veux savoir pour quelle raison j'ai créé cette expérience. J'examine ma vie. Je veux savoir ce que j'ai pensé, senti, dit ou fait, ou comment j'ai vécu, et ce qui a engendré cette condition, de manière que je puisse immédiatement la corriger et qu'elle ne revienne pas sous une autre forme. J'attends que la sagesse innée de mon Soi supérieur se manifeste.

Message final et dernière petite histoire

Je suis sûr que vous avez déjà entendu dire ceci : « Il n'existe aucune limite dans la vie, sauf celles que vous vous imposez vous-mêmes. »

Diana Gazes, dont je vous ai déjà parlé, finit par quitter son studio de télévision à New York et alla s'installer à Hawaii dans le but de mieux se connaître elle-même. Elle se retira temporairement de l'industrie du reportage télévisé, et comme elle avait des dons parapsychiques naturels très prononcés (elle pouvait par exemple regarder simplement une cuillère ou une fourchette et la tordre dans tous les sens par la pensée), elle se mit à enseigner aux gens, et principalement aux employés de plusieurs grandes corporations, comment travailler avec ce type d'énergie. Elle voulait explorer davantage cet aspect d'elle-même. Bon, de toute manière, elle était à Hawaii et, un jour, elle décida de tenter une expérience d'ordre psychique avec moi, ce que nous avions d'ailleurs l'intention de faire depuis longtemps déjà. Les détails de cette expérience ne sont pas importants, mais nous allions la répéter pendant dix jours, et chaque fois que j'avais terminé, je devais l'appeler et nous pouvions ainsi vérifier et comparer nos résultats.

Je fis exactement comme il avait été convenu le premier jour et lui téléphonai, mais le surlendemain, je décidai qu'il serait mieux que *je ne fasse pas* d'expérience ce jour-là, histoire de voir ce qui allait se produire. Une fois le temps de l'expérience écoulé, j'essayai de la joindre au téléphone, mais sans résultat. Quelque chose lui était arrivé, pensais-je, car elle aurait dû être là. Je me sentais dépourvu. Par conséquent, je me mis en méditation et demandai aux deux anges : « S'il vous plaît, aidez-moi à découvrir ce que je dois faire ! » Et ils répondirent alors : « Tiens, voilà le numéro de téléphone où elle se trouve. Appelle-la ! »

Je gribouillai à la hâte ce nouveau numéro de téléphone qui me tombait littéralement du ciel et le composai immédiatement en me demandant ce qui allait arriver. À ma grande surprise (pas vraiment, en fait, puisque jusqu'ici, les anges ont *toujours* eu raison), Diana, cette fois-ci, avait saisi le combiné mais restait silencieuse à l'autre bout du fil. « Hello, Diana ? » Après quelques secondes de silence total, elle demanda en hésitant : « Qui est à l'appareil ?

– C'est moi, Drunvalo !

– Drunvalo, c'est toi ?... Drunvalo ?...

– Oui, c'est moi ! Alors, qu'est-ce que tu fais ? Où es-tu ?... Tu as une drôle de voix !... Y a-t-il quelque chose qui ne va pas ?

– Drunvalo ? Mais... comment est-ce possible ?... Je me promenais dans la rue et d'un seul coup, il y a eu cette sonnerie dans une cabine téléphonique. Alors, comme je passais devant, j'ai décroché le combiné par curiosité, et c'est toi que je trouve ! Comment as-tu pu faire ça ? »

Mon Dieu, mon Dieu, que puis-je donc ajouter à tout cela ? Ayez foi en vous-mêmes, croyez en vous-mêmes. Dieu est avec vous, absolument ! Vous pouvez guérir n'importe quoi. Avec de l'amour, vous pouvez maintenir votre corps en bonne santé et votre monde en équilibre parfait. La vie s'écoule naturellement, telle une belle rivière, et tout devient aisé, à l'opposé du manque d'harmonie si caractéristique dans la vie de tant de gens.

SEIZE

Les trois niveaux de l'être

Nous pensons que nous ne vivons que sur terre et dans un seul corps, mais avez-vous déjà réfléchi au fait que vous pourriez en même temps exister sur un autre plan d'existence, ou même sur plusieurs autres niveaux de vie tout en vivant ici-bas ? C'est la croyance qu'entretiennent les membres de beaucoup de peuples indigènes sur cette terre, tels les anciens Mayas et les Kahunas des îles Hawaii. Ils nous voient comme des êtres multidimensionnels qui vivent simultanément d'autres vies dans d'autres mondes en même temps que celle-ci ; et selon tout ce que j'ai pu apprendre jusqu'à maintenant, c'est absolument vrai.

Dans des conditions normales, nous autres humains sommes consciemment reliés à ces autres aspects de nous-mêmes, mais en raison de « la chute » qui survint jadis, du temps de l'Atlantide, nous sommes maintenant séparés de nos identités supérieures. Mais quand nous entrons à nouveau en rapport avec elles, que cela devient vraiment une réalité, nous recommençons à vivre d'une manière qui, en ce moment même, nous semblerait impossible. Désormais, nous pouvons voir clairement le passé et le futur, et sommes capables de prendre des décisions basées sur une connaissance supérieure qui influence positivement notre croissance spirituelle. C'est ce que nos choix et nos actes nous ont fait perdre, il y a longtemps de cela (du temps de l'Atlantide).

Ces identités supérieures, qui existent dans d'autres dimensions, sont en fait nous-mêmes, si nous prenons en considération l'ensemble de la création. Par conséquent, penser que nous n'avons qu'une seule identité est à la fois vrai et faux. Assurément, il n'y a qu'un seul être dans l'univers, et pourtant, il y a de nombreux plans d'existence au sein desquels cet être vit simultanément. Vous souvenez-vous de ce que nous avons dit sur les différents niveaux de conscience au chapitre 9 ?

Votre identité supérieure est elle-même en relation avec des identités supérieures encore plus vastes. Chaque identité supérieure est située à un niveau de conscience toujours plus vaste et plus complet que le précédent, jusqu'à ce que finalement le niveau ultime soit atteint et que l'on finisse par transcender cet univers temporel. Chacun de nous a donc *la capacité* de vivre simultanément dans chaque dimension d'existence au sein de cette création dans le temps et l'espace, mais c'est rare.

Comparons cela à une lignée familiale ou à un arbre généalogique poussant vers le haut, jusqu'à ce que nous retournions enfin à Dieu et ne faisions plus qu'un avec toute vie. Cependant, nous nous sommes séparés de cette connexion multidimensionnelle lorsque nous avons, en tant que race humaine, chuté jusqu'à la troisième dimension de conscience. Suite à cette expérience, les aspects supérieurs de nous-mêmes ne purent plus communiquer avec nous. Mais même si, dans la plupart des cas, nous ne sommes plus conscients de nos Soi supérieurs, ils sont toujours restés conscients de nous.

Alors que le temps passait, à partir de « la chute », les communications entre notre être objectif et notre Soi supérieur immédiat devenaient sporadiques et se faisaient de plus en plus rares. Nos Soi supérieurs ont attendu pendant longtemps que notre être objectif, dans la troisième dimension, se réveille enfin. Ils ont attendu jusqu'au moment le plus propice dans le temps, c'est-à-dire maintenant. Il s'agit principalement d'une demi-séparation, car si nous ne sommes pas conscients de nos Soi supérieurs, eux-mêmes sont toujours restés conscients de nous.

Si les Kahunas des îles Hawaii ont raison, nos identités supérieures nous ont mis en couveuse, pour ainsi dire, alors qu'elles vivent heureuses et communiquent entre elles, se préparant au jour où nous nous réveillerons au reste de l'existence. Pour la plupart d'entre nous, cela fait 13 000 ans que nous ne nous sommes pas mis en rapport avec notre identité supérieure immédiate, à l'exception de courtes périodes pendant lesquelles il nous a semblé percevoir enfin la lumière et être plongés dans un état de grâce.

Cette mise en contact avec votre identité supérieure n'a rien à voir avec le phénomène de « channeling » ou de transe médiumnique au cours de laquelle on communique avec une entité étrangère. Ici, vous vous mettez en contact avec votre propre essence, votre propre identité immortelle qui vit sur un plan d'existence bien supérieur au vôtre. Il serait peut-être plus exact de dire que vous vous « re-membrez* », c'est-à-dire que vous rassemblez à nouveau vos Soi et, par le fait même, redevenez complets en vous-mêmes. Certaines personnes appellent cela « l'âme ». Pour moi, il n'y a que l'esprit, la conscience. Je vois le grand Esprit, la conscience universelle, et tous les esprits qui proviennent de cette source et qui sont en fait ses divers aspects. Depuis ce point de vue, nous sommes tous des manifestations du grand Esprit, de Dieu. Si nous utilisons le mot « âme », cela implique souvent dans l'esprit des gens que « les âmes » sont différentes les unes des autres et n'ont rien à voir les unes avec les autres. Quant à moi, toutes « les âmes » sont des esprits, des consciences vivantes provenant de la même source. Si vous considérez Dieu comme étant à la fois notre père et notre mère, alors cela signifie que nous sommes tous frères et sœurs et que notre demeure est l'univers entier.

---

* Jeu de mots intraduisible : *re-member* = se rappeler et « remembrer », rassembler des parties. (NDE)

Ce que j'ai découvert – et ce que presque tous les membres de toutes les tribus autochtones dans le monde ont eux-mêmes découvert – est ceci : chaque être humain possède une identité supérieure à l'intérieur de lui. Si nous pouvons trouver moyen de communiquer directement et consciemment avec elle, nous aurons enfin accès à une source d'information beaucoup plus fiable qui saura nous guider correctement depuis l'intérieur de nous-mêmes et nous dire comment vivre au mieux, d'instant en instant. Notre vie commencera alors à prendre un tour plus élégant et plus sage. Tels de beaux félins (symboliquement parlant), nous nous mouvrons alors avec aise. On remarquera quelque chose de puissant et de gracieux dans notre démarche, et tout nous viendra naturellement, avec peu d'effort de notre part. Ce guide intérieur parfait, c'est vous-mêmes sur un plan d'existence supérieur à celui-ci et qui se préoccupe de votre bien-être ici-bas au moins autant que vous vous préoccupez de vous-mêmes et de votre bien-être dans cette dimension-ci. Ce guide intérieur parfait, vous ne pouvez donc pas le comprendre complètement depuis la troisième dimension d'existence actuelle.

Petite mise au point : en plus des divers plans d'existence, ou niveaux de conscience, et de nos Soi supérieurs qui y vivent, il y a ce que beaucoup de gens appellent « la hiérarchie spirituelle ». Celle-ci est composée d'êtres très évolués à qui on a donné la responsabilité d'organiser l'univers et de voir à bien le gouverner. Elle est tissée tout autour de nos Soi supérieurs, mais n'est pas directement en contact avec nous sur ce plan de la troisième dimension. Si vous entrez en relation avec votre Soi supérieur immédiat, cela ne veut pas dire que vous allez également pouvoir entrer en contact avec la hiérarchie spirituelle. J'aborde ce sujet pour que vous puissiez vous y référer, avant même que la question soit soulevée.

Ce qui suit est l'exemple que les anges me fournirent quand j'essayai de comprendre comment le Soi supérieur peut voir si clairement les choses, alors que sur terre, nous restons aveugles. Supposez que vous êtes dans un canoë, en train de pagayer le long de la rivière, dans la jungle, et que vous naviguez sur les eaux vertes de l'Amazone, avec un beau ciel bleu au-dessus de votre tête. Il y a du feuillage partout et vous êtes heureux. Vous pagayez toujours dans votre canoë, sur la rivière de l'existence. Puis, à un certain moment, vous vous retournez pour voir ce qui se passe derrière vous, mais ne pouvez voir qu'à une certaine distance. Comme les arbres sont très grands de chaque côté de la rivière, vous ne pouvez voir que jusqu'à la courbe que vous venez juste de franchir.

Votre mémoire de la rivière est donc limitée, et c'est tout ce que vous pouvez apercevoir du passé. Alors que vous progressez et dépassez la courbe suivante, vous oubliez le passé bien volontiers. Oh, vous pouvez vous souvenir un peu de ce que vous avez déjà vu et ressenti, mais plus vous allez de l'avant sur la rivière, plus votre passé s'efface de votre mémoire. Par contre, vous pouvez regarder devant vous et voir jusqu'à la prochaine courbe de la rivière. Vous pouvez entrevoir le futur jusqu'à un certain point, mais après cela, ou derrière la courbe, vous n'avez aucune idée de ce qui se prépare, et comme c'est la première fois que vous naviguez sur cette rivière…

Votre identité supérieure, elle, est comparable à un aigle immense qui vole bien haut au-dessus de vous. Elle réside dans une autre dimension et perçoit le temps d'une manière sphérique. Elle observe le passé, le présent et le futur se dérouler simultanément. Elle peut voir très loin derrière et suivre le cours de la rivière pendant longtemps dans cette direction, sur une distance plus grande que vous pouvez le faire vous-mêmes, et elle a une excellente mémoire. Elle peut également voir très loin devant, ou dans le futur. Elle a toutefois ses limites, mais comparativement aux vôtres, c'est un peu comme le jour et la nuit. Son point de vue en surplomb est fantastique par rapport à vous au niveau du sol. Par conséquent, votre identité supérieure peut voir ce qui est sur le point de se produire dans le futur. Elle peut voir ce qui va se passer dans votre réalité, alors que vous, en tant qu'êtres humains, vous restez aveugles et sourds. Disons que vous comprenez tout cela et que vous êtes maintenant prêts à obéir à votre identité supérieure, qui vous lance soudain : « Reviens à la rive et tire le canoë à sec. »

Vous avez le choix entre obéir à ses ordres, parce que vous lui faites confiance, ou lui désobéir en pensant : « Et pourquoi devrais-je faire cela ? Tout est calme, il n'y a absolument aucun danger ! Attendons donc un peu et continuons à pagayer. » Mais si vous choisissez d'obéir à votre identité supérieure, vous poserez peu de questions et suivrez ses instructions de très près. Ensuite, il se peut qu'elle vous dise : « Et maintenant, fais du portage à travers la jungle, dans cette direction-ci, jusqu'à un avis contraire. » Par conséquent, vous commencez immédiatement à porter votre canoë à bout de bras à travers des tas d'obstacles, posant souvent le pied sur des branches pourries, des racines d'arbres et des nids de fourmis rouges, sans oublier les serpents à sonnette qui abondent dans la région, et dont vous entendez parfois le sifflement. Et vous pensez en vous-même : « Mais qu'est-ce que je peux bien faire ici ? Est-ce vraiment là que je dois être ? »

Si vous avez déjà l'habitude d'obéir aux instructions de votre Soi supérieur, vous savez exactement de quoi je parle ici. Vous passez par toutes ces difficultés, les bras vous font mal, les taillis sont pleins d'épines et les dangers sont partout, car le territoire est hostile. Vous vous demandez vraiment pourquoi un être aussi sage que votre guide intérieur vous a demandé de faire une chose apparemment aussi stupide. Vous parcourez ainsi à grand-peine plusieurs kilomètres et débouchez enfin dans une clairière en surplomb descendant en pente douce vers les eaux maintenant plus rapides de la rivière. Depuis ce point de vue, vous pouvez entendre les grondements d'une chute en amont, dont les eaux tumultueuses se brisent soudain sur des rochers pointus à plus de 30 mètres en contrebas. Si vous aviez continué à ramer sans souci sur la rivière, tout comme votre ego vous encourageait à le faire, cette chute à pic vous aurait tué. Ce n'est que grâce aux instructions de votre identité supérieure et à votre volonté de lui obéir que vous êtes encore en vie. Vous avez évité un désastre en obéissant à votre guide invisible qui, lui, possède une vision globale.

En ce temps-là, j'enseignais une technique pour que chaque étudiant puisse apprendre rapidement à se reconnecter avec son identité supérieure. Cette approche n'était pas parfaite, et je me rends compte aujourd'hui qu'elle ne pouvait être efficace que sous certaines conditions. Cela marchait bien pour moi, mais pas comme je l'avais pensé au début. Et pourquoi donc cela ne fonctionnait-il pas pour d'autres ? Je tentais de comprendre, mais sans y parvenir au début.

J'avais en fait essayé pendant des années, mais je ne comprenais toujours pas. Je finis par solliciter de l'aide de la part de mon identité supérieure (car j'attends généralement jusqu'au dernier moment pour le faire) et priai les anges de m'indiquer comment m'y prendre, ne sachant plus quoi faire. Plusieurs événements se présentèrent dans ma vie après cela, et chaque fois je saisissais un peu mieux.

La première chose qui se passa après ma demande d'aide survint au cours d'un atelier que je donnais alors à Olympia, dans l'État de Washington. Il y avait là un homme dans la soixantaine qui y participait ; c'était un natif des îles Hawaii. Quand je l'aperçus, je ne pus comprendre au juste pourquoi il s'était joint à nous, car il était clair à mes yeux qu'il n'en avait pas besoin.

J'attendis un peu avant de l'approcher et lui demandai finalement : « Pourquoi êtes-vous ici ? » et sa réponse fut : « Je ne sais pas. »

« Ah, bon… rétorquai-je, alors ni vous ni moi ne savons pourquoi vous êtes ici ! »

Perplexe, je continuai à diriger l'atelier, et deux jours plus tard, j'eus l'opportunité de lui demander ce qu'il faisait dans la vie. Il me dit qu'il était kahuna et qu'il vivait sur une des îles, à Hawaii.

« Et qu'est-ce que vous enseignez ? »

Alors il me répondit : « Je n'enseigne qu'une seule chose : la manière de se connecter à son identité supérieure. »

« Ah, je vois… » Par conséquent, quand le temps vint pour moi de parler aux participants de l'atelier de leur identité dans les mondes supérieurs, je demandai au Kahuna hawaiien de nous entretenir de ce qu'il savait sur le sujet. Il nous exposa alors ce qu'il avait appris des Hunas sur la manière de se mettre directement en rapport avec elle. Son exposé dura presque deux heures, ce qui était parfait.

C'est donc grâce à cet homme que ma compréhension du sujet commença à s'améliorer. Selon ce que j'avais pu saisir jusqu'ici grâce à mon expérience personnelle, il y avait le moi de tous les jours et le Soi supérieur. C'était du moins ce que ma vie semblait me faire comprendre. Mais le Kahuna nous précisa que chacun de nous est pour ainsi dire composé de *trois* parties : le Soi supérieur, le Soi intermédiaire (le moi de tous les jours) et le Soi-racine. J'aurais dû savoir cela, puisque tout dans la vie va par groupes de trois.

Depuis cette rencontre avec le Kahuna, il m'est arrivé de nombreuses expériences qui ont bien clarifié ce qui va suivre. Si, au cours de notre vie journalière, nous sommes le Soi intermédiaire, à quoi correspond le Soi supérieur et le Soi-racine ? C'est ce que nous allons à présent expliquer avec soin, mais il est important de comprendre au départ que l'on ne peut se mettre directement en rapport avec notre Soi supérieur sans se mettre d'abord en rapport avec notre Soi-racine. Ainsi, l'Esprit connaît une descente dans la matière avant d'atteindre les cieux. Cet enseignement a été amplement vérifié dans ma vie. Passons maintenant à l'explication de ce qu'est le Soi-racine.

Le Soi-racine — notre mère la Terre

Disons tout de go que votre Soi-racine est en fait votre inconscient (un autre mot pour désigner le subconscient). Mais contrairement à la croyance populaire selon laquelle l'inconscient est seulement relié à vous-mêmes et à vos pensées inconscientes personnelles, il est en fait en relation avec celles de tous les êtres humains qui vivent sur cette planète et les connaît intimement, à la fois de l'intérieur et de l'extérieur. En réalité, il s'agit de l'inconscient collectif de Jung. Mais ce n'est pas tout. Notre inconscient (ou notre subconscient) connaît non seulement celui de chaque être humain qui vit avec nous sur cette terre, en ce moment même, mais aussi celui de chaque être humain qui a vécu dans le passé ou qui vivra dans le futur. Assurément, votre subconscient connaît déjà tous les détails du passé et du futur, du moins en ce qui concerne la Terre. De plus, votre Soi-racine connaît *la vie entière* sur cette planète, et pas simplement la vie humaine — en d'autres mots, il s'agit de la biosphère tout entière. C'est un enregistrement parfait de tout ce qui existe sur terre. Ce Soi-racine est donc bien vivant et se présente sous la forme d'un seul être qui communique avec vous. En fait, *c'est notre mère la Terre elle-même* !

Clarifions donc au maximum en répétant que votre identité supérieure immédiate *est* la planète Terre et tout ce qu'elle contient, toutes les manifestations de vie qui se trouvent sur sa surface, en elle et autour d'elle. Je ne suis pas encore sûr que la Lune fasse partie du Soi-racine. C'est probablement le cas, mais je ne peux pas encore le confirmer.

Selon les Kahunas des îles Hawaii et la plupart des autochtones du monde entier, notre mère la Terre est comme une petite fille âgée de deux à six ans, selon à qui vous vous adressez. Elle se présente toujours sous la forme d'un jeune enfant, car la Terre *est* encore un enfant.

La plupart des autochtones de la planète croient qu'afin de vous relier directement à votre Soi-racine, vous devez commencer par aimer votre mère, la planète Terre, et jouer avec elle. La sophistication de l'adulte et toutes ses pensées orientées vers la technologie, aussi intéressantes soient-elles, ne serviront à rien en ce qui a trait à votre mise en rapport directe avec notre mère, la planète Terre. Elle n'est pas intéressée par tout cela. Vous pourriez méditer des heures chaque jour, et même passer tout votre temps à tenter de la contacter, ce serait sans doute une perte de temps. Plus vous essayez, moins vous avez de chances de réussir. Et pourquoi cela ? Parce qu'elle entre seulement en contact avec l'enfant innocent qui sommeille en vous. Et bien entendu, la plupart d'entre nous avons perdu l'innocence de notre enfance. Nous l'avons oubliée, nous l'avons abandonnée derrière nous et, ainsi, avons perdu le moyen de vraiment bien connaître notre mère, la planète Terre, et de pouvoir la contacter directement et consciemment. Si vous souhaitez le faire, vous devez vous souvenir de l'existence de votre enfant intérieur et recommencer à vivre dans sa peau. Selon la Bible, Jésus lui-même a dit : « À moins de redevenir tels les petits enfants, vous ne pourrez pénétrer dans le royaume des cieux. »

Observons brièvement qui nous sommes, notre côté « adulte » qui pense savoir tellement de choses. Bien sûr, il se peut que vous ayez beaucoup de diplômes et que vous sortiez d'une grande université ; que l'on vous considère comme un expert dans quelque domaine ; que vous soyez même célèbre et grandement respecté. Tout cela est très bien, mais si vous souhaitez connaître votre mère, la planète Terre, vous devez tout mettre de côté et l'oublier complètement. Elle n'est pas impressionnée. Notre mère, la Terre, aime les enfants, et si votre nature d'enfant et votre innocence peuvent encore émerger des eaux troubles de votre condition d'adulte, alors quelque chose de tout nouveau peut commencer dans votre vie spirituelle.

Quand les Kahunas désirent attraper du poisson, par exemple, ils demandent à notre mère de les aider à trouver de la nourriture. Et elle leur répondra. Cette réponse pourra venir à eux depuis l'intérieur de la réalité elle-même. Les nuages dans le ciel pourront prendre l'apparence d'une main humaine et pointer en direction de l'endroit où sont les bancs de poissons. Les Kahunas prennent alors leurs pirogues et, parvenus à l'endroit indiqué, découvrent effectivement beaucoup de poissons. C'est là une manière de vivre avec la nature que l'humanité civilisée a complètement perdue, bien que ce soit le genre de vie des membres de quelques tribus indigènes et des gardiens de la Terre qui existent encore de nos jours.

Suivez bien le raisonnement suivant : vous êtes au travail, ou bien à l'école, et vous décidez de rentrer chez vous. Vous tendez la main pour prendre les clés de la voiture qui sont dans votre poche ou dans votre sac. Immédiatement, vos pensées se projettent dans le futur. Vous visualisez déjà votre voiture dans votre tête et, pendant un bref instant, vous vous voyez la conduisant jusque chez vous. Dès que vous êtes dans votre auto et que vous la faites démarrer, vous pensez à nouveau à quelque chose dans le futur. Dans votre esprit, vous voyez l'état de la route et du trafic à quelques kilomètres de là, vous êtes sûr qu'il va pleuvoir, vous vous voyez embrassant votre mari, ou votre femme, ou bien allant chercher votre enfant à l'école, ou votre chat ou votre chien chez le vétérinaire. Ce à quoi vous pensez se situe généralement dans le passé ou dans le futur, mais très rarement dans le présent. Or, *c'est seulement dans le moment présent* que nous pouvons vraiment connaître l'expérience d'un rapport intime, d'une identification profonde avec quelqu'un ou quelque chose. Mais pour beaucoup de gens, cela est trop pénible pour qu'ils aient envie de s'y adonner.

Avez-vous vraiment observé d'instant en instant la beauté qui vous entoure sans penser à rien d'autre ? Avez-vous vu le soleil se coucher ? Ces merveilleux petits cumulus dans le ciel ? Avez-vous respiré l'air après la pluie ou la pelouse fraîchement coupée ? Ou bien avez-vous décidé de ne pas le faire parce qu'il y a trop de pollution ? Vous êtes-vous vraiment rendu compte de l'incroyable beauté des couleurs dans la nature aujourd'hui ? Avez-vous ressenti de l'amour pour votre mère, la grande et belle planète Terre ? Tous vos sens ont-ils fonctionné, ou bien seulement ceux qui étaient nécessaires pour conduire votre voiture et rentrer chez vous ? C'est ça, le problème ! Notre vie d'adulte est considérablement émoussée, comme une vieille lame, et nous ne sommes souvent plus que l'ombre de nous-mêmes ; nous ne faisons plus l'expérience que d'un très petit pourcentage de ce qu'il est humainement possible de ressentir.

Avez-vous regardé les enfants de près lorsqu'ils sont dans la nature ? Ils se perdent volontiers dans les sensations qu'ils éprouvent face à la grande beauté qui les entoure, et parfois même, ils semblent perdus dans un autre monde. Vous souvenez-vous quand vous étiez vous-mêmes des enfants ?

Si vous souhaitez vous reconnecter avec votre Soi-racine, votre mère, la planète Terre, vous devez retrouver et redevenir votre enfant intérieur. Jouez avec votre mère, la planète Terre, amusez-vous avec elle, jouissez vraiment de la vie. Cela veut dire une vie remplie de joies. Par contre, cela n'a rien à voir avec le théâtre ; vous n'avez pas à jouer un rôle d'enfant ni même une pièce enfantine. Il ne s'agit pas de faire des grimaces ou de pousser des cris d'idiot – à moins, bien entendu, que cela vienne vraiment de votre cœur. Cela signifie vivre votre vie comme vous voulez vraiment la vivre, et non pas comme quelqu'un d'autre le veut. Cela signifie que vous vous occupez des gens, des animaux, ou d'autres formes de vie autour de vous parce que vous ressentez un lien naturel avec eux, un amour sincère pour eux, et non pas parce que cela vous profitera d'une façon ou d'une autre.

Je ne comprenais pas ce qui m'était arrivé quand les deux anges m'apparurent. Tout ce que je savais, c'est que j'avais cessé de vivre ma vie selon des règles qui n'avaient désormais plus aucune signification pour moi. J'avais commencé à vivre une vie que j'aimais vraiment. Je m'étais retiré dans les montagnes du Canada, là où j'avais toujours voulu être. Je m'étais enfoncé plus profondément dans la forêt parce que j'en avais toujours rêvé. Je voulais voir si je pouvais vivre sans rien, et je devins très proche de la nature. Je n'avais aucune peur. Quand je regardais le soleil se lever, chaque matin, c'était comme si je renaissais à nouveau à la vie. Chaque jour était spécial. Je jouais de la flûte pendant la plus grande partie de la journée, ce qui avait été mon rêve. J'étais obligé de travailler dur pendant environ trois heures par jour, mais j'étais libre le reste du temps. J'aimais la vie et je l'aime encore. Les graines qui furent plantées pendant ces années de jeunesse continuent aujourd'hui encore à pousser dans ma vie.

C'est à cette époque que les anges nous apparurent, à ma femme et à moi, alors que nous étions parvenus au zénith de notre expérience canadienne. Ce fut le commencement d'une joie de vivre qui a duré une vie entière. C'était la clé invisible ouvrant toutes grandes les portes sur un état de conscience beaucoup plus vaste, mais sur le moment, je ne le réalisai pas. J'ai découvert depuis que si l'on veut vivre une vie vraiment spirituelle, on doit commencer comme un enfant, et dans la nature. Lorsqu'un vrai contact a été établi avec le Soi-racine – et seulement à partir de ce moment-là, selon les Kahunas –, on peut alors se reconnecter avec son Soi supérieur. Seule la conscience de votre mère, la planète Terre, décidera alors si vous êtes prêts ou non. Et quand elle sentira que tel est le cas, elle vous introduira à cette autre partie de vous-mêmes que vous pouvez appeler votre deuxième identité supérieure, celle du cosmos tout entier. Aucune force brute ou force de volonté, aucune supplication ni aucune crise de larmes, aucun sentiment de désolation ou d'apitoiement sur vous-mêmes ne pourra jamais forcer la main de votre mère, la planète Terre. Seuls votre amour, votre innocence et une grande patience vous permettront de retrouver votre chemin jusqu'à elle. Vous devez oublier d'essayer. Vous devez même oublier que vous entrez en contact avec votre mère. Vous devez simplement vivre selon votre cœur, et non pas seulement selon votre intellect. Votre faculté mentale fonctionnera toujours, mais sous le contrôle de votre cœur.

Le Soi supérieur —
tout ce qui Est

Eh bien, me direz-vous, si la Terre est notre Soi-racine, alors, qu'est-ce qui correspond à notre Soi supérieur ? La réponse est simple : c'est tout le reste, soit l'ensemble des planètes, des étoiles, des systèmes solaires, des galaxies et des autres dimensions d'existence. C'est vous. Voilà pourquoi vous passez d'un Soi supérieur à un autre au fur et à mesure que votre conscience se développe à l'infini. Or, faire l'expérience du Soi supérieur est une chose très différente de celle qui a trait à notre Soi-racine, celui de notre mère, la planète Terre.

Prenez en considération la chose suivante : notre mère, la planète Terre, jouera souvent avec vous et vous dira même *qu'elle est* votre Soi supérieur, en utilisant les mots qui, elle le sait bien, attireront votre attention. Elle pourra venir à vous pendant votre méditation et affirmer qu'elle est aussi bien votre Soi-racine que votre Soi supérieur, et que vous devez l'écouter. Elle pourra vous donner toutes sortes d'instructions sur ce que vous devez faire pour elle sur cette planète, comme aller partout dans le monde pour agir en son nom. Mais elle ne fait que jouer avec vous, et vous la prenez très au sérieux, sans réaliser que c'est seulement un jeu.

Si vous lui demandez de vous dévoiler la vérité parce que vous voulez vraiment savoir si elle est aussi votre Soi supérieur, elle ne vous mentira jamais. Elle se mettra à rire et vous dira la vérité. À ce moment-là, vous êtes censés rire avec elle et recommencer à jouer avec elle. Mais la grande majorité des adultes deviendront furieux et penseront avoir été bernés. Dès lors, la connexion est interrompue. C'est pourquoi les Kahunas demandent toujours, lorsqu'ils se mettent en relation avec leur Soi-racine, si c'est vraiment à lui qu'ils s'adressent et si c'est lui, véritablement, qui s'adresse à eux. Notre mère, la planète Terre, est une drôle de petite fille, mais elle est merveilleuse à connaître quand vous avez le cœur pur. Et ce qui échappe à la plupart des méditants, ce dont ils n'ont pas encore conscience, c'est que *notre mère la Terre, c'est eux et vous tous !*

Le Soi supérieur, connaît non seulement tout ce qui est connu, a été connu ou sera connu par n'importe quelle forme de vie, et n'importe où sur la planète, à l'intérieur ou autour de la Terre (car tout est vivant et conscient), mais également tout ce qui se passe, s'est déjà passé ou se passera dans le futur au sein du cosmos, c'est-à-dire *tout le reste de la création*.

Dès que vous êtes consciemment reliés à la fois à votre Soi-racine et à votre Soi supérieur, la vie devient une expérience complètement différente de ce que vous avez connu jusque-là. La vie œuvre à travers vous ; vos paroles et vos actes ont un grand pouvoir parce qu'ils ne proviennent plus simplement de votre moi de tous les jours avec ses limitations. Ils sont l'expression de *la vie entière*, de toute la création. Rien n'est plus extérieur à vous, tout est en vous. Et la vérité de qui vous êtes vraiment commence alors à se faire connaître.

Extraits de mes vieux cahiers — quand je vivais comme un enfant

J'avais vécu en bordure de la grande forêt pendant environ un an. Je n'avais plus aucun plan, je n'avais plus à aller nulle part. J'étais, tout simplement. Je m'étais mis à rejouer comme je le faisais quand j'étais un enfant. J'étais souvent dehors, en relation avec les grands sapins ; je sentais et voyais leur grande âme. Je pouvais leur parler et ils me répondaient. Quand un animal apparaissait, je pouvais m'en approcher jusqu'à le toucher, sans qu'il éprouve aucune peur. J'étais devenu tellement en union avec mon environnement que je pouvais m'approcher d'une biche jusqu'à un mètre d'elle et la regarder droit dans les yeux sans qu'elle songe à s'échapper. Elle me regardait calmement elle aussi, avec ses grands yeux innocents. Je pouvais sentir mon cœur se lier avec tous les animaux. Ils savaient tous que mon logis était le leur et qu'il n'y avait aucun danger.

Au fur et à mesure que le temps s'écoulait, la vie devenait très simple et je jouissais vraiment de chaque instant. Je sentais que j'aurais pu rester une éternité parmi toutes ces manifestations de vie qui semblaient me bercer dans leurs bras. C'est à ce moment-là, alors que je ne m'attendais à rien de particulier, que les deux anges, ces deux êtres magnifiques, m'apparurent, l'un vêtu de vert et l'autre de pourpre. J'étais inconscient de ce qui se passait réellement dans ma vie. Je commençai à suivre leurs conseils parce que je pouvais sentir leur immense amour pour moi. Et dès leur arrivée dans ma vie, toutes ces « coïncidences » s'étaient mises à se présenter...

Au début, il ne s'agissait que de petits événements sans grande importance, mais bientôt, cela devint simplement étonnant. Et les choses ne s'arrêtèrent pas là. D'incroyables, les événements devinrent encore plus surprenants, même jusqu'au ridicule. Et cela continua ainsi, jusqu'à dépasser le côté ridicule de cet incroyable inimaginable. En effet, les événements qui se déroulaient maintenant dans ma vie relevaient du miracle le plus total et le plus absolu. Je fus peu à peu le témoin de choses qui, selon l'esprit logique de quiconque, étaient totalement impossibles. J'observais simplement ces choses impossibles se manifester tout autour de moi en pensant : « Mon Dieu, comme c'est agréable ! Ah, j'adore ça ! »

Pendant tout ce temps-là, je ne compris jamais vraiment ce qui m'arrivait. Quand l'ange vêtu de vert me dit qu'il était l'esprit de la Terre, et l'ange vêtu de pourpre, l'esprit du Soleil, je ne saisis pas immédiatement ce qu'ils entendaient véritablement par là. Et quand ils affirmèrent être moi-même, je compris encore moins.

Notre mère, la planète Terre, est en contact intime avec nous tous, dans le monde entier, et notre subconscient *est* le subconscient de la Terre. Lorsque je m'arrêtai à certaines religions très proches de la nature, comme le shintoïsme et ce qui relève d'une institution religieuse tel le druidisme, et à la manière dont elles s'apparentent à la Terre, à la Lune et au Soleil, les choses semblèrent soudain avoir plus de sens. Tout reprenait sa place petit à petit, et je commençais enfin à trouver un sens à tout cela.

Voyez-vous ici que nous avons oublié ce que j'explique plus haut parce que nous avons coupé notre lien avec la planète Terre ? Nous ne sommes plus en contact direct l'un avec l'autre parce que maintenant, nous sommes devenus plus sophistiqués. Nous sommes des adultes « civilisés ». Avez-vous vu le film sur Peter Pan ? Vous savez bien, celui dans lequel joue Robin Williams et qui a pour titre *Hook* (Les aventures de Peter Pan et du capitaine Crochet) ? Ce film illustre exactement ce que je vous expose ici, et jusque dans les moindres détails. Si vous ne l'avez pas encore vu, louez la vidéo et regardez-la avec de nouveaux yeux. Son contenu pourrait vous surprendre.

Et puis, il y avait sans cesse la présence d'un troisième ange en arrière-plan, un ange immense vêtu d'or. Il était toujours là, tel le témoin silencieux de chaque communication entre les deux anges et moi. Presque un an se passa sans communication verbale de la part du grand ange vêtu d'or. Mais un beau jour, les deux anges nous apparurent, à ma femme et à moi, nous disant que le grand ange vêtu d'or désirait nous parler et précisant que l'occasion allait se présenter une semaine plus tard environ.

Nous étions si excités que nous fîmes un jeûne tout en nous préparant de notre mieux à cet événement extraordinaire. Nous ne pouvions imaginer ce qu'il allait nous dire précisément. Et, bien sûr, le jour fatidique arriva, nous nous mîmes en état de méditation, et l'ange immense nous apparut comme il avait été annoncé. Les deux autres anges, eux, étaient maintenant à l'arrière-plan. Nous nous attendions à d'énormes révélations. Nous pensions que l'ange immense tout d'or vêtu allait nous guider de quelque nouvelle manière spectaculaire. Il prononça exactement cinq mots : « C'est seulement de la lumière », nous observa silencieusement environ une minute, un sourire de Joconde aux lèvres, puis s'évanouit hors de notre vue. Ma femme et moi nous regardâmes d'un drôle d'air, n'ayant aucune idée de ce que ce bref message signifiait. Nous pensions que c'était trop simple. Nous voulions davantage !

L'ange vêtu de vert, la Terre, était notre Soi-racine, alors que l'ange vêtu de pourpre, le Soleil, était notre Soi supérieur. Les années passèrent, et nous finîmes par comprendre que l'ange vêtu d'or représentait le niveau d'existence suivant de notre Soi supérieur. En 1991, si je me souviens bien, j'avais organisé une classe et j'étais assis en cercle avec d'autres participants, dans le haut d'une colline sur Orcas Island (l'île des orques), au large de la Colombie-Britannique, sur la côte Pacifique du Canada. Alors que la méditation en cercle en était à ses débuts, j'invoquai la présence des anges.

L'ange vert et l'ange pourpre se présentèrent les premiers et me regardèrent droit dans les yeux. Le troisième, vêtu d'or, était juste derrière eux. Alors que les deux anges s'arrêtèrent devant moi, l'ange doré continua d'avancer, passa à travers eux et tourna sur lui-même, de manière à regarder dans la même direction que moi, c'est-à-dire vers le centre du cercle. Puis, lentement, il recula jusqu'à moi et se fondit complètement en mon être. La sensation fut électrique et je ne pus m'empêcher de m'exclamer à voix basse : « Wwwooowww ! » Je ressentis un changement immédiat en mon âme et conscience et éprouvai en même temps une immense augmentation d'énergie. Je me rendais compte intuitivement que quelque chose de très important venait de se produire, mais sans savoir de quoi il s'agissait.

Ce n'est que lentement que je commençai à comprendre. Il s'agissait de mon premier rapport physique direct avec mon Soi supérieur, et tout ce que j'avais fait jusqu'à maintenant avec l'ange vêtu de pourpre, même s'il était aussi mon Soi supérieur, me parut soudain secondaire. Cette nouvelle identité, par contre, était différente et d'une certaine manière difficile à décrire avec des mots. Au cours du temps, et chaque fois que j'étais en présence des deux anges, je notai peu à peu qu'ils ne me dictaient plus ma conduite avec force détails, ce à quoi je m'étais habitué depuis longtemps. Après l'événement décrit plus haut, et quand je leur posais une question, ils me répondaient de plus en plus souvent d'aller chercher la réponse à l'intérieur de moi-même, me rappelant que j'avais grandi et qu'à partir de maintenant, j'avais la capacité de subvenir à mes propres besoins et de répondre à mes propres questions. Et même si je faisais une erreur, ils attendaient aussi longtemps que possible avant de me dire quoi que ce soit à ce propos.

De 1970 à 1991 environ, soit approximativement vingt et un ans, j'avais travaillé avec mon Soi-racine, même si je n'en étais pas très conscient. À partir de cette identité, on peut savoir pour ainsi dire *n'importe quoi*, car on a à notre disposition la connaissance de la planète entière. Je suis convaincu que toutes les pratiques impliquant l'usage de baguettes divinatoires, de pendules et d'instruments psychotoniques se rapportent au Soi-racine et à la connaissance que possède notre mère, la planète Terre.

J'ai découvert que le rapport que l'on entretient avec notre Soi-racine est un processus de croissance spirituelle qui commence lentement mais s'accélère de plus en plus au cours du temps. On peut presque observer la chrysalide que nous sommes se transformer en papillon.

Au cours d'un de mes ateliers, quelqu'un me demanda un jour : « Ressens-tu une sensation particulière ou une émotion spéciale lorsque tu te mets directement en relation avec ton Soi supérieur ? » Ce à quoi je répondis : « Je sens toujours que je suis en présence de Dieu. Je ne sais pas comment l'expliquer autrement. Ce n'est pas Dieu selon les définitions que donnent les religions, bien sûr, mais c'est un aspect de nous-mêmes qui est tellement supérieur à ce que nous sommes habituellement, que je ressens cela comme étant Dieu. »

La manière dont la vie se passe lorsqu'on est directement reliés à notre identité supérieure

Voici une autre petite histoire tirée de mon passé. Immédiatement après que les deux anges furent entrés dans notre vie, ils me guidèrent jusqu'à une école appelée Alpha et oméga, l'ordre de Melchizédek. Pendant mes méditations avec les anges, ils m'indiquèrent en effet une adresse, le 111-444 Fourth Avenue, Vancouver, Canada, ainsi que le nom d'un homme, David Livingstone. Ils me donnèrent ensuite les instructions de me rendre à cette adresse et de parler à cet homme. Je finis par trouver l'endroit, situé dans une vieille section industrielle de la ville où il y avait beaucoup d'entrepôts et autres bâtiments commerciaux. L'adresse elle-même était dans une allée. Au-dessus d'une vieille porte toute rouillée avait été attachée une pancarte pittoresque toute en bois sur laquelle on pouvait lire, en belles lettres nouvellement peintes à la main : « Alpha et oméga, ordre de Melchizédek ». David Livingstone était bien quelqu'un en chair et en os, et j'eus l'opportunité de le rencontrer dans des circonstances inhabituelles. Il me donna la permission de séjourner quelque temps dans son école, composée d'environ 400 personnes étudiant et pratiquant la méditation. J'appris de précieuses leçons avec lui, et celle dont je vais maintenant parler n'en est qu'une parmi tant d'autres. Mais si vous comprenez vraiment la signification de cette petite histoire, alors vous connaîtrez l'importance de votre identité supérieure dans votre croissance spirituelle.

Il y avait là un jeune Japonais qui, lorsqu'il vivait encore dans son pays d'origine, avait pris l'habitude de communiquer avec son identité supérieure grâce à une forme d'écriture automatique. Cette méthode n'est d'ailleurs pas inhabituelle, mais ce qui l'était, par contre, c'était la nature du langage qu'il consignait par écrit, car il ne semblait pas appartenir à cette planète. Il était composé de symboles tout à fait étonnants, avec des lignes et des points qui semblaient avoir été mis là au hasard. Le jeune homme était d'ailleurs d'accord pour reconnaître que ce langage n'était pas humain, mais qu'il pouvait néanmoins le lire et le parler. Jusqu'à ce jour, nous dit-il, il n'avait jamais trouvé personne avec qui s'y exercer.

Toutes les instructions de la part de son Soi supérieur lui étaient parvenues dans cette langue étrange, et sa vie était guidée par elle. Il faisait toujours ce que son Soi supérieur lui dictait, car la vérité de son être supérieur lui avait été démontrée, et il y croyait implicitement.

Or, un beau jour, en 1972, son identité supérieure lui demanda d'acheter un billet d'avion, de s'envoler pour Vancouver, en Colombie-Britannique, et de se rendre à un certain coin de rue, un certain jour, et à une heure précise, où il devait attendre. Voilà tout ce que son identité supérieure lui avait transmis. Il ne savait absolument pas ce qui allait se passer par la suite. Mais puisque ce jeune Japonais avait toujours eu confiance en son guide intérieur et qu'il avait constamment fait ce que ce dernier lui demandait (du moment que c'était moralement convenable, bien entendu), il acheta sans hésiter un billet d'avion, s'envola pour la côte Pacifique du Canada et atterrit à Vancouver. Là, il trouva le coin de rue qui lui avait été révélé par son Soi supérieur, s'y rendit à l'heure dite et attendit. Sa foi était absolue.

J'étais à l'école ce jour-là, et David était dans la même pièce que moi. Soudain, il regarda sa montre et lança : « Ah, oui, maintenant il devrait être là ! » Puis, se tournant vers un de ses aides, il lui tendit un petit morceau de papier plié : « Rends-toi là, s'il te plaît, et tu trouveras un monsieur japonais qui attend. » David lui donna même le nom de cet homme et demanda à l'étudiant de le ramener avec lui à l'école.

Aussitôt dit aussitôt fait. L'étudiant se rendit à l'adresse indiquée, trouva le jeune homme, l'appela par son vrai nom et lui dit en anglais : « *Come with me, please* » (suivez-moi, s'il vous plaît). Ensemble, ils se rendirent jusqu'à l'école. Le jeune Japonais parlait un peu anglais, mais son discours était laborieux. On le mena jusque dans une petite pièce d'environ vingt mètres carrés et on le pria d'attendre. David m'expliqua qu'il voulait que j'observe ce qui allait se passer. Il m'amena avec lui dans la petite pièce et dit : « O.K., assieds-toi ici », en désignant du doigt un coin de la pièce où il y avait une chaise vide.

Se tournant alors vers le visiteur japonais, il lui souhaita la bienvenue parmi les étudiants de l'école, tout en l'appelant par son nom. Ils ne s'étaient encore jamais rencontrés dans cette vie-ci. David lui demanda de se rasseoir et se mit à lui poser quelques questions simples, du genre de quelle ville il venait, au Japon. Dès qu'il en eut terminé avec ces menus propos, il se leva en déclarant : « Restez-là et attendez. Je vais revenir… » Puis il me demanda de rester là également et quitta les lieux. Avec un demi-sourire, le Japonais et moi nous dévisageâmes silencieusement d'un air entendu.

Quelques minutes s'écoulèrent, puis une belle grande femme ouvrit la porte et pénétra dans les lieux. Je ne l'avais jamais vue auparavant ; il y avait beaucoup de gens dans cette organisation, je ne les connaissais pas tous. Elle installa un chevalet devant nous et y posa quelque chose qui était recouvert d'un morceau d'étoffe de velours pourpre. Le tout faisait à peu près deux mètres carrés de superficie. Puis la dame quitta silencieusement la pièce.

La porte se rouvrit bientôt et quatre jeunes gens pénétrèrent dans le petit local. Deux d'entre eux se placèrent d'un côté du chevalet, et les deux autres de l'autre côté. Un peu gênés, nous attendîmes ainsi pendant assez longtemps. David ouvrit enfin la porte et se joignit au groupe. Le jeune Japonais semblait sincèrement curieux et n'exprimait ni peur ni confusion, mais il demanda alors : « D'accord, de quoi s'agit-il ? Qu'avez-vous l'intention de faire ? » David ne répondit pas, mais le regarda simplement dans les yeux avec un petit sourire et souleva le morceau d'étoffe avec sa main. Les yeux du Japonais s'agrandirent d'étonnement. La surface du tableau était couverte des symboles que le jeune homme avait utilisés toute sa vie et qui faisaient partie de son langage secret – car jusqu'à maintenant, personne d'autre que lui n'avait jamais pu les lire ni les déchiffrer.

Or, le Japonais n'avait montré ces symboles à personne depuis son arrivée au Canada, pas même à David. Et pourtant, ils étaient bien là, écrits sur toute la surface du tableau. Je ne sais pas ce que rapportait le texte, mais alors que le jeune homme le lisait, ses yeux se firent aussi grands que des soucoupes, et tout ce qu'il put énoncer fut « Ooohhh ». Ensuite, les quatre hommes qui se tenaient des deux côtés du chevalet s'adressèrent à lui dans cette langue étrange. Dès qu'un des quatre hommes eut prononcé les premiers mots, le jeune Japonais entra dans un état de choc complet. Il s'affaissa sur sa chaise, couvrit son visage de ses mains et se mit à pleurer, puis à sangloter de manière incontrôlable. Les quatre hommes l'assurèrent alors que tout irait bien et qu'il n'avait plus à s'inquiéter de rien – dans son langage secret, bien entendu.

Je parie qu'en son for intérieur, il avait souvent pensé être un peu dingue, vous savez, quand tous ces symboles lui venaient à l'esprit, apparemment de nulle part, et qu'il commençait à se parler à lui-même dans une langue que personne ne connaissait sauf lui. Et maintenant, il recevait cette incroyable confirmation que toutes ses méditations intérieures étaient valables et représentaient quelque chose de vrai, de solide. Tous ces individus étaient donc venus sur terre depuis une planète particulière, quelque part dans le cosmos, et savaient exactement où elle se trouvait. Ils étaient tous fous de joie de se retrouver, particulièrement le Japonais. Il était tellement heureux qu'il pouvait à peine se contenir. Pour lui, c'était là le début d'une aventure extraordinaire dans sa vie. Malheureusement, je ne peux vous raconter ce qui se passa par la suite, car on m'a demandé de ne pas en parler.

En fait, tout appartient au domaine du possible, absolument *tout*. Mais vous devez croire en vous-mêmes, vous faire confiance et appeler en vous la présence de cette innocence égale à celle de l'enfant, une qualité qui est toujours là. Et si vous le faites, ce sera le commencement d'un processus qui vous reconnectera à vos aspects supérieurs, à partir desquels un contact direct avec Dieu est possible. C'est du moins ce que je ressens. Il s'agit en quelque sorte d'un état d'être intermédiaire en ce sens qu'il correspond à un aspect des choses qui, pendant la méditation, est de nature transcendantale.

Communiquer avec tout et n'importe où

En définitive, lorsque vous êtes totalement en relation avec votre Soi-racine et votre Soi supérieur, il devient clair pour vous que tout est vivant et conscient. Dès que cette prise de conscience a lieu dans votre vie, vous devenez capables de communiquer avec tout, et tout a une signification. Les différents aspects de votre moi peuvent désormais communiquer avec vous, et de bien des manières, pas simplement sous l'apparence d'anges dans une vision ou par l'entremise d'une voix qui s'adresse à vous dans une langue étrange que vous seuls pouvez comprendre. Dès que vous avez établi la connexion, la réalité entière devient vivante et pleinement consciente, et tout communique constamment avec vous.

Votre monde intérieur est vivant, et il est directement en contact avec le monde extérieur. Le monde extérieur peut aussi parler à votre monde intérieur. La forme des arbres, la couleur d'une voiture – si vous l'observez au bon moment – et même les numéros de plaques d'immatriculation peuvent communiquer avec vous. La direction du vent, le vol des oiseaux, tout vous parle sans cesse. Tout est devenu vivant et communique avec l'ensemble. Ce monde est infiniment plus que ce que nos parents et la société nous ont enseigné. En réalité, ceux-ci n'en savent plus rien, mais il y a longtemps, leurs ancêtres savaient encore tout cela.

Je me souviens qu'un jour, il y a plusieurs années, je demandai à mon Soi-racine si ce que j'étais sur le point de faire avait sa place dans l'ordre universel. Je lui dis que si aucun signe ne se présentait que je puisse aussi comprendre, je laisserais tomber la cérémonie particulière que j'avais l'intention de faire. C'était au tout début, peu de temps après l'apparition des deux anges et de mon retour en Californie.

Je conduisais sur la nationale 5, en Californie, et en ce temps-là, j'avais décidé de retourner au Canada. Quelques secondes seulement après avoir entretenu de telles pensées dans ma tête et avoir demandé qu'on m'envoie un signe, j'aperçus quelque chose sur le côté de la route qui me parut incroyable. J'arrêtai donc la voiture et reculai de plusieurs mètres pour voir si mes yeux ne m'avaient pas trompé. Je coupai même le contact, sortis à l'extérieur et marchai jusqu'en bordure d'un champ couvert d'herbe verte et entouré d'une vieille clôture en barbelé. Non, après tout, mes yeux ne m'avaient pas trompé. Il y avait bien là 200 corbeaux du plus beau noir ; ils étaient sur le sol et faisaient tous face au centre d'un cercle absolument parfait. Comme si quelque géomètre avait tracé là un cercle sur le sol, puis avait disposé tous ces oiseaux à la main et leur avait demandé de rester là, figés dans le temps, en faisant face au centre. Ce spectacle inusité produisit un grand effet sur ma capacité d'avoir la foi. Assurément, notre mère la Terre sait comment jouer sur les cordes de notre cœur !

Bien sûr, *vous savez* tous que ce genre de chose ne se produit jamais – et pourtant mes yeux ne me trompaient pas, et de telles choses peuvent avoir lieu, du moins quand vous pouvez vous rendre enfin compte que votre mère, la planète Terre, est un être vivant et conscient… et qu'elle a un grand sens de l'humour !

Prédire le futur

Une dernière petite histoire. Au moment où les deux anges apparurent dans notre vie, j'étais préoccupé par cette question du futur et l'art de le prédire. Je me servais principalement du I Ching et des lames du tarot pour essayer de déchiffrer ce qui allait se passer, soit dans ma vie ou dans celle des autres, soit dans le monde en général. Mon désir était si intense que j'usai mes bouquins et mes lames pratiquement jusqu'à la corde. Les anges étaient bien conscients de cet aspect de mon caractère, mais quand je leur demandais de me fournir des renseignements sur le futur, du moins au début, ils coopéraient rarement avec moi. Et puis, un beau jour, les choses changèrent du tout au tout.

Ils m'apparurent et me dirent qu'à partir de maintenant, ils allaient m'informer de tout ce qui allait se produire le jour suivant. Ils ajoutèrent que puisque la différence de temps entre ce qui était prédit et ce qui m'arriverait vraiment dans la vie était très minime, j'aurais l'ample opportunité de me rendre rapidement compte de la vérité au sujet du futur, et c'est exactement ce qu'ils firent.

Chaque jour donc, ils se rendaient visibles et me résumaient ce qui allait survenir dans ma vie le jour suivant, puis choisissaient souvent de me détailler certains moments ou événements plus en profondeur. Ils me décrivaient chaque coup de téléphone que j'allais recevoir, me précisant qui serait à l'autre bout du fil, la nature de notre conversation et le temps exact de la communication, à la minute près. Ils me donnaient une liste de toute la correspondance que je recevrais ce jour-là, et dans certains cas, un détail de ce qui était écrit dans une lettre. Ils dressaient également une liste exacte de chaque personne qui frapperait à ma porte, spécifiant ce que chacune voudrait. Ils soulignaient aussi le moment où je quitterais ma maison et y rentrerais de nouveau, m'expliquant quels événements allaient advenir entre-temps. Ma femme et moi savions toujours où nous irions précisément le jour suivant, ce qui nous encourageait à bien nous préparer pour l'événement, car les choses avaient toujours lieu exactement comme elles nous avaient été décrites.

Le premier jour, j'attendis littéralement d'une minute à l'autre pour voir si chaque événement allait se dérouler comme il avait été annoncé. Je dois reconnaître que je ne fus jamais déçu, car *tout* se produisait toujours comme les anges nous l'avaient dit. Cela me rendait d'ailleurs très heureux, car je savais alors avec certitude que l'on peut connaître le futur à l'avance et, par conséquent, le prédire avec exactitude. Ma confiance envers les anges augmenta encore plus ; il était clair qu'ils avaient de grands pouvoirs. C'est du moins ce que me soufflait mon ego, qui était énorme. Je me souviens que je pris bientôt l'habitude de m'emparer du téléphone dès qu'il sonnait et de nommer immédiatement la personne à l'autre bout du fil, juste avant qu'elle ait pu placer un mot : « Ah, bonjour John ! Je savais que tu allais m'appeler ! » En ce temps-là, le « *caller ID* », un service afficheur ou d'identification préalable par déchiffrage électronique sur écran digital, n'existant pas encore, l'exploit était impressionnant – c'est du moins ce que mon ego pensait. J'étais très fier de moi.

Un jour, je posai une question aux deux anges à propos de mes papiers d'immigration au Canada. Je voulais savoir si le gouvernement allait me permettre de rester. Au lieu de me répondre directement, ils s'adressèrent à ma femme par le biais d'une vision, qu'elle me décrivit et que je consignai soigneusement par écrit. Elle nous voyait conduisant une voiture peinte en argent et roulant sur une route de campagne. Elle ouvrait elle-même la boîte à gants, prenait tout le courrier qui s'y trouvait, fouillait dans le paquet composé de six lettres sous enveloppe et en choisissait une qui provenait du gouvernement canadien. Elle l'ouvrait et me la lisait.

Quand sa vision fut terminée, nous étudiâmes mes notes avec soin, mais rien ne semblait avoir de sens. Premièrement, nous n'avions pas de voiture peinte en argent, et deuxièmement, notre courrier était toujours glissé dans la fente de notre porte d'entrée, tombait directement sur le tapis, d'où nous le ramassions tous les jours. Pourquoi donc devrions-nous mettre le courrier dans la boîte à gants de notre voiture ? Dans cette vision, la lettre du gouvernement attestait d'ailleurs que ma demande avait été approuvée, et on me donnait même le détail de mes notes d'examen. Ma femme et moi en discutâmes un peu, mais comme rien de particulier ne se produisit après environ un mois, nous oubliâmes bientôt cette vision et pensâmes qu'il s'agissait d'une erreur. Cela m'inquiétait d'ailleurs un peu, car jusqu'à maintenant, les deux anges ne s'étaient jamais trompés.

Quelques mois plus tard, nous déménageâmes, délaissant notre maison de Burnaby, et nous nous réinstallâmes dans une petite ferme, en pleine nature. Ce jour-là, nous venions juste d'acheter une nouvelle voiture peinte en argent et nous rentrions chez nous après être allés chercher le courrier à la poste, où nous avions loué une boîte postale. J'avais alors mis les lettres dans la boîte à gants, et ma femme s'était assise à côté de moi, du côté passager. Le souvenir de la vision que les anges nous avaient envoyée quelques mois auparavant s'était complètement évanoui de notre esprit. Mais alors que je conduisais et que ma femme ouvrait machinalement la boîte à gants, celle-ci poussa un cri, car le souvenir de cette vision remonta soudain à sa mémoire. Elle s'empara des enveloppes, les examina une à une et choisit la dernière dans le tas. Celle-là provenait directement du gouvernement canadien. Nous l'ouvrîmes et, plus tard, comparâmes son contenu avec les notes que j'avais prises pendant que ma femme décrivait sa vision. Tout correspondait parfaitement, jusqu'aux notes d'examen que personne n'aurait jamais pu deviner ni inventer.

Pendant ce temps-là, les anges continuaient à nous détailler le contenu de chaque jour à venir. Je me souviens que cela me faisait maintenant vivre de nombreux changements intérieurs. Au commencement, je pensais que tout cela était la chose la plus merveilleuse qui me soit jamais arrivée. Mais alors que le temps passait, je me mis à en prendre l'habitude et, bientôt, la chose finit par m'ennuyer à mort. Je me souviens qu'à partir de ce moment-là, je ne voulus plus continuer à prendre des notes chaque fois que les anges me fournissaient les détails de tout ce qui allait se passer le lendemain dans ma vie. Savez-vous en fait à quoi cela me faisait penser ? C'était comme de revoir un film pour la deuxième ou la troisième fois. Vous savez alors tout ce qui va se dérouler et il n'y a plus aucun élément de surprise, les événements n'ont plus aucun impact sur vous. Ma vie devenait barbante comme tout.

Je finis par ne plus pouvoir le supporter. Au cours de la prochaine méditation, je suppliai les anges d'arrêter l'expérience. Sincèrement, je ne voulais plus être instruit de ce qui allait survenir dans le futur. À présent, il pourrait vous sembler que je me bats passionnément pour le futur ou pour une cause quelconque, mais c'est simplement que je crois au fait de toujours faire de son mieux dans la vie. Si vous pouviez me voir de l'intérieur, vous constateriez que je suis très calme. Je sais que tout ira bien. Grâce à cette expérience, je crois maintenant que tout ce qui nous arrive dans la vie est complet en soi et parfait tel quel. Je sais qu'il est sage de ne pas connaître avec précision ce que le futur nous réserve.

Les leçons des sept anges

Quand les deux anges apparurent dans ma vie pour la première fois, je buvais littéralement leurs paroles. Je restais suspendu à leurs lèvres, car je pouvais aussi sentir leur amour et parce qu'ils démontraient une remarquable compréhension de la réalité. Comme je vous l'ai déjà dit, l'ange vêtu de vert et l'autre de pourpre furent finalement remplacés par l'ange vêtu d'or. C'est à partir de ce moment-là que les choses se mirent à changer. Les deux anges cessèrent de me donner constamment des instructions concernant ma vie de tous les jours aussi bien que mes affaires spirituelles et me conseillèrent de devenir plus indépendant, de commencer à répondre à mes propres questions.

Lentement, alors que le temps passait, l'ange vêtu d'or m'apprit à trouver les réponses depuis mon propre être intérieur, sans rien demander aux anges. Lorsque je trouvai en moi-même cette capacité de tout connaître directement depuis la source, je découvris aussi que j'étais parvenu à ce point grâce à une certitude innée. C'était un savoir qui n'exigeait aucune preuve, du moins en ce qui me concernait. Cela provenait de l'intérieur de moi, plus particulièrement du cœur, et non pas d'une faculté mentale. Il s'agissait d'une évidence, d'une impression marquée, comme le fait de savoir que votre nom est un tel, et cette certitude permettait au savoir inné de rayonner dans ma vie à partir du cœur. Je découvris ensuite qu'avec cette connaissance, j'avais perdu le désir de tout apprendre par l'intermédiaire d'autrui.

Il était clair que les anges voulaient que je devienne de plus en plus indépendant. Ce désir n'est-il pas en tout point semblable à la manière dont les parents traitent généralement leur progéniture ? Au départ, ils ont un contrôle pour ainsi dire complet sur la vie de leurs enfants. Mais alors que ces derniers vieillissent, leurs parents les encouragent à faire de plus en plus de choses par eux-mêmes. Sevrer l'enfant de ses parents est nécessaire, si l'on veut qu'il devienne un adulte. Je pense que c'est la même chose dans le cas qui nous occupe ici.

Ce qui me surprit complètement fut qu'un jour un autre ange se présenta dans mon monde. Celui-là était du blanc le plus pur et dégageait une qualité de simplicité ou de choses non compliquées. L'ange vêtu d'or s'était reculé en arrière-plan avec les deux autres, mais tous restaient néanmoins visibles, et l'ange vêtu de blanc m'enseigna pendant environ un an. En fait, je ne sais pas au juste ce qu'il m'enseigna. Je crois qu'il s'agissait de lâcher prise, de ne pas m'attacher à quoi que ce soit, de vivre la perfection et de savoir en mon for intérieur que tout était à sa place. Quand bien même ma vie journalière devenait maintenant de plus en plus compliquée en raison de l'enseignement que j'avais accepté de dispenser partout dans le monde, tout semblait aller au ralenti. Je comprenais ce qui se passait à l'intérieur de moi, mais c'était difficile à expliquer avec des mots.

C'est alors qu'au beau milieu de cette expérience apparemment sans grande consistance l'ange vêtu de blanc se joignit aux trois autres en arrière-plan et qu'un cinquième surgit dans ma vie. Or, cet ange-là n'avait ni forme ni couleur. C'était ce que je pourrais appeler « un ange complètement transparent ». C'était l'ange de l'achèvement, ou de l'accomplissement. Il m'apprit à tout rassembler, à tout remettre ensemble. C'était un des anges de mon Soi supérieur dont je n'ai d'ailleurs jamais parlé auparavant, mais comme je travaille encore avec cet ange, j'en parlerai sans doute davantage dans le futur.

Entre autres choses, il me révéla que les anges avec qui j'avais déjà travaillé s'apparentaient à la musique, chacun des cinq représentant une note de la gamme pentatonique (y compris lui-même pour la cinquième note). L'ange transparent me laissa entendre qu'un jour deux anges de plus prendront place dans ma vie et me feront connaître l'octave – soit un total de sept notes, personnifiées par sept anges. Je me le tins donc pour dit et attendis.

Effectivement, il y a environ un an, en 1999 pour être plus précis, deux nouveaux anges m'apparurent, juste avant que je conduise un « atelier Terre et ciel » (Earth-Sky Workshop). Ce n'étaient nuls autres que les archanges Michaël et Lucifer se tenant par la main. Depuis ce temps-là, mes jours sur terre ont constitué une bonne occasion d'en apprendre plus sur la dualité, ce dont je vous parlerai dans le prochain chapitre.

Dès que vous avez travaillé pendant quelque temps avec votre Soi-racine et votre Soi supérieur, une transformation a lieu à l'intérieur de vous, et je ne sais pas encore si ce processus s'arrête, passé un certain point, ou s'il continue indéfiniment. J'ai découvert depuis longtemps que je change constamment et pourtant, je commence à me rendre compte que le même schéma semble se répéter et que je suis simplement ce que je suis.

Souvent, les gens me regardent et me disent : « Tu ne peux pas faire ça ! Cela ne marchera jamais ! » Et malgré tout, ça fonctionne. Pourquoi ? Ça n'est pas moi qui le fait. Comme l'ange vêtu d'or l'a dit lui-même : « C'est seulement de la lumière. » Tout, y compris ces choses dont nous pensons constamment avoir besoin, est fait de lumière.

Il n'y a aucun problème quant au fait de les manifester. Il y a toujours toute l'énergie nécessaire et bien plus, car nous vivons dans un univers abondant en tout. Il y a des milliards d'endroits où aller, des espaces et des dimensions infinis. Tout est en abondance. Nous n'avons aucune raison de nous limiter de la sorte, mais nous le faisons néanmoins à cause de nos peurs.

Si vous avez du mal à croire que vous pourriez continuellement jouer et vous amuser dans la vie, c'est là la limite que vous vous imposez à vous-mêmes. Le terme « jouer » ne veut-il pas signifier, entre autres, faire quelque chose que vous aimez vraiment faire ? Personnellement, j'essaie d'organiser ma vie de telle manière que je puisse toujours donner quelque chose à quelqu'un. Ainsi, si je crée de la générosité, celle-ci me revient automatiquement et me permet de continuer à donner aux autres. Et cela me rend heureux. Quoi que vous fassiez dans la vie vous reviendra toujours, et ça n'a pas d'importance, du moment que cela vous apporte de la joie. Rendez heureux l'enfant qui est encore en vous.

Comment savoir si le rapport que vous avez établi avec votre Soi supérieur est fiable ou non

Pour beaucoup parmi ceux qui lisent ces lignes, ce test ne donnera rien dans l'immédiat, mais sera positif plus tard, à un certain moment dans le futur. Si vous ne vous êtes pas encore mis directement en rapport avec votre Soi-racine, vous devrez d'abord commencer par cela. Par contre, si vous êtes directement en contact avec votre Soi supérieur, il serait intéressant et utile que vous vous le prouviez à vous-mêmes. Malgré tout, si vous ne faites qu'entamer ce processus de contact direct, réservez la pratique qui va suivre pour le futur.

Dès que vous vous sentez bien connectés avec votre Soi-racine et que vous savez avec certitude avoir la permission de vous reconnecter avec la Mère-Terre, voici un simple test à faire pour vous prouver à vous-mêmes que cette connexion existe réellement. Si votre conscience objective en a la preuve, vous aurez alors davantage confiance en vous-mêmes et cela facilitera votre compréhension spirituelle. Certaines personnes parmi vous n'éprouveront pas le besoin d'obtenir une preuve, mais pour vous personnellement, il se peut qu'il en soit autrement. Lisez donc les instructions se rapportant à ce test, et si cela ne vous semble pas nécessaire, allez directement au prochain chapitre.

Demandez d'abord à votre Soi-racine, donc à la Mère-Terre, si ce test est acceptable à ses yeux. Si elle vous répond par l'affirmative, poursuivez et amusez-vous bien.

Dès que vous sentez être prêts à entrer directement en contact avec votre *higher self*, votre Soi supérieur, prenez une feuille de papier et de quoi écrire. Le but consiste à coucher sur le papier une phrase bien à vous, selon votre propre style et avec les mots que vous désirez employer, une phrase dans laquelle vous demandez à votre identité supérieure de prouver à votre conscience objective, sans l'ombre d'un doute, que vous êtes bien directement en contact l'un avec l'autre. Je répète à nouveau que vous n'êtes pas obligés de vous plier à ce test pour vous prouver quoi que ce soit. Si, d'une manière ou d'une autre, vous ne voulez pas l'effectuer, alors ne le faites pas, tout simplement. Dans le cas contraire, vous désirez que votre Soi supérieur vous prouve que c'est bien lui qui s'adresse à vous, et en même temps, vous voulez (ce qui est important) que ce test soit spirituellement pour votre plus grand bien.

Si vous obtenez le feu vert, alors allez-y. Assurez-vous toutefois de ne pas être interrompus par qui que ce soit ou quoi que ce soit pendant toute la durée de ce test ; pas de visiteurs, pas de sonneries de téléphone, pas d'animal domestique qui met soudainement fin à votre méditation, rien de ce genre.

Prenez votre écritoire et rédigez sur la feuille de papier exactement ce que vous allez dire à votre identité supérieure. En fait, c'est un test que vous lui demandez. Par conséquent, écrivez quelque chose du genre : « Que puis-je faire, physiquement, dans ma réalité, qui me prouvera que je suis vraiment en contact avec vous* ? S'il vous plaît, faites que cela soit démontré dans mon esprit et dans mon cœur, et que cela soit aussi pour le plus grand bien de ma croissance spirituelle. »

Utilisez vos propres mots, votre propre style ; exprimez votre requête exactement comme vous voudriez la transmettre à voix haute à votre identité supérieure. Puis, une fois cela terminé, posez votre stylo devant vous. Le prochain pas consiste à commencer une méditation dans le but d'entrer en contact avec votre Soi-racine, soit votre mère, la Terre, et à en venir au point où vous respirez consciemment, dans le mode employé à partir du quatorzième souffle. Ainsi, le prana recommence à circuler et à rayonner en vous par votre cœur, et vous en êtes conscients. Restez en méditation comme ceci pendant au moins une demi-heure, jusqu'à ce que vous soyez parvenus à un stade où vous êtes très, très calmes à l'intérieur de vous-mêmes.

Restez simplement assis là, en conscience de la Mère-Terre, sans attendre ou espérer quoi que ce soit. Quand vous sentez que le moment est venu, demandez à votre Soi supérieur de venir à vous. Selon les Kahunas, vous devez alors le lui demander, sinon il ne viendra probablement pas. Lorsque vous devenez conscients de sa présence de quelque manière, parlez-lui avec des mots provenant du cœur et répétez en esprit la demande que vous avez déjà faite par écrit. Ensuite, attendez simplement et écoutez. Sentez le prana rayonnant se déplacer à travers vous. Percevez votre rapport intime et direct avec la Mère, et écoutez ce que le Père a à vous dire. Soyez attentifs à sa réponse.

Les Kahunas rappellent que cela n'arrivera pas toujours la première fois. Parfois même, votre identité supérieure ne vous croit pas suffisamment prêts et bloque alors la communication. Mais vous devez malgré tout insister et attendre que votre identité supérieure pénètre dans votre conscience. Et quand cela surviendra, peu importe ce que vous imaginerez, cela se manifestera. Dans mon cas, ce furent ces deux anges qui apparurent dans la pièce. Mais cela ne veut pas dire que ce sera la même chose pour tout le monde. C'est là un domaine où les possibilités restent infinies.

Je suis une personne très visuelle, ce que vous n'êtes peut-être pas, et ça n'a d'ailleurs aucune importance. Cela ne signifie aucunement qu'un résultat est meilleur qu'un autre. Il se peut que vous entendiez une voix dans votre tête et qu'elle vous dise : « Je suis ton identité dans le prochain monde, je suis toi, mais sur un autre plan d'existence, plus

---

* Dans ce cas, le tutoiement a été évité pour indiquer le grand respect que l'individu éprouve envers son identité supérieure. C'est un peu comme lorsqu'on s'adresse à un grand être spirituel. (NDE)

vaste que celui-ci. Que veux-tu de moi ? » Mais ce pourrait être autre chose. Peut-être s'agira-t-il de couleurs aperçues dont vous saurez intuitivement la signification. Quoi qu'il arrive, cela aura en fait un grand sens pour vous. Ce pourrait aussi être un sentiment ou une sensation, mais s'il s'agit vraiment de votre identité supérieure, ce test le prouvera ou, au contraire, le réfutera.

Il se pourrait aussi que des formes géométriques se dessinent dans votre vision intérieure et que vous sachiez ce qu'elles signifient. Il se pourrait encore que vous restiez assis là sans rien faire et

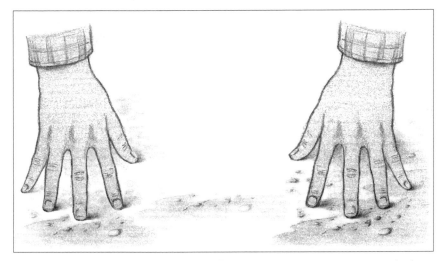

Illustration 16-1. Une manière rapide de revenir sur terre après une méditation.

que tout à coup vous vous empariez du stylo et commenciez à écrire d'une manière automatique, sans savoir ce que vous faites au juste. Ce pourrait être n'importe quoi. Et ça n'a aucune importance, car votre Soi supérieur et vous avez peut-être déjà inventé un moyen de communiquer ensemble dans le passé, il y a très longtemps, et c'est cette méthode qui vous revient maintenant. Vous pouvez recourir à la méthode de votre choix. La vérité au sujet de votre Soi supérieur finira toujours par prévaloir.

Par conséquent, vous recevez une transmission, quelle qu'elle soit. Ce que vous êtes supposés faire vient à peine de vous être transmis, et vous pensez alors en vous-mêmes : « Ah, ah ! Je suis donc censé faire ça ! » La chose la plus importante, à partir de maintenant, consiste à dire intérieurement à votre Soi supérieur : « Très bien, merci et au revoir ! » Ensuite, touchez immédiatement le sol avec vos dix doigts (voir illustration 16-1).

Faites-leur toucher le sol sous vos pieds. Il peut s'agir d'un parquet, d'une moquette ou du gazon, si vous êtes dehors, peu importe. Cela aura immédiatement l'effet d'une « mise à la terre », comme disent les électriciens, et vous sortirez très rapidement de votre état méditatif. Si vous connaissez déjà le truc, vous savez ce que j'entends par là. Vous pourriez méditer pendant deux heures et plus, et placer soudainement vos doigts sur le sol, comme il est indiqué dans l'illustration 16-1, pour sortir immédiatement de votre méditation profonde et retourner dans votre corps très rapidement.

Et pourquoi donc rapidement ? Pour que votre intellect, votre faculté mentale, n'interfère pas au cours de la transmission. Ne pensez pas à ce que votre Soi supérieur vient juste de vous communiquer. Sortez de votre méditation aussi vitement que possible, prenez votre stylo et consignez sur-le-champ par écrit ce qui vous a été transmis, jusqu'au dernier mot. Dès que vous y aurez mis le point final, vous pourrez enfin vous relaxer.

Il est facile pour votre esprit (votre ego ou votre faculté critique) d'interférer et de se mettre à analyser tout de suite la transmission, et s'il n'aime pas ce qu'il lit, il tentera souvent de changer les mots pour altérer la signification du message que votre identité supérieure désire vous transmettre. C'est là un des plus gros problèmes en ce qui concerne les communications interdimensionnelles. Si l'ego (la personnalité objective) pense que la communication est une menace pour sa propre sécurité, ou quelque chose de semblable, il pourra essayer de changer les mots pour saboter le message ou d'en ajouter. Cela exige donc un certain entraînement de votre part pour que la transmission reste aussi pure que possible.

Pour ce faire, la meilleure méthode est encore de tout consigner immédiatement par écrit, dès que vous avez reçu la communication dans sa totalité, sans réfléchir, sans penser à quoi que ce soit, pour ensuite, une fois que tout est terminé, analyser ces lignes par le menu si vous le désirez.

Autre chose – et je me dois de vous le dire, même si les chances que cela vous arrive sont pour ainsi dire nulles : si, pour quelque raison, la communication de la part de votre identité supérieure exige de vous des choses qui sont moralement répréhensibles, il est absolument certain que *vous n'êtes pas entrés en contact* avec votre identité supérieure véritable, je vous le garantis. Celle-ci ne vous demandera jamais de faire quoi que ce soit d'immoral ou de pernicieux, car c'est évidemment contraire à sa nature même. Malgré tout, si un jour vous recevez un message de votre (soi-disant) identité supérieure et qu'il est corrompu ou dangereux pour vous-mêmes ou pour autrui, brûlez le morceau de papier ou la page sur laquelle vous l'avez écrit et oubliez-le. Par la suite, attendez aussi longtemps que votre intuition vous le dictera avant de recommencer la même expérience. De la sorte, il est pour ainsi dire certain que cette déformation dans vos communications n'aura jamais lieu.

À partir de ce moment, le message tout entier est consigné par écrit, mais il se peut qu'il vous soit conseillé de faire quelque chose qu'en votre for intérieur vous ne souhaitez aucunement, vous disant que c'est idiot. Et il pourra s'agir de ce genre de chose que votre ego n'aime *jamais* faire, parce que cela représente pour lui un inconvénient et qu'il trouve cela stupide. Sachez donc que ce que pense votre ego au sujet de cette communication n'a aucune importance. Si vous voulez vraiment bâtir une fondation solide avec votre identité supérieure et désirez prendre cette route, *vous vous devez d'obéir* à ses demandes, peu importe les inconvénients personnels que cela causera (et il y a une grande différence entre inconvénients personnels passagers et immoralité ou mise en danger inacceptable). Quand vous aurez fait ce qu'il vous a été demandé de faire par votre identité supérieure, attendez et observez ce qui se passe.

Observez bien comment la réalité se transforme dans votre vie, celle à propos de laquelle vous n'avez aucun contrôle. En effet, cette réalité réagira sous l'influence de votre action et vous prouvera de quelque façon, sans l'ombre d'un doute, que votre identité supérieure est bien celle qui vous a envoyé ce message. Il se peut que cela ne prouve rien dans l'esprit des gens autour de vous, mais en ce qui vous concerne personnellement, la preuve sera très précise et très convaincante.

Nous venons juste de pénétrer dans un monde où tout est lumière. Et par ceci, je veux dire où tout est conscient, vivant et fonction de vos pensées et de vos sentiments. Si vous sentez encore que c'est trop étrange ou si vous ressentez de la peur, ne faites rien et attendez. Tout est question de *timing*, comme on le dit aux États-Unis, ou encore : « Il y a un temps pour tout. » Si vous avez décidé de vous mettre directement en contact avec votre Soi-racine ou même avec votre Soi supérieur, votre vie va devenir très belle, très intéressante et très agréable.

La dualité transcendée

Juger en condamnant

Je suis maintenant sur le point d'aborder la question du mal, mais d'un point de vue différent de celui des religions dans le monde. Je n'essaie aucunement de protéger Lucifer ni de sanctionner ses actes. Je présente seulement une perspective de ce qui se trouve en toile de fond, sur la scène où Lucifer joue un rôle dans l'univers, et qui, une fois compris, nous donnera l'opportunité de pouvoir transcender le bien et le mal, et ainsi, de pénétrer ensuite dans un état d'unité avec Dieu. Tant et aussi longtemps que nous restons dans cet état de conscience où il y a le bien d'une part et le mal de l'autre, la possibilité d'en finir avec cet état de dualité, apparemment sans fin, nous échappera toujours. Nous devons arriver enfin à le transcender et à pénétrer dans un nouvel état de conscience, mais nous ne pouvons pas le faire si nous continuons à juger en condamnant.

Aussi longtemps que nous compartimentons les événements de notre vie en bien ou en mal, nous leur donnons de la force selon l'étiquette choisie et c'est cela qui déterminera le cours de notre existence. Afin de pouvoir mettre un terme à cette fâcheuse situation, puis de la transcender, nous devons absolument nous retirer du domaine de la polarité. En d'autres mots, nous devons changer, et ce changement doit survenir parce que nous ne jugeons plus le monde, nous ne le condamnons plus. Ce n'est que par l'exercice de notre jugement que nous pouvons décider si quelque chose ou quelqu'un est « bon » ou « mauvais ». C'est le fondement même du bien et du mal, de notre conscience de la dualité. Il semble que la clé du dilemme réside dans notre capacité de voir tous les mondes et tous les événements dans notre univers comme un tout unique, complet et parfait en lui-même, tout en sachant que l'ADN cosmique, le plan cosmique, se déroule exactement comme le créateur l'a prévu.

L'expérience de Lucifer : la dualité

Quand on parle de « la rébellion de Lucifer », on conjure des sentiments contradictoires et bien des conflits dans notre esprit et celui des gens qui nous entourent, tout cela remontant au début de l'introduction de la Bible dans le monde. En effet, beaucoup d'êtres humains, spécialement des chrétiens, croient encore que Lucifer est responsable de tout le mal, tout l'obscurantisme, toutes les ténèbres qui ont jamais régné sur cette planète. Chose certaine, ce que Lucifer a fait, nous appelons cela « une rébellion », ce qui sous-entend que celui-ci a agi contre le plan cosmique universel. Mais la conscience de l'unité voit le travail de Lucifer sous un angle tout à fait différent. Son travail est perçu comme une expérience et non comme une rébellion.

Pourquoi devrions-nous l'appeler « une expérience » ? Parce que c'est exactement ce que c'est, soit un test pour voir si certains paramètres dans la vie vont marcher. *La vie tout entière est une expérience !* Les instructions de la part de Dieu à l'homme, au début de la période d'expérimentation de Lucifer, étaient : « Vivez dans le libre arbitre. » Or, que signifie « le libre arbitre » ? Est-ce *toutes les possibilités* dans la compréhension du bien *et* du mal. Faut-il comprendre qu'il nous est permis de faire tout ce que nous voulons avec cette idée de la Bible que nous en arriverons éventuellement à discerner le bien ?

Il a été donné à la vie l'opportunité de faire tout ce qu'elle veut. Toutes les possibilités sont à sa disposition. C'est exactement cela qu'on appelle « le libre arbitre ». Comment donc celui-ci pourrait-il exister si la conscience universelle n'avait pas créé un contexte pour le recevoir ? Et qui enfante la conscience universelle, qui en est l'auteur ? Le Dieu unique, c'est-à-dire… Dieu. Ce n'est pas Lucifer qui a façonné le libre arbitre, mais par ses actions et ses décisions, il en a fait une réalité. C'est Dieu qui a engendré Lucifer, de manière que le libre arbitre puisse être. Avant l'expérience de Lucifer, il n'y avait pas de libre arbitre, sauf en trois autres occasions. Mis à part cela, qui remonte à très, très loin dans le passé, la vie tout entière se déroulait selon la volonté de Dieu, selon l'ADN cosmique. Il n'y avait aucune déviation et le libre arbitre existait seulement à l'état potentiel, comme quelque chose que la vie pourrait un jour expérimenter ou non.

À un moment donné, et parce que le libre arbitre s'avérait chose possible, nous réalisâmes que nous pourrions faire l'expérience de cette réalité d'une façon particulière qui n'avait jamais été essayée auparavant. Alors, c'est ce que nous fîmes. En fait, nous avions déjà essayé à trois reprises auparavant, et nous échouâmes chaque fois. Trois fois de suite, tout se termina par un désastre absolu. La dernière expérience en date et, par conséquent, la quatrième de ce genre, est celle de Lucifer, avec une approche légèrement différente dans cette perspective de créer le libre arbitre. Cette fois-ci, en effet, Dieu choisit un domaine de conscience juste au-dessus du plan d'existence humain. L'expérience commença avec les anges, qui introduisirent ce concept de libre arbitre au sein de l'humanité afin qu'il soit vécu ici-bas, dans ces mondes plus denses. Et la vie tout entière observa ce qui allait se passer.

Avec un grand respect entre deux frères, la bataille entre le « bien » et le « mal » prit forme. C'était une lutte à mort où, pourtant, ni l'un ni l'autre ne pouvait mourir. Mais cette bataille devait avoir lieu, car telle était la volonté de Dieu. Pour le bien général de l'univers, l'archange Michaël choisit de focaliser l'option de la lumière et le bien, alors que Lucifer, lui, choisit l'option des ténèbres et le mal. Nous étions tous sur le point de vivre une nouvelle possibilité. Et dire que pour nous autres humains, cette idée de libre arbitre paraissait épatante !

Le porteur de lumière, ou « celui qui apporte la lumière »

Il devient évident, d'après les éclaircissements apportés par notre étude de la géométrie sacrée, que rien n'a été créé sans raison ni intention. L'existence de Lucifer n'est pas une erreur ; en fait, avec Dieu, il n'y a *jamais* d'erreur. Et quand Dieu créa Lucifer, comme vous pouvez le lire dans la Bible, ce fut l'ange le plus magnifique qu'il (ou cela) ait jamais engendré. Lucifer était le plus intelligent, le plus beau et le plus extra-ordinaire de tous les anges. Il n'avait pas d'égal ; c'était tout simplement le plus grand de tous les mondes angéliques. Dieu lui donna pour nom Lucifer, ce qui veut dire « porteur de lumière » ou « celui qui apporte la lumière ». Et en lui attribuant ce nom, pensez-vous que Dieu fit une erreur ?

Si vous êtes de fins observateurs de la nature humaine, vous vous êtes déjà rendu compte que nous avons toujours tendance à émuler des héros en dehors de nous-mêmes qui représentent alors ce que nous voulons être. Voilà pourquoi nous avons donné naissance au culte de ces héros qui ont vécu avant nous et qui ont laissé une marque dans la société, qui ont tracé un sentier sur lequel nous voulons nous-mêmes nous engager. Nous modelons alors notre conduite sur celle de nos héros. Selon le principe spirituel que « ce qui est en haut est comme ce qui est en bas, et vice versa », Lucifer se retrouva dans la même situation. Lui aussi, il désirait être comme son héros, mais comme il n'y avait personne d'autre que Dieu au-dessus de lui, il voulut naturellement devenir semblable à Dieu !

Il fit donc quelque chose de très naturel – et je sens avec certitude que Dieu était conscient depuis le début que c'était là quelque chose qui allait se produire en créant Lucifer. En effet, ce dernier, une fois engendré, souhaita être aussi bon que Dieu, son unique héros – en fait, il voulut *être* Dieu –, et ceci, du point de vue du *créateur* qui a la capacité de créer. Il n'y a pas de mal à s'immerger en Dieu, mais ce n'est pas exactement ce que Lucifer recherchait. Il voulait *être comme* Dieu. En fait, il visait à être encore mieux que Dieu. Il ambitionnait de surpasser son héros !

Lucifer était si intelligent qu'il savait comment l'univers avait été créé. Il connaissait les images, les modèles, les treillis géométriques et les codes génétiques qui ont donné lieu à l'univers et à tout ce qu'il contient. Mais afin d'être encore plus que Dieu, il décida qu'il devait s'en séparer. Aussi longtemps qu'il ferait partie de Dieu, il ne pourrait aller au-delà de lui (ou de cela). Par conséquent, avec la bénédiction de Dieu (qui lui avait donné la vie), Lucifer commença son expérience à une grande échelle, juste pour voir ce qu'il apprendrait en créant d'une manière différente que celle de Dieu. Il coupa tous les liens d'amour qu'il avait avec son créateur et conçut un champ électromagnétique Mer-Ka-Ba extérieur non basé sur l'amour, puisqu'en coupant les liens d'amour avec Dieu, il était incapable d'élaborer un Mer-Ka-Ba vivant.

L'archange Lucifer, en compagnie de nombreux autres anges, amorça donc son expérience afin de voir ce qu'il pourrait apprendre grâce à elle. Comme nous l'avons déjà dit, une expérience de ce genre avait déjà été tentée trois fois de suite dans le passé, par trois êtres à la fois différents et très semblables à l'archange Lucifer. Et chaque fois, cela s'était terminé en catastrophe avec destruction à grande échelle et douleurs en tous genres pour tous les êtres impliqués. De très nombreuses planètes furent complètement détruites ou rendues stériles, y compris Mars, dans notre propre système solaire. Mais Lucifer avait bien l'intention de reprendre la vieille expérience et, cette fois-ci, de la réussir en recourant à de nouvelles méthodes.

La première chose qu'il fit fut de couper net les liens d'amour qui le retenaient encore à Dieu (c'est du moins ce qui semble être le cas lorsqu'on observe depuis l'extérieur). Puis, il créa un Mer-Ka-Ba qui n'était pas fondé sur l'amour. En fait, il s'agissait d'une immense machine interdimensionnelle à remonter le temps, ou à descendre dans le temps, ce que nous appelons de nos jours un vaisseau de l'espace. Ce vaisseau – qui a souvent la forme de deux bols inversés et collés bord à bord, mais qui peut aussi se présenter sous de nombreuses autres formes – était en fait beaucoup plus qu'un simple véhicule, selon la définition que nous donnons actuellement à ce mot. Il pouvait non seulement se déplacer à travers la réalité multidimensionnelle dans l'espace et le temps, mais aussi *créer* des réalités apparemment toutes aussi réelles que la création originelle. C'était très semblable à ce que nous appelons aujourd'hui « la réalité virtuelle », sauf que cette réalité virtuelle à la Lucifer ne pouvait plus être distinguée de la vraie réalité.

Ainsi, Lucifer façonna ce Mer-Ka-Ba synthétique pour créer une réalité séparée de Dieu, de manière à pouvoir accéder aux hauteurs les plus exaltées et à être aussi bon que Dieu, du moins dans son propre esprit. Ne pouvant pas *être* Dieu, il serait *comme* Dieu, son héros.

Dès lors, afin de convaincre les autres anges que cette expérience était nécessaire, il choisit d'emprunter une nouvelle voie pour sortir du grand vide, ce qui lui permettrait alors d'engendrer la réalité synthétique dont nous avons parlé plus haut, et assurément, quelque chose d'unique en soi. Pour pouvoir expliquer tout ceci en détail, abordons maintenant la question du jardin d'Éden. Dans le jardin d'Éden, si vous vous souvenez, il y avait deux arbres : l'Arbre de vie, qui menait à la vie éternelle, et l'arbre de la connaissance du bien et du mal. Dans le modèle de création de la Genèse et tel que cela est illustré par la Fleur de vie, la méthode que le petit esprit utilisa pour sortir de la première sphère qu'il avait créée est associée au premier arbre, l'Arbre de vie (reportez-vous au tome 1, page 176). Cet esprit (l'esprit de Dieu) venait du centre même de la première sphère et avait choisi un mouvement de rotation en vortex à partir de ce centre unique, ce qui aboutit finalement à la création de la réalité qui mène à la vie éternelle. L'Arbre de vie et la Fleur de vie appartiennent donc à la même création.

Mais l'esprit peut sortir du grand vide d'une autre manière, qui est associée à l'arbre de la connaissance du bien et du mal. En fait, c'est la même géométrie, sauf qu'elle est créée d'un point de vue différent. En d'autres mots, il existe un autre moyen d'utiliser la géométrie sacrée pour sortir du grand vide et d'élaborer une réalité qui paraît être la même, mais qui, géométriquement et *expérientiellement*, est différente. Lucifer savait cela et il choisit cette deuxième possibilité pour créer un nouveau genre de réalité, qu'il pourrait alors contrôler. Ou du moins, une main-mise sur cette nouvelle réalité faisait au départ partie de son intention. Par contre, l'intention d'origine de l'archange Michaël était d'instaurer le libre arbitre. Leurs intentions étaient donc diamétralement à l'opposé l'une de l'autre.

Création de la réalité dualiste

Lucifer parvint à convaincre un tiers de la population angélique de le soutenir. Il y arriva parce que cette manière particulière de sortir du grand vide exprimait un point de vue unique sur la création qui n'avait jamais été vécu ni exploré par quiconque. Depuis leur point de vue angélique sur la réalité, c'était là une possibilité de vie et il fallait absolument que quelqu'un essaie de la vivre.

Ce qui était important, du moins pour les anges qui suivirent Lucifer, c'était que cette nouvelle approche contenait aussi un système de connaissances pouvant procurer une expérience que personne n'avait jamais connue dans la réalité originelle. Cette expérience était centrée sur deux illustrations de la géométrie sacrée faisant elles-mêmes partie de la connaissance divine – et à première vue, il semble que ces illustrations soient plutôt simples. Ces deux formes géométriques étaient essentielles à la connaissance de l'Œuf de vie et de la source de toutes les formes vivantes.

La première sphère que Lucifer et ses disciples cherchaient s'inscrit parfaitement au centre de l'Œuf de vie et touche les huit sphères plus grandes (voir A dans l'illustration 9-36a). La deuxième sphère, elle, s'inscrit parfaitement à l'intérieur d'un des six trous, au centre de chaque face de l'Œuf de vie (visualisez simplement les huit grandes sphères de l'Œuf de vie à l'intérieur d'un cube, qui a donc six faces). Cette connaissance a toujours été connue, mais depuis l'intérieur de la réalité d'origine, il n'était pas possible de la vivre ni d'en faire l'expérience. Souvenez-vous ! Toutes les phases de la géométrie sacrée ont un aspect expérientiel qui leur correspond. À titre d'information, reportez-vous maintenant à l'illustration 17-1. Si l'on tourne la face plate de l'Œuf de vie, ou face en losange (voir géométrie de gauche), de 45 degrés, on

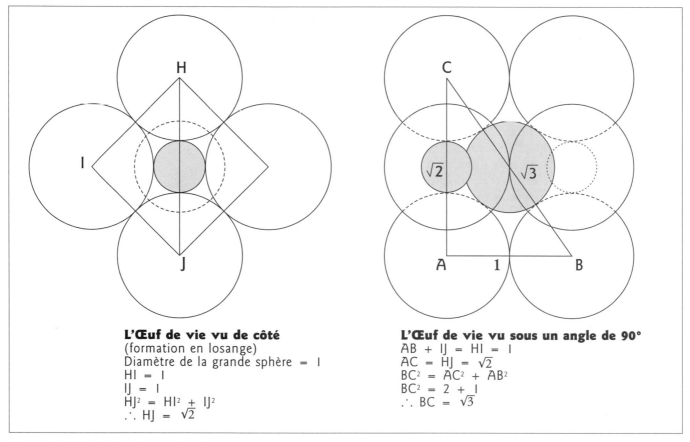

L'Œuf de vie vu de côté
(formation en losange)
Diamètre de la grande sphère = 1
HI = 1
IJ = 1
HJ² = HI² + IJ²
∴ HJ = √2

L'Œuf de vie vu sous un angle de 90°
AB + IJ = HI = 1
AC = HJ = √2
BC² = AC² + AB²
BC² = 2 + 1
∴ BC = √3

Illustration 17-1. Recherche pour l'expérience des deux sphères primordiales. À gauche : la petite sphère qui ne touche que quatre sphères plus grandes a trait à la matière (la racine carrée de 2). À droite : la petite sphère du centre qui touche les huit sphères plus grandes a trait à la lumière (la racine carrée de 3).

obtient la géométrie de droite, soit la géométrie luciférienne de ces deux sphères.

Lucifer dit aux habitants du monde angélique qu'ils devaient faire cette expérience parce que ces informations manquaient dans l'univers et que le seul moyen de les obtenir, de vraiment bien les comprendre et de les assimiler était de les vivre personnellement. Par conséquent, Lucifer choisit ce point de vue particulier de la géométrie de l'Œuf de vie (voir illustration 17-1, géométrie de droite) pour commencer sa création de la nouvelle réalité, séparée de la réalité d'origine. C'est grâce à cette nouvelle géométrie qu'il put interpréter sa création différemment. Cela donnait l'impression de vivre *à l'intérieur* d'une forme de vie, et *séparément* du reste de la réalité. Beaucoup d'anges se mirent à croire que c'était bien là un coup de génie de la part de Lucifer, sans compter que c'était tout nouveau. Jusque-là, il n'y avait jamais rien eu de vraiment nouveau dans la création depuis très, très longtemps !

Le point de vue luciférien est donc l'inclinaison de la face en losange de l'Œuf de vie de 45 degrés, le même point de vue que celui qui a été adopté par l'humanité actuelle. Assurément, nous avons tous suivi Lucifer.

Vous souvenez-vous du chapitre 9, « Esprit et géométrie sacrée », où nous en étions au deuxième niveau de conscience ? Vous rappelez-vous comment la Terre est en train de vivre les trois premiers niveaux de conscience (sur les cinq possibles), et comment il a fallu effectuer un mouvement de rotation de 45 degrés à partir du deuxième niveau de conscience (et l'apparition du losange) pour qu'il puisse pointer dans la direction du niveau de conscience suivant, celui de la conscience christique (voir illustration 9-4) ?

Lucifer, lui, choisit une des faces carrées de l'Œuf de vie (peu importe laquelle), qu'il fit ensuite pivoter de 45 degrés pour obtenir la disposition géométrique de droite dans l'illustration 17-1. C'était ce point de vue de l'Œuf de vie qu'il voulait obtenir, car il en avait besoin pour exemplifier à la fois les petites sphères internes et les grandes sphères externes. Apparemment innocent, ce besoin d'information à partir de ce point de vue inusité prit donc une énorme importance aux yeux des anges, dont le but était de créer le libre arbitre et de vivre toutes les possibilités. Celle-là, au moins, pourrait marcher. De plus, cette possibilité n'avait jamais été vécue auparavant avec succès.

Ce qui suit est un détail de la manière dont Lucifer s'y prit. Répétons ici que je ne souhaite vous donner ces informations que pour vous permettre de transcender le point de vue dualiste sur l'existence et de parvenir enfin au niveau suivant, celui de la conscience christique. Et comme il est rapporté que Jésus a dit : « Derrière moi, satan ! »…

Le truc employé en vue d'engendrer cette deuxième réalité avait trait à la capacité qu'a l'esprit (la conscience) de se séparer en deux ; en effet, l'esprit peut être à deux endroits différents (ou plus) simultanément. C'est très semblable à la mitose, qui consiste en la division et la prolifération des cellules vivantes, mis à part son aspect informe. Malgré tout, c'est ce qui rend la mitose possible.

Par conséquent, la nouvelle réalité fut créée en utilisant la même géométrie sacrée que celle de la Fleur de vie, sauf que dans ce nouveau cas, l'esprit se divisa en deux et se mit à effectuer un mouvement de rotation pour sortir du grand vide selon une double spirale, et *à partir de deux centres complètement différents* l'un de l'autre. *C'est cela* qui donna naissance à une nouvelle réalité. De plus, Lucifer recourut à l'Œuf de vie sous un nouvel angle (voir illustration 17-1, géométrie de droite) pour faire passer la nouvelle conscience, celle qui n'avait pas encore été mise à l'épreuve, à travers lui. Cette géométrie particulière devint la lentille à travers laquelle nous commençâmes à interpréter la nouvelle réalité. C'était vraiment révolutionnaire.

Au premier jour de la création de la réalité d'origine (faite par Dieu), l'esprit accomplit un premier mouvement et se déplaça depuis le centre de sa sphère jusqu'à un point situé sur la surface de cette même sphère (voir le chapitre 5, illustration 5-32). Puis une rotation s'accomplit mettant en mouvement la création. Mais il y a une autre façon de pénétrer la création où l'esprit se déplace depuis son centre originel en se divisant en deux et en laissant une partie de lui-même au centre, déplaçant l'autre partie jusque sur la surface de la première sphère. Ensuite, il forme la sphère suivante au sommet de la première sphère, de la même manière que dans les autres créations (voir illustration 17-2).

Mais c'est à partir de ce moment-là que la création selon Dieu et la création selon Lucifer deviennent différentes. Dans le deuxième cas, au

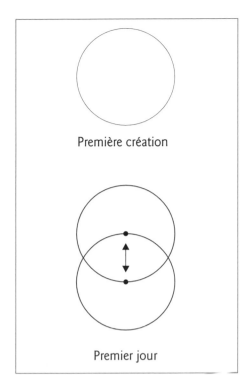

Illustration 17-2. Le premier jour de la création de Lucifer. L'esprit réside dans les deux centres à la fois.

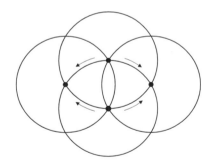

Illustration 17-3. Le deuxième jour de la création de Lucifer.

Illustration 17-4. Le troisième jour de la création de Lucifer.

cours du mouvement du deuxième jour de la Genèse, l'esprit entame une *double* rotation au cours de laquelle le centre d'origine de l'esprit (qui contient la première moitié de l'esprit) commence une spirale d'un côté, alors que le deuxième point (qui contient la deuxième moitié de l'esprit) entreprend une autre spirale, qui tourne dans le sens opposé de la première, et l'on obtient alors le dessin suivant (voir illustration 17-3). À partir de ce moment-là, la dualité de mouvement se répète à nouveau, ce qui produit cette progression (voir illustration 17-4).

Vous remarquerez que la progression dualiste a maintenant lieu dans le sens vertical, aussi bien que dans le sens horizontal. Il s'agit principalement d'une division, d'une séparation à partir de deux centres. Le rythme des spirales tournant à l'opposé les unes des autres s'établit, puis s'agrandit par répétitions successives, et depuis l'intérieur jusque vers l'extérieur à partir de ces deux centres (voir illustration 17-5).

La même chose peut alors se répéter à l'infini… et finalement, vous obtenez exactement le même treillis que celui de la Fleur de vie – les mêmes lois, la même réalité apparente, les mêmes planètes, les mêmes soleils, les mêmes arbres, les mêmes corps. Tout reste le même, mis à part une différence *énorme*. Le treillis de la Fleur de vie ne possède qu'un centre géométrique *unique* – un seul œil –, et tout être qui pénètre ainsi dans la création est directement en rapport avec la vie tout entière et avec Dieu. Le treillis de Lucifer, lui, n'a pas qu'un seul centre géométrique *unique*, il a *deux* centres bien distincts – deux yeux. Peu importe l'immensité du treillis, quand vous revenez en son centre, vous consta-

Illustration 17-5. Le quatrième jour de la création de Lucifer.

Illustration 17-6. Alors que les jours progressent, les deux yeux de Lucifer restent apparents. Il n'y a pas d' « œil » ou de centre géométrique « unique ».

tez qu'en fait, il ne s'agit pas d'un seul centre, mais de deux. Il y a eu séparation d'avec Dieu. Il n'y a plus d'amour. Les anges qui suivirent Lucifer ont pour ainsi dire oublié ce qu'est l'amour. Vous rappelez-vous les paroles de Jésus : « Si ton œil est unique, ton corps sera de lumière » ? (Voir illustration 17-6.)

Malgré tout, qui est vraiment à la barre dans tout cela ? *C'est Dieu !* Et c'est Dieu qui a créé cette situation, pas Lucifer – car Dieu est toujours un pas en avant de quiconque. Quand Dieu engendra Lucifer, il (ou cela) savait ce que Lucifer allait faire. Par conséquent, il doit bien y avoir une raison expliquant la création d'une réalité séparée.

Les êtres humains au centre de l'expérience

Lucifer fit démarrer cette nouvelle réalité juste avant que nous autres humains commencions à exister en tant que race – il y a un peu plus de 200 000 ans. Et nous sommes maintenant devenus les acteurs principaux de ce drame. Il doit bien y avoir une raison pour laquelle toutes ces choses ont eu lieu. Je pense que le but, derrière l'expérience luciférienne, qui s'est d'ailleurs répétée à plusieurs reprises pendant des millions et des millions d'années, approche de sa fin sur la Terre et que cette planète a été choisie comme berceau pour une nouvelle naissance. C'est du moins ce à quoi les événements me portent à croire.

Quel est le but ultime en ce qui concerne la création de cette nouvelle réalité, ça, je ne le sais pas, mais il est devenu évident, dans tout le cosmos, que la Terre est au centre même de ce drame intense. Et il semble que le fruit de cette expérience soit sur le point de mûrir devant nos yeux. C'est vous et moi qui sommes les joueurs, qui allons saisir cette nouvelle réalité et la transformer pour atteindre enfin le but ultime. Nous sommes destinés à aller au-delà de tout ce que les archanges Lucifer et Michaël avaient imaginé. Nous allons devenir les enfants de la troisième vague, partie intégrante de la nouvelle réalité née des deux premières.

Sur cette planète Terre, nous faisons tous partie de l'expérience luciférienne. Nous avons tous choisi cette voie, que nous aimions cela ou non, que nous voulions être identifiés comme tels ou non. Le seul fait que vous soyez ici-bas, et maintenant, est la preuve de votre choix. Et votre mère physique, la race des Néfilims, fait également partie de cette expérience de Lucifer, tout comme votre père physique, les Siriens, même si ces derniers se sont pour ainsi dire tous soustraits de cette expérience. La race en provenance de Sirius B, celle des dauphins, fait également partie de l'expérience luciférienne. Si vous vous souvenez, les dauphins sont venus voir les Dogons dans un vaisseau de l'espace. Ils étaient donc impliqués dans la haute technologie. Ils ont voyagé dans de petits véhicules volants à structure dure et métallique pendant très longtemps eux aussi, mais ils ont abandonné tout cela il y a environ 200 ans. De nos jours, ils effectuent une transformation incroyable par un retour à l'unité.

En ce qui me concerne, je ne sais pas si le retour à une vie non technologique, à la réalité du début, est en fait la bonne réponse et la seule solution. Je n'en suis pas encore certain, mais je pense que nous autres humains qui sommes sur terre en ce moment allons tous découvrir la réponse. Quelle qu'elle soit, elle se trouve sur cette planète, et ses habitants sont devenus l'élément catalyseur nécessaire à cette expérience – sur laquelle la vie tout entière s'est maintenant concentrée en retenant son souffle, dans l'attente de ce qui va se produire. Et pourquoi cela ? Parce que ce qui se passe ici, sur la Terre, va tout influencer dans l'univers créé. Et je crois que cette réponse sera donnée par l'entremise de notre cœur.

L'intellect sans amour

Voilà comment Lucifer parvint à convaincre un tiers de la population angélique que nous avions vraiment besoin de faire personnellement l'expérience de sa découverte. Qu'advint-il donc de ces anges ? Tout comme leur leader, ils coupèrent leur lien d'amour avec Dieu et avec toute vie, et leur cerveau se mit à fonctionner à partir d'un seul lobe au lieu des deux simultanément. Ils commencèrent donc à utiliser principalement le lobe gauche, celui de l'intelligence, et non pas le lobe droit, celui de l'amour. Il en résulta la création de races d'individus incroyablement intelligents, mais qui n'avaient aucune expérience de l'amour et de la compassion – tels les Gris et les Martiens. Quelques-unes de leurs caractéristiques étant l'agressivité, le désir de conquêtes et la tendance à tout vouloir contrôler et posséder, cela donna lieu à des combats incessants entre différentes factions, ce qui, bien entendu, provoqua un grand chaos dans l'environnement.

Et c'est là que la planète Mars entre en jeu. Il y a presque un million d'années vivait sur Mars une race d'êtres qui était parvenue en fin de cycle avec, en arrière-plan, une expérience semblable à celle de Lucifer. Il s'agissait en fait de l'expérience qui avait précédé celle-ci. Là aussi, les résultats furent catastrophiques et la destruction, complète. Mars finit par s'autodétruire. Ses habitants étaient constamment en guerre les uns contre les autres et les conflits en tous genres étaient devenus la norme, car il n'y avait plus ni amour ni compassion. L'atmosphère de la planète finit par disparaître, ce qui détruisit absolument tout. Mais juste avant l'événement fatidique, un petit groupe de Martiens savaient que la destruction de leur planète était inévitable et imminente. Quelque-uns d'entre eux se projetèrent sur terre, s'installant en Atlantide, comme je vous l'ai raconté avec force détails dans le chapitre 4 (tome 1). Plus tard, ils furent la cause de tous les ennuis de Mer-Ka-Ba artificiels dont nous souffrons tous encore aujourd'hui sur cette terre.

C'est d'ailleurs là que le bât blesse le plus, car le résultat principal de l'expérience de Lucifer fut celui-ci : les lucifériens se mirent à créer toutes sortes de Mer-Ka-Ba artificiels extérieurs à eux-mêmes, des vaisseaux de l'espace bien physiques, mais construits sans amour, et se concentrèrent désormais exclusivement sur la technologie, instaurant une société basée sur elle et une réalité complètement séparée de la réalité d'origine. Toutefois, il y avait aussi des individus qui, eux, ne s'étaient *pas* séparés de Dieu et ne jouissaient d'aucune technologie. À leur tête se trouvait l'archange Michaël. C'est alors qu'une guerre fut déclenchée entre les deux camps, avec d'un côté l'archange Lucifer, l'ange des ténèbres, et de l'autre, l'archange Michaël, l'ange de la lumière. Il s'agissait bien là d'une guerre à l'échelle cosmique qui donna lieu à notre conscience du bien et du mal, de la dualité en toute chose.

Or, l'archange Michaël et les anges de lumière sont entourés d'un Mer-Ka-Ba vivant pouvant faire tout ce que la technologie luciférienne a la capacité d'accomplir et même plus. Quant à l'archange Lucifer et à ses anges des ténèbres, ils ont des Mer-Ka-Ba extérieurs basés sur la technologie et vivent dans une réalité synthétique. Nous avons là deux approches totalement différentes sur l'existence. Si vous observez bien, vous découvrirez que les archanges, qu'il s'agisse de Michaël, de Gabriel, de Raphaël ou d'autres, ne recourent à aucune technologie externe ; ils ne se déplacent pas grâce à des soucoupes volantes. Ils vivent dans leur corps de lumière, et leur réalité – la réalité d'origine conçue par Dieu – est fondée sur la lumière et le son. C'est ce qu'on pourrait aussi appeler de la technologie à base de lumière et d'amour. À l'opposé, bien entendu, il y a le genre de vie « à la Lucifer », avec tout ce que cela comporte de mécanique, d'électronique, de gadgets et d'objets en tous genres, toutes ces choses extérieures à nous-mêmes dont nous devons constamment nous préoccuper. Il y a notre maison, notre voiture et toutes les autres choses dont nous pensons avoir besoin. Nous sommes tous pris dans un filet, celui de la technologie luciférienne. Vous pouvez vous-mêmes examiner le monde tel qu'il est aujourd'hui et constater la différence qui existe entre le monde naturel, la réalité d'origine, et le monde créé par l'humanité, une réalité séparée et artificielle inspirée directement de Lucifer.

Et bien sûr, on peut même conclure que toute forme de vie, quelle qu'elle soit et où qu'elle soit, fait partie de l'expérience de Lucifer si elle utilise les technologies de vol, telles qu'elles se présentent actuellement sur la planète Terre, comme les vaisseaux de l'espace du type soucoupe volante. Qui sont exactement ces individus, il m'est égal de ne pas le savoir, mais chacun d'eux est en fait un luciférien. Là aussi, il y a plusieurs catégories parmi eux. Certains sont tellement engagés dans le monde de la technologie externe, tellement pris par lui, que c'est devenu pour eux comme la drogue la plus puissante et la plus pernicieuse. Ces êtres-là ont abandonné tout espoir de jamais s'en libérer. Ils ne peuvent plus vivre sans la technologie. D'autres parmi nous sont beaucoup moins influencés par elle ; en ce sens, il y a toute une graduation entre les deux extrêmes, puis il y a nous-mêmes. Nous sommes également des drogués de la techno, mais nous avons encore un pied dans la réalité d'origine.

Il nous serait très difficile de nous déshabiller complètement et de jeter tous nos vêtements aux ordures parce qu'ils sont le produit de la technologie et qu'ils sont fabriqués par des machines, puis de nous enfoncer complètement nus dans les bois pour y vivre le restant de nos jours. Nous aussi, nous sommes pris au piège. Par contre, nous éprouvons encore de l'amour. Il y a toujours une minuscule étincelle d'amour dans notre cœur ; nous n'avons pas complètement coupé le contact avec la vie. Nous sommes donc à compter parmi ceux qui, dans l'univers, sont encore un peu en contact avec Dieu. Nous vivons dans un monde technologique, nous utilisons nous-mêmes une certaine quantité de technologie quotidiennement, mais nous sentons et nous savons encore ce qu'est l'amour. Le signal est très faible, mais il est là. Assurément, il ne s'agit pas d'une lumière aveuglante ! Mais c'est quelque chose que nous avons encore. Les deux aspects se retrouvent en nous. Le potentiel de la réalité d'origine est invariablement en nous.

Troisième réalité : une vie intégrée

Il est important de comprendre que nous autres êtres humains sommes sur le point de trouver la solution à ces problèmes universels, et d'une manière totalement unique, quelque chose qui ne s'est jamais vu jusqu'à maintenant. Ce conflit entre la réalité d'origine, selon Dieu (de nature interne), et la réalité artificielle, selon Lucifer (de nature externe), semble dorénavant nous mener à un troisième genre de réalité qui est une combinaison des deux.

Si vous croisez légèrement les yeux en regardant l'illustration 17-6, vous n'allez plus voir deux yeux, mais bien trois. Autrement dit, la voie du milieu, la troisième voie, représente une combinaison des deux premières. En fait, le troisième point provient de la superposition des deux premiers points l'un sur l'autre. Considérez cette illustration comme un hologramme et vous verrez un troisième treillis unique en lui-même. C'est cette troisième réalité qui est devenue l'espoir de tout le monde. Cela fait 200 000 ans que l'univers est « en guerre » — et cette lutte du bien contre le mal, ou vice versa, ne semblait pas déboucher sur une solution, du moins jusqu'à aujourd'hui. Mais cette fois-ci, les choses sont telles que la lutte va sans doute se terminer par une nouvelle naissance, ou une troisième réalité.

L'expérience sirienne

D'autre part, à l'intérieur de l'expérience luciférienne, une deuxième expérience a été tentée, qui a maintenant pour résultat de tout changer sur la planète Terre et qui va probablement avoir des répercussions partout ailleurs. Peut-être cette deuxième expérience engendrera-t-elle finalement une réalité qui participera grandement à la nouvelle naissance citée plus haut ! Aux yeux des maîtres ascensionnés, il semble que c'est ce que Dieu est en train de faire. Cette expérience a été créée et dirigée par les Siriens, qui sont considérés comme les pères de notre race humaine actuelle.

L'histoire qui va suivre peut paraître extravagante. Je ne vous demande pas d'y croire, sauf si votre intuition innée vous dit qu'elle est vraie.

Mes trois jours dans l'espace

Il y a maintenant presque trente ans – en 1972 si mes souvenirs sont exacts, et pas très longtemps après que les deux anges nous furent apparus –, j'étais assis chez moi avec ma famille et un autre couple qui vivait avec nous à ce moment-là. Les deux anges vinrent, comme à l'habitude, mais cette fois, ils me prièrent de me rendre seul dans une autre chambre et de prendre toutes les mesures nécessaires pour éviter d'être dérangé dès que je serais en méditation. (C'était bien avant que Thot entre en scène.) Je demandai donc à ma famille de me laisser seul pendant quelque temps, puis je me retirai dans une chambre à part, m'assis sur le sol et pratiquai la méditation Mer-Ka-Ba.

La seule chose dont je me souviens, c'est que les anges m'avaient aidé à sortir de mon corps et que nous nous déplacions alors dans l'espace à toute vitesse. C'était la première fois que je pouvais voir le treillis d'or tout autour de la planète. Nous passâmes littéralement à travers ses mailles. Je me rappelle avoir examiné avec soin les géométries de cet espace vivant, alors que nous les traversions. Puis, les anges me dirent : « Nous voulons te faire pénétrer encore plus profondément dans l'espace. » Ils me communiquèrent aussi que je ne devais pas m'inquiéter de m'aventurer si loin.

Nous nous éloignâmes de plus en plus de la planète. Je la voyais diminuer progressivement de taille, alors que les anges se tenaient à mes côtés. Nous dépassâmes la Lune – je n'oublierai jamais l'impression que cela me fit lorsque je la vis et que nous nous approchâmes d'abord d'elle, pour aller ensuite au-delà de son orbite. Nous nous déplacions silencieusement et à grande vitesse, pénétrant de plus en plus profondément dans l'espace, alors que la Lune rapetissait rapidement derrière nous. Puis, nous traversâmes une membrane qui contient à la fois la Terre et la Lune. De forme sphérique, elle se trouve à environ 700 000 kilomètres de la Terre. Nos savants ne sont même pas encore conscients de sa présence. De l'autre côté de cette membrane énergétique se trouvait un énorme vaisseau mère apparemment suspendu dans l'espace intersidéral et figé sur place, bien qu'il fasse environ 80 kilomètres de long. En raison de la technologie utilisée, il ne pouvait être détecté depuis la Terre. Il avait la forme d'un cigare de couleur noire, et sa surface était parfaitement lisse. On voyait comme une énorme ouverture vitrée à un bout. Alors que nous nous approchions, nous fûmes attirés par elle et pûmes bientôt distinguer des rayons de lumière en provenance de l'intérieur.

Nous nous sentîmes attirés de plus en plus par l'ouverture et traversâmes finalement le matériau transparent. Ce fut du moins l'impression que nous eûmes, puis je me souviens que nous nous sommes retrouvés dans une grande salle où il y avait beaucoup de monde. Ces êtres-là étaient très grands, et il y avait à la fois des hommes et des femmes.

Immédiatement après m'être posé silencieusement la question « Mais qui sont-ils donc ? » la réponse me vint par télépathie : « Nous sommes des Siriens. » Ils me montrèrent immédiatement qu'ils étaient en fait composés de deux races d'humanoïdes, l'une à peau très foncée et l'autre à peau très claire, et qu'ils se considéraient comme frères et sœurs depuis longtemps. J'étais particulièrement curieux de ceux qui avaient la peau claire. On me dit qu'ils étaient environ 350 à bord de cette véritable ville flottante. Ils étaient tous habillés de blanc, et je pouvais voir un petit insigne doré sur leur bras gauche. Je m'assis avec trois d'entre eux. Il y avait deux femmes et un homme dans notre petit groupe, et ils me parlèrent pendant longtemps par télépathie. Ensuite, ils m'emmenèrent faire le tour complet du navire. Je finis par passer trois jours à bord, alors que mon corps physique restait assis chez moi, dans une chambre. Mes hôtes semblaient vouloir m'enseigner autant de choses qu'il leur était possible sur la manière dont leur grand vaisseau fonctionnait et comment ils vivaient là.

Tout l'intérieur de la ville flottante était d'un blanc impeccable ; il n'y avait aucune autre couleur. Les murs de chaque partie du navire étaient parfaitement lisses, sans aucun joint apparent. Les planchers, comme les murs et les plafonds, étaient équipés d'objets aux formes étranges – on aurait même pu dire que c'était des objets d'art, des formes semblables à des sculptures très futuristes. Peu importe où j'allais, on aurait dit que nous étions dans une galerie d'art, et c'était cela, leur technologie. Il ne semblait y avoir aucune partie mobile à bord ; il n'y avait rien d'autre que ces formes. Toute leur technologie se réduisait à des formes et à des proportions. Ils se mettaient mentalement en lien avec elles, aussi bien qu'avec leur cœur, et pouvaient faire n'importe quoi.

Si vous avez déjà visité le Pérou, vous aurez certainement observé qu'au milieu des vieux temples incas, il y a souvent un grand morceau de roche ayant, à sa surface, beaucoup d'angles et de formes empruntés à la géométrie sacrée. Ce ne sont pas là simplement de beaux morceaux de roc – ces « pierres taillées » sont de véritables bibliothèques à l'intérieur desquelles on peut trouver l'histoire complète de la civilisation inca. Si vous savez comment entrer en rapport avec un tel morceau de roc, vous pourrez alors « lire » les moindres détails de ce qui s'est passé pendant la période inca. Les Siriens, eux, avaient développé cet art bien au-delà de l'archivage dans la pierre. Ils pouvaient tout faire grâce à cette technologie simple et belle à voir, et même vivre dans l'espace intersidéral. Aujourd'hui, sur terre, nous ne faisons que commencer à comprendre cette technologie. Nous l'appelons la psychotronie (en anglais, *psychotronics*). Elle exige un contact humain (ou même, plus qu'humain) pour bien fonctionner.

Lorsque je revins dans mon corps, les anges m'expliquèrent la raison pour laquelle ils m'avaient emmené là. Ils ne me parlaient pas verbalement, mais seulement par télépathie, en projetant des images dans mon esprit. J'étais très excité : « Wow, c'est incroyable ! Leur technologie est fantastique ! » Je n'arrêtais pas de m'épancher sur ces Siriens et leurs exploits scientifiques, tant j'avais été impressionné par ma visite à bord de leur vaisseau mère. Les deux anges m'observèrent silencieusement pendant quelque temps, puis ajoutèrent : « Non, tu ne comprends pas. Ce n'est pas ce genre de conclusion que nous souhaitons entendre ! » « Qu'est-ce qui ne va pas ? » demandai-je.

Un examen plus approfondi de la technologie

Les anges me dirent alors ceci : « Supposons que tu aies froid et que tu décides d'inventer un appareil pour chauffer ta maison. Tu bricoles alors un très bon chauffage, que tu amènes chez toi et que tu branches sur une source d'énergie quelconque. Puis, chaque fois qu'il fait froid, tu n'as plus qu'à appuyer sur un bouton et ta maison tout entière est confortablement chauffée en quelques minutes. Eh bien, depuis notre point de vue, si tu fais cela, tu deviens immédiatement plus faible spirituellement. Pourquoi donc ? Parce que chaque fois que tu utilises le chauffage, qui est un objet extérieur à toi-même, tu oublies un peu plus que tu es toujours directement relié à Dieu. Tu aurais pu chauffer toute ta maison avec ta lumière intérieure et ton Mer-Ka-Ba, mais au lieu de cela, tu subordonnes ton pouvoir intérieur à un objet extérieur ! »

Les anges projetèrent ensuite en moi l'idée que quand des civilisations développent une technologie toujours plus avancée, si tel a été leur choix, elles se séparent de plus en plus de la source de toute vie et deviennent encore plus faibles puisqu'elles sont complètement intoxiquées. Elles en ont *besoin* pour pouvoir survivre. Autrement dit, les individus à bord de ce vaisseau étaient très faibles spirituellement. Il ne fallait pas que je les considère comme une race très avancée mais plutôt comme des êtres qui avaient besoin d'une aide spirituelle.

La conclusion finale de cette expérience fut celle-ci : les anges voulaient que j'abandonne complètement la technologie et que je me concentre sur la conscience pure comme moyen de me souvenir de Dieu. C'était net et clair. Je pensais vraiment saisir leur leçon. Et puis, le temps passa et je finis par tout oublier. Telle est la nature humaine.

J'étais donc resté dans leur vaisseau de l'espace environ trois de nos jours, mais lorsque je revins dans mon corps, je me dis immédiatement en moi-même : « Cela doit bien faire deux heures… » La conscience de veille rationalise toujours (c'est ce que nous faisons tous à propos de nos expériences inhabituelles). Je me levai et me rendis dans l'autre pièce où se trouvaient ma famille et mes amis.

Quand ma femme m'aperçut, elle avait le visage pâle et les larmes aux yeux. Tout le monde vint me voir, le visage inquiet. « Quelque chose ne va pas ? » demandai-je. Ma femme répondit : « Nous étions très angoissés ! Tu es resté assis sans bouger pendant trois jours et il n'y avait pas moyen d'attirer ton attention. J'étais sur le point d'appeler à l'hôpital ! » Je réalisai soudain que j'avais *vraiment* passé tout ce temps dans l'espace. Quand bien même je savais que c'était vrai, il fallut que je vérifie la date sur un quotidien pour y croire.

Historique de l'expérience sirienne

Après cette expérience avec les anges et le vaisseau de l'espace sirien, je pensais que tout cela avait trait à leur technologie et à son rapport à la technologie luciférienne. Je ne savais pas encore qu'il y avait une autre raison, quelque chose qui aurait aussi une grande importance.

Il est maintenant clair dans mon esprit, quand j'étudie la chronologie des événements que je suis sur le point de décrire, que je choisis la date du 10 avril 1972 pour entrer dans le corps de Bernard Perona* – par le processus du *walk-in* – en fonction de ceux-ci.

Ces événements doivent être considérés comme quelque chose qui appartient à une autre dimension d'existence plus spiritualisée que celle dans laquelle nous nous trouvons en ce moment. Selon la perspective humaine habituelle, ce que vous êtes sur le point de lire est presque impossible à croire, tout comme l'idée de marcher sur la Lune l'était en 1899. Mais d'un point de vue cosmique, c'est *business as usual* (quelque chose de très ordinaire), mis à part que le résultat de cette expérience est absolument unique et de la plus grande importance pour toute la création. Je sais qu'en racontant cette histoire, je cours le risque de ne plus être crédible aux yeux de beaucoup de gens, mais les anges ont insisté pour que les faits vous soient présentés.

Disons d'abord que la raison de cette expérience sirienne remonte à l'Atlantide. Dans le chapitre 4 du tome 1, j'ai écrit que le mauvais usage de la science du Mer-Ka-Ba par les Martiens (voir à la page 120) avait produit un déchirement de la membrane entre la troisième et la quatrième dimension de la Terre, ce qui nous avait tous obligés à chuter et à tomber dans la matière dense de la troisième dimension. Comme nous l'avons déjà dit, le commandement de la galaxie, un corps composé de 48 membres, approuva la reconstruction du treillis christique autour de la Terre, par la mise sur pied d'un système de temples et de sites sacrés tout autour de la planète, de manière que l'humanité puisse regagner la place qui lui revient de droit dans l'univers. Il s'agissait d'un plan déjà retenu par d'autres planètes qui s'étaient trouvées dans la même situation que nous dans le passé, et cela avait presque toujours marché. Dans d'autres cas, par contre, la conscience de toute une race avait été annihilée.

D'après les spécialistes en la matière, si tout allait bien, notre humanité pourrait à nouveau se hisser jusqu'au niveau de conscience christique avant qu'un événement cosmique particulier survienne durant le mois d'août 1972. Cet événement était quelque chose d'énorme pour notre système solaire tout entier, et si nous n'étions pas dans la conscience christique avant cette date-là, l'humanité serait détruite et la planète Terre, rendue complètement stérile.

Thot et les maîtres ascensionnés de l'humanité, de concert avec la grande fraternité blanche et la hiérarchie spirituelle de notre galaxie,

---

* Le phénomène de *walk-in*, ou remplacement de l'occupant du corps par un autre, selon un protocole établi et accepté par la hiérarchie spirituelle. Dans le cas de Drunvalo, le premier occupant ne voulait plus continuer à vivre sur terre et désirait se rendre dans les Pléiades, ce qui lui fut accordé et permit ainsi le changement d'occupant dans le même corps. (NDE)

planifièrent tout jusque dans les moindres détails. Cette expérience sur le plan de la conscience galactique devait être terminée avant le mois d'août 1972, ceci envers et contre tout.

Quel était donc cet événement cosmique ? Dans le courant du mois d'août 1972, notre Soleil allait connaître une expansion due à l'accumulation d'hélium. C'était là un événement naturel. Chaque rayon de lumière qui parvient sur terre et permet l'existence de toute vie sur cette planète origine de la combustion de deux atomes d'hydrogène formant de l'hélium qui, au fur et à mesure, s'accumule. Cette expansion signifiait que si l'humanité n'était pas dans l'état de conscience adéquat à ce moment-là, nous serions tous incinérés vivants. Par contre, si nous étions dans l'état de conscience christique, nous serions capables de nous protéger et la vie continuerait sur la planète. Il était donc *indispensable* que nous passions par ce changement de conscience avant la date fatidique.

Vers le milieu des années 1700, après environ 13 000 ans de dur labeur de la part des êtres ascensionnés de la planète en vue de recréer le treillis de la conscience christique tout autour de celle-ci, il devint évident aux yeux de notre père physique, les Siriens, que nous n'allions pas pouvoir être prêts à temps. Et le plus triste était que nous échouerions de quelques années seulement. Les Siriens et les Néfilims, nos père et mère, désiraient tous les deux nous aider, mais notre père, avec une bien plus grande connaissance et une compréhension plus avancée que celle de notre mère, était plus préparé à agir. Les Siriens prirent donc l'initiative de trouver un moyen de sauver l'humanité. Le seul problème, c'est que personne, dans toute la galaxie, ne semblait avoir de solution pour résoudre cette énorme difficulté.

Les Siriens nous aimaient tendrement – car après tout, nous étions leurs enfants et ils tenaient à nous. Par conséquent, il y a environ 250 ans, ils se mirent à chercher dans les archives akashiques de la galaxie comment les membres d'autres races avaient solutionné ce problème, mais rien ne semblait vraiment marcher. Toutefois, comme leur amour pour nous était très fort, ils continuèrent leurs recherches, même si les chances de trouver quoi que ce soit étaient pour ainsi dire nulles. Et puis, un jour qu'ils étaient au sein d'une galaxie éloignée, ils trouvèrent des informations sur un être qui avait jadis proposé une solution à ce problème auquel les humains étaient maintenant confrontés. Cela n'avait jamais été essayé ni testé. Il s'agissait simplement d'un concept formulé par l'esprit de cet inconnu, mais l'idée était brillante et les Siriens pensèrent que cela pouvait vraiment donner de bons résultats.

Ces derniers se rendirent donc devant le commandement de la galaxie et demandèrent la permission d'effectuer cette expérience exceptionnelle sur la planète Terre, ceci afin de sauver son humanité. Le conseil sirien présenta tout ce que ses membres avaient appris. Il faut que vous sachiez ici que le problème était le suivant : notre Soleil était sur le point de se dilater physiquement et d'envoyer une pulsation d'énergie tout autour de lui, ce qui engouffrerait la Terre au mois d'août 1972 et incinérerait littéralement tout sur son passage. Cette dilatation soudaine ne produirait qu'une seule pulsation, et tout retournerait presque à la normale après quelques années. Mais en ce qui nous concernait, nous serions tous réduits en cendres dans les cinq minutes qui suivraient le passage de la pulsation d'énergie solaire.

Par conséquent, afin que cette expérience puisse réussir, les Siriens devaient d'abord protéger la Terre et l'humanité de la chaleur solaire dégagée par cette transformation. De plus, afin de ne pas complètement compromettre l'évolution de notre ADN, l'humanité ne devait pas savoir qu'un intermédiaire, peu importe qui c'était, avait fait cela en sa faveur. C'était un peu comme dans *Star Trek*, où il est question d'une déclaration d'intention de n'interférer en aucune manière dans les cultures indigènes d'une planète. Sur une note plus sérieuse, disons qu'il y a *vraiment* une raison importante de ne pas interférer. En effet, ce genre de conduite de la part d'extraterrestres altérerait l'ADN humain à jamais et toutes les programmations humaines d'origine seraient dès lors perdues. Autrement dit, si nous savions ce qu'ils faisaient, nous ne serions plus humains ! Comme vous pouvez vous en douter, le genre d'information que je vous donne ici n'est compréhensible et acceptable que pour un petit nombre, et non pas pour la masse.

Les Siriens devaient accélérer notre voie d'évolution, de sorte que nous puissions rejoindre le cycle de la nouvelle réalité, terminer l'expérience de 13 000 ans et retourner à la conscience christique. Ensuite, nous devions revivre tout ce que nous avions raté à cause de la dilatation du Soleil, ce qui nous remettrait en synchronisme avec la nouvelle réalité luciférienne. C'était là une situation très complexe à manipuler.

Les membres du commandement de la galaxie demandèrent aux Siriens s'ils s'attendaient à ce que quiconque puisse survivre sur la planète, advenant le cas où l'expérience qu'ils proposaient n'aurait pas lieu. Si les Siriens avaient répondu oui – même s'il s'était agi d'un seul couple humain –, la permission n'aurait pas été accordée. Mais puisqu'ils croyaient vraiment que le monde entier serait détruit, et ce, jusqu'au dernier insecte ou dernier humain, il n'y avait alors plus rien à gagner et la permission fut accordée. De plus, cette expérience n'avait *jamais* été tentée depuis l'apparition même de la vie dans l'univers, et les membres du commandement de la galaxie voulaient eux aussi savoir si un tel plan avait une chance de réussir.

Les Siriens retournèrent chez eux et se mirent à construire un énorme vaisseau spatial en vue de cette expérience. Il était énorme, en forme de cigare et de couleur noire. Puis ils se rendirent jusqu'aux environs immédiats de la Terre et placèrent des émetteurs-récepteurs de conception spéciale aux huit pointes de l'étoile tétraédrique du corps de lumière de la planète. Assurément, ces pointes se trouvent dans l'espace, à plus de 1600 kilomètres au-dessus de la surface terrestre. Depuis son grand vaisseau mère stationné dans la quatrième dimension, l'équipe sirienne attendit le bon moment et commença à transmettre par rayons laser une incroyable quantité d'informations par le pôle nord ou le pôle sud de la planète à l'un des huit objets spécialement conçus pour servir de récepteur, puis d'émetteur en direction des sept autres, le faisceau d'émissions virant bientôt au rouge, puis au bleu, et enfin au vert. À partir de ce moment-là, le faisceau pénétra directement jusqu'à l'intérieur de notre mère, la belle planète Terre, et ceci, par la pointe opposée à celle qui l'avait reçu en premier lieu et avait servi d'émetteur pour la transmission des rayons laser et de toutes les informations qu'ils contenaient. À partir de ce nouveau point d'émission, les rayons laser s'enfoncèrent donc à l'intérieur de la planète et jusqu'à son centre même, avec toutes les informations qu'ils contenaient. De là, les rayons cohérents se dispersèrent dans toutes les directions et remontèrent jusqu'à la surface de la planète, pénétrant dans tout ce qui vivait sur elle. Tous les êtres humains, tous les animaux, tous les objets et tout le reste se retrouvèrent à l'intérieur de cette sphère énergétique aux qualités particulières. Évidemment, cela imprégna aussi les huit cellules d'origine qui se trouvent à la base de notre colonne vertébrale et, de là, rayonna vers l'extérieur et imprégna le volume tout entier de l'étoile tétraédrique de chaque être humain sur la planète. Cela eut pour effet de créer une bulle énergétique particulière autour de chacun de nous et de donner aux Siriens les moyens d'altérer la conscience humaine temporairement par l'usage d'hologrammes. Ils pouvaient ainsi les projeter dans la conscience de chaque être humain et la modifier sans que celui-ci le sache.

Ceci eut aussi pour effet de former une gigantesque bulle énergétique de même nature tout autour de la Terre, qui put à son tour être programmée à volonté pour recréer la réalité extérieure désirée. En d'autres termes, cela nous plaça tous temporairement dans l'hologramme d'un univers qui, cette fois, était différent du précédent. Désormais, nous étions par deux fois en retrait de la réalité d'origine telle que Dieu l'avait créée. Il y avait d'abord la réalité du monde luciférien dans lequel nous vivons encore, puis celle de l'hologramme qui venait s'y ajouter. Hologramme qui fut utilisé par les Siriens pour protéger la Terre contre les radiations mortelles en provenance du soleil. À défaut de cette protection, tout aurait été engouffré dans les flammes, mais ça, nous ne le savions pas.

Les Siriens pouvaient en même temps contrôler les pensées et les sentiments des humains et projeter des images dans notre environnement immédiat. Cette technologie leur donnait la capacité d'influencer temporairement l'évolution de chaque personne sur cette planète. Le système tout entier assurait une protection complète à la Terre et à tout ce qu'elle contenait, mais seulement pendant que ce changement avait lieu et sans que les humains le sachent, et permettrait même l'altération complète de notre ADN si cela s'avérait nécessaire.

Le plan consistait à nous retirer notre libre arbitre pendant un temps limité afin d'effectuer rapidement les changements nécessaires dans notre ADN, puis de nous le redonner progressivement, jusqu'au point où nous pourrions à nouveau contrôler notre vie – et tout ceci dans le but de mener l'humanité aussi vite que possible jusqu'à l'état de conscience christique. Mais la question se posait : un plan aussi compliqué que celui-ci, et qui n'avait encore jamais été essayé, allait-il réussir ? Personne ne le savait au juste. Mais l'univers entier était sur le point de s'en rendre compte.

Le 7 août 1972, jour de la victoire

Le grand jour arriva – le 7 août 1972. L'expérience parvint en fait graduellement jusqu'à son maximum d'intensité pendant les six jours précédents, puis le septième assura la victoire. Ce qui se produisit au juste ce jour-là, nous autres humains ne pourrons vraiment le comprendre que lorsque nous serons parvenus à la conscience christique, et personne ne me croirait si je l'expliquais avec des mots. Le véritable événement resta caché à nos yeux grâce à la technologie de l'hologramme, mais ce qui se passa et que nous pûmes tous voir de nos yeux, et même lire dans les journaux de l'époque, fut l'émission d'énergie solaire la plus puissante qui ait jamais été enregistrée. Le vent solaire atteignit la vitesse d'environ quatre millions de kilomètres à l'heure et continua pendant une période de trente jours consécutifs. Ce fut vraiment un spectacle cosmique des plus imposants.

L'expérience avait été un succès complet. Tout avait fonctionné à merveille, et nous autres humains sommes encore en vie aujourd'hui ! Nous traversâmes les minutes les plus cruciales sans aucun problème. Les Siriens continuaient à envoyer les programmes qui maintenaient leur réalité virtuelle en place et, pour nos yeux humains, il ne sembla pas y avoir de grands changements dans notre environnement extérieur. Les événements semblaient se dérouler normalement, comme si de rien n'était. Après s'être assurés que le système fonctionnait parfaitement, les Siriens commencèrent l'altération de la conscience humaine.

Pendant les deux ans qui suivirent, soit de juin ou juillet 1972 (juste avant la dilatation du Soleil) jusqu'à approximativement la fin de l'année 1974, nous perdîmes tous notre libre arbitre. Chaque événement était programmé et nos réactions envers lui l'étaient également, ceci afin d'imposer une croissance spirituelle rapide. Tout se passa extraordinairement bien. Les Siriens étaient fous de joie. Il semblait vraiment que nous allions l'emporter.

Notre retour au libre arbitre
et ses conséquences positives inattendues

Finalement, alors que les progrès devenaient apparents, les Siriens nous laissèrent à nouveau effectuer nos propres choix, petit à petit. Toutefois, si nous ne répondions pas en faisant le bon choix, ils continueraient à nous présenter les mêmes circonstances, jusqu'à ce que nous apprenions leurs leçons spirituelles. Les circonstances extérieures changeraient, mais il s'agirait des mêmes expériences spirituelles. À un certain point, nous devînmes suffisamment adeptes pour que les Siriens nous permettent de retrouver complètement notre libre arbitre.

Tout ceci était réglé sur un autre événement, l'achèvement du treillis christique tout autour de la Terre, ce sur quoi les membres de la Grande fraternité blanche se concentraient encore. Cette tâche de longue haleine ne fut complétée qu'en 1989, ce qui rendit alors possible l'ascension pour tous les êtres humains, leur remontée jusque dans la prochaine dimension d'existence. Sans ce treillis (voir tome 1, p. 124), l'ascension aurait été impossible, et ce, à quelque niveau de conscience que ce soit. Plusieurs ajustements mineurs furent effectués dans les années qui suivirent, mais le treillis fonctionnait bien.

À partir du début des années 90, l'humanité se retrouva dans une position remarquable, mais nous ne le savions pas.

Au cours des trois années qui suivirent l'expérience très réussie des Siriens, il devint évident que quelque chose de très inhabituel commençait maintenant à se passer, quelque chose que personne n'avait jamais vu et auquel personne ne s'attendait non plus. Alors que cet étrange phénomène se déroulait, des êtres conscients de toutes les parties de la galaxie se mirent à s'intéresser à nous. Avant cela, nous étions tout juste un petit grain de sable perdu dans l'immensité de la lumière cosmique, mais alors que l'expérience continuait, même les habitants d'autres galaxies commencèrent à nous observer, si bien que finalement notre humble petite planète devint la superstar de l'univers, ce que tous savaient sauf nous !

Ce qui attirait l'attention de tous ces êtres, c'était la vitesse à laquelle nous évoluions alors. Il va sans dire que ce fait n'est pas évident pour nous, mais l'est pour ceux qui nous observent. Actuellement, nous évoluons si rapidement qu'aucune forme de vie n'est jamais parvenue à accomplir ce que nous faisons ici naturellement. Et cet accroissement est exponentiel. Ce que cela signifie précisément, nous ne le savons pas encore, ni la hiérarchie spirituelle d'ailleurs. Lorsque aucun précédent n'existe encore, il est difficile de prédire ce qu'une expérience va provoquer au juste.

L'histoire que nous avons racontée à propos de Thot et de Shizat quittant la Terre avec 32 autres membres pour s'installer dans les mondes supérieurs, au-delà du grand vide (voir le chapitre 11), va maintenant commencer à avoir plus de sens pour vous. Les maîtres ascensionnés essayaient de découvrir ce que tout ceci signifiait. Petit à petit, ils passèrent le seuil des portails interdimensionnels apparus grâce à l'expansion de notre conscience. Il est dorénavant certain que ces portails mènent tous au-delà du grand vide, jusque dans l'octave dimensionnelle suivante. Tout ceci est étonnant. C'est en fait tellement hors des normes, selon les standards de la compréhension galactique de l'univers, que très peu d'individus sont prêts à dire où ces événements vont nous mener. Par contre, un élément semble évident pour tout le monde : la situation présente n'a aucun précédent.

De plus, si nous examinons bien les faits, cette minuscule source d'information au sein d'une galaxie inconnue (fournie par cet individu qui émit l'idée à la base de l'expérience sirienne) faisait partie de la réalité d'origine. C'est Dieu qui l'avait placée là, et non pas Lucifer ! Évidemment, Dieu savait ce qui allait se passer, et Dieu seul sait où cela va nous mener.

Si je vous donne ces informations, c'est pour vous faire savoir ce qu'est la réalité cachée derrière tous ces événements et vous faire prendre conscience d'autre chose : vous êtes maintenant, ou sur le point de devenir, certains des maîtres ascensionnés qui hériteront de la Terre. Vous-mêmes et ceux qui travaillent avec vous allez bientôt être responsables de l'éveil du restant de l'humanité. Les informations essentielles à l'ouverture de votre esprit et de votre cœur à la réalité originelle sont en vous, où se trouve une sagesse plus vieille que le temps. Puisse tout ce que vous faites être une bénédiction pour la vie tout entière, peu importe où elle se trouve. Dieu sera toujours avec vous.

Puissiez-vous transcender la conscience dualiste du bien et du mal et vous ouvrir à l'unité du Dieu vivant, à la réalité d'origine. À partir de cette ancienne perspective, la naissance de quelque chose d'exceptionnel émergera sûrement dans la lumière de ce nouveau jour.

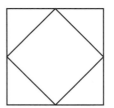

Le changement de dimension imminent

La grande transformation

La plupart des grands prophètes et des autochtones de la planète ont déjà prédit qu'une « grande transformation » allait bientôt survenir sur terre, touchant toute l'humanité. En fin de compte, nous voyons la chose se préciser sous la forme d'un changement de dimension à l'échelle planétaire, d'une ascension globale jusque sur un nouveau plateau d'existence associé à la conscience christique, ou conscience de l'unité. Dans le dernier chapitre, nous étudierons avec soin le grand changement lui-même et ce que nous pouvons en déduire et comprendre grâce à lui. Mais dans ce chapitre-ci, nous jetterons un coup d'œil sur la nature du changement de dimension et la sagesse que l'on peut en tirer, ce que nous pouvons commencer à vivre ici-bas sur la Terre afin que tous ces changements soient équilibrés et ne causent pas trop de souffrances. Saisir la nature de ce changement de dimension, c'est trouver le moyen d'accélérer sa propre croissance spirituelle et l'utiliser au mieux pendant le temps qu'il nous reste à vivre sur cette planète magnifique.

Un changement de dimension, comme son nom l'indique, c'est lorsqu'une planète ou tout autre corps cosmique passe d'un niveau de conscience à un autre et d'une dimension d'existence à une autre. Dans notre cas, nous allons sortir de la troisième dimension pour pénétrer dans la quatrième. Autrement dit, la planète tout entière, dont tout ce qui se trouve sur elle ou à l'intérieur d'elle, ou encore au-dessus d'elle, va connaître ce véritable passage d'une dimension à une autre. Les Amérindiens croient que nous sommes tous sur le point de passer du quatrième monde au cinquième, un changement qui sera précédé par ce qu'ils appellent « le jour de la purification ». Il y a une différence quant au moment ou à la date, étant donné que dans leur tradition, ils considèrent le grand vide comme un monde et effectuent donc leurs calculs à partir de là. Par conséquent, la troisième dimension, du point de vue des Melchizédek, et la quatrième, selon les Amérindiens, constituent une seule et même chose.

Si tel est votre choix, vous pouvez vous aussi comprendre la nature de cette transformation vers la prochaine dimension de vie, le prochain monde. Quand bien même il s'agira probablement d'une transformation très rapide, nous pouvons déjà voir sa nature et discerner ce que sont ces changements par lesquels nous allons tous passer. Cela soulève également le voile à propos des événements qui se produisent dans le monde en ce moment et explique pourquoi ils sont là, ce qui rend l'esprit et le cœur plus pénétrants, alors que nous traversons cette période de transformations.

Les différents aspects d'un changement de dimension

Sur des planètes de cette galaxie, le changement de dimension commence habituellement par l'affaiblissement du champ magnétique et le déplacement de plus en plus désordonné des points géomagnétiques. La civilisation de la planète commence à se fracturer et on entre alors dans la dernière phase. Celle-ci ne dure habituellement pas plus de deux ans, et presque toujours au moins trois mois. Au cours de cette phase, la civilisation se dissout petit à petit et il devient extrêmement dangereux de rester en vie. Tous les systèmes qui, en temps normal, permettaient à la civilisation de continuer, se désintègrent complètement et le chaos règne. C'est la période pour laquelle la plupart des esprits religieux se sont préparés, comme les mormons, par exemple. C'est la période pendant laquelle nous sommes encore sur terre, dans la troisième dimension, et juste avant la transition dans la dimension suivante, la quatrième dans notre cas.

La période de cinq ou six heures avant le changement de dimension proprement dit est un temps très étrange où la quatrième dimension se met à déborder dans la troisième. Le fait de savoir cela à l'avance pourra vraiment nous aider.

Quand le changement sera entamé, personne n'en doutera. Il y aura des manifestations bien précises, des couleurs et des formes auxquelles la conscience de la majorité des humains n'est pas habituée. À partir de ce moment-là, nous aurons quitté la troisième dimension de la Terre pour de bon. Habituellement, l'axe de la planète change, mais nous n'en serons pas conscients parce que nous serons littéralement dans une autre dimension, dans un autre espace-temps. Bien sûr, il y a toujours une possibilité que les choses arrivent autrement, mais ce que je vous donne ici constitue le cours normal.

Une fois que nous aurons traversé le grand vide, nous pénétrerons dans la quatrième dimension de la Terre. La vie aura complètement changé. L'ascension, la résurrection ou la mort finale auront lieu avant cette phase. Dès lors, la naissance dans un nouveau monde sera en cours.

Le scénario qui suit vous donnera une idée de la manière dont un changement de dimension se passe généralement dans l'univers, mais la Terre représente un cas exceptionnel. Je vais d'abord parler d'une transition normale, comme si c'était ce qui allait se passer, mais notre propre transition sera presque certainement quelque chose d'inhabituel. Il se peut aussi que le cours de l'histoire soit très différent de ce que je suis sur le point de vous dire ici. Cela dépendra de l'amour que nous avons les uns envers les autres en tant que race humaine. Et à la fin de cette explication, je présenterai une autre théorie. Il est encore trop tôt pour savoir de quoi il s'agit au juste, mais il semble néanmoins que quelque chose de très important soit en train de se produire.

Les premiers signes annonciateurs

Le tout premier signe d'un changement de dimension planétaire est un affaiblissement très prononcé du champ magnétique de la planète. Nos scientifiques savent que celui-ci a continué à baisser pendant ces derniers 2000 ans, en fait depuis que Jésus est venu en ce monde. Et durant les derniers 500 ans, ce champ a même diminué encore plus rapidement. Alors que nous nous approchons du changement de dimension, ce même champ magnétique sera perturbé de plus en plus. D'ailleurs, cela est déjà perceptible. Les aéroports du monde entier ont déjà dû corriger leurs compas afin que les avions puissent continuer à utiliser leurs instruments de bord avec suffisamment de précision. Ces trente dernières années, des changements très inhabituels ont eu lieu dans le champ magnétique de la planète. Les oiseaux ne font plus leurs migrations aux mêmes endroits. Ils doivent en effet se fier aux lignes magnétiques naturelles pour naviguer, mais celles-ci ont énormément changé. Je crois que c'est la raison pour laquelle les baleines et les dauphins s'échouent de plus en plus sur les rivages au cours de leurs propres migrations. Jusqu'à tout récemment, beaucoup de ces lignes longeaient la côte ou restaient au large des côtes, mais maintenant, elles passent directement au-dessus de la terre ferme. Ainsi, les cétacés les suivent aveuglément et meurent quelque part sur le littoral. Ce champ magnétique va sans doute finir par s'effondrer complètement et tomber à zéro. Nous savons avec certitude que c'est déjà arrivé de nombreuses fois au cours de l'histoire de notre planète.

S'il s'agit là d'une réalité probable, alors plusieurs scénarios sont possibles. Le champ magnétique pourrait renverser sa polarité ou retourner à la même configuration après avoir atteint le point zéro, en changeant seulement son axe. Tout ceci n'a d'ailleurs pas grande importance pour vous et votre ascension puisque vous ne serez plus dans cette troisième dimension quand cela surviendra. Par conséquent, vous n'aurez pas une expérience personnelle directe de ce changement.

Il y aura aussi d'autres transformations de l'énergie, mais elles seront plus subtiles, dont la fréquence de Schumann (la tonalité ou résonance planétaire), qui changera avant l'apparition de la nouvelle dimension. Mais l'altération du magnétisme terrestre est de loin ce qui est le plus révélateur. Je ne vais pas ici vous entretenir de la fréquence de Schumann, puisque le gouvernement américain s'est donné tant de peine pour essayer de prouver à tout le monde qu'un tel changement n'existe pas et qu'il s'agit d'un mythe. Si vous voulez vraiment connaître la vérité à ce sujet, demandez aux savants allemands et russes, ou lisez leurs rapports, car ces deux nations détiennent des informations diamétralement opposées à ce que rapportent les membres de mon gouvernement. Vous pouvez également étudier les travaux de Gregg Braden, sans aucun doute plus inspirés et plus honnêtes. (Voir *L'éveil au point zéro*, Éd. Ariane.)

Ces changements dans le champ magnétique terrestre sont extrêmement importants, car ils ont une grande influence sur les émotions et la faculté mentale des êtres humains. Si le champ magnétique tombait à zéro *et* restait là pendant environ deux semaines, tous les habitants de la planète perdraient la tête et commenceraient à s'entretuer, jusqu'à ce que plus rien ne bouge. Selon les Russes, les premiers cosmonautes n'étaient pas encore équipés des petits émetteurs à ondes de Schumann lorsqu'on les envoya pour la première fois dans l'espace. Par ailleurs, ils étaient complètement isolés de la fréquence naturelle que notre mère, la planète Terre, émet constamment vers ses enfants. Et s'ils restaient dans l'espace sans ces émetteurs pendant plus de deux semaines, ils devenaient tous fous à lier. C'est exactement ce qui se produisit après « la chute », quand l'Atlantide sombra sous la mer – la population perdit la mémoire et l'esprit. Il semble en effet que le magnétisme de la Terre soit aussi ce qui nous permet de garder nos impressions en mémoire, exactement comme un ruban magnétique dans une cassette ou le disque dur d'un ordinateur le font. Et comme nous l'avons vu, tout cela a également un lien avec notre corps émotionnel, nos émotions. Par conséquent, les Russes ont inventé un petit émetteur que l'on porte à la ceinture et que les cosmonautes actuels ont toujours sur eux, ceci pour maintenir un champ magnétique normal autour de leur corps quand ils sont dans l'espace. Je suis sûr que la NASA a fait exactement la même chose.

Cela pourrait vous paraître étrange que le champ magnétique de la planète affecte vos émotions, mais pensez à ce qui se passe toujours pendant la pleine lune ! La déformation du champ magnétique est minime et, pourtant, ses effets sont évidents. Si vous en doutez, vérifiez donc les rapports de police le jour avant, pendant, et après la pleine lune ! Il y a davantage de meurtres, de viols et de crimes pendant ces trois jours qu'à n'importe quel autre moment du mois. Mais si le champ magnétique tombe à zéro, alors là, le problème devient catastrophique. Même les fluctuations à la Bourse sont basées sur les émotions humaines ! Vous pouvez facilement vous imaginer alors les dégâts qu'un champ magnétique à l'échelle planétaire et qui tomberait à zéro pendant plus de deux semaines occasionnerait dans le monde entier.

La vie pendant la phase qui précède le changement de dimension

Cette période dure habituellement de trois mois à deux ans. Elle est provoquée principalement par le champ magnétique de la planète qui se déforme, puis disparaît et rend les gens fous. C'est la raison principale de l'effondrement de tous les systèmes qui, en temps normal, maintiennent l'ordre dans la société. La Bourse s'effondre, les gouvernements ne peuvent plus fonctionner correctement et la loi martiale est déclarée dans tous les pays, mais cela ne marche pas non plus, car toutes les factions de l'armée ont les mêmes problèmes que la population civile, et tout le monde panique. Très rapidement, la nourriture se met à manquer, car les marchandises ne sont plus livrées ; il n'y a plus personne vers qui se tourner pour demander de l'aide. La paranoïa s'installe dans les esprits surchauffés. Les gens s'arment et s'entretuent à la moindre provocation. Désormais, il n'existe plus aucun havre de paix sur la planète.

En raison de l'aide considérable que nos frères et sœurs extraterrestres nous ont accordée, et étant donné aussi les changements de conscience considérables par lesquels nous sommes tous passés, nous avons malgré tout de bonnes chances de ne pas avoir à faire les frais de cette période d'extrêmes dangers, mais si jamais nous le devions, ce serait très rapide. En fait, je ne serais pas surpris que nous n'ayons *aucune mise en garde*, sauf pour les cinq ou six heures dont nous allons maintenant parler.

Si nous devions nous préparer à vivre cette phase du point de vue *physique*, nous accumulerions eau, vivres et munitions pour deux ans et creuserions un abri souterrain. Malgré tout, si nous entrions dans notre habitat de sauvetage au début d'un tel changement, nous n'en sortirions plus. Et pourquoi ça ? Parce que nous allons rapidement nous retrouver dans une nouvelle dimension d'existence et de conscience, et qu'ainsi, notre troisième dimension actuelle aura complètement disparu dès que le changement aura lieu. Par conséquent, cette idée d'accumuler vivres et matériel, de se terrer dans un abri souterrain pendant la crise, puis d'en sortir tel l'ours après un long sommeil hivernal ne tient pas.

Aux États-Unis, aussi bien que partout ailleurs dans le monde, de nombreux individus ont récemment pris leurs dispositions d'une manière très semblable pour parer à un désastre possible pour le passage de l'an 2000 (qui aurait, dit-on, été provoqué par la célèbre omission Y2K [le bug de l'an 2000] dans les programmes d'ordinateurs). Oh, bien sûr, il n'y a rien de mal à prendre ses précautions ; mais comprenez simplement que cela ne vous sauvera pas. Aucune préparation *physique* ne pourra vous aider dans la dimension suivante. Le succès dépend de votre conscience du domaine spirituel et principalement de votre caractère. Oui, de votre caractère. J'expliquerai sous peu.

Les cinq ou six heures qui précèdent
le changement de dimension

Du point de vue humain, cette phase est étrange, voire inquiétante. Les Taos, la tribu indienne dans laquelle je suis né quand je me suis incarné sur terre pour la première fois [au siècle passé, NDE] (et qui pourrait à la rigueur faire l'objet d'une autre petite histoire intéressante), conseillent aux membres de leur population de rester alors, au moment venu, à l'intérieur de leur logis traditionnel en terre battue, d'empêcher la lumière d'entrer en tirant les rideaux, d'éviter de regarder dehors et de prier. Tenter de voir ce qui se passe à l'extérieur provoquerait de la peur, une émotion à éviter à tout prix lorsqu'on doit faire face à ce genre de situation.

Puis un phénomène étrange se présentera alors : les deux dimensions se chevaucheront petit à petit. Vous pourriez être assis là, dans votre salle de séjour, alors que quelque chose apparaîtra soudainement de nulle part, sans que vous puissiez vous l'expliquer. Ce sera un objet de la quatrième dimension qui n'aura plus rien à voir avec la réalité telle que vous la compreniez jusque-là. Et vous vous mettrez à voir des couleurs que vous n'avez jamais vues de votre vie. Elles seront extrêmement brillantes et sembleront éclairées depuis l'intérieur. Des formes se dessineront, que vous ne pourrez pas vous expliquer et qui sembleront émettre leur propre lumière plutôt que de la réfléchir. Ces objets seront les choses les plus étranges que vous ayez jamais vues. Ne paniquez pas, restez calmes, c'est là un phénomène naturel !

Je vous suggère fortement de *ne pas toucher* à ces objets. Si vous le faites, cela aura pour effet de vous attirer instantanément et à une vitesse accélérée dans la quatrième dimension. Il est plus agréable d'y pénétrer graduellement. Mais si la chose est inévitable, telle sera la volonté de Dieu.

Les objets synthétiques et les formes-pensées de la réalité de Lucifer

L'autre phénomène qui aura obligatoirement lieu a trait à la nature de la réalité que Lucifer a créée et dans laquelle nous vivons tous. La réalité d'origine est conçue de telle manière que tout est dans l'ordre divin par rapport à l'ensemble. Mais dans la réalité de Lucifer, la technologie a produit des matériaux synthétiques. Ces matériaux, qu'on ne trouve pas dans la nature, ne pourront aucunement pénétrer dans la quatrième dimension. Ils retourneront aux éléments à partir desquels ils ont été fabriqués. En fait, il est possible d'envoyer un matériau synthétique dans la dimension suivante, mais cela exige alors la manifestation d'un champ énergétique spécial pour le conserver intact.

De plus, ces matériaux ne sont stables que jusqu'à un certain point. Quelques-uns, comme le verre, ne sont pas très éloignés de la nature. Après tout, le verre n'est que du sable fin chauffé à très haute température. Mais d'autres matériaux sont très éloignés du monde naturel conçu par le divin. Par conséquent, ils sont beaucoup plus instables, comme les objets en plastique. Cela veut donc dire que certains objets synthétiques, selon leur degré de stabilité, se désintégreront ou fondront littéralement sous vos yeux plus rapidement que d'autres pendant cette période de cinq ou six heures. Votre voiture, qui est faite d'acier, de plastique et d'autres matériaux très instables, ne fonctionnera vraiment plus ! Même votre maison ou votre appartement, construits avec des matériaux instables, se désintégreront partiellement. Pendant cette période, la plupart des logis modernes deviendront donc dangereux à habiter.

Dans leur tradition, les Indiens Taos Pueblo savent depuis longtemps que l'humanité va passer par une grande purification, et ils en connaissent la conséquence pour le monde artificiel. Ils ont donc rendu illégal l'usage de matériaux de construction modernes dans leurs demeures traditionnelles. Pendant une partie de l'année, beaucoup de familles Pueblo vivent dans des logis secondaires construits à partir de matériaux synthétiques. Cependant, tous savent que le jour de la grande purification venu, ils devront se rendre dans leurs demeures ancestrales faites de matériaux naturels. Le seul luxe que ces gens s'offrent souvent, dans ces demeures, est d'installer des fenêtres modernes au vitrage habituel. Toutefois, si ces dernières se dissolvent pendant le changement de dimension, cela n'entraînera pas une grosse perte, et la structure même de la demeure restera intacte. Quant au reste, leur *pueblo* (habitation) n'est fait que d'argile, de paille, de sable, de pierres et de bois. Ainsi, ils n'auront aucun problème avec ces matériaux au moment du grand chambardement.

Le mieux serait d'être dans la nature au moment du changement de dimension. Mais si vous ne pouvez y être, alors telle est la volonté de Dieu. Je ne m'inquiéterais pas de cela, à votre place. Je ne souhaite que vous informer de toutes ces choses, de manière que vous puissiez comprendre ce qui se passera alors.

J'expliquerai tout cela un peu plus loin. Tous les objets synthétiques ne sont en fait que des pensées créées par, et à travers, l'expérience luciférienne. Ils n'existent pas dans la réalité d'origine. Il se peut que vous ayez de la difficulté à saisir que ce sont simplement des pensées. Dans ce cas, la locution « formes-pensées » est peut-être plus facile à comprendre pour vous. Ces dernières, ainsi appelées par les hindous, proviennent du plan mental et se manifestent progressivement dans cette dimension.

En d'autres termes, une personne pense à un objet, l'imagine, puis trouve moyen de le construire elle-même ou de le faire construire par quelqu'un d'autre. Les gens créent l'objet d'une façon ou d'une autre et le manifestent sur terre. Il pourra d'ailleurs s'agir d'un seul individu ou d'un groupe d'individus, c'est sans importance. La personne ne maintient pas l'objet ici-bas avec sa volonté, même si elle l'a conçu. Tous les objets créés par l'homme conservent leur forme grâce au treillis énergétique qui existe tout autour de la planète. C'est le treillis de la conscience de tous les êtres humains sur ce plan d'existence. Il s'agit d'une réalité engendrée d'un commun accord et gardée en place par ce treillis énergétique. Si quelqu'un qui a façonné des objets pendant sa vie meurt dans la communauté, les objets qu'il laisse derrière lui pourront ainsi continuer à exister dans la troisième dimension. Malgré tout, si le treillis énergétique qui préserve tous ces objets en place commence lui-même à se désagréger, à se dissoudre, pour finalement disparaître, tous les objets faits de main d'homme ou qui sont le fruit de l'esprit de l'homme vont également disparaître sans laisser aucune trace. Or, ce treillis se désintégrera juste avant le changement de dimension, ou pendant celui-ci.

Bien évidemment, les gens qui étaient déjà déséquilibrés à cause de l'effondrement du champ magnétique de la Terre le deviendront encore plus quand ils verront la réalité luciférienne se dissoudre littéralement autour d'eux et les objets disparaître ou se désintégrer devant leurs yeux. Le bon côté de la chose, c'est que tout cela ne durera qu'un peu moins de six heures.

Selon Edgar Cayce et d'autres médiums, il y a déjà eu de nombreuses civilisations très avancées sur cette terre et, pourtant, il n'en reste aucune trace. La raison ? Nous venons juste de la décrire. Leurs matériaux synthétiques se désagrégèrent et disparurent à tout jamais pendant le dernier changement de dimension en date, il y a 13 000 ans, et au cours d'autres changements qui eurent lieu dans le passé. Dieu nettoie toujours l'environnement de la réalité précédente avant de manifester la prochaine.

Si les membres d'une culture extraterrestre avancée se rendent ici-bas dans le but de construire un monument (une pyramide, par exemple) qui devra durer des dizaines de milliers d'années, ils ne choisissent ni l'acier ni le plastique. Ils prennent des matériaux naturels tirés de la planète elle-même, et qui sont suffisamment durables. Ce n'est qu'à ce prix qu'ils peuvent être assurés que leur chef-d'œuvre survivra à tous les changements de dimension dans le futur. Il ne s'agit pas d'un retour à l'âge de pierre ; c'est simplement une chose intelligente à faire, voilà tout !

De plus, ces cultures avancées d'extraterrestres veillent toujours à ne laisser aucune trace derrière elles. Les membres de ces cultures prennent constamment leur corps avec eux ou le font disparaître d'une manière ou d'une autre, afin de ne pas violer la loi galactique de non-interférence.

Changements de dimension planétaires

Tout individu qui vit sur cette planète a déjà fait l'expérience d'un changement de dimension. Le seul fait de naître sur terre en est un. C'est un fait cosmique. Peu importe notre point d'origine, il nous a tous fallu traverser le grand vide avant de nous incarner ou de nous réincarner sur terre, et il s'agit bien là d'un changement de dimension. Le jour où vous êtes nés ici-bas sous la forme d'un petit bébé, vous êtes passés par un changement de dimension. Vous vous êtes déplacés d'un monde dans un autre. C'est seulement en raison de la mémoire humaine limitée que nous ne nous souvenons de rien.

Le fait de ne pas pouvoir nous rappeler où nous étions et ce que nous faisions au juste avant notre naissance a d'ailleurs été la cause d'énormes limitations. L'une d'elles est notre incapacité à maîtriser l'impression (ou la réalité) qu'il n'existe que de grandes distances à parcourir dans le cosmos. Ici-bas, dans notre réalité, les distances interplanétaires ou intergalactiques sont tellement grandes que nous ne pouvons pas les franchir. Nous ne pouvons même pas quitter notre système solaire, car dans notre état de conscience actuel, nous sommes les prisonniers de notre propre logis.

N'est-il pas vrai ? Voyager sur de grandes distances en vaisseau spatial, selon notre manière personnelle de concevoir le temps et l'espace, est impossible. Nos esprits scientifiques sont déjà parvenus à cette conclusion. Mais bien sûr, il est décourageant de reconnaître que nous ne pourrons jamais quitter notre système solaire avec les moyens que nous connaissons aujourd'hui. Disons que nous voulons nous rendre jusqu'à la prochaine étoile, Alpha Centauri, à environ quatre années-lumière de la Terre. Si nous devions utiliser notre technologie actuelle, il nous faudrait voyager pendant 115 millions d'années. Les humains ne vivent pas aussi longtemps, c'est bien certain, et cette étoile est la plus proche ! Dans l'état actuel des choses, s'aventurer profondément dans l'espace est une impossibilité évidente. Si nous voulions avoir du succès, nous devrions changer notre compréhension du temps et de l'espace.

Le problème, et je crois l'avoir déjà dit, c'est que nous ne prenons en considération *que* le temps et l'espace ; nous avons perdu la notion de dimensions d'existence. Mais les choses étant toujours parfaites telles qu'elles sont, nous commençons *maintenant* à nous en souvenir, juste au moment où nous en avions le plus besoin ! Cela nous revient d'abord dans nos rêves, puis dans nos films. Nous n'avons qu'à penser à *Star Trek*, *Contact*, *Sphère* et à beaucoup d'autres, qui explorent tous l'idée de différentes dimensions d'existence. *Nous allons nous en souvenir*, car Dieu est toujours avec nous.

Agissons dans ce sens. Je vais vous expliquer exactement ce qui se produit *généralement* au cours d'un changement de dimension, et je tirerai toutes les descriptions de mon expérience personnelle. Par conséquent, ce qui va bientôt avoir lieu pour nous tous pourra être légèrement différent, car l'univers lui-même fait constamment de nouvelles expériences. Il se pourrait que certains parmi vous préfèrent que je vous raconte tout ceci sous la forme d'une petite histoire, mais je crois que dans ce cas, une méthode plus directe est appropriée.

L'expérience d'un changement de dimension à l'échelle planétaire

Souvenez-vous que ce que je suis sur le point de livrer ici est ce qu'un texte galactique vous révélerait. Il ne s'agit que du scénario habituel. Il pourra y avoir de nombreux détails différents, car la vie est souple et adaptable, mais si vous connaissez les normes, vous pourrez imaginer les différences.

Alors que nous pénétrons dans ce nouveau millénaire, les maîtres ascensionnés sentent qu'il y aura très peu de violence à l'approche du changement, car nous revenons de loin sur le sentier. Nous avons bien travaillé dans nos efforts visant à faire naître une nouvelle conscience humaine ! Je veux par conséquent vous demander de vous détendre et de ne plus vous inquiéter. Prenez plaisir à observer cette transition. Alors que vous êtes les témoins de la perfection de la vie, vous pouvez être comme le petit bébé que vous avez toujours voulu redevenir, si tel est votre cas. Sachez que l'on va s'occuper de vous et que l'amour pur dirige déjà les événements. Cette vague d'énergie est tellement plus grande que nous tous que la meilleure défense est encore de nous abandonner complètement à elle et d'être, tout simplement.

Il est fort probable que nous ayons à ce jour changé les tenants et les aboutissants de cette période de chaos qui, normalement, devrait durer de trois mois à deux ans. On croit maintenant en hauts lieux que la période précédant le changement sera sans doute très courte et ne contiendra pour ainsi dire aucune violence. On ne s'attend plus à aucun avertissement d'aucune sorte, ou presque, sauf pour la période de transformation elle-même, qui durera de cinq à six heures. Il est plus que probable que vous vous réveilliez un beau matin et qu'avant le coucher du soleil vous vous retrouviez comme un enfant devant un monde tout neuf.

Une révision des six heures qui précèdent le changement de dimension

Commençons par les six heures qui précèdent le changement de dimension. Vous vous réveillez un beau matin, le soleil brille et le fond de l'air est frais. Alors que vous vous levez de votre lit, vous éprouvez un léger vertige et vous ne vous sentez pas tout à fait dans votre assiette. Voyant cela, vous décidez de prendre un bain. Alors que vous vous glissez dans l'eau ondoyante, vous sentez une présence derrière vous. Vous vous retournez et apercevez une grande sphère brillamment éclairée depuis l'intérieur, semble-t-il, et entourée d'étranges taches de couleur qui flottent en l'air à environ un mètre du sol, tout près du mur. Sidéré, vous essayez de réfléchir à ce que cela pourrait bien être ; c'est alors qu'un petit cube aux chatoiements extraordinaires apparaît, comme venu de nulle part, à quelques dizaines de centimètres de vous. Lui aussi semble flotter librement et paresseusement en l'air, sans appui visible.

Vous sortez rapidement de votre baignoire, vous vous essuyez à la hâte, enfilez votre robe de chambre et vous précipitez dans votre chambre à coucher. Elle est remplie de ces formes aux couleurs extraordinaires, de toutes ces choses inimaginables qui vous font soudain penser que, ma foi, vous avez des hallucinations ; c'est peut-être dû à une tumeur au cerveau qui n'a pas été décelée, pensez-vous rapidement, ou bien une connaissance a mis quelque chose dans l'eau que vous avez bue hier soir dans le but de vous faire une bonne plaisanterie ! Mais bien sûr, tel n'est pas le cas. Soudain, le plancher commence à onduler et votre maison tout entière semble parcourue de vagues de plus en plus prononcées ; les murs sont comme de la guimauve, et ces couleurs !... Vous ouvrez la porte d'entrée et vous précipitez dans le jardin, puis vous courez dans les bois avoisinants, où tout a l'air plus normal, sauf qu'il y a encore ces « choses » qui flottent partout.

Vous décidez alors de vous asseoir et de ne plus bouger. Vous vous souvenez de votre Mer-Ka-Ba et vous commencez à respirer tout en étant conscient de chaque souffle. Vous vous détendez dans le flot de prana qui se meut maintenant dans votre corps. Les grandes roues de votre Mer-Ka-Ba vous enveloppent dans leur cocon, où règne une atmosphère chaleureuse, un sentiment de sécurité, un peu comme vous vous sentiez jadis, au coin du feu. Vous vous centrez en vous-même et attendez, parce que vous devinez que ce qui se passe en ce moment, et ce qui va suivre, est laissé à la grâce de Dieu. Il n'y a nulle part où aller.

C'est la plus grande glissade en toboggan de votre vie ! C'est aussi quelque chose qui vous semble vaguement familier, ancien même, et pourtant c'est une expérience toute neuve. Vous vous mettez à penser que c'est vraiment très beau, et d'ailleurs, vous avez l'impression d'être en pleine forme. Vous n'avez jamais eu l'esprit aussi clair ; quelle différence avec votre vie habituelle sur la planète Terre ! Chaque souffle vous fait vibrer d'excitation.

Votre regard se porte sur la ligne d'horizon, au-delà du pré, où un brouillard rouge se forme petit à petit et recouvre graduellement le sol tout autour de vous. En très peu de temps, vous êtes complètement entouré par cette nappe incandescente qui semble avoir sa propre source lumineuse. C'est une brume, mais dans un sens, cela ne ressemble à rien de ce que vous avez pu voir jusqu'ici, et c'est partout, y compris dans vos poumons.

Vous éprouvez un sentiment étrange partout dans votre corps ; cela ne vous fait pas souffrir, c'est simplement inhabituel. Vous remarquez que le brouillard rouge tourne lentement à l'orange, puis au jaune. À son tour le jaune tourne rapidement au vert, puis au bleu, au pourpre, au violet foncé, puis au violet clair. Puis un flash de lumière blanche aveuglante explose dans votre conscience. Vous n'êtes pas seulement entouré de lumière blanche ; *vous êtes* cette lumière. Pour vous, rien d'autre n'existe plus.

Ce dernier sentiment paraît vouloir persister longtemps. Lentement, très lentement, la lumière blanche devient transparente comme le cristal le plus pur, et l'endroit où vous êtes assis devient à nouveau visible. Sauf que maintenant, tout semble fait de l'or le plus exquis – les arbres, les nuages, les animaux, les maisons, les gens –, mis à part votre corps, qui pourra ou non être fait de ce noble métal.

Presque imperceptiblement, la réalité colorée de cet or métallique devient transparente. Lentement, tout commence à ressembler à du verre coloré en or. Vous devenez capable de voir à travers les murs et les objets ; vous pouvez même voir les gens qui marchent derrière eux.

Le grand vide – les trois jours d'obscurité totale

Finalement, la réalité toute d'or métallique revêtue faiblit et s'efface progressivement. La couleur or, jadis vibrante et lumineuse, devient terne et continue à perdre de sa luminosité, jusqu'à ce que le monde entier soit plongé dans l'obscurité, qui tourne au noir d'encre le plus absolu et vous enveloppe en son sein. Votre ancien monde a maintenant disparu à tout jamais. Vous ne pouvez plus rien voir, pas même votre main tout près de votre visage. Vous réalisez que vous êtes assis sur quelque chose de stable, mais en même temps vous sentez que vous flottez dans le vide. Votre monde familier n'existe plus. Parvenu à ce point, ayez la volonté de n'éprouver aucune peur. Il n'y a plus aucune raison d'avoir peur. Le processus par lequel vous passez est complètement naturel. Vous venez juste de pénétrer dans le vide, entre la troisième et la quatrième dimension, le grand vide hors duquel tout est apparu jadis et dans lequel tout retourne un jour ou l'autre. Vous êtes parvenu au seuil entre deux mondes. Il n'y a aucun son, aucune lumière. Vous vivez l'absence totale de toute sensation.

Il n'y a rien d'autre à faire que d'attendre et d'éprouver de la gratitude envers Dieu pour ce rapport que vous sentez encore entre vous et cela, ou ce qui est, de toute éternité. Et à partir de là, vous allez probablement vous endormir et vous mettre à rêver. C'est parfait. Si vous ne rêvez pas, il vous semblera qu'une longue période de temps s'écoule, quand bien même il ne s'agira en fait que d'environ trois jours.

Soyons plus précis en ajoutant que cette période pourra durer entre une demi-journée (la période de temps la plus courte jamais enregistrée) et quatre jours (la période de temps la plus longue jamais enregistrée). Normalement, la période dure de trois jours à trois jours et demi. Il s'agit ici de jours terrestres, d'une période de temps expérientielle et non pas réelle, car le temps tel que nous le considérons généralement n'existe pas. Vous êtes dorénavant parvenu à « la fin des temps » dont parlent les Mayas, les chrétiens ou les membres d'autres groupes.

La nouvelle naissance

L'expérience qui suit est plutôt bouleversante. Après avoir flotté dans le vide et l'obscurité la plus complète pendant à peu près trois jours, il pourra vous sembler, à un niveau de votre être, que mille ans se sont écoulés. C'est alors que d'une manière tout à fait inattendue et en un instant, votre monde explose en une lumière blanche aveuglante. C'est la lumière la plus resplendissante que vous ayez jamais vue, et il vous faut longtemps pour que vos yeux s'ajustent et que vous puissiez vous habituer à l'intensité de cette nouvelle lumière.

Il est plus que probable que cette expérience vous paraîtra toute nouvelle, et ce que vous êtes en fait devenu se compare à un nourrisson qui vient juste de naître dans une nouvelle réalité. Vous recommencez une nouvelle vie, comme lorsque vous êtes arrivé sur la Terre. Vous veniez alors d'un endroit sombre pour enfin déboucher dans un monde rempli de lumière, mais vous étiez d'abord aveuglé et désorienté. Eh bien, cette nouvelle expérience est très semblable à bien des points de vue. Félicitations ! Vous venez juste de renaître dans un nouveau monde encore plus resplendissant que celui que vous venez à peine de quitter !

Quand vous vous ajustez enfin à l'intensité de cette nouvelle lumière – ce qui pourra prendre quelque temps –, vous voyez des couleurs que vous n'avez jamais contemplées auparavant ; en fait, vous ne saviez même pas que de telles couleurs pouvaient exister. Tout, dans cette nouvelle expérience de la réalité, vous paraît bizarre et inconnu.

Véritablement, il s'agit bien ici d'une nouvelle naissance. Quand vous naissez sur terre, vous êtes tout petit et continuez à grandir jusqu'à l'âge adulte. Nous pensons d'ailleurs souvent que l'état adulte est la fin de la croissance. Ce que je vais maintenant vous dire pourra vous paraître étrange, mais sachez qu'un corps humain adulte dans cette troisième dimension est en fait considéré comme un enfant dans la quatrième. Et exactement comme ici-bas, nous commençons à grandir davantage à partir de là, jusqu'à ce que nous parvenions à l'âge adulte dans notre nouveau monde. En effet, les gens sont beaucoup plus grands dans la quatrième dimension. Un adulte mâle mesure en moyenne de quatre mètres à quatre mètres quatre-vingt, et un adulte femelle, de trois mètres à trois mètres soixante-dix.

Votre corps semblera solide, tout comme sur terre, mais si on le compare à celui de la troisième dimension, il ne l'est pas du tout. Il a toujours une structure atomique, mais sous une forme vibratoire plus élevée. Vous êtes devenu un être composé de beaucoup d'énergie et de très peu de matière. Sur terre, vous pourriez facilement traverser un mur avec cette forme, mais dans cette nouvelle réalité, votre corps est bien solide et ferme au toucher. Cette nouvelle naissance sera votre dernière vie dans le monde de la structure tel que vous l'avez connu jusque-là. Dans la cinquième dimension que vous connaîtrez rapidement après la quatrième, la vie ne s'exprime plus par les formes. Il s'agit d'un état de conscience sans forme. Vous n'aurez plus de corps, mais vous pourrez être partout à la fois.

Dans la quatrième dimension, le temps est extrêmement différent. Quelques minutes sur terre correspondent ici à plusieurs heures. Par conséquent, vous atteindrez l'âge adulte en ce qui vous paraîtra être deux ans. Mais tout comme ici-bas, le fait de grandir ne constitue pas le seul but de l'existence. Certains niveaux de connaissance et d'existence seraient difficiles à imaginer depuis le niveau de conscience dans lequel vous vous retrouverez lorsque vous pénétrerez dans la quatrième dimension pour la première fois. Nous pourrions comparer cela à un bébé ici-bas, qui est encore incapable de comprendre ce qu'est l'astrophysique.

Vos pensées et votre survie

Vous êtes désormais un enfant dans ce nouveau monde, mais loin d'être sans ressources. Vous êtes au contraire un esprit très puissant qui peut contrôler la réalité tout entière avec ses pensées. Tout ce à quoi vous pensez se manifeste instantanément ! Et pourtant, surtout au début, vous ne reconnaissez souvent pas ce fait. En réalité, la plupart des nouveaux arrivants ne font pas la connexion pendant plusieurs jours ; or, ces premiers jours sont cruciaux. Si vous ne comprenez pas rapidement ce rapport direct entre ce que vous pensez et ce qui se manifeste dans votre nouvelle vie, cela *pourrait* bien vous empêcher de survivre dans ce nouveau monde !

Vous êtes ici depuis quelques minutes à peine que déjà le premier grand test commence dans votre vie. Quand le portail s'ouvre sur la quatrième dimension, tous peuvent le franchir, mais généralement, un certain nombre n'arrivent pas à y rester en permanence.

Nous avons découvert qu'à ce stade, il y a trois types d'individus. Il y a d'abord les esprits qui passent le seuil et sont prêts pour la quatrième dimension. Ils se sont préparés pendant leur vie terrestre, par le genre de vie qu'ils ont vécu. Puis, il y a ceux qui ne sont pas prêts et qui ont tellement peur qu'ils ne peuvent se permettre à eux-mêmes de quitter la troisième dimension et de traverser le grand vide. Par conséquent, ils retournent immédiatement sur terre. Pour finir, il y a ceux qui passent le seuil et parviennent dans la quatrième dimension, mais sans être tout à fait prêts pour cette expérience.

Jésus se référait d'ailleurs à ces individus quand il a dit, à la fin d'une parabole : « Il y aura beaucoup d'appelés, mais peu d'élus… »

Il y a aussi la parabole de l'ivraie et du bon grain. Que faire, demanda Jésus à la foule, quand les deux sont mélangés ? Les laisser tels quels, fut sa réponse, car au moment de la récolte, ils seront ramassés par le fermier, qui pourra alors séparer plus facilement le bon grain de l'ivraie. Normalement, le fermier aurait essayé de se débarrasser de l'ivraie et des mauvaises herbes pendant qu'elles étaient encore en train de pousser, mais ce n'est pas ce que Jésus suggéra. Ce à quoi il se référait est le fait qu'il y a deux genres d'individus : ceux qui sont prêts et les autres.

Quand les gens ne sont pas entièrement prêts, cela signifie qu'ils amènent avec eux leurs peurs et leurs haines. Quand ils se retrouvent dans ce monde très bizarre, toutes leurs peurs et leurs colères s'expriment. Et parce qu'ils ne se rendent pas compte que seules leurs pensées se manifestent autour d'eux, leurs peurs prennent le dessus.

Les nouveaux arrivants reproduisent d'abord les images familières de leur ancien monde, les choses qu'ils peuvent reconnaître facilement. Ils le font pour faire en sorte que ce qui se passe ait un sens à leurs yeux. Ils ne le font pas consciemment, mais plutôt par instinct de survie. Ils recréent simplement de vieilles images et de vieilles émotions. Mais ce nouveau monde est tellement curieux, de leur point de vue, que toutes leurs peurs s'y manifestent. Et ils se disent : « Mon Dieu, mais que se passe-t-il ? C'est de la folie furieuse ! » Ils voient des gens qui sont morts depuis longtemps, ou bien des scènes de leur passé, de leur enfance, même. Rien n'a plus de sens pour eux. Leur esprit s'efforce de trouver un moyen de faire à nouveau régner l'ordre dans leur vie.

De tels individus s'imaginent souvent avoir des hallucinations, ce qui provoque davantage de peur en eux. Puisqu'ils pensent encore selon leur manière habituelle quand ils étaient sur terre, ils sentent que quelqu'un cherche à les attaquer et, par conséquent, désirent se protéger. Leur ego leur murmure à l'oreille qu'ils ont besoin d'une arme. La manifestation suivant la pensée, un fusil à lunette apparaît dans leur réalité, soit exactement ce qu'ils voulaient. Ils s'en emparent et pensent : « J'ai besoin de munitions. » Sitôt pensé, sitôt fait. Ils regardent vers la gauche et il y a là une énorme boîte de cartouches toutes prêtes à être utilisées. Ils chargent leur fusil et tentent de trouver l'ennemi qui essaie de les tuer. Et qui pensez-vous qu'ils voient soudain déboucher au coin de la rue et se diriger vers eux ? Ces hors-la-loi tant haïs et tant craints, à l'air patibulaire, armés jusqu'aux dents et prêts à faire un carnage.

Dès lors, les plus grandes peurs de l'individu commencent vraiment à se manifester, quelles qu'elles soient. Dans ce scénario, les membres des deux camps se mettent à se canarder. Peu importe où il se tourne, le nouveau venu doit maintenant faire face à des tueurs. Pour finir, il manifeste sa plus grande peur, est frappé en pleine poitrine par une balle à tête explosive et s'écroule raide mort.

Si un tel scénario a lieu, le nouveau venu meurt effectivement à son nouveau monde et se retrouve... dans l'ancien monde qu'il venait de quitter. C'est ce que Jésus voulait dire quand il prononça ses fameuses paroles : « ... car tous ceux qui vivent par l'épée périront par l'épée... » Mais il dit aussi : « Bénis soient les doux, car ils hériteront de la Terre... », ce qui signifie que si vous vous retrouvez dans ce nouveau monde et émettez des pensées comme l'amour, l'harmonie, la paix, la confiance en Dieu et en vous-même, la révérence envers Dieu, etc., alors c'est exactement ce qui se manifestera dans votre monde. Vous ferez surgir un monde harmonieux et magnifique. Si vous êtes « personne simple », vous vous permettrez à vous-même de rester dans ce monde supérieur par vos pensées, vos sentiments et vos actes. Vous survivrez très bien au changement de dimension.

Et bien entendu, ce n'est que le commencement. En définitive, vous renaissez dans un nouveau monde et y survivez. À partir de ce moment-là, différentes possibilités s'offrent à vous. L'une d'elles est qu'après quelque temps, vous allez invariablement commencer à explorer cette nouvelle réalité, jusqu'à prendre conscience, à un moment donné, que tout ce à quoi vous pensez se manifeste.

Et la plupart des gens font ce qu'on pourrait appeler un travail esthétique sur leur personne. Ils voient leur corps et se disent : « Oh, je l'aimerais mieux comme ceci... » et à l'aide de leur pensée et de leur imagination, ils manifestent le genre de corps physique dont ils ont toujours rêvé. Dans ce nouveau monde, n'oublions pas qu'ils peuvent désormais tout rendre réel, faire repousser des membres ou guérir n'importe quelle maladie. Et pourquoi pas ? C'est dorénavant un jeu d'enfant ! Puisque l'ego fonctionne encore un peu, ils pourront se faire beaux comme des dieux de l'Olympe, ou belles comme des déesses antiques, blondes, grandes et élancées. Mais bientôt, ils se lasseront de ces jeux et tenteront alors d'explorer le reste de leur nouvelle réalité.

Il est pour ainsi dire certain que la chose suivante se produira. Vous allez noter la présence de grandes lumières se déplaçant autour de vous. Ce sont vos parents, votre père et votre mère de la quatrième dimension. Oui, bien sûr que vous aurez encore des parents ! C'est malgré tout la dernière fois, car dans la dimension suivante, vous n'en aurez plus.

Heureusement, les problèmes familiaux que vous avez rencontrés ici-bas n'existent plus. Dans ce nouveau monde, votre père et votre mère vous aimeront tendrement et de manière dont vous n'avez certainement jamais rêvé sur terre. Ils vous aimeront totalement et s'occuperont bien de vous. Dès que vous aurez prouvé que vous pouvez survivre dans cette nouvelle dimension, ils ne permettront pas que des choses négatives et destructrices vous arrivent. Vous n'avez absolument rien à craindre. Si vous laissez cet amour vous guider et que vous vous abandonnez complètement à ses bons soins, vous connaîtrez au contraire un temps de joies immenses. À ce moment-là, il se peut que vous réalisiez alors avoir gagné le gros lot au jeu de l'existence.

Toutes les douleurs et toute la souffrance par lesquelles vous avez dû passer sont maintenant terminées et un autre niveau de vie émerge, qui est à la fois merveilleux et sacré. Dorénavant, le but et la signification de l'existence reviennent peu à peu à votre conscience. Vous commencez à faire l'expérience de cette nouvelle, mais pourtant ancienne, manière d'être, et elle est bien à vous. Elle a toujours été vôtre, mais vous l'aviez oubliée. Dès cet instant, vous retournez à cet état de conscience dans lequel Dieu est visible à travers toutes les manifestations de l'existence. Il est palpable dans chaque souffle qui entre dans votre corps de lumière resplendissant.

Comment se préparer : le secret de la vie de tous les jours

Vous allez peut-être vous demander ce que nous autres humains pouvons faire ici-bas, qui puisse nous préparer à cette expérience dans la prochaine dimension.

Il ne s'agit certainement plus d'accumuler vivres et munitions, ni de construire un blockhaus sous terre ou quoi que ce soit du genre. Ce n'est pas que cela soit mauvais en soi, c'est seulement que les préparations pour la survie dans le monde physique ont leurs limites. Au ciel, dans la quatrième dimension, vous êtes ce que vous créez. C'est également vrai ici-bas, mais la plupart d'entre nous ne s'en rendent pas compte. À partir de la quatrième dimension, cela devient évident.

Puisque nous sommes ce que nous créons, il devient alors important et nécessaire que les vibrations que nous émettons soient en harmonie avec toute vie, peu importe où elle se trouve. Nous en venons à comprendre que tout ce à quoi nous pensons, tout ce que nous sentons et tout ce que nous faisons façonne le monde dans lequel nous devons vivre. Par conséquent, la vie « ordinaire » ici-bas peut être considérée comme une école, un endroit où chaque instant de notre vie nous donne des leçons qui pourront être directement utilisées dans le prochain monde. Dans ces conditions, il n'est pas étonnant que l'ancienne Égypte et la plupart des vieilles civilisations traitaient la mort avec une telle révérence. La mort, peu importe comment elle survient, est le seuil du portail ouvrant sur l'obscurité du grand vide, qui nous mène lui-même jusque dans la lumière resplendissante des mondes supérieurs de l'existence. Si nous apprenons à bien maîtriser ce processus, cela nous conduit tout droit au contact conscient avec la vie entière, où qu'elle se trouve – la vie éternelle !

Par conséquent, quelles sont ces leçons terrestres ? En vérité, la source de toute vie est dans les yeux de chaque personne créée. Même sur la Terre, une grande intelligence, un grand amour et une grande sagesse sont présents à chaque instant à l'intérieur de chacun de nous. Dès que vous saisissez cette vérité, il devient apparent que vos pensées, vos sentiments et vos actions sont la clé. Vous savez exactement quoi faire. En termes simples, il s'agit de perfectionner votre caractère. Ses joyaux chatoyants deviennent les outils de survie de votre ascension.

Siddharta Gautama, dit le bouddha, Mère Marie, Lao-Tseu, Mahomet, Jésus, Abraham, Krishna, Babaji, Mère Teresa et environ 8000 autres grands maîtres de la lumière éternelle sont vos maîtres d'école et les héros de l'existence sur cette planète. C'est par leur exemple qu'ils vous montrent comment améliorer votre moralité ou votre caractère. Ils ressentent tous que d'aimer votre voisin reste la clé principale. Cela amène de l'ordre dans le monde dans lequel vous vivez. Cela vous accorde la vie éternelle. Vous comprenez ?

Durant la transition Melchizédek vers ce plan-ci, alors que vous passez par ce que vous appelez la Porte des étoiles et que vous vous rendez d'un niveau d'existence à l'autre, la seule manière d'en franchir le seuil consiste à penser, à ressentir et à être certaines qualités émotives et mentales. Ces qualités se présentent généralement par groupes de six ou sept (voir le chapitre 13, supplément d'informations nᵒ 5). Le groupe particulier que j'ai utilisé pour pénétrer dans cette dimension était composé *d'amour, de vérité et de beauté, de confiance, d'harmonie et de paix.* Mais il y a de nombreuses autres combinaisons. Ce sont comme des codes ou des clés qui vous permettent d'être acceptés par le gardien du seuil. Si ce dernier sent que vous êtes prêts à connaître le monde qu'il protège, alors il vous laissera entrer. Dans le cas contraire, il vous invitera à retourner dans le monde d'où vous venez. C'est simplement son devoir – c'est vous, en fait, qui l'avez établi ainsi.

Par conséquent, une chose que vous pouvez faire est de vous asseoir et de chanter ou de répéter ces mots en vous-mêmes, surtout quand vous avez réactivé votre Mer-Ka-Ba pour la journée, après le quatorzième ou le quinzième souffle : *amour inconditionnel pour toute vie, vérité, beauté, confiance en Dieu et en soi-même, harmonie, paix, révérence envers Dieu.* Vous remarquerez que tous les portails ont en eux l'amour et la vérité.

Là où il y a compassion et humilité, il y a aussi sagesse ; c'est la composante masculine. Et là où il y a amour et vérité, il y a aussi unité ; c'est la composante féminine (voir illustration 18-2). Dans le premier portail, dont les qualités sont arrangées différemment, là où il y a amour et vérité, il y a aussi beauté, ce qui constitue la composante masculine. Et là où il y a confiance et harmonie, il y a aussi paix, la composante féminine (voir illustration 18-1).

Par conséquent, ces états mentaux et émotifs, ou schémas de la Porte des étoiles, deviennent vos possessions les plus importantes et les plus précieuses pour arriver à passer le seuil et vous engager dans les mondes supérieurs. Et plus haut vous vous élevez, plus essentiels ces derniers deviennent. Jusqu'où mène ce processus ?

Quand vous parvenez dans la quatrième dimension, que vous constatez et comprenez votre situation, et que vous démontrez petit à petit votre capacité de contrôler les événements, une drôle de chose commence à se produire. Vous souvenez-vous de la scène peinte au plafond d'une tombe égyptienne et dans laquelle on aperçoit une rangée d'initiés ayant chacun au-dessus de leur tête l'œuf de la métamorphose (voir illustrations 10-34a et 10-34c), soit un ovale de couleur rouge orangé, et qui sont tous sur le point d'effectuer un changement de direc-

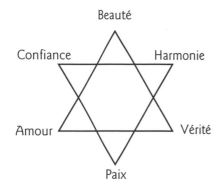

Illustration 18-1. Composantes d'une Porte des étoiles féminine.

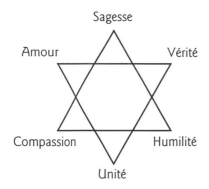

Illustration 18-2. Composantes d'une Porte des étoiles masculine.

tion de 90 degrés qui leur permettra de se rendre dans l'autre monde ? Tout comme eux, vous passerez d'abord par la métamorphose. Telle la chrysalide, votre corps se transformera rapidement en un autre corps semblable, mais unique et différent à de nombreux points de vue.

Pharaon signifie « ce que vous deviendrez ». Le premier roi d'Égypte à recevoir ce nom fut Akhenaton, et il eut pour femme la belle Néfertiti. Si vous voulez savoir ce que vous allez devenir, vous pouvez les étudier tous les deux. La race de laquelle ils provenaient, celle des Siriens, est notre père, et nous portons en nous les gènes qu'ils nous ont donnés. Au bon moment, nous allons changer et faire à nouveau partie de leur race. C'est celle qui a été créée spécifiquement pour la quatrième dimension. Et quand cela surviendra, vous vous direz à vous-mêmes : « Mais oui, bien sûr, je me souviens ! » Les changements que votre corps connaîtra alors vous sembleront tellement naturels que vous n'y penserez même pas.

Dès que votre croissance aura commencé dans la prochaine dimension, la vie reviendra à la normale. Vous pénétrerez alors l'un des trois niveaux harmoniques les plus élevés de la quatrième dimension – le dixième, onzième ou douzième. Dans l'un ou l'autre de ces niveaux, vous acquérerez la connaissance et la sagesse nécessaires pour vous rendre enfin jusqu'à la cinquième dimension, le commencement du voyage de retour jusqu'à Dieu, avec tous les changements que cela comporte, alors que la vérité se révèle progressivement à vous.

Les yeux de l'univers sont posés sur nous, les grandes âmes nous observent très attentivement. Nous sommes les enfants de Dieu qui offrons une nouvelle possibilité de vie à la vie. C'est avec la plus grande gratitude que je remercie chacun de vous d'être encore en vie.

Cette transition unique

Nous vous avons déjà expliqué ce qui arrive généralement lorsqu'une planète atteint la quatrième dimension. Nous allons maintenant proposer une nouvelle théorie à propos de ce qui se déroule peut-être sur terre, au commencement du XXIᵉ siècle et du troisième millénaire. Occasionnellement, une planète pourra manifester une anomalie afin de rendre la transition plus facile. Elle parviendra alors à la dimension suivante, mais pour ce faire, elle doit recréer l'ancienne dimension d'une telle façon qu'elle complète le vieux karma et ainsi, rendre la transition dans la nouvelle dimension plus agréable. C'est là un phénomène rare, mais néanmoins possible, qui exige habituellement un niveau de conscience élevé afin d'être provoqué.

Selon Edgar Cayce, l'axe de la Terre devait être modifié « pendant l'hiver de l'année 1998 », mais ce phénomène ne s'est pas produit. D'après d'autres prédictions, à partir du 11 août 1999, ou bien la Terre allait pénétrer dans une autre dimension, ou bien elle allait s'autodétruire. Pourtant, rien de semblable n'est survenu non plus. Par contre, se pourrait-il que nous soyons déjà dans la quatrième dimension sans le savoir ? C'est possible.

Le sujet est tellement vaste que je peux à peine le circonscrire. Le meilleur moyen d'en discuter est peut-être de se demander : « D'où pourrait bien venir ce niveau de conscience élevé qui permettrait à un tel changement d'avoir lieu ? » Il est possible que ce soit par l'entremise des nouveaux enfants qui naissent sur la planète en ce moment, dont la conscience est extrêmement développée par rapport à la nôtre, et qui sont venus ici-bas pour cette unique raison. De nos jours, un grand nombre d'enfants sont en fait des êtres spirituels de très haut niveau qui ont accepté de venir sur terre pour nous aider au cours de cette transition vers un nouveau monde.

Ces enfants surdoués ont la capacité de prendre l'initiative de cette transition de notre planète jusque dans la dimension d'existence suivante, et ceci, grâce à des moyens hors du commun. Il se pourrait bien que nous soyons tous en train de voir le miracle se produire sous nos yeux en ce moment même, un événement historique s'il en est. Grâce à leur très haut niveau de compréhension à une échelle universelle, ils ont en effet la capacité de recréer le monde de la troisième dimension dans celui de la quatrième, de telle manière qu'aucune âme ne soit perdue pendant la transition – ce qui, je crois, est leur désir le plus cher. Si tel est le cas, on pourrait modifier les paroles de Jésus et dire alors : « Il y aura beaucoup d'appelés, et *tout le monde* sera élu. » Je crois que Jésus en serait fou de joie. En effet, cela a toujours été le grand rêve de l'univers ; une transition au cours de laquelle aucune âme n'est perdue, où tout le monde passe l'examen avec succès. Un rêve qui ne s'est jamais réalisé jusqu'à ce jour.

Comment des enfants pourraient-ils sauver la planète d'une façon aussi extraordinaire ? Leur innocence et leur pureté, dans les mondes supérieurs, sont la source de toute création harmonieuse. Si ces enfants existent réellement, ce qui est bien le cas, alors tout est possible, et dès maintenant. Il se pourrait bien que Dieu nous ait déjà tous bénis de sa grâce.

La nouvelle génération

Nous autres humains sommes de curieux personnages. Les événements les plus enthousiasmants peuvent se dérouler tout autour de nous, les miracles les plus révolutionnaires peuvent se passer sous nos yeux, et pourtant, nous avons cette capacité de rationaliser sans cesse et de tout rabaisser à l'état du banal, voire du médiocre, afin que notre monde de tous les jours reste conforme à ce qu'il a toujours été et agréable pour la majorité, et ne change surtout pas d'un iota ! En fait, la plupart d'entre nous préféreraient continuer à dormir à poings fermés et à refuser de voir tous les changements ahurissants qui sont maintenant partout autour de nous dans notre vie journalière. Ces cent dernières années, la Terre a tellement changé que personne, et je dis bien *personne*, n'aurait jamais voulu croire qui que ce soit si, en 1899, on avait décrit le futur aux gens d'alors.

À l'aube du nouveau millénaire, comment sommes-nous parvenus si rapidement à ce monde hypertechnologique ? Une progression exponentielle en est assurément la cause.

L'accroissement actuel de la connaissance

Pendant l'automne 1999, j'eus l'opportunité de m'entretenir avec Edgar Mitchell, l'astronaute bien connu du programme Apollo, pendant que nous étions dans la presqu'île du Yucatán. Nous avions tous les deux été invités à nous adresser à l'auditoire pendant la conférence maya, qui avait elle-même suivi les célébrations organisées en l'honneur de « la nouvelle lumière du Soleil » par le chaman et prêtre maya Hunbatz Men. Il s'agissait en fait d'une série de cérémonies mémorables et toutes plus belles les unes que les autres, qui avaient d'ailleurs été interdites par les autorités locales pendant des centaines d'années et marquaient dorénavant le début d'une nouvelle vie sur la planète, où même la lumière du Soleil serait différente.

Au cours de notre conversation, le professeur Mitchell me révéla que la NASA est au cœur de la renaissance scientifique la plus importante de notre histoire, surpassant même les nouvelles découvertes sur la relativité et la physique quantique. Ces théories n'ont d'ailleurs jamais pu s'accorder, car elles ont toujours présenté des anomalies. Einstein a bien cherché, sans succès, à formuler sa théorie d'unité en toutes choses, une sorte de champ qui engloberait tout ce qui existe et serait l'unique source de tout, ce qui lui aurait alors permis de représenter toutes ces forces par une formule mathématique globale. Depuis la mort d'Einstein, le monde scientifique a cherché en vain ce Saint-Graal théorique.

Toutefois, selon le professeur Mitchell, la NASA a aujourd'hui trouvé la réponse. Au cours des cinq dernières années (jusqu'à septembre 1999), elle a appris la même quantité de choses sur notre environnement physique que la civilisation tout entière dans les derniers 6000 ans. Puis il ajouta qu'elle a appris autant dans ces derniers six mois qu'elle l'a fait durant les derniers cinq ans ! Il s'agit assurément d'une croissance exponentielle. Il y a cent ans, l'idée d'aller sur la Lune, comme le professeur Mitchell l'a si éloquemment démontré, aurait été considérée comme complètement impossible à réaliser.

La NASA a découvert la théorie du champ unifié (*unified field theory*), je l'ai déjà rappelé plus haut. Cela dit, les membres de l'Agence nationale de l'espace américaine sentent que le monde scientifique a ainsi gagné une immense compréhension de l'existence, rien que par cette découverte. En résumé, ils se sont aperçus que la réalité est de la nature d'un hologramme. Autrement dit, tout segment de notre réalité, peu importe sa taille, contient en lui l'image de l'univers. L'existence et le mouvement des étoiles les plus lointaines, par exemple, ont leur équivalent dans la structure atomique ou subatomique d'un de vos ongles.

Ce qui est encore plus intéressant, c'est que l'inverse est également vrai. En effet, l'ongle en question peut non seulement être localisé sur un des doigts de votre main, mais également n'importe où dans l'espace. La réalité n'est donc pas ce que nous pensions qu'elle était. Les hindous l'appellent maya, ce qui veut dire « illusion ». Et ils ont eu raison pendant des milliers d'années. La réalité est un hologramme. Vous vous souvenez de ce que l'ange vêtu d'or m'avait dit ? « C'est seulement de la lumière. »

La pensée suit l'attention et l'attention suit l'intention.

Les ordinateurs sont en train de tout modifier à partir d'une histoire d'amour entre deux atomes vivants, le carbone et la silicone. La Terre a *deux* yeux et peut maintenant voir d'une manière toute neuve. Elle peut donc voir beaucoup mieux et beaucoup plus loin. Si seulement nous pouvions apprendre à vivre en paix, à ne pas détruire notre environnement, je crois vraiment que le grand Esprit nous accorderait une autre chance avec cette planète Terre. En fait, nous l'avons peut-être déjà, cette deuxième chance.

Les autochtones des Amériques du Nord et du Sud, et de l'Amérique centrale firent donc la cérémonie qui unit l'aigle au condor, annonçant que les 13 années à venir constitueraient le dernier cycle sur cette planète. De nombreux érudits ont déjà spécifié que, selon le calendrier

Maya, le dernier cycle se terminera le 22 ou 24 décembre 2012, mais nos frères aînés, les Kogui, affirment, quant à eux, que le dernier cycle de 13 ans commence le 19 février 2000 et se terminera le 18 ou 19 février 2013.

Ce qui est très important ici, c'est que nos frères aînés croient que nous autres, leurs frères cadets, nous changeons de manière à nous souvenir des voies du grand Esprit. La joie se répand dans la jungle et les cœurs se réjouissent. À partir de maintenant, nous apprenons rapidement. Nous nous réveillons d'un rêve qui aura duré 500 ans ; d'un cauchemar, devrions-nous plutôt dire. Les yeux de l'enfant qui est en nous se sont enfin ouverts.

Et pourquoi le grand changement ne devrait-il pas survenir en ce moment ? N'avons-nous pas été avertis encore et davantage ? Presque chaque prophète ayant vécu sur cette planète a déclaré que la fin des temps allait survenir maintenant, au moment même où vous lisez ce livre. Certains situent cette période du 26 février 1998 (une éclipse du Soleil) au 18 ou 19 février 2013. C'est le temps du grand changement. Notez que ces dates de la fin des temps divergent de la date traditionnelle du 24 décembre 2012.

Edgar Cayce (le prophète endormi), Nostradamus, la sainte Bible, Mère Marie, Yogananda et beaucoup d'autres personnages et textes sacrés de par le monde ont prédit que les temps présents connaîtront de grands changements. Pour certains, il s'agissait d'une destruction massive et de beaucoup de souffrances, avec d'énormes bouleversements géologiques donnant finalement lieu à un monde tellement autre que personne ne pourrait le reconnaître. Pour d'autres, c'était plutôt une période de croissance spirituelle rapide et une ascension dans un nouveau monde. Et pour d'autres encore, c'était un mélange des deux.

Les indigènes du monde entier – les Maoris de la Nouvelle-Zélande, les Zoulous d'Afrique, les Kahunas des îles Hawaii, les Inuits de l'Alaska, les Mayas du Mexique et du Guatemala, les Kogui de la Colombie, les Amérindiens de l'Amérique du Nord, les Shintos du Japon et beaucoup d'autres – prédisent tous qu'un grand changement est sur le point de se produire et, dans certains cas, qu'il se passe en ce moment même.

Pourquoi donc pensez-vous que tant de personnages du passé, et parfois même du passé le plus reculé, ont pointé le doigt en direction de cette période particulière de l'histoire qui est la nôtre ? Je demande donc à nouveau : « Pourquoi donc ce grand changement ne devrait-il pas être maintenant ? A-t-il lieu en ce moment ? »

En 1899, il y avait 30 millions d'espèces sur cette planète. Il fallut des millions d'années à notre mère, la planète Terre, pour élaborer toute cette foule grouillante et cette incroyable variété de formes de vie, depuis les amibes unicellulaires jusqu'à ces êtres magnifiques que sont les humains et les dauphins. Par contre, il aura seulement fallu cent ans à l'humanité pour réduire ce nombre de moitié par son mauvais usage de l'énergie et son inconscience. Plus de 15 millions d'espèces disparues à tout jamais ! Comment pouvons-nous donc nous élever si haut en conscience et en même temps descendre si bas ?

Si nous pouvons contrôler notre avidité et trouver moyen de vivre par le cœur, il se peut que nous puissions survivre à toute cette destruction. Il est dorénavant clair pour moi que notre mère la Terre a trouvé un moyen de nous sauver, enfants ingrats et inconscients que nous sommes encore. À supposer que c'est vrai, savez-vous au juste d'où vient ce nouvel espoir ? Certainement pas de nos hommes de science ni de nos intellectuels ; il vient de nos enfants innocents, la prochaine génération. Ce sont eux qui mènent désormais la marche, tout comme il est rapporté dans la sainte Bible.

Mutations humaines, historiques et récentes

La renaissance qui a lieu parmi les cercles de la NASA est réfléchie dans ce qui est en train d'advenir à l'intérieur de notre corps. Profondément, à l'intérieur de notre ADN, nous avons commencé à changer et à devenir très différents. Il est dès lors certain que des changements dans la génétique de notre ADN humain sont en train de se produire, et ceci, un peu partout dans le monde. Ce que les scientifiques appellent une mutation est devenu un fait accompli. Et que nous aimions cela ou non, il y a maintenant au moins *trois* nouvelles races humaines sur cette terre – trois races d'un genre très différent qui répondent aux besoins d'une nouvelle humanité. Assurément, le grand changement tant prédit se déroule à la fois à l'intérieur et à l'extérieur de nous, mais presque personne n'en est encore conscient. Tout est encore paisible et, pourtant, le ton s'amplifie avec le premier cri de chaque nouveau-né.

Changements d'ADN dans les types sanguins

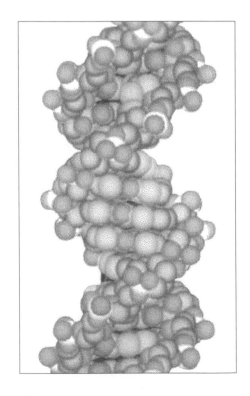

Les changements d'ADN sont rares, mais possibles. Un des cas les mieux documentés a trait au sang humain. Jusqu'à il y a environ 15 000 ans, il n'y avait qu'un seul type sanguin dans l'humanité tout entière, et ceci, depuis l'aube de sa création. Peu importe la couleur de la peau – qu'elle soit noire, jaune, rouge, blanche ou brune –, ce type était le même. Le type sanguin O coulait dans les veines de tout le monde et tous tuaient des animaux pour se nourrir. C'était une pratique universelle jusqu'à il y a 15 000 ans seulement, quand une grande comète frappa la Terre au large des côtes de l'Atlantide.

Que se passa-t-il alors ? La majorité des populations, celle de l'Atlantide mise à part, cessèrent de se déplacer d'un endroit à l'autre pour chasser les animaux et manger leur chair. De nomades ces gens devinrent fermiers, et notre alimentation finit par changer complètement. Nous commençâmes à manger des grains et des légumes, dont les combinaisons étaient inconnues du corps humain jusqu'à ce jour. À toutes ces modifications dans la diète, le corps humain répondit par une mutation de son ADN, qui créa un nouveau sang, de type A. D'autres changements s'ajoutèrent aux premiers, qui influencèrent les sucs gastriques, la création des enzymes et d'autres fonctions du corps nécessaires à l'assimilation de ces nourritures nouvelles. Certains scientifiques suggèrent même que les bouleversements climatiques ont sans doute également eu un effet sur cette mutation.

Alors que le temps s'écoulait, le type sanguin humain changea plusieurs fois encore, en réponse à la diète et peut-être même aux changements de climat. Les types B et AB apparurent. En ce moment, il y a quatre types sanguins, mais est-ce que cela continuera ? Vers la fin du XXe siècle, des aliments de toutes les parties du monde sont devenus disponibles et pour ainsi dire où que l'on se trouve sur la planète. C'est la première fois que les humains peuvent consommer des aliments exotiques en provenance du monde entier. Aux États-Unis, vous pouvez vous rendre dans presque tous les supermarchés ou les magasins de grandes surfaces et acheter des papayes du Mexique, des avocats de Californie, des olives de Grèce, des fromages de France, de la vodka de Russie, et la liste pourrait s'allonger encore. Dans à peu près toutes les villes, vous pourrez goûter à la cuisine chinoise, mexicaine, italienne, japonaise, américaine, allemande, française, et à d'autres encore. Est-ce qu'un nouveau type sanguin va bientôt naître en raison de toutes ces nouvelles approches alimentaires ?

Comme vous pouvez le constater, notre ADN change à cause de nos habitudes alimentaires et du climat. Or, les changements qui ont lieu sur terre en ce moment sont ahurissants. D'abord, ils sont tellement considérables qu'on peut raisonnablement s'attendre à une réponse de la part de notre matériel génétique. Ensuite, il ne fait pas l'ombre d'un doute que l'humanité a déjà commencé à y répondre.

Actuellement, un changement aux implications considérables a lieu au niveau de la génétique humaine, et la majorité de ceux qui ont déjà accompli ces transformations sont aujourd'hui encore des enfants. Il y a trois catégories bien distinctes parmi eux, et chacun d'eux est doué de nouveaux pouvoirs laissant présager un futur entièrement différent de ce que nous pensons habituellement qu'il sera. Maintenant, cela ne veut pas dire qu'il ne va y avoir que trois nouveaux types de gens sur cette planète. Il pourrait en fait y en avoir beaucoup plus, mais pour l'instant, nous ne pouvons clairement en identifier que trois. À mon avis, ces nouveaux enfants vont tous nous mener vers un futur que nous ne pouvons simplement pas imaginer, vers un genre de vie dont personne n'a encore fait l'expérience au cours de ces derniers millions d'années. Par ailleurs, comme je l'ai déjà précisé, il se peut que ces enfants aient déjà altéré le changement de dimension, ceci dans le but d'en terminer avec leur karma dans la troisième dimension, de telle manière que *tous* les êtres humains puissent se rendre dans la quatrième dimension et y rester. Malgré tout, avec ou sans ce changement de dimension, le nouveau matériel génétique humain va nous transformer à tout jamais.

La première mutation fut découverte en Chine en 1974, chez un jeune garçon qui pouvait « voir » avec ses oreilles. Oui, absolument, tout comme vous pouvez voir avec vos deux yeux – en fait, il pouvait voir beaucoup mieux. Vous pensez que c'est impossible ? Alors, dans ce cas, vous allez bientôt éprouver la surprise de votre vie.

Je vais peut-être trop vite, mais commençons par l'étude de cette nouvelle race d'enfants qu'aux États-Unis nous appelons les enfants indigo.

Les enfants indigo

L'origine des enfants indigo, tels qu'ils sont maintenant connus par la science, remonte à 1984. Cette année-là, un enfant ayant des caractéristiques humaines très différentes put être observé pour la première fois par nos scientifiques. Le recensement de 1999 suggère qu'approximativement 80 à 90 % des enfants nés aux États-Unis sont des enfants indigo. Je crois même que leur nombre finira par atteindre presque 100 % dans un futur proche. Il devient évident que les gens comme vous et moi sont devenus déclassés, pareils à de vieux véhicules, et qu'ils seront remplacés par une nouvelle flotte. Et ces enfants ne naissent pas seulement aux États-Unis. Ils apparaissent un peu partout dans le monde, principalement dans les pays qui utilisent le plus d'ordinateurs.

Lee Carroll et Jan Tober ont écrit un livre qui a pour titre *The Indigo Children: The New Kids Have Arrived* (*Les enfants indigo - Enfants du 3e millénaire* – Ariane Éditions). Cet ouvrage contient plusieurs compilations d'études scientifiques, des copies de lettres et de notes écrites par des médecins agréés, des psychologues, des scientifiques de tous les milieux qui ont étudié ces nouveaux enfants depuis la découverte de leur existence. À ma connaissance, c'est le premier livre au monde qui traite de ce sujet en profondeur. Personnellement, je connais l'existence de ces enfants depuis plus de dix ans ; j'en ai discuté avec des centaines de pédiatres et de personnes qui s'occupent de groupes d'enfants et qui ont, eux aussi, observé ce phénomène. Pourtant, rien d'officiel n'est paru jusqu'à ce que ce livre apparaisse sur le marché. Je remercie donc Lee et Jan pour cette édition, qui arrive à temps. Si vous voulez en savoir plus et obtenir davantage de détails à ce propos, je vous conseille de lire cet ouvrage.

Examinons maintenant comment ces enfants diffèrent des autres. La science n'a pas encore découvert exactement quel changement est survenu dans l'ADN pour créer cette nouvelle race, mais il est évident que quelque chose d'extraordinaire a eu lieu. Au départ, disons que ces enfants ont un foie distinct du nôtre ; ce fait à lui seul indique qu'un changement dans l'ADN est *obligatoirement* survenu. Naturellement, il constitue une réponse, une manifestation d'adaptation aux nouvelles combinaisons alimentaires auxquelles nos enfants sont soumis. Ce nouveau foie a été créé pour mieux filtrer ce que nous appelons ici le *junk food*, ces aliments que l'on sert dans les *fast foods* !

Cela vous paraît-il une plaisanterie ? Et pourquoi donc ? Nous deviendrions tous progressivement malades ou nous mourrions même tous, si nous continuions à consommer ce genre de nourriture pendant longtemps. Qu'arrive-t-il quand vous nourrissez constamment des cafards avec du poison ? Au début, plusieurs deviennent malades et meurent, mais ensuite, l'ADN de leur population se modifie et ils effectuent une mutation qui leur permet de combattre ce poison sans mal et même d'aimer ce nouveau genre d'aliment. À cause de ce phénomène d'adaptation, nous devons d'ailleurs sans cesse revoir nos formules chimiques. Pensez-vous que les êtres humains sont différents ? Comme nous continuons à nourrir nos enfants avec toutes sortes de poisons, ils n'ont d'autre choix que de s'y adapter afin de survivre.

Mais ce changement de foie n'est rien par comparaison avec ce qui se produit en ce moment dans la nature humaine et son matériel génétique. Pour commencer, ces enfants indigo sont très brillants. Leur QI (quotient intellectuel) avoisine 130, et ce n'est là qu'une moyenne, car beaucoup d'entre eux sont parvenus à 160 et même plus, ce qui correspond ici au génie humain. Un QI de 130 n'équivaut pas encore au génie, mais dans le passé, seulement une personne sur 10 000 pouvait aspirer à atteindre ce résultat. De nos jours, c'est devenu chose banale. L'intelligence de la race humaine est donc à coup sûr en train d'augmenter.

Les médecins et les psychologues qui ont examiné ces enfants ont découvert que l'ordinateur semble être un prolongement naturel de leur cerveau. Ces enfants sont bien plus capables de fonctionner dans le monde des ordinateurs et de leurs programmes que nous autres, leurs parents. Où cela va-t-il nous mener exactement ? Nous ne le savons pas encore.

Ce que je trouve fascinant avec ces nouveaux enfants très brillants, c'est de constater que nos enseignants et tout notre système d'éducation les ont jugés *dysfonctionnels*. C'est la première chose qu'ils ont déclarée, après les premiers contacts. Au début, personne ne réalisait à quel point ils sont intelligents. On a même pensé qu'ils causaient trop de problèmes. On les a diagnostiqués comme ayant un déficit d'attention, parce qu'on a cru qu'ils ne pouvaient pas se concentrer. Mais le vrai problème devient maintenant de plus en plus évident. Ce ne sont pas ces enfants qui sont fautifs ; c'est tout notre système d'éducation, qui n'est absolument pas préparé à éduquer ces êtres doués, voire surdoués. La nature des informations qu'ils reçoivent à l'école, autant que la lenteur avec laquelle ces informations sont administrées, les ennuie à mourir, et nous seuls devons nous adapter à cette nouvelle race d'enfants, ce qui est très excitant ! Donnez à l'enfant indigo quelque chose à étudier qui l'intéresse vraiment et vous verrez son génie s'exprimer devant vous. Il y a tellement de choses que nous devons nous-mêmes apprendre pour permettre au potentiel de ces enfants de s'exprimer et de se développer !

Une autre caractéristique, très évidente aux yeux de tous ceux qui étudient ces enfants, ce sont leurs capacités psychiques. Ils peuvent littéralement lire les pensées de leurs parents ; ils savent ce que tout le monde pense. Vous pourrez lire tout ceci et bien plus dans le livre *Les enfants indigo,* ce qui a aujourd'hui conduit nos scientifiques à prendre conscience qu'il est indispensable de mettre sur pied un nouveau système d'éducation. Si votre enfant est né après 1984, vous aurez besoin de consulter ce livre.

La question de savoir qui sont ces enfants indigo fait évidemment l'objet d'un grand débat. D'après beaucoup de sensitifs, ils viennent du rayon indigo, un niveau de conscience très élevé qui n'est pas de ce monde. Je sens également que c'est vrai, mais quand je rencontrai les anges pour la première fois, en 1971, ils me parlèrent d'abord de tous ces enfants qui naîtraient dans le futur et changeraient le monde. Ils me donnèrent beaucoup de détails à leur sujet, et les événements présents confirment bien tout cela.

Beaucoup de sensitifs à qui j'ai parlé m'ont dit percevoir qu'il y a en fait deux sources cosmiques pour ces enfants. La première est le rayon indigo et l'autre est le rayon bleu, différent mais très complémentaire. Quoi qu'il en soit, nous avons véritablement affaire à un ajout dans notre voie évolutive et les enfants indigo ne sont pas les seuls à avoir modifié leur ADN.

Les enfants du sida

Les enfants du sida sont tous ceux qui ont changé leur ADN à cause d'un problème différent. Dans leur cas, il ne s'agit pas simplement du changement d'alimentation (si telle est la cause), mais aussi du virus du sida.

Je vous recommande ici la lecture du livre de Gregg Braden intitulé *Walking between the Worlds: The Science of Compassion* (*Marcher entre les mondes, la science de la compassion* – Ariane Éditions). M. Braden a été le premier à mentionner cette nouvelle race dans un livre destiné au grand public, et je cite : « Si nous nous définissons génétiquement, cette nouvelle espèce semble différente en ce qui concerne l'ADN, même si l'apparence physique de ces personnes, qui pourront être nos amies ou même nos propres enfants, est normale et sans caractéristiques visibles particulières. Au niveau moléculaire et au-delà de ce que les yeux peuvent percevoir, ces enfants se sont mis à incarner en eux-mêmes des possibilités génétiques qui n'existaient pas il y a quelques années. Il y a, dans la littérature scientifique, un phénomène que l'on appelle *la mutation génétique spontanée*. "Spontanée" parce que cette mutation semble s'être passée au cours de la vie présente de l'individu pour parer à quelque menace, plutôt que d'apparaître comme un nouveau code à la naissance. Dans ces cas précis, il semble que le code génétique a appris à s'exprimer d'une nouvelle manière, ce qui permet à l'individu de pouvoir survivre. »

Dans le même livre, Gregg Braden révèle le contenu d'un rapport sur un jeune enfant mâle né avec le virus du sida, et je cite : « Des chercheurs de l'école de médecine de l'université de Californie à Los Angeles produisent une preuve sans équivoque d'un garçon dont le test a démontré sa séropositivité deux fois – à dix-neuf jours après sa naissance et un mois plus tard. Mais selon toute mesure, ce garçon semble séronégatif depuis au moins quatre ans (extrait d'un article dans le magazine *Science News* d'avril 1995). L'étude est rapportée par Yvonne J. Bryson et ses collègues dans le *New Journal of Medicine* du

30 mars 1996… Le virus n'a pas sommeillé dans le corps en attendant l'opportunité de redevenir actif ; il en a bel et bien été extirpé ! »

L'immunité contre une infection par le virus du sida est devenue tellement forte chez ces enfants que dans quelques cas elle l'est 3000 fois plus que chez une personne normale. Et dans tous les cas, le système immunitaire entier est beaucoup plus efficace que d'habitude. S'il ne s'agissait que d'un petit garçon démontrant tous ces changements, nous n'aurions là qu'un phénomène intéressant, mais les faits sont tout autres. Dans *Marcher entre les mondes*, on peut lire ce qui suit : « Les résultats d'une étude, publiés dans le *Science News* du 17 août 1996, confirment qu'environ un pour cent de la population testée a maintenant développé des mutations génétiques qui la rendent résistante à l'infection par le VIH. » En octobre 1999, les Nations unies ont rapporté que la population mondiale venait d'atteindre les six milliards. Cela signifie donc que 60 000 000 d'enfants et d'adultes de par le monde (un pour cent de la population mondiale) ont trouvé moyen de changer leur ADN et de s'immuniser complètement contre le sida.

On sait même ce qui a changé l'ADN de ces enfants, et cela a trait à ses codons*. Il y a, dans l'ADN humain, quatre acides nucléiques qui se combinent par jeux de trois pour former 64 codons. Dans un ADN humain normal, 20 de ces codons sont en activité, plus trois autres qui agissent un peu comme les codes « réactivés – désactivés » en programmation. Les codons restants sont inactifs. Les hommes de science ont toujours pensé que ces codons inutilisés viennent de notre passé génétique, mais cette théorie est aujourd'hui remise en question. Ils viennent peut-être de notre futur. Les enfants dont nous parlons ici ont trouvé moyen de réactiver quatre codons qui faisaient jadis partie des codons inactifs. Partant, ils ont donc maintenant un total de 24 codons actifs, ce qui a rendu leur système immunitaire totalement imperméable à toute infection par le virus du sida.

Les conséquences de ce nouveau développement sont énormes. Ces enfants paraissent avoir un système immunitaire superactif. Ils ont été testés pour d'autres infections et il est dorénavant certain qu'ils peuvent résister à la plupart des maladies connues, sinon toutes, et même s'immuniser contre-elles. Mais beaucoup de tests restent encore à faire.

Le code biblique et le virus du sida

J'aimerais aussi attirer votre attention sur quelque chose qui se passe en ce moment, mais dans un autre domaine. Cela a trait au code biblique découvert dans la Torah. Quelques chercheurs étudiant ce code à l'université hébraïque, en Israël, ont tapé le mot sida dans le programme d'ordinateur afin de voir ce qu'ils pourraient tirer du texte

---

* Le codon : une séquence de trois nucléotides adjacents constituant le code génétique qui dicte l'insertion, dans une certaine position structurale, d'un acide aminé au sein d'une chaîne de polypeptides pendant la synthèse de la protéine. (NDE)

entier de la Torah. Vous pouvez d'ailleurs lire vous-mêmes ces révélations dans le livre de Jeffrey Satinover, M.D., *Cracking the Bible Code* (Le déchiffrage du code biblique), à la page 164. Le mot sida fit ressortir les associations suivantes dans le texte tout entier : *mort, dans le sang, des singes, annihilation, sous la forme d'un virus, le sida : immunité détruite*. Somme toute, des termes auxquels on peut s'attendre lorsqu'on cherche la signification du mot lui-même. Mais il y avait aussi une phrase qui ne semblait avoir aucun sens pour ces chercheurs israéliens ne sachant pas encore où en était la recherche sur le virus du sida aux États-Unis. Le quadrillage faisait également ressortir la phrase suivante : « La fin de toutes les maladies » ! Je crois désormais que cette nouvelle race d'enfants va finir par laisser une marque indélébile sur l'humanité, et ceci, d'une manière qui changera à tout jamais notre expérience de la vie sur terre.

Au début de cette section, dans la citation de Gregg Braden, on mentionne la phrase « mutation génétique spontanée » – spontanée parce que la mutation a lieu pendant la vie présente de la personne et non pas avant la naissance. Qu'est-ce que cela signifie pour vous ? Quand cette mutation fut découverte pour la première fois, il s'agissait toujours d'enfants. Mais alors que le temps passait, les hommes de science ont également découvert que de plus en plus d'adultes ont suivi l'exemple de ces enfants et muté exactement de la même manière. C'est très excitant, car cela signifie que vous et moi, même si nous n'avons pas le sida, avons maintenant la possibilité de renforcer notre système immunitaire tout comme ils l'ont fait eux-mêmes. Mais comment donc est-ce possible ?

Vous connaissez tous la théorie du centième singe (que nous avons expliquée dans le tome 1, au chapitre 4). Une jeune femelle voulant retirer les grains de sable de sa nourriture se mit à laver sa patate dans de l'eau avant de la manger. Voyant cela, tous ses camarades de jeux commencèrent à l'imiter, et bientôt les mères firent de même en voyant leur progéniture, tout comme les pères par la suite. À partir d'un certain point (une masse critique d'individus appelée le centième singe), ce phénomène de rinçage de la nourriture avant de la mâcher, puis de l'absorber, se répandit en un seul jour sur d'autres îles avoisinantes, également peuplées de colonies de singes (en accord avec la théorie du champ morphogénétique qui existe tout autour de la Terre). Et cette nouvelle habitude ne s'arrêta pas là, puisqu'elle gagna même le continent japonais. Il est donc possible que le même principe s'applique aux changements d'ADN des enfants indigo, qui nous serviront d'exemples. Et selon le principe du centième singe, nous deviendrons aussi capables qu'eux.

J'étudie cette possibilité en ce moment même, par l'utilisation du Mer-Ka-Ba et de la méditation. L'attention et l'intention sont les clés servant à l'augmentation de nos facultés psychiques ; il s'agit de placer l'attention sur votre ADN et de maintenir dans votre esprit l'intention qu'il se transforme de la même manière que l'ADN de ces enfants. Ce changement d'évolution est désormais du domaine du possible pour nous tous. Ce qui se produit avec la troisième catégorie d'enfants – ce dont nous allons maintenant parler – engendrera également d'autres possibilités.

Les enfants superpsychiques

Les enfants superpsychiques constituent peut-être le type d'humains le plus charismatique qui puisse exister sur cette terre. Leurs capacités époustouflantes les distinguent des deux autres catégories par leurs démonstrations sensationnelles. Ces enfants sont capables de faire des choses que l'on ne peut voir que dans les films, grâce aux nouvelles techniques d'animation sur ordinateur. Mais le plus étonnant, c'est que c'est réel ! Si ces enfants ne peuvent pas changer notre monde, alors rien d'autre ne pourra le faire. Notez que leurs capacités ressemblent beaucoup aux manifestations de conscience dont il a été question au chapitre 18, pendant le changement de dimension. Ce à quoi vous pensez se manifeste ! Ces êtres sont capables de démontrer que ce à quoi ils pensent devient réalité.

Paul Dong et Thomas E. Raffill on écrit un livre surprenant, *China's Super Psychics* (Les superpsychiques de la Chine). Cet ouvrage rapporte ce qui se passe en Orient à propos de ces nouveaux enfants psychiques qui ont commencé à apparaître dès 1974, l'année au cours de laquelle ce jeune garçon qui pouvait lire avec ses oreilles a été découvert. En fait, les membres du gouvernement chinois affirment que lorsqu'on bandait les yeux de ces enfants, ils pouvaient parfaitement voir avec leurs oreilles, leur nez, leur bouche, leur langue, leurs aisselles, leurs mains ou leurs pieds. Chaque enfant était différent, mais sa vision par une des parties du corps déjà nommées était toujours parfaite. Il ne s'agissait pas de tests dont un certain pourcentage seulement était correct et les résultats, peu concluants pendant le restant des séances. Tous les résultats étaient chaque fois parfaits.

J'ai commencé à parler de ces enfants en 1985, quand j'ai mentionné l'article écrit à leur sujet dans le magazine *Omni*, dont une équipe avait été invitée à se rendre en Chine pour observer quelques-uns de ces petits génies. La direction d'*Omni* présumait que les officiels trichaient. Par conséquent, quand on leur présenta les enfants, ils les testèrent avec leurs propres méthodes, sans rien laisser au hasard.

Un des tests débutait comme suit : les enfants étant présents, le représentant d'*Omni* prit une pile de livres, en choisit un au hasard, l'ouvrit à une page, également au hasard, qui fut ensuite déchirée du livre et froissée jusqu'à en faire une petite boule. Il la plaça enfin sous l'aisselle d'un des sujets – qui se mit à réciter chaque mot du texte imprimé, alors que quelqu'un prenait des notes. Après comparaison des deux textes, ils furent déclarés parfaitement semblables ! L'équipe d'*Omni* était dorénavant convaincue que le phénomène était bien réel, mais personne ne pouvait expliquer au juste comment ces charmants rejetons s'y étaient pris. L'article fut publié dans le numéro de janvier 1985.

Omni ne fut d'ailleurs pas le seul à envoyer une équipe de chercheurs pour observer tout cela. Plusieurs autres magazines avaient fait la même chose, notamment *Nature*, un des plus prestigieux. Tout le monde était d'accord pour reconnaître l'authenticité du phénomène.

Dans la ville de Mexico, nous avons également découvert plus de 1000 jeunes ayant les mêmes capacités, et il pourrait même y en avoir beaucoup plus. Eux aussi pouvaient lire avec différentes parties du corps. Ce qui est remarquable, c'est que ces enfants mexicains peuvent voir avec les mêmes parties du corps que les enfants chinois. Il semble donc que la mutation de l'ADN a traversé l'océan, tout comme dans le cas du centième singe. Je reviendrai d'ailleurs sur l'un d'entre eux, qui est aujourd'hui âgé de dix-neuf ans et avec qui j'ai conduit mes propres tests.

Selon Paul Dong dans son livre *China's Super Psychics*, la possibilité de voir avec différentes parties du corps fut une capacité qui attira l'attention du gouvernement chinois, mais il y avait bien plus. Ces jeunes démontrèrent peu à peu d'autres capacités psychiques vraiment difficiles à accepter dans notre réalité « habituelle ».

M. Dong rapporte qu'à plusieurs reprises, une assemblée d'environ 1000 personnes et plus était entrée dans l'auditorium, chaque spectateur ayant reçu un bouton de rose à l'entrée. Lorsque tout le monde fut calmement assis, la démonstration débuta. Une petite fille d'environ six ans marcha toute seule jusqu'au milieu de la scène et fit face à l'auditoire. Sans dire un mot, elle fit un petit signe de la main et chaque bouton commença lentement à s'ouvrir jusqu'à devenir une rose magnifique en pleine floraison, sous les yeux mêmes de chaque personne dans la salle.

Paul Dong rapporte aussi comment 5000 jeunes enfants ont accompli en public un autre exploit à laisser tout le monde bouche bée. On doit prendre conscience ici qu'ils étaient tous testés avec soin par les représentants du gouvernement chinois, qui désiraient s'assurer personnellement que ce que je vais maintenant raconter est véridique et qu'il ne s'agit absolument pas d'une supercherie. Ces officiels en sont désormais tout à fait convaincus.

Un gamin choisissait au hasard une bouteille remplie de capsules, de cachets ou de pilules sur une étagère, comme des capsules de vitamine C, par exemple. La bouteille était encore scellée et le couvercle en métal ou en plastique ne pouvait être dévissé sans que le sceau se brise. Cette bouteille était ensuite placée au centre d'une table dont la surface était complètement dégagée. Une caméra avait été installée sur le côté pour enregistrer la séance.

Le petit garçon ou la petite fille avertissait les gens qu'il ou elle commençait, mais rien n'était encore visible. Soudain, les pilules à l'intérieur de la petite bouteille scellée semblaient se dématérialiser, traverser le verre et se rematérialiser sur la table, juste à côté du flacon maintenant vide mais toujours scellé. Dans de nombreux cas, le jeune opérateur prenait alors un autre objet, une petite pièce de monnaie par exemple, qu'il posait simplement sur la table et se concentrait à nouveau. Peu de temps après, la pièce se retrouvait à l'intérieur de la bouteille scellée, ayant apparemment effectué le même processus, mais à l'inverse. Ce genre de démonstration s'apparente de très près à ce que j'appelle la conscience de la quatrième dimension. Ce à quoi vous *pensez* et ce qui *arrive* sont apparentés.

Selon ce livre, plusieurs autres facultés psychiques ont été démontrées. Si vous êtes intéressés, lisez vous-mêmes les rapports. Vous pourriez penser qu'il ne s'agit que de trucs de magie, mais quand vous voyez une telle chose de vos propres yeux, cela reste très difficile à expliquer ou à nier. Pendant dix ans, le gouvernement chinois n'y a pas cru non plus, et ceci, jusqu'à ce que le nombre de ces jeunes surdoués augmente considérablement dans la population. Au moment de la publication de *China's Super Psychics*, en 1997, le gouvernement chinois avait identifié plus de 100 000 enfants superpsychiques. En fait, lui autant que la communauté scientifique chinoise avaient dû admettre que tout ceci était vrai dès 1985.

Réalisant ce que tout cela pouvait signifier, le pays établit des écoles d'entraînement pour aider cette nouvelle génération. De nos jours, chaque fois qu'un enfant ayant des pouvoirs psychiques est découvert, il est envoyé dans une de ces écoles. La chose importante décelée depuis est la suivante : si l'on prend des jeunes qui ne sont pas psychiques et qu'on les met en présence de ces surdoués qui, eux, le sont naturellement, les enfants antérieurement non psychiques deviennent capables d'accomplir les mêmes exploits.

Ceci nous remémore Uri Geller, le célèbre sensitif israélien qui peut tordre des objets en métal simplement en les regardant. Dans son livre *Uri Geller, My Story*, il parle des démonstrations de ses capacités psychiques en Europe. Par exemple, au cours d'une émission de télévision, il demanda aux spectateurs de placer des couteaux, des cuillères ou des fourchettes devant leur poste. Avec plusieurs millions de personnes comme témoins, il parvint à tordre non seulement les objets en métal qui avaient été disposés sur une table dans le studio et devant les caméras, mais *également* tous les couverts placés devant les postes de télévision dans chaque foyer concerné. Cette démonstration à une grande échelle provoqua d'ailleurs un effet secondaire intéressant. D'après les coups de téléphone reçus immédiatement après l'émission et dans les quelques jours qui suivirent, on découvrit que plus de 1500 jeunes des deux sexes avaient été capables de faire la même chose, *simplement en voyant le phénomène se produire une seule fois* devant leurs yeux.

La plupart des gens, et tout spécialement les scientifiques, étaient cependant convaincus que *M. Geller était un magicien et qu'il avait un truc qui lui permettait d'obtenir ces résultats.* Le Stanford Research Institute (Institut de Stanford pour la recherche) lui demanda s'il accepterait de soumettre sa magie à un examen scientifique. Il acquiesça à leur requête et, pendant un certain temps, fit ce que les ingénieurs de cette université renommée le priaient de faire, ceci dans le but de prouver une fois pour toutes que ses capacités psychiques n'étaient pas de simples trucs de magie.

Pour vous donner une idée de la sophistication des tests auxquels les scientifiques de Stanford le contraignirent, Uri Geller fut placé dans une pièce tout en acier et hermétiquement fermée, qui servait en même temps de cage Faraday (une pièce que les champs électromagnétiques, tels que les ondes radio et même les ondes de la pensée, ne peuvent traverser). Il était donc complètement scellé, à la fois physiquement et énergétiquement. Les chercheurs de l'université placèrent à l'extérieur de la chambre forte une barre du métal le plus dur connu sur cette planète et préalablement placée dans un tube de verre dont les deux bouts avaient été chauffés à blanc, puis tordus, de manière que la barre ne puisse s'échapper de sa prison transparente. Quand tout fut prêt, ils demandèrent à M. Geller de tordre la barre d'où il était. Tous les instruments scientifiques possibles et imaginables enregistraient le test, et les spécialistes de Stanford observèrent la scène avec un étonnement de plus en plus prononcé, alors que la barre constituée du métal le plus dur du monde se courbait comme si elle avait été faite de guimauve. Il aurait été absolument impossible à Uri Geller de tricher, tant les conditions de ce test étaient rigoureuses.

Mais la chose encore plus impressionnante, en admettant que ce soit possible, c'est qu'environ quinze enfants européens ayant les mêmes pouvoirs furent testés après lui, avec les mêmes tests les plus stricts qui soient, et que chacun d'eux put effectuer exactement ce que M. Geller avait fait. Par conséquent, s'il s'agissait d'un truc de magicien, ces quinze enfants étaient également des « maîtres magiciens », mais les gens de l'Institut de Stanford pour la recherche, malgré toute leur propre magie scientifique, ne purent jamais détecter la moindre fraude.

Les résultats de ce test, ainsi que le restant de cette recherche de la part de la grande université, furent publiés dans le magazine *Nature* d'octobre 1974. Le *New York Times* produisit immédiatement un article de fond dans lequel on pouvait lire ceci : « La communauté scientifique a été mise en demeure d'accepter que quelque chose est digne de leur attention et de leurs examens dans le domaine des perceptions extrasensorielles. » Pourtant, nous sommes à ce jour parvenus au troisième millénaire, et la science ne veut pas encore admettre que les capacités psychiques sont une chose vraie chez l'être humain. Ce vieux paradigme n'a nulle part où aller et il devra bien se dissoudre un jour ou l'autre.

En juillet 1999, à Denver, au Colorado, je parlai de ces nouveaux enfants devant un large auditoire et demandai à une jeune femme mexicaine du nom de Inge Bardor de démontrer directement sa capacité de voir avec les mains ou les pieds. Cette année-là, elle avait 18 ans. On lui mit un bandeau sur les yeux en s'assurant qu'elle ne pouvait absolument plus rien voir, et elle accepta des photographies de participants dans la salle pendant environ une heure, décrivant parfaitement leur contenu aux propriétaires et à l'assemblée, qui pouvaient facilement tout vérifier.

Elle décrivait d'abord correctement la photo, comme si elle l'avait regardée avec ses yeux, mais les choses ne s'arrêtaient pas là. Elle devenait beaucoup plus précise quant à la personne représentée sur le cliché, donnant sur elle des informations exactes qu'il lui était impossible de connaître par des moyens normaux. Elle fournissait même des renseignements justes sur les lieux où la photo avait été prise et sur ce qui se trouvait en dehors du champ de la caméra, comme la présence d'un lac ou d'un bâtiment particulier.

Inge pouvait aussi décrire la personne qui avait tenu l'appareil, ainsi que les vêtements qu'elle portait ce jour-là, et même ce que chaque personne pensait au moment de la scène. Quand on lui présenta une photo prise à l'intérieur d'une maison, elle fut capable de se promener psychiquement à l'intérieur et décrivit au propriétaire tout ce qui se trouvait dans le hall, ainsi que sur une table installée là.

Pour terminer, quelqu'un plaça un journal sous les pieds d'Inge, et même avec ses chaussures à talons hauts, elle fut capable de le lire comme s'il avait été entre ses mains et qu'elle le parcourait des yeux. En réalité, elle avait les yeux bandés et ne pouvait absolument rien voir. (Si vous désirez vous procurer la vidéo, adressez-vous au Lightworks Video, au 1 800 795-8273, et demandez les deux cassettes intitulées *Through the Eyes of a Child* (À travers les yeux d'un enfant).

Le gouvernement chinois a observé ces jeunes surdoués changer une molécule d'ADN dans une boîte de Petri, devant les caméras et avec tout l'équipement scientifique nécessaire pour pouvoir enregistrer ce tour de force apparemment impossible. Si cela est vrai – ce que les officiels chinois qui ont conduit l'expérience affirment –, ne serions-nous pas *nous-mêmes* capables de changer notre propre ADN si nous comprenions bien le processus ? Je pense que oui. Suivez simplement l'exemple de ces enfants !

Comment se fait-il que 60 millions d'individus de par le monde aient déjà changé leur ADN par mutation génétique spontanée de manière à considérablement améliorer leur système immunitaire, tout spécialement contre le virus du sida, si le processus n'est pas très semblable à ce que les jeunes superpsychiques de la Chine ont déjà démontré ? Nous vivons vraiment tous dans des temps extraordinaires, des temps historiques pour la planète – et vous êtes tous encore vivants pour pouvoir en profiter !

En septembre 1999, alors que j'étais en Russie, j'eus l'occasion de parler à de nombreux scientifiques russes au sujet de ces enfants. J'eus aussi des conversations avec des gens qui me demandèrent de ne pas citer leur nom, mais quelques-uns d'entre eux avaient été membres de conseils d'administration qui contrôlaient plus de 60 communautés scientifiques, y compris leur programme spatial. Ils me confirmèrent en privé que ce qui se passe en Chine se produit aussi en Russie. De nos jours, des milliers de jeunes Russes font montre du même genre de capacités psychiques. Je suis convaincu que ces trois nouveaux types d'humains (et peut-être plus) constituent vraiment un phénomène mondial, quelque chose qui changera l'expérience humaine sur la planète Terre à tout jamais.

Le changement de dimension
et les superenfants

Dans ce contexte, la question qui se pose est celle-ci : Avons-nous déjà pénétré dans la quatrième dimension et l'avons-nous recréée pour qu'elle ressemble à la troisième ? Quand j'observe ces nouveaux venus, il semble bien que cela soit le cas, mais la vérité finira par se faire connaître un jour ou l'autre. Maintenant que vous êtes conscients de la nature de la réalité d'origine, telle que Dieu l'a créée, constituée en partie de la réalité de Lucifer, cherchez la réponse dans votre cœur. Tout ceci est-il vrai ? Tournez-vous vers l'intérieur de vous-mêmes. Est-ce que *vous* changez ? Êtes-vous la personne que vous étiez il y a quelques années ? Et maintenant que vous explorez ou êtes sur le point d'explorer votre identité supérieure avec votre corps de lumière, le Mer-Ka-Ba, votre vie restera-t-elle la même ? Lorsqu'on renaît, tout est absolument neuf !

Le miracle de l'existence

Nous vivons dans un monde qui n'existe que dans l'esprit de Dieu. C'est seulement de la lumière. Par l'utilisation de la géométrie sacrée, l'Esprit de vie, qui est à la fois notre père et notre mère, a créé un univers de lumière pour que nous tous, qui sommes ses enfants, puissions nous aimer les uns les autres. Oui, nous sommes les enfants de Dieu ! Le grand Esprit s'exprime à travers chacun de nous et nous parle de niveaux de conscience, de mondes situés bien au-delà de celui où se joue la vie ordinaire de l'humanité. Chacun de nous a en lui un potentiel tellement grandiose que si l'on pouvait compresser tous les adjectifs du dictionnaire en un seul mot, ce dernier ne pourrait décrire pleinement la grandeur innée qui resplendit dans les yeux d'un seul enfant, celui que vous et moi côtoyons dans notre vie ordinaire de tous les jours.

Vous avez un choix à faire. Vous pouvez continuer à vivre du point de vue de la perspective humaine habituelle, où la seule raison d'être ici-bas consiste à obtenir suffisamment de confort matériel et à contrôler par la force les êtres humains qui vous entourent – ou vous pouvez vous laisser aller à réaliser que le monde extérieur n'est pas quelque chose que l'on s'approprie, mais bien une opportunité d'exprimer notre joie et notre amour pour la vie. Les mondes extérieur et intérieur ne font qu'un.

Respirez profondément la force de vie dans toute sa pureté, insufflez-la dans vos chakras et nourrissez votre Mer-Ka-Ba. Ouvrez votre cœur à l'inconnu, sans peur, et regardez avec les yeux de l'enfant chaque personne qui se tient devant vous. Chacun de nous est une manifestation de Dieu. C'est tellement simple.

Je vous aime,
Drunvalo

Drunvalo Melchizédek

auteur de

L'ancien secret de la Fleur de vie

tomes 1 et 2

**sera à Montréal
les 13 et 14 octobre 2001**

Pour plus d'information, contacter :

Ariane Éditions

1209, av. Bernard O., bureau 110, Outremont, Qc, Canada, H2V 1V7
Téléphone : (514) 276-2949, télécopieur : (514) 276-4121
ariane@mlink.net

www.ariane.qc.ca

MAAT RECHERCHE
MAAT RESEARCH

La voie de la vérité
The Way of Truth

Maat est l'ancienne déesse égyptienne de la vérité. Elle vit encore dans le cœur de ceux qui aiment notre mère, la planète Terre.

Au cours de l'été 2000, un nouveau site Web a été lancé, qui a pour but de diffuser dans le monde des informations justes et sur lesquelles vous pouvez compter. Nous croyons cette initiative importante, car Internet est en train de créer un cerveau global et un nouveau type de communication à l'échelle planétaire. Pour le moment, les informations qui circulent sur Internet sont tellement déformées que cela équivaut à une personne qui serait mentalement déséquilibrée et ne saurait plus très bien discerner le vrai du faux. Présenter la vérité, c'est rendre les choses évidentes et simples à comprendre. Et ce qui est encore plus important, c'est qu'avec la vérité, on peut trouver des réponses qui nous permettront de nous sauver de nous-mêmes. Nous pouvons même trouver la paix.

Comment avons-nous accompli ceci ? Ce site transmet la vérité sur des sujets variés, mais précis, présente les faits tels qu'ils sont connus, ainsi que toute la documentation qui appuie ce qui est avancé dans chaque article. Nous ne nous sommes pas seulement référés à une source particulière, mais avons plutôt montré toute la documentation qui s'y réfère, et ceci, dans toute la mesure du possible, ou bien nous vous avons indiqué comment l'obtenir vous-mêmes, de manière que chacun puisse faire sa propre interprétation de ce qui est affirmé.

Dès que tous les documents connus de nous seront publiés, on demandera à chaque participant intéressé d'ajouter ce qu'il sait personnellement à ce sujet. Tout ce que quelqu'un sait et qui peut être prouvé sera ajouté au site. Ainsi, nous pourrons accumuler une banque de données fiable et à laquelle chacun aura accès quand il le jugera bon.

La plupart des agences de presse rapportent une seule fois leurs informations, puis n'en parlent généralement plus par la suite. Nous avons l'intention de conserver chaque sujet dans la même banque de données, qui s'accroîtra avec le temps et deviendra énorme, jusqu'à ce que la vérité s'impose par elle-même.

Cela fait maintenant plusieurs mois que nous avons travaillé à ce projet, et Maat Recherche – Maat Research a officiellement ouvert ses portes pour votre bénéfice et celui de notre mère, la planète Terre. Nous vous souhaitons la bienvenue !

Site Internet : www.maatresearch.com

Si vous voulez vraiment savoir.

Références

Chapitre 1

Liberman, Jacob. *Light, The Medicine of the Future* (La lumière, remède du futur), Bear & Co., Santa Fe, NM, 1992.

Temple, Robert K.G. *The Sirius Mystery* (Le mystère de Sirius), Destiny Books, Rochester, Vermont, site Web (www.gotoit.com).

Satinover, Jeffrey, M.D. *Cracking the Bible Code* (La découverte du code biblique), William Morrow, New York, 1997.

West, John Anthony. *Serpent in the Sky* (Serpent dans le ciel), Julian Press, New York, 1979, 1987.

Cayce, Edgar : de nombreux livres ont été écrits sur lui. L'ARE (Association for Research and Enlightenment), à Virginia Beach, Virginie, est la source d'une énorme quantité d'informations. Le livre sans doute le plus connu sur lui est *The Sleeping Prophet (Edgar Cayce, le prophète)*, de Jess Stearn.

Chapitre 2

Lawlor, Robert. *Sacred Geometry: Philosophy and Practice* (Philosophie et pratique de la géométrie sacrée), Thames & Hudson, Londres, 1982.

Hoagland, Richard C. Voir site Web (www.enterprisemission.com).

White, John. *Pole Shift* (Le déplacement des pôles), 3e édition, ARE Press, Virginia Beach, Virginie, 1988.

Hapgood, Charles. *Earth's Shifting Crust* (Le déplacement de la croûte terrestre) et *The Path of the Pole* (épuisé).

Braden, Gregg. *Awakening to Zero Point: The Collective Initiation* (*L'éveil au point zéro : l'initiation collective*, Ariane Éditions), Sacred Spaces/Ancient Wisdom Pub., Questa, Nouveau-Mexique ; également sur vidéo (Lee Productions, Bellevue, État de Washington).

Chapitre 3

Hamaker, John et Donald A. Weaver. *The Survival of Civilization* (La survie de la civilisation), Hamaker-Weaver Pub., 1982.

Sitchin, Zecharia. *The 12th Planet (1978)* (La 12e planète) ; *The Lost Realms* (1996) (Les royaumes perdus) ; *Genesis Revisited* (1990) (La Genèse revisitée), Avon Books.

Begich, Nick et Jeanne Manning. *Angels Don't Play This HAARP* (Anges, ne jouez pas de cette HAARP), Earthpulse Press, Anchorage, Alaska, 1995.

Chapitre 4

Keyes, Ken, Jr. *The Hundredth Monkey* (Le centième singe), épuisé.

Watson, Lyall. *Lifetide,* Simon and Schuster, New York, 1979.

Strecker, Robert, M.D. *The Strecker Memorandum* (vidéo), The Strecker Group, 1501 Colorado Blvd., Eagle Rock, CA 90041. Tél. : (203) 344-8039.

Doréal, traducteur. *The Emerald Tablets of Thoth the Atlantean,* Brotherhood of the White Temple, P.O. Box 966, Castle Rock, CO 80104, 1939.

Chapitre 6
Anderson, Richard Feather (labyrinthes). Voir site Web (www.grace-com.org/veriditas).

Penrose, Roger. Adresses électroniques : http://galaxy.cau.edu/tsmith/KW/goldenpenrose.html, ou bien : http://turing.mathcs.carleton.edu/penroseindex.html ; et site Web (www.nr.infi.net/~drmatrix/progchal.htm).

Adair, David. Voir www.flyingsaucers.com/adair1.htm.

Winter, Dan. *Heartmath*. Site Web (www.danwinter.com).

Sorrell, Charles A. *Rocks and Minerals: A Guide to Field Identification,* Golden Press, 1973.

Le Vector Flexor est disponible chez Source Books (voir adresse à la fin des références).

Langham, Derald. *Circle Gardening: Producing Food by Genesa Principles,* Devin-Adair Pub., 1978.

Chapitre 7
Charkovsky, Igor. Site Web (www.earthportals.com ; www.vol.it) ou (www.well.com).

Doczi, György. *The Power of Limits: Proportional Harmonies in Nature, Art and Architecture* (Le pouvoir des limites : L'harmonie des proportions dans la nature, l'art et l'architecture), Shambhala, Boston, Massachusetts, 1981 et 1994.

Chapitre 8
Free Energy: The Race to Zero Point (vidéo), disponible chez Lightworks. Tél. : 1 800 795-8273 ; 40,45 $US (paiement à l'avance) ; site Web (www.lightworks.com).

Pai, Anna et Helen Marcus Roberts. *Genetics, Its Concepts and Implications,* Prentice Hall, 1981.

Critchlow, Keith. *Order in Space: A Design Source Book,* Viking Press, 1965, 1969, et autres titres épuisés ; voir site Web (www.wwnorton.com/thames/aut.ttl/at03940.htm).

Chapitre 9
Lamy, Lucie. *Egyptian Mysteries: New Light on Ancient Knowledge,* Thames and Hudson, Londres, 1981.

Albus, James S. *Brains, Behavior and Robotics,* Byte Books, 1981 (épuisé).

Ladislas Reti. *The Unknown Leonardo,* Abradale Press, Harry Abrams, Inc., Publishers, New York, 1990.

Blair, Lawrence. *Rhythms of Vision: The Changing Patterns of Myth and Consciousness*, Destiny Books, 1991 (épuisé).

Martineau, John. *A book of Coincidence: New Perspectives on an Old Chestnut*, Wooden Books, Wales, 1995 (épuisé).

Chapitre 10
Hall, Manley P. *The Secret Teachings of All Ages*, Philosophical Research Society of Los Angeles, 1978.

Chapitre 11
Hancock, Graham et Robert Bauval. *The Message of the Sphinx: A Quest for the Hidden Legacy of Mankind*, Crown Publishers, Inc., 1996.

Chapitre 12
Puharich, Andrija. *The Sacred Mushroom*, Doubleday, 1959 (épuisé).

Cayce, Edgar. *Auras: An Essay on the Meaning of Color*, A.R.E. Press, Virginia Beach, Virginie, 1989.

Chapitre 13
Ramacharaka (yogi). *Science of Breath: A Complete Manual of the Oriental Breathing Philosophy of Physical, Mental, Psychic and Spiritual Development*, Yoga Publishers Society, 1904.

Chapitre 19
Carroll, Lee et Jan Tober. *The Indigo Children: The New Kids Have Arrived*, (*Les enfants indigo – Enfants du 3e millénaire*, Ariane Éditions) Hay House, Carlsbad, Californie, 1999.

Braden, Gregg. *Walking between the worlds: The Science of Compassion* (*Marcher entre les mondes, la science de la compassion*, Ariane Éditions), Radio Bookstore Press, Bellevue, État de Washington, 1997.

Satinover, Jeffrey, M.D. *Cracking the Bible Code* (La découverte du code biblique), William Morrow, New York, 1997.

Dong, Paul et Thomas E. Raffill. *China's Super Psychics* (Les super-psychiques de la Chine), Marlowe & Co., New York, 1997.

Geller, Uri. *Uri Geller, My Story*, Praeger Press, New York, 1975 (épuisé).

« *Through the Eyes of a Child* », jeu de deux cassettes vidéo disponibles chez Lightworks. Tél. : 1 800 795-8273.

La plupart des livres et outils de géométrie sacrée, aussi bien que les affiches, les kits, les cassettes et les CD recommandés dans cet atelier sont disponibles chez Source Books, P.O. Box 292231, Nashville, Tennessee 37229-2231. Téléphone : 1 800 637-5222 (aux É.-U.) ou 1 615 773-7652. Catalogue américain en couleur offert sur demande (frais d'envoi en sus à l'étranger).

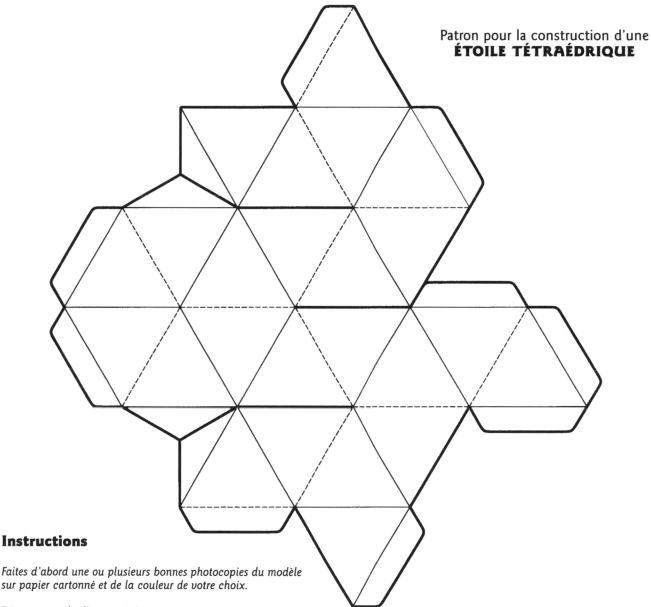

Instructions

*Faites d'abord une ou plusieurs bonnes photocopies du modèle
sur papier cartonné et de la couleur de votre choix.*

1. Découpez sur les lignes extérieures en gras.
2. Puis découpez sur les lignes intérieures en gras.
3. Incisez légèrement par-devant les lignes pleines avec une lame fine, très pointue et aiguisée (du type scalpel d'arts graphiques). Cela vous aidera considérablement à bien plier le patron. Faites attention de ne pas couper complètement le papier cartonné ; éraflez-le simplement avec la pointe de votre lame, tout en tirant des traits bien droits, en suivant chaque ligne pleine.
4. Faites de même, mais par-derrière avec les lignes en pointillé (vous pourrez les voir par transparence ; sinon, utilisez une table lumineuse ou une table en verre que vous éclairerez par le dessous).
5. Pliez d'abord vers le haut selon les lignes pleines.
6. Pliez ensuite vers le bas selon les lignes en pointillé.
7. Collez ou agrafez les languettes extérieures de manière à former des petits tétraèdres.
8. Continuez jusqu'à ce que vous obteniez une étoile tétraédrique complète.

Note : Ne vous découragez pas, car ce travail exige précision et concentration. (Nous suggérons que vous fassiez plusieurs photocopies sur papier cartonné.) Bonne chance, et amusez-vous bien !

Atelier
Fleur de vie
2000+

Calendrier 2001
Offert en français par Rachel Pelletier
418-837-7623 rachelp@vl.videotron.ca
Informations en français sur la Fleur de vie à : **http://pages.infinit.net/sp/fleurdevie.html**
Ou, en anglais, sur le site Internet de la Fleur de vie : **http://www.floweroflife.com**

QUÉBEC

Mars
9, 10 et 11   QUÉBEC

16, 17 et 18   MONTRÉAL

Avril
13, 14 et 15   QUÉBEC

Juin
29, 30 juin
et 1er juillet   SAGUENAY-LAC-ST-JEAN

Juillet
13, 14 et 15   SHERBROOKE

Août
10, 11 et 12   ST-DAMIEN

24, 25 et 26   CHÂTEAUGUAY

Septembre
21, 22 et 23   MONTRÉAL

BELGIQUE

Juillet
26, 27 et 28   Près de BRUXELLES

ITALIE

Juin
8, 9 et 10   BERGAMO

SUISSE

Septembre
7, 8 et 9   PAYERNE

FRANCE

Mars
23, 24 et 25   TOULOUSE

30, 31
et 1er avril   ALSACE

Avril
4, 5 et 6   CLERMONT FERRAND

Mai
1, 2 et 3   BORDEAUX

25, 26 et 27   ANGOULÊME

Juin
1, 2 et 3   BRETAGNE

Juillet
20, 21 et 22   Près de Lyon : L'ARBRESLE

Septembre
14, 15 et 16   Près de Grenoble : KARMA LING

Octobre
26, 27 et 28   MEAUX

Objectifs de l'atelier : Fleur de vie 2000 +

1) Enseignement de la respiration / méditation MERKABA ;
2) Faire les liens entre le Merkaba, la GÉOMÉTRIE SACRÉE et la création ;
3) Enseignement de la méditation TERRE / CIEL ;
4) Exercices pour équilibrer les CERVEAUX DROIT ET GAUCHE ;
5) Exercices de travail d'OUVERTURE DU CŒUR… Le plus important !

Événement spéciaux 2001

Organisatrice : Rachel Pelletier : 418-837-7623 rachelp@vl.videotron.ca

SEMENCE DE VIE*
6.5 jours du 22 au 28 avril, au Québec
Donné par Ron Holt et Lyssa Royal.

Atelier EARTH/SKY*(Terre/Ciel)
4 jours du 16 au 19 octobre, par Drunvalo Melchizedek, au Québec
HÂTEZ VOUS ! LES INSCRIPTIONS SONT LIMITÉES… Et entrent déjà !

RETOUR À NOS MÉMOIRES ANCESTRALES... « JE ME SOUVIENS »
Un voyage pour faire vibrer en soi la devise du Québec - Projet France/Québec
Vacances au Québec du 2 au15 août
Contact : Rachel Pelletier/ Véronique Lacourse à verolacourse@aol.com

* Traduction de l'anglais au français

Quelques titres de livres d'éveil publiés par les éditions Ariane

Le pouvoir du moment présent

L'effet Isaïe

Famille de lumière

La série *Conversations avec Dieu*

Anatomie de l'esprit

Sur les ailes de la transformation

Voyage au cœur de la création

L'éveil au point zéro, l'initiation collective

Partenaire avec le divin (série Kryeon)

Les neuf visages du Christ

Les enfants indigo

Le réveil de l'intuition

Les dernières heures du soleil ancestral

Le futur de l'amour

Lettres à la Terre

Marcher entre les mondes, la science de la compassion

Messages de notre famille (série Kryeon)

L'ancien secret de la Fleur de vie (tome 1)

Transcontinental
IMPRESSION
IMPRIMERIE GAGNÉ

IMPRIMÉ AU CANADA